Schade, dass du Jude bist

Schade, dass du Jude bist

Kaleidoskop eines Lebens

Walter Kaufmann

Autobiografische Erzählungen

Walter Kaufmann:
Schade, dass du Jude bist – Kaleidoskop eines Lebens
© 2013 Prospero Verlag, Münster, Berlin
www.prospero-verlag.de

Der Prospero Verlag ist eine Unternehmung der Verlagshaus
Monsenstein und Vannerdat OHG, Münster

Alle Rechte vorbehalten

Satz: Thorsten Hartmann, MV-Verlag
Umschlag: Thorsten Hartmann unter Verwendung eines Fotos von Burkhard Lange
Herstellung: Monsenstein und Vannerdat, gedruckt in der EU

ISBN: 978-3-941688-47-6

I »... best country in the world, this!«

I »... best country in the world, this!«

Verbannung 9	Marty Carrigan 60
Der Dichter 14	Jenseits der Stadt 62
Das Lineal 16	*Der Inspektor 64
Nacht über Shepparton 18	*Home sweet Home 68
Absent without Leave 20	Professor Picasso 78
Maroochydore Mooloolaba 23	Midnight Sailing 82
Colin 25	Coalburner 86
Elaine 27	*Die rote Rose 88
Postausgabe 39	*Die Zähmung des Patrick Mulligan 93
Margie 40	
Wo ist Tommy? 42	*Unter grausamer Sonne 102
Pit und Monica 48	*Der Fluch von Maralinga – eine Novelle 109
Begegnung auf der Landstraße 50	Vater aller Völker 125
Bill und Henry 56	*Die Patrioten – eine Novelle 127
Dunkelkammer 58	

*Die mit * markierten Erzählungen sind nicht im engsten Sinn autobiografisch*

Verbannung

Ich hielt inne – das war der Mann! Als ich an ihm vorbei über die Schwelle der Gangway trat, spannte sich alles in mir. Jäh drehte ich mich um. Ich spürte den Gewehrkolben im Rücken und hörte den Soldaten brüllen: »Come on and git!« Doch ehe mir noch ein Widerwort über die Lippen kommen konnte, zerrte mich jemand weg – und wo der Soldat jetzt mit dem Gewehrkolben hinstieß, waren eben noch meine nackten Füße gewesen, die nur von Sandalen aus Autoreifen geschützt waren. »Git going, you!«

Den zwei britischen Offizieren, die am Kai den Abtransport der Internierten überwachten, war anzusehen, dass es sie gleichgültig ließ, wie man mit den Internierten umsprang – sie alle waren nicht mehr als die zu erkennen, die sie einmal gewesen: Handwerker, Politiker, Modeschöpfer, Arzt, Kaufmann, Rentner, Student. Der zerlumpte Haufen, der sich ihnen darbot, ließ sie gleichgültig. Hauptsache, sie alle kamen zügig vom Schiff und in das für sie bestimmte Lager. Krieg war Krieg und überhaupt – feindlich oder nicht, die sich da mit starr nach vorn gerichtetem Blick die Gangway hinunterschleppten, durften froh sein, die Reise überlebt zu haben. Für sie jedenfalls, das bezeugten ihre Mienen, waren sie samt und sonders abgetan – Parias!

Noch unter dem Schock der Bedrohung, sprang ich von der Gangway auf den Kai. Der Seewind blies mir ins Gesicht, ich spürte ihn kühl auf der Haut. So grell strahlte die Sonne, dass ich die Augen sogar gegen die zitternden Lichtreflexe auf den Bohlen verengte. Jenseits eines Schuppens, verschwommen im Sonnenlicht, wölbte sich eine Brücke hoch über den Hafen, eine schöne Brücke, zwischen deren Pfeilern und Stahlträgern stattliche Villen in blühenden Gärten zu erkennen waren. Jenseits der weiten Bucht, auf der Jachten mit gebauschten Segeln die Bahn von Frachtern kreuzten und in alle Richtungen schippernden Fähren, leuchtete gelb die Sichel eines Strandes. Dies also war Sydney ...

Noch einmal sah ich zum Schiff hin, hielt ich Ausschau nach Arno Sievers – doch als Kommandos hinter mir laut wurden, gab ich ihn auf und folgte den anderen durch ein Spalier lässig dastehender australischer Soldaten in Schlapphüten und lockeren Uniformröcken bis hin zu einem Eisenbahnzug mit vergitterten Fenstern. Ich ging leichtfüßig, mich beschwerte nicht mehr als ich am Leibe trug – Sandalen und eine vom Salzwasser zerfressene Hose, zu weit für mich und durch eine Schnur um die Hüften gehalten, ein kragenloses Flanellhemd und um den Hals den Wollschal meiner Mutter, von der ich jetzt durch die Weiten der Meere getrennt war.

Im Zug starrte ich durch das vergitterte Fenster, unter dem in regelmäßigen Abständen die Mündung eines Gewehrs über einem Schulterstück auftauchte. Das Gewehr schreckte mich wenig – was mich im Augenblick mehr als alles beschäftigte, war der Wunsch nach festen braunen Schnürstiefeln, so wie sie die Soldaten da draußen trugen …

Eine Pfeife schrillte. Die australischen Soldaten verteilten sich in den Abteilen und schlossen die Türen hinter sich. Puffer klirrten, die Wagen ruckten an und rollten langsam vom Kai. Noch einmal kam die Hafenbrücke in Sicht, hoch vor dem klaren Himmel, und auch die strahlend blaue Bucht bis hin zum offenen Meer, bald aber rollten wir durch Vororte, vorbei an ärmlichen Reihenhäusern mit kleinen Hinterhöfen, in denen Kinder spielten und an Leinen Wäsche flatterte. In den Fenstern und zwischen der Wäsche zeigten sich Frauen – flüchtig nur, bei zunehmender Fahrt, und schon lag die Stadt hinter uns, war das offene Land erreicht, weite Ebenen mit welkem Gestrüpp und knorrigen Bäumen, deren tote Zweige in den Himmel ragten, und Farmhäuser im Schatten breiter Dächer, Häuser, die aus der Ferne verlassen wirkten.

Lange blieb ich in Gedanken. Niemand sprach mich an. Alle blickten stumm in die Landschaft. Der Schlag der Räder drang in uns, schien zu verebben, wurde eins mit uns. Die Posten, die an den beiden Ausgängen lehnten, nahmen wir kaum noch wahr. Auf ihre Gewehre gestützt, standen sie breitbeinig da, die Uniformröcke aufgeknöpft, die Schlapphüte aus der Stirn geschoben. Nach einer Weile ließ sich einer von ihnen, ein hochgewachsener Mann um die fünfzig mit knochigem Gesicht und drahtigen Brauen neben mir nieder. Er stellte das Gewehr zwischen seine ausgestreckten Beine und fragte wie nebenbei: »Let's hear, where did they nab you?«

Ich konnte nur raten, was er fragte.

»Nab you?«

Ich schwieg.

»Wohl einer von Hitlers Haufen – eh!«, sagte er.

Das verstand ich. Ich schüttelte den Kopf. »Ich bin Jude«, sagte ich ihm.

»A Jew – eh?«

Er fragte nach den anderen und verwendete dabei ein Wort, das sich wie *cobbers* anhörte und wohl Kumpel bedeutete.

»Die auch.«

Warum, zum Teufel, man uns hier einsperre, wollte er wissen. Ahne er doch gleich, dass hier was nicht stimme. Sein Ausdruck verriet Anteilnahme, als ich ihm klarmachte, dass ich erst sechzehn war und aus Deutschland käme, wo meine Eltern noch lebten. Was das hieß, schien er sich vorstellen zu können – *Jews under Hitler!* Und er begann von einem Zahntechniker in Sydney zu erzählen, der ihm ein Gebiss gefertigt hätte, das er ohne Umschweife vorzeigte.

»Clever fellow, this Jew in Sydney – clever hands. And your people still in Germany – under Hitler!«

Gedankenvoll wiegte er den Kopf. Plötzlich stand er auf und rief dem anderen Posten zu, wir seien keine Hunnen, sondern samt und sonders vor Hitler geflohene Juden. »Just open the window, they won't piss off!«

Und schon hämmerte er mit dem Gewehrkolben einen Fensterriegel auf, schlug auch das Gitter weg und öffnete das Fenster. Frische Nachtluft strömte ein, während er quer durch den Wagen schritt, Riegel und Gitter zertrümmernd, die er nach draußen warf, wo sie klirrend neben die Schienen fielen. »Scrap!«, rief er, kehrte um und setzte sich wieder neben mich. Wie die Pommies mit uns umgegangen seien, wollte er hören, damit meinte er wohl die Briten auf dem Schiff. »Not good«, sagte ich ihm, und dass einer von ihnen mir fast den Fuß zertrümmert habe.

Der Australier spuckte aus. »Never known a Pommy that was any good yet.«

Da ermahnte ihn der andere Posten, mir keine Flausen in den Kopf zu setzen. Schließlich lägen wir nicht mit den Engländern im Krieg, sondern den Deutschen.

»Let it go, Danny, let it go!«, sagte der Soldat neben mir.

Er schlug mir auf die Schulter. Alles werde gut gehen, meinte er. »Best country in the world this!«

Wir rückten zusammen, um auch dem Posten mit Namen Danny Platz zu machen. Der warf sein Gewehr ins Gepäcknetz, setzte sich und reichte seinen Tabaksbeutel herum. Bald zog würziger Rauch durch den Wagen. »Helps against hunger«, meinte er. Dann holte er aus einem Tornister mehrere Büchsen Corned Beef und dazu dicke Scheiben flauschiges Weißbrot. Dankbar aßen wir davon. Allmählich dunkelte es und wir überließen uns dem Schlaf.

Als sich das erste graue Licht des Morgens über die Ebene legte, trug der Zug uns noch immer weiter nordwärts, war das Land noch immer öde, trocken, rissig und rot unter der steigenden Sonne. Kaum ein Lufthauch bewegte das verdorrte Gras, und große schwarze Vögel saßen reglos in den Zweigen ferner Bäume, deren Stämme weiß leuchteten. Die Sträucher zwischen den sandigen Hügeln waren von Staub bedeckt und wirkten so tot wie die Bäume, und noch immer flogen die Pfosten endloser Drahtzäune vorbei. Plötzlich, wie aufgeschreckt vom langen Pfiff des Zuges, tauchten zwei Kängurus auf und hielten mit weit ausholenden Sprüngen das Tempo. Ihre Schwänze schlugen rhythmisch auf den Boden und wir spürten die Kraft, mit der sie vorwärts schnellten. Jäh wie sie aufgetaucht waren, sprangen sie seitwärts weg und verschwanden zwischen den Hügeln. Soweit das Auge reichte, lag das Land dürr unter der Sonne und als wir schließlich unser Ziel erreicht hatten, stand diese hoch am Himmel. Hatte der Zug auch neben einem überdachten Bahnsteig angehalten, so schlug uns doch beim Aussteigen die Hitze wie aus einem Ofen entgegen. Es war, als brenne die Luft. Wir drängten uns in den schmalen Streifen Schatten längs der Bahnhofsmauer und fühlten uns in die unwirtlichste aller unwirtlichen Gegenden verschleppt.

Als der Zug aus dem Bahnhof rollte, sahen wir uns einem berittenen Trupp Soldaten gegenüber, die, locker in den Sätteln, das Gewehr in der einen, die Zügel in der anderen Hand, ihre Pferde längs der Schienen in Bewegung setzten. Auf und ab ritten sie und blickten dabei gelassen zu uns herüber. Am Ende des Bahnsteigs rief jetzt ein drahtiger Offizier ein Kommando, wir sahen ihn die Reitpeitsche gegen seine blanken braunen Stiefel schlagen, den Sturmriemen des breitkrempigen Hutes fest unters Kinn zurren, und hörten die berittenen Soldaten zurückrufen: »Right-o, Captain!« Sie gaben ihren Pferden die Sporen und scherten rings um das Bahnhofsgelände aus. Der Offizier schwang sich in den Sattel eines schwarzen Hengstes, auch er setzte dem Pferd die Sporen in die Flanken und dann sprengte er hinaus in die Landstraße, die sich in der Ferne verlor.

»Hot and dusty, damn right«, sagte der Posten vom Zug zu mir, wischte sich mit einem khakifarbenen Tuch Gesicht und Nacken trocken und hob dann zu einer Ermunterung an: »Hay is hell«, rief er, womit er den Ort meinte, zu dem wir gebracht worden waren, »but you'll get used to her in time.«

Aufgeteilt in Gruppen und ringsum von berittenen Soldaten bewacht, schleppten wir uns über die Landstraße bis zu einer Kreuzung. Weit vor uns, verhüllt in Staub, rollten die Laster mit den Posten vom Zug. Die Soldaten ließen uns halten, bis der Staub sich gelegt hatte, sie trieben uns nicht an, und als wir weiterzogen, war jede Ordnung dahin, hatten wir uns in wirre Haufen verwandelt. Neben uns stampften die Pferde, schnaubten in der Hitze und hin und wieder bäumten sie sich auf, ihre Felle glänzten schweißnass in der Sonne.

Wir erreichten das Lager lange, nachdem wir fernab die Wachtürme gesichtet hatten, und als sich hinter uns die drei Stacheldrahttore schlossen, empfanden wir die Baracken wie eine Zuflucht vor Sonne und Hitze.

Jenseits der hohen Zäune führten die Soldaten ihre Pferde weg. Ein Hund schlug an, und der helle Klang einer Trompete war zu hören. Wer da spielte, sahen wir nicht und wussten die Trompetenstöße erst zu deuten, als man uns zum Appell rief. In Viererreihen formiert, standen wir auf dem großen Platz während der Feldwebel die Reihen ablief – zwei Mann für jeden Schritt, so zählte er uns, und nahm es nicht genau dabei. Wer würde fliehen, wo in dieser Wildnis sollten wir hin? Jetzt begann der Offizier auf dem schwarzen Hengst die Lagerordnung zu verlesen, seine Stimme durchdrang nur schwer die drückende Hitze, wir hörten ihn, doch kaum einer begriff, was er sagte.

Irgendwo, unbemerkt zwischen den zweitausend Männern, stand auch ich. Die Anordnungen des Offiziers scherten mich wenig – öder als hier, dachte ich, konnte es nirgends sein. Hoch am blauen Himmel tauchte ein Habicht auf und kreiste in weiter Bahn, einmal, zweimal, ich sah ihm nach, bis er in der Ferne als dunkler Punkt verschwand.

Der Dichter

Fast spielerisch schrieb George Raven Verse über unser Barackenkätzchen – seine Anmut, wie es lugte, jagte, es wie aus dem Nichts herbeisprang, wenn es die Worte *milk and meat* rufen hörte. Milch und Fleisch brachte ich täglich von der Arbeit in der Lagerküche mit. George war sprachgewandt, ein Jongleur mit Worten, das gehörte wohl zum Dichten, und ich bewunderte die Fähigkeit. Auch äußerlich war er, wie ich mir einen Dichter vorstellte – schlank und feingliedrig. Beredte Gesten begleiteten, was er sagte, und er wusste zu wirken, wenn er aus tiefblauen, von dunklen Wimpern überschatteten Augen sein Gegenüber musterte. Nie gab er sich als einer von vielen, stets blieb er der University-Don aus Oxford, der seine Bildung weder leugnen konnte noch leugnen wollte. Hatte ihn auch mit der Verbannung ins australische Lager die Vergangenheit eingeholt, so nannte er sich doch weiterhin George Raven und ließ seinen Geburtsnamen nicht gelten. Als George Raven war er in Oxford bekannt, und dabei sollte es bleiben. Denn nach Oxford würde er zurückkehren – es war nur eine Frage der Zeit. Stets ausgerichtet auf sein Ziel, verließ ihn das Selbstvertrauen nie. Und auch dafür bewunderte ich ihn. Es hatte mich ermutigt, als er von meinen Träumen, Ängsten, Sehnsüchten wissen wollte, und bald beschäftigte er über lange Strecken mein Innerstes. Ich las, was er mir zu lesen empfohlen hatte, Auden und Spender, so rätselhaft mir deren Lyrik nicht selten auch schien, und Christopher Isherwoods Berliner Geschichten, selbst an T. S. Eliot wagte ich mich, dessen Lyrik ich mehr vom Klang der Worte her als durch ihren Sinn erfasste: *Waste Land, East Coker*. Beim Lesen hörte ich George, sah ihn vor mir – das schmale, kluge Gesicht mit der sanft gebogenen Nase, und wie er beim Vortrag sein langes blondes Haar aus der Stirn warf. Täglich hoffte ich, dass George auf mich wartete, wenn ich meinen Lagerdienst in der Küche oder am Murrumbidgee River erfüllt hatte, und er mich zur abendlichen Stunde erwartete, damit ich mich ihm mitteilen, ich ihm zuhören konnte. Er weckte Empfindungen in mir, die später nur Frauen in mir weckten, und wenn George mich wie von ungefähr berührte, spürte ich eine starke innere Berührung. Ich hoffte zu werden wie er, und heimlich setzte ich Georges Gedichten eigene entgegen. Das ahnte er sehr wohl, doch noch ehe ich meine Versuche vorzutragen wagte, bewahrheitete sich, was ich nie hatte wahrhaben wollen, stets aber zu erwarten hatte – der Dekan von Oxford hatte Georges Entlassung bewirkt und ihn zurück nach England an die Fakultät berufen. Mich traf die Nachricht tief. Ich freute mich für George, doch die bevorstehende Trennung bedrückte mich derart, dass ich an diesem Abend stumm von seiner Koje weg zu meiner eigenen ging. Als ich mich dort ausstreckte, sprang mir das Barackenkätzchen auf die Brust. Ich setzte es ab und beachtete es nicht weiter. Lang lag ich wach.

Am nächsten Morgen, als die Lagertore geöffnet wurde, George am Posten vorbei in die Freiheit hinaustrat und ich ohne ihn zurückblieb, empfand ich, wie seit langem nicht, den Stacheldraht als das, was er war, wurde die Wüste wieder zur Wüste, brannte die Sonne grausam vom Himmel, und nur das Gedicht, das ich an diesem Tag für George schrieb, vermochte mir etwas von dem zurückzugeben, das ich verloren hatte.

Das Lineal

Schweißgebadet erwachte ich, setzte mich auf – in der Baracke um mich her schliefen alle, unruhig in der Hitze der Nacht. Manch einer schnarchte, andere wälzten sich auf den Strohsäcken von Seite zu Seite. Wach war nur ich. Der Mond stand hell und klar im Fenster, Mondlicht warf die Schatten von Zaunpfosten und dem nahen Wachturm auf die Lagerstraße. Ich starrte hinaus. Mir saß der Albtraum in den Gliedern – da trieb ein hölzernes Lineal auf Meereswellen, und zwei bleiche aus dem Wasser ragende Hände griffen danach ...

Ich schätzte die Uhrzeit – nach Mitternacht wohl. Der Posten auf dem Wachturm regte sich nicht. Wie eine Attrappe stand er da. Ich riss das Handtuch von dem Draht in meiner Koje, trocknete Gesicht und Brust und streckte mich wieder auf dem Strohsack aus. Lange schlief ich nicht ein, und kaum dass ich eingeschlafen war, verfolgte mich wieder der Albtraum – Wellen, ein Lineal auf den Wellen und zwei nach dem Lineal greifende Hände.

Jemand packte mich bei der Schulter, rüttelte mich wach: »Was ist mit dir?«

»Ein Traum – nichts weiter.«

»Du musst ihn sehr vermissen.«

»Wen – wen vermissen?«

»Du hast nach Rudi Karbasch geschrien.«

Ich dachte an Rudi, und wie ich am Zaun stand und ihn gehen sah, so wie ich damals George Raven hatte gehen sehen, durch die drei Tore aus dem Lager hinaus in die Freiheit: Rudi, dessen Hilfsbereitschaft wir alle viel zu verdanken hatten – der kleine Serge Milstein, zum Beispiel, der in einem Anflug von Lagerkoller seine Mundharmonika über den Stacheldrahtzaun geschleudert hatte, und nie hätte er sie wiederbekommen, wenn Rudi nicht einen Posten hatte überreden können, sie zu suchen und ihm zu geben. So war Rudi: Immer hatte er sich zu bewähren gewusst, immer Ruhe bewahrt und Weitsicht bewiesen. Er strahlte Besonnenheit aus, und wenn in all der Zeit überhaupt einer den Verlust von George hatte ausgleichen können, dann war er es gewesen. Nun war er fort. Und ich hatte im Traum nach ihm geschrien.

»Es war nichts«, sagte ich dem, der mich geweckt hatte, »vergiss es.«

Aber auch beim nächsten Schlafversuch verfolgte mich der gleiche Albtraum – Wellen, ein Lineal, nach dem Lineal greifende Hände. Und ich erkannte die Hände und wessen Lineal das war – Rudi hatte mir während der Mathematikprüfung der Lagerschule sein Lineal zugeschoben, auf dessen flache Unterseite er die Lösungen geschrieben hatte, die mir niemals eingefallen wären. Und jetzt, in meinem Albtraum, waren es Rudis Hände gewesen, die an einem in den Wellen treibenden Lineal Halt suchten …

In der folgenden Woche erreichte uns im Lager die Schreckensmeldung von der Torpedierung und dem Untergang der *Abosso* im Irischen Meer. Alle an Bord waren in der Nacht meines Albtraums in die stürmischen Wellen gerissen worden, keiner hatte gerettet werden können.

Auch Rudi Karbasch nicht.

Nacht über Shepparton

Auch zum Abend hin war es noch heiß am Kanal, wo ich und Albert Klett seit unserer Entlassung aus dem Lager in einer Hütte hausten. Die Tageshitze blieb im Holz wie Glut im Ofen, und es half nichts, dass wir eimerweise Wasser übers Wellblechdach gossen – in der Windstille drückte die Luft. Wir wichen zum Kanalufer aus. Dort aber plagten uns die Mücken, stachen uns in Stirn, Hals, Hände, Arme, ihr Sirren durchdrang das blubbernde Quaken der Bullfrösche, es sirrte uns im Ohr, bis wir, vom Ufer geflohen, vor der Hütte ein Feuer entfacht hatten, dessen Rauch die Mücken vertrieb.

Spät in der Nacht noch saßen wir auf Baumstümpfen beim glimmenden Feuer, erschöpft von der Plackerei in der Obstplantage, voll Ingrimm auch gegen Tom Cornish, den Sohn des Bosses, der stets jeden unserer Körbe nach unreifen Pfirsichen abgesucht hatte – auch heute wieder würde uns der Lohn gekürzt werden. Zum Teufel mit dem Kerl ... Saufraß, Plackerei von früh bis spät und dazu diese stickige Bruchbude, in der wir hausen mussten. Über dem Feuer brühten wir Tee gegen den Durst und die Hitze, der Tee trieb den Schweiß und machte, dass wir uns kühler fühlten.

Als habe Albert während unseres Schweigens an nichts anderes gedacht, begann er plötzlich von seiner Zeit als Schlosser im Ruhrgebiet zu reden, und was er sagte, trug ihn aus der australischen Welt in die andere vor dem Krieg, der Welt von Gelsenkirchen. »Glaub mir – das war keine Heldentat, den Brandsatz ins Sturmlokal der SA zu schleudern«, sagte er mir, »wo ich doch danach Brunos Fahrrad einfach fallen gelassen hatte und über die Hinterhöfe abgehauen war. Bis heute verfolgt mich das – immer denke ich, das Fahrrad könnte in die Klauen der Gestapo geraten sein, und dann ... Mit der Zeit ist in meiner Vorstellung aus dem Fahrrad eine Foltermaschine geworden, und Bruno, der uns all die Monate zusammengehalten hat, wird von der Gestapo gefoltert. Denn da wo das Rad hergestellt worden war, hat Bruno gearbeitet – und dort hatte er es gekauft. Darum ist mir bis heute, als hätte ich eine Spur gelegt! Sieben Jahre ist das her, seit ich über die Grenze aus Deutschland geflohen bin, und noch immer quält mich die Sache mit dem Fahrrad.«

Das Feuer war erloschen, und es war kühler jetzt in der Nacht. Hell strahlte das Kreuz des Südens im blauschwarzen Himmel. Ein Windhauch kam auf. In der Hütte, ausgestreckt auf unseren Strohsäcken, lauschten wir dem Rauschen der Blätter im Wind.

»Bist du noch wach?«, fragte Albert.

»Bin ich.«

»Diesen Brandsatz zu schleudern«, sagte er, »und dann einfach zu verschwinden ... wo doch Umsicht und Weitblick zum Überleben gehörte.«

»Wer wird schon damit geboren«, sagte ich. »Das bringt doch erst die Erfahrung.«

»Mir zu spät«, erwiderte Albert dumpf, »viel zu spät!«

Absent without Leave

Die Frau war schlank und schön, mit braunen Augen und rötlichem Haar, und unnahbar schien sie mir bis hin zu dem Augenblick, als sie mit einem »Thanks ever so much« den Buchladen verließ, wo wir über einen Gedichtband von D. H. Lawrence ins Gespräch gekommen waren – das Buch hatte ich ihr überlassen, kein zweites war zu haben gewesen, und erstaunt war ich, nicht wenig verwirrt, als ich sie auf der Straße auf mich warten sah – *thanks ever so much ...*

Und dass wir bald danach gemeinsam zum fernen Sandringham aufgebrochen waren, einem Vorort von Melbourne am Meer, wo sie wohnte, war mir nach all den Monaten hinter Stacheldraht und den Wochen Plackerei auf der Obstplantage wie ein Märchen vorgekommen. Im Zug hatte sie mich nach meinem Namen gefragt, und ohne zu überlegen, nicht wirklich wissend warum, hatte ich mich mit John Williams vorgestellt und Ontario in Kanada als Heimatstadt genannt. Und mich sehr bald dafür verflucht – *John Williams, Ontario, Kanada ...* wohin würde das führen? Wie kam ein Kanadier in die australische Armee? Es war schon ungewöhnlich genug, dass einer wie ich in dieser Armee war, deren Uniform trug und seit ein paar Tagen auf dem Rennplatz von Caulfield stationiert war ...

Unter dem Dach ihrer schmucken Strandvilla in Sandringham blieb ich wortkarg und zurückhaltend, weil ich ahnte, die Lüge würde weitere nach sich ziehen, und erst in der Nacht, als sie mich zur Rede stellte – »Ontario, dear John, is a Canadian province, not a city ... so why did you have to lie to me?« –, hatte ich mich zu meiner wirklichen Herkunft bekannt. Mir war heiß geworden dabei, meine Lippen hatten zu beben begonnen, und aus Furcht vor neuen Verstrickungen, Vorurteilen gar, hatte ich zum Aufbruch gedrängt. *I have to get back to my unit by midnight.* Was stimmte und strikt zu befolgen war. *Twentythree, fiftynine ...* Keine Minute später als eine Minute vor Mitternacht hatte ich mich wieder auf dem Rennplatz einzufinden. Doch ich war geblieben, war bei ihr geblieben, die sich merklich anders verhielt, seit sie die Wahrheit erfahren hatte, fraulich, mütterlich, und die ich fortan Helen nennen, die ich berühren, deren Wärme ich spüren, deren Duft ich atmen durfte – und die mich in dieser Nacht noch zu sich geholt, mir Arten der Liebe gezeigt hatte, bis all meine Bedenken in einem Strudel von Gefühlen untergegangen waren. Mit den Lippen, dem Schoß, in zärtlicher und stürmischer Umarmung hatte sie in mir verdrängt, was auf mich zukommen würde, dafür dass ich mich von der Truppe entfernt hatte. *My dear boy, so there … come now, come to me!* Fahnenflucht und Strafe waren abstrakte Begriffe, ließen mich gleichgültig, sie waren bedeutungslos geworden, ich fühlte mich nicht mehr dazugehörig, war kein Soldat mehr – nur dies hier war wirklich, in den Armen der Frau zum Mann werden, nichts sonst …

Und es traf mich hart, als sie mich am Abend vor der Heimkehr ihres Mannes, nach vierzehn Tagen, vierzehn Nächten, sanft, aber bestimmt des Hauses verwies. *Now you must go, it was lovely, but you must go now, this had to end some day.*

Meine Einheit, so stellte es sich heraus, hatte den Standort gewechselt, war ins ferne Queensland abkommandiert, und vor dem Rennplatz von Caulfield, wo ihre Zelte gestanden hatten, stand nur noch ein Posten, der mir Bescheid gab und vor der Militärpolizei warnte. *Don't let them catch you.* Ich fuhr in die City, es war Nacht inzwischen, und ließ mich im Strom der Menschen aus dem Flinders Street Bahnhof treiben – Soldaten überall, australische, amerikanische, und unter ihnen keiner, der mich etwas anging. Glück im Unglück, dass auch die Militärpolizei mich übersah. Obdachlos unter Brücken, davon hatte ich gehört. Nun würde ich es erleben. Die Villa in Sandringham gab es nicht mehr, eine Helen Coster gab es nicht mehr. *Now you must go … this had to end some day …*

Es war Winter in Melbourne. Kalter Juniregen nieselte vom Himmel. Ziellos überquerte ich die Yarra Brücke hinterm Bahnhof, tauchte ein ins Dunkel der St. Kilda Road, das auch das Dunkel der Huren war, und dass ich mein Geld in der Tasche ließ, hatte nicht nur mit den vergangenen Nächten zu tun, sondern auch mit der Einsicht, dass mich in einem Bordell die Militärpolizei am ehesten aufgreifen würde. Aber wohin? Obdachlos unter Brücken. Bläulich im Regen blinkten die Leuchtbuchstaben Y.M.C.A. über dem grauen Gebäude am Fluss. Mir war, als winkten sie – Young Men's Christian Association. Dort, wo sonst, würde ich unterkommen. Ich war Soldat, man würde mich nicht abweisen …

Doch die junge Frau am Empfang bedauerte – die Amerikaner seien in der Stadt und alle Zimmer belegt. Sie hielt inne. Mir schien, sie sann nach einem Ausweg. Durch die Scheiben der Flügeltüren sah ich nass unterm Regen die Straße am Park. Laternen spiegelten sich in den Pfützen. Die Frau lächelte mir zu. Ich hörte sie sagen: »In der Bibliothek steht ein Sofa …«

Wir fuhren im Fahrstuhl zum vierten Stock, gingen den Gang entlang zu der Tür mit dem Schild. Leise klirrten die Schlüssel, als sie aufschloss, und klirrten leise, als sie die Tür von außen versperrte. Es roch staubig, die Luft im Raum war abgestanden, doch der Lichtschein, der durch das Fenster auf die Bücherregale fiel, ließ längs der Wand gegenüber ein Sofa erkennen. Ich zog die Stiefel aus, legte mich lang, die Hände unterm Kopf. Unter mir fühlte sich das Leder kalt an, blieb lange kalt, und lange schlief ich nicht ein – Helen, dachte ich, Helen. Sie fehlte mir …

Maroochydore Mooloolaba

Fernab am nördlichen Pazifik lag der Umschlagplatz für Kriegsgut, das die Soldaten meiner Einheit aus Lagerschuppen auf Laster hieven mussten, und ich brauchte sechs Wochen, bis ich dorthin gelangte. Quer durch Victoria und New South Wales bis hin nach Queensland hatte ich trampen müssen, von Armeefahrzeugen auf Güterzüge war ich umgestiegen, zuletzt sogar auf einen Lazarettzug, und war stetig, wenn auch langsam, vorangekommen – einem versprengten Soldaten half damals jeder in Australien.

Zwar hatte der Posten vor dem Melbourner Rennplatz über die Entfernung keinen Zweifel gelassen – Maroochydore Mooloolaba: das klang wie ein Ort in einer anderen Welt, aber auch verheißungsvoll. Kaum einer, der mich auf der schier endlosen Reise mitgenommen hatte, wusste von dem Ort, und als ich dann an einem Montagmorgen unbemerkt vom Wachposten ins Armeelager vordrang, links eine Baracke, rechts die Zelte und dazwischen der Appellplatz, empfand ich das Ende meiner Suche wie eine Heimkehr. Was mir bevorstand, würde ich durchstehen – ich hatte gelebt, hatte erlebt, und nach der Strafe würde ich dazugehören, nicht länger ein Außenseiter sein. Schon jetzt war ich kein Landstreicher mehr, der nachts in Scheunen oder an Feldrändern schlief und tagsüber trampte – Armeefahrzeuge, Güterzüge, ein Lazarettzug. Damit hatte es ein Ende gehabt, als ich es im Hafen von Brisbane auf ein Postboot schaffte, das auf dem Weg nach Bundaberg war. In Maroochydore Mooloolaba würde man mich absetzen, und weil das am späten Morgen geschah, hatte ich das Lager erst erreicht, als meine Einheit schon zur Arbeit ausgerückt war.

Die Zelte standen leer, und der Appellplatz lag verlassen da. Nichts rührte sich ringsum. Nur aus der Baracke drang das Klappern von Schreibmaschinen. Ich hockte mich in den Schatten der Baracke, drehte mir eine Zigarette und hatte noch nicht ausgeraucht, da scheuchte mich eine barsche Stimme hoch.

»He, Sie – mal herkommen!«

Ein Sergeant war aufgetaucht und brüllte mich an. Ich ging zu ihm hin. Der Mann stand breitbeinig da, in blanken Stiefeln, die Daumen unterm Ledergürtel, das Gesicht überschattet vom breitkrempigen Hut, und musterte mich.

»Was, zum Teufel, treiben Sie hier?«

Ich nahm Haltung an und brachte vor, was ich mir in all den Wochen zurechtgelegt hatte.

»Blanker Wahnsinn«, hörte ich den Sergeanten sagen, es war, als traute er seinen Ohren nicht. »Glauben Sie bloß nicht, es ist damit getan, dass Sie das alles einfach so wegbeichten. In Melbourne auf der Strecke geblieben ... eh? Mann Gottes, ich hör nicht richtig – oder etwa doch!«

Ich schwieg, machte mich aufs Schlimmste gefasst – Handschellen, Militärgericht und für ein paar Monate ab in den Bau. Ich nahm den Armeehut ab und hielt ihn dem Sergeanten hin. Der musterte mich nur weiter und rieb sich die Hakennase. Als er endlich wieder sprach, war ich es, der seinen Ohren nicht traute.

»Hut auf – und mal zugehört! Ich hab Sie nicht gesehen, und wie Sie ungeschoren am Posten vorbei ins Lager gekommen sind, will ich gar nicht erst wissen. Hauptsache, Sie rücken morgen mit den anderen zur Arbeit aus – kapiert?!«

»Ja, Sir.«

»Sergeant McPherson«, korrigierte er schroff. »William Guthrie McPherson. Den Sir schenken Sie sich.« Er sah mich hart an. »Mann Gottes, mehr Glück als Verstand!«

Ich begriff, dass der Mann mich seit der Einmusterung nicht vermisst haben konnte und folglich mein Fehlen nicht gemeldet hatte.

»Werde mir wegen Ihnen keine Laus in den Pelz setzen«, ließ er mich wissen. Aus der Brusttasche holte er eine Liste und ging sie durch. »Tatsächlich! Mann Gottes, hatten Sie ein Glück!«

Trotz des herrischen Tons war spürbar, dass er sich in Bedrängnis wähnte.

»Von mir erfährt keiner was«, wagte ich zu sagen.

»Das«, entgegnete der Sergeant bedrohlich leise, »will ich Ihnen auch geraten haben. Und jetzt weggetreten – mir aus den Augen!«

Ich machte kehrt und suchte mir ein Zelt. Am nächsten Morgen reihte ich mich zur Arbeit ein, und es brauchte Sergeant McPhersons Blicke nicht, dass ich den Mund hielt und zu keinem ein Wort über meine letzten sechs Wochen sagte – Sergeant McPherson schwieg und ich schwieg.

Und das war gut für uns beide.

Colin

Plötzlich, wie seltsam, trug mir der Wind die Klänge erhabener Musik zu. Zwischen sanften braunen Hügeln und über Steppengras, wo Kängurus weideten, war ich – mit meiner Einheit vom nördlichen Australien nach Albury in New South Wales verlegt – an einem dienstfreien Sommertag zu den Ufern des Murray gelangt, und dort, im Schatten der Trauerweiden, erkannte ich, was ich hörte. Beethovens Eroica. Ich ging den Klängen nach, sie führten zu einem Pfad, der vom Fluss durch Unterholz in eine Lichtung mündete. Da sah ich ihn mit dem Rücken gegen den Stamm eines Eukalyptusbaumes vor einem schlichten Holzhaus sitzen, neben sich eines jener alten Die-Stimme-seines-Herrn-Grammofone mit Trichter und Handkurbel – selbst der kleine Hund fehlte nicht, ein Spitz. Der Mann war blass für einen Australier vom Lande, mit schmalen Schultern, langarmig und langbeinig, und wie er da saß, wirkte er sensibel, verletzlich gar – Augen voller Sanftheit, ein weicher Mund und Haar so seidig, jeder Windhauch bewegte es. Er sprach mit gedämpfter Stimme. Was er zur Begrüßung sagte, prägte sich mir ein, auch, wie er es sagte. Sein Name sei Colin Cartwright, und es bedeute ihm viel, dass ich kenne, was da im Grammofon zu hören sei. Noch mehr bedeute es ihm, dass ich aus dem Geburtsland jenes großen Tonmeisters stamme, dazu noch im Rheinland, nicht weit von Bonn, aufgewachsen sei.

Von Hitlerdeutschland schien er nur begrenzte Vorstellungen zu haben – es war dort zum Krieg gerüstet worden, und nun war er ausgebrochen. Von den Verfolgungen, die all dem vorangegangen waren, konnte nur wenig zu ihm gedrungen sein. War nicht auch Menuhin Jude und Bruno Walter, und musizierten sie nicht immer noch in Deutschland? Nicht mehr, schon lange nicht – er nahm das zur Kenntnis, und es stimmte ihn nachdenklich.

Als ich erfuhr, dass er bei der Lokalzeitung als Korrektor aushalf, wunderte ich mich über so viel Weltfremdheit. Begriff er denn nicht, was er da korrigierte? Doch schon, versicherte er mir, vom Weltgeschehen aber sei in dem Blatt nicht viel zu finden, und es verlange ihn auch kaum danach. Was er mitbekam, genüge ihm und ich, der an dem Schicksal meiner Eltern litt und jeder Nachricht vom Verlauf des Krieges nachging, brachte dafür wenig Verständnis auf. Gleichzeitig aber erweckte seine Hingabe an deutsche Musik Vorstellungen von einem Deutschland lang vor meiner Zeit. Es tat mir gut, wie er die Namen Bach, Beethoven, Brahms sprach, und später, als ich erfuhr, dass er unheilbar krank war, verstand ich, warum er sich gegen Nachrichten über das Land des Schreckens abschottete, das Deutschland in jenen Jahren war.

Bach, Beethoven, Brahms – seit jener Begegnung traf ich niemanden mehr, dem diese Musik ein solcher Born von Hoffnung bedeutete. Und wenn immer ich an Colin Cartwright denke, höre ich, wie damals an den Ufern des Murray, Beethovens Eroica und folge im Geiste dem Pfad bis hin zu dem Holzhaus unterm Eukalyptusbaum.

Elaine

Im Spätsommer dieses Jahres war unsere Einheit also am Rande von Albury stationiert, einer blühenden Kleinstadt unter flachen braunen Hügeln, die von Buschland umgeben war und fruchtbaren Feldern zu beiden Seiten des Flusses Murray. Tag für Tag holten wir große Mengen von Munition aus Lagerschuppen, verluden sie auf Lastwagen und von dort auf Güterzüge, die ihre für Borneo bestimmte Fracht zum Hafen von Sydney brachten. Wir waren durchweg Europäer, hauptsächlich Deutsche, ein paar Österreicher, ein paar Griechen, einige wenige Italiener – sämtlich aus der Heimat Vertriebene, die durch die Wechselfälle der Geschichte erst in alle Winde verstreut und dann, wie durch eine Laune des Schicksals, auf diesem Vorposten in einem fremden Kontinent zusammengewürfelt worden waren.

Eine breite, von stämmigen Eukalyptusbäumen gesäumte Hauptstraße durchquerte die Stadt vom Rennplatz, der für unsere Einheit requiriert war, bis hin zu den Geschäften, dem Warenhaus, dem Rathaus, dem Mechanics Institute und dem Hotel. Zwischen der Methodistenkirche und der Stadtbibliothek war eine Baracke für Soldaten errichtet worden, und an unseren freien Tagen, wenn wir uns in der Stadt müde gelaufen hatten, saßen wir dort an den Holztischen, beobachteten das Treiben draußen in der Sonne, musterten die Frauen, die im Schatten der Markisen an den Barackenfenstern vorbeihasteten. Hin und wieder entlockte einer von uns dem Klavier in der Ecke einen Wiener Walzer, eine italienische Weise oder ein rheinländisches Lied – was seltsam anmutete in einem Raum, wo an der Holzwand über dem Tisch mit den Schachbrettern ein überlebensgroßes Bild von australischen Schafscherern hing.

Zweimal die Woche half hinter der Theke Schwester Norwood aus, eine verwitwete Privatpflegerin mittleren Alters, ein wenig beleibt und bedächtig, deren zwei Söhne an der Front in Neuguinea im Einsatz waren. Für sie, das war zu spüren, waren auch wir australische Soldaten und nicht bloß, wie für viele Einwohner der Stadt, ein Haufen Fremdenlegionäre. Wohl weil ich sie an ihren jüngsten Sohn erinnerte, bevorzugte sie mich, ich fasste Vertrauen zu ihr, und mit der Zeit erzählte ich ihr von meiner

Flucht aus Deutschland, dem Schicksal meiner Eltern dort, und wie ich von England nach Australien verschleppt worden war. Schließlich deutete ich sogar an – es war, als müsse ich endlich einmal darüber sprechen –, dass mir als Junge eine Hausangestellte angedeutet hatte, ein Adoptivkind zu sein, Sohn einer Verkäuferin in einem Warenhaus. Schwester Norwood hing förmlich an meinen Lippen.

»Vor siebzehn Jahren«, bekannte nun sie, »haben wir unsere Elaine adoptiert, deren Mutter auch in einem Warenhaus beschäftigt war – hier in Albury, bei Maxwell's.« Durchs Fenster wies sie auf ein Gebäude gegenüber. »Ich kannte sie schon, ehe Elaine geboren wurde, denn sie war eine Waise und kam mit ihren Sorgen zu mir – ein lebhaftes, phantasievolles Mädchen, das immer glaubte, die große Liebe gefunden zu haben, und stets betrogen worden war. Als der Vater ihres Kindes sie verließ, warf sie sich jedem Mann an den Hals, bis das Gerede über sie so gehässig wurde, dass sie spurlos aus Albury verschwand.« Leise fuhr Schwester Norwood fort: »Ich habe Elaine das alles verschwiegen, jetzt aber fürchte ich, ihr könnte durch andere etwas davon zu Ohren gekommen sein – so wie bei dir.«

Just dann trat aus dem flimmernden Sonnenlicht eine Schar Soldaten in die Baracke. Einer schlug mir auf die Schulter und rief: »Komm mit auf ein Bier, ehe die Kneipe schließt – ich geb heute einen aus.«

Ich sah Schwester Norwood an. »Für mich war das damals ein ziemlicher Schock«, sagte ich, worauf sie meine Hand ergriff und mir dankte: »Schön, dass du so offen zu mir warst.«

Der Soldat, der einen ausgeben wollte, schlug immer wieder die gleichen drei Töne auf dem Klavier an. »Gebe einen aus – trala …«

Schwester Norwood wollte mich nicht weglassen. »Besuch uns doch mal«, bat sie. Seit Jahren schon lebe sie allein mit ihrer Tochter in einer kleinen Wohnung nahebei. »Wir würden uns freuen – Elaine und ich.«

Der Soldat warf den Klavierdeckel zu. »Wer kommt mit?«

Schon bedauerte ich, zu viel von mir erzählt zu haben. Mich zog es zu den Männern meiner Einheit, mit denen ich draußen in den Hügeln schuftete.

Meine Neugier auf Schwester Norwoods Tochter war geweckt, den Besuch aber musste ich aufschieben – zu viel Arbeit lag an. Eines Abends dann war es so weit. Schwester Norwood empfing mich freundlich und führte mich ins Wohnzimmer, wo sie mich ihrer Tochter vorstellte – ein schlankes, schönes Mädchen, mit zarter Haut und feinen Zügen, das mich abwartend aus schrägen Augen musterte. Während Schwester Norwood Tee und Kuchen brachte, blieb sie zusammengerollt wie eine Katze im Sessel, ohne auch nur zu erwägen, ihrer Mutter zur Hand zu gehen. Mir schien, dass sie mich ablehnte. Schwester Norwood bemühte sich beharrlich, ein zwangloses Gespräch in Gang zu bringen. Elaine aber sprach kaum, sah mich nur weiter prüfend an, den Kopf ein wenig geneigt, dass ihr langes dunkles Haar die Schultern berührte. Ich nahm mir vor, bald wieder zu gehen, und als Schwester Norwood zu einem Patienten gerufen wurde, stand auch ich auf. Sie drängte mich zu bleiben.

»Es wird bestimmt nicht lange dauern. Bin bald zurück!«

»Ich geh jetzt besser«, sagte ich.

»Unsinn!«, rief sie. »Ihr habt euch ja noch nicht einmal kennengelernt – Elaine und du.«

Als sie fort war, warf mir Elaine wieder diesen herausfordernden Blick zu, durchquerte das Zimmer, öffnete die Vorhänge und setzte sich aufs Fensterbrett.

»Gib's zu«, sagte sie plötzlich, »Du warst doch gestern Abend mit ein paar Soldaten dort unten auf der Straße.«

»War ich nicht.«

»Ich hab zwar eine rege Fantasie, doch diesmal bin ich sicher – fast.«

»Fast – siehst du.«

»Dann war es jemand, der dir ähnlich sieht – jedenfalls habe ich gestern Abend, als Mutter fort war, ein hübsches Spiel gespielt. Bloß ...«, sie zögerte, »ich wünschte, du wärst es gewesen.«

Sie hatte, gestand sie, einen Soldaten auf der Straße durch ein Nicken auf sich aufmerksam gemacht. »Nur eine Andeutung«, behauptete sie. Als sie ihn aber ins Haus treten sah, hatte sie schnell das Fenster geschlossen, das Zimmerlicht ausgeschaltet und sich in einen Sessel geduckt, bis ein Klingeln an der Tür sie aufgeschreckt und zugleich auch erregt hatte. »Als ich ihn wieder die Treppe hinuntergehen hörte, war ich sogar ein wenig enttäuscht.«

Ich musste lächeln.

»Bin ich schlecht?«, wollte sie wissen. »Durch und durch verdorben?«

Ich spürte, sie hätte das gern bestätigt. »Höchstens kess«, sagte ich.

»Ich bin schlecht«, widersprach sie, glitt vom Fensterbrett und kam auf mich zu. »Schlecht – wie meine Mutter. Weißt du, wer meine Mutter ist?«

»Schwester Norwood, denke ich.«

»Nein!«, rief sie. »Ich spüre das. Eines Tages werde ich alles erfahren!« Erleichtert hörte ich den Schlüssel im Türschloss. Schwester Norwood war zurück, außer Atem vom Treppensteigen. Elaine stürzte auf sie zu.

»Endlich – dass du endlich wieder da bist!«

»Was hast du bloß?« Schwester Norwood strich ihr übers Haar. »Was war denn los?«

»Gar nichts«, beteuerte Elaine, »ich bin einfach froh, dass du wieder da bist.«

Schwester Norwood sah mich fragend an. Ich aber schwieg.

In den folgenden Wochen verbrachte ich meine Freizeit fast nur mit Elaine. So überspannt und unberechenbar sie auch war, sie wollte mir nicht aus dem Kopf. Auf Spaziergängen zu den Ufern am Murray Fluss erfuhr ich von ihren Erwartungen und Sehnsüchten: Es drängte sie in die Ferne, gleichzeitig aber wünschte sie sich Geborgenheit, sie begehrte die Liebe vieler Männer und träumte von der verzehrenden Leidenschaft für den einen. Sie wollte überall und nirgends sein, wie Treibholz im Strom, konnte aber im gleichen Atemzug versichern, in einem Beruf etwas leisten zu wollen. In ihr, das wurde mir zunehmend deutlich, lauerte die Angst, nirgends hinzugehören, keinen Menschen auf der Welt zu haben, die Ahnung, die Tochter einer lasterhaften Frau zu sein.

Wie Schwester Norwood richtig vermutet hatte, waren Elaine Anspielungen zu Ohren gekommen. Und je heftiger sie dagegen anging, umso mehr bestärkte sich ihr Argwohn. Vergebens hatte sie im Spiegel nach äußeren Ähnlichkeiten mit Schwester Norwood gesucht und sich schließlich von dem Gefühl, wurzellos zu sein, nicht mehr befreien können.

»Als mein Vater beerdigt wurde«, erzählte sie mir, »ging auch ich mit zum Friedhof. Auf einmal hörte ich die Worte des Pfarrers nicht mehr, ich sah nur, wie seine Lippen sich bewegten. Ich konnte nicht trauern, ich fühlte gar nichts. Später, zu Hause, hab ich dann geweint. Aber bloß, weil ich keine Trauer spürte. Da siehst du's«, wieder blickte sie mich trotzig an, »ich bin durch und durch schlecht.«

»Unsinn, Elaine!«

»Du kennst mich nicht«, sagte sie in einem Ton, der keinen Widerspruch duldete und lief dann, in einem jähen Stimmungswandel, mit wehenden Haaren zwischen den Weidenbäumen vom Murray Ufer weg auf ein Sumpfgebiet zu. Ich sah sie die Schuhe abwerfen und in den weichen, trügerischen Sumpf waten, wo sie erst bis zu den Knöcheln, dann tiefer einsank.

»Komm zurück!«

»Zieh die Stiefel aus, mir nach!«, rief sie.

»Nein! Komm zurück!«

Als sie merkte, dass ich ihr nicht folgen würde, kehrte sie um, die Beine bis zu den Knien mit Schlamm bedeckt, den Rock bis zu den Oberschenkeln geschürzt.

»Hättest du versucht, mich zu retten?«

»Weiß ich nicht.«

Mir war, als müsse ich sie schlagen.

»Einmal«, sagte sie, »war ich mit Mutter hier. Ich bin auf und davon und war noch weiter drin. Beinahe wäre ich im Sumpf ertrunken. Mutter hat so bitterlich geweint, dass ich merkte, wie sehr sie mich liebt. Erst da gab ich Ruh' und war zufrieden.«

Meine Spannung und mein Zorn verflogen sofort. Ich dachte daran, wie ich als Junge meine Mutter auf dem Dach unseres Hauses herausgefordert hatte. Ich hörte sie flehen: »Komm runter, bitte!«, und erinnerte mich, dass ich in ihrer Angst um mich den Beweis ihrer Liebe gesehen hatte. Ich erzählte Elaine davon und schließlich auch, wie sehr es mir zu schaffen machte, womöglich ein Adoptivkind zu sein. Sie hörte still zu. Dann warf sie sich mir in die Arme, drückte mich fest an sich, küsste mein Gesicht, wo ihre Lippen gerade hinfanden.

»Die Nazis, die Zerstörung eures Hauses und dass du fliehen musstest«, stieß sie hervor, »alles war Vorsehung, sollte dich zu mir führen. Nie werde ich dich lassen – niemals! Ich will dich lieben.«

Ich löste mich von ihr. Ein Schwarm wilder Enten stieg über dem Sumpfgebiet auf und flog im Licht der untergehenden Sonne auf die fernen Hügel zu. Ich sah ihnen nach. Elaine blickte mich unverwandt an.

Von diesem Tag an begann sie, mich zu lieben, als sei sie dazu verpflichtet. Bald existierte die Welt für sie nur noch in dem Maße, wie sie mich anging. Der Verlauf des Krieges bewegte sie plötzlich, weil eine Verschiebung der Fronten meine Einheit betreffen könnte. Was sich in Europa ereignete, bislang für sie Ereignisse wie auf einem anderen Planeten, berührte sie jetzt unmittelbar, weil ich von dort kam. Ihre Zukunftspläne, die vage gewesen waren, schienen ihr mit einem Mal in ein Gewebe verflochten, dessen Fäden alle zu mir führten. Sobald sie achtzehn sei, wolle sie zur

Armee als Krankenschwester, ab sofort ihr Leben dem meinen anpassen – wo ich hinginge, da wolle auch sie sein. Ihre Ausschließlichkeit erschreckte mich. Ich war noch keine zwanzig und unvorbereitet für so viel Hingabe. Je mehr sie klammerte, desto mehr wich ich ihr aus. Ich begann, sie zu meiden und traf mich mit ihr oft nur aus Pflichtgefühl. Und doch schien es mir auch weiterhin, dass wir füreinander bestimmt sein könnten. Wenn ich an sie dachte, ich sie mir vorstellte, ihre kleinen festen Brüste, schlanken Arme, zarten Schultern, glaubte ich, ihre Haut auf meiner Haut, ihre Lippen auf meinem Mund zu spüren, und mich überkam ein Verlangen, das gepaart war mit Schuldgefühl.

Nach jenem Vorfall im Sumpfgebiet vermied ich das Thema unserer Herkunft. Bald aber brachte ein unvorhergesehenes Ereignis es wieder hoch.

An jenem Tag im Spätherbst – es war der Abend vor einem meiner freien Tage, den ich diesmal bei den Norwoods verbrachte – wurden wir durch ein kräftiges Läuten an der Wohnungstür aufgeschreckt und erlebten den unerwarteten Besuch eines Soldaten und seiner Frau – einer früheren Bekannten, wie Schwester Norwood uns erklärte. Sie schien bestürzt, ihre Hände zitterten, fahrig schob sie Stühle heran, stieß dabei eine Tasse um und ließ den Tee auf den Teppich tropfen. Gezwungen lächelnd stellte sie sich auf den Besuch ein. Elaine schien das Verhalten ihrer Mutter kaum bemerkt zu haben, sie musterte die Frau und den Soldaten mit der ihr eigenen verwirrenden Art.

Während das Paar wenig überzeugende Erklärungen für sein Erscheinen vorbrachte, hatte ich Zeit, sie beide einzuschätzen. Der Soldat, angetrunken und darum allzu beflissen, war ein breitschultriger, muskulöser Mann mit rötlichem Haar. Die Frau, schlank und blass und, wie ich fand, zu auffällig gekleidet, zeigte sich von übertriebener Heiterkeit, lachte viel und neigte dazu, wen immer sie ansprach, vertraulich zu berühren. Die Beine übereinandergeschlagen, zeigte sie ihre Schenkel bis hoch hinauf, oft auch beugte sie sich vor, um ihre Brüste zur Geltung zu bringen, wohl dem Soldaten zuliebe, oder auch nur aus Gewohnheit. Ich schätzte sie auf etwa vierzig.

Die Unterhaltung zerfloss in Banalitäten über dies und jenes, während Schwester Norwood, die sich gefangen zu haben schien, belegte Brote und Bier anbot, was der Soldat und auch die Frau – »ja, danke, sehr gern« – zu würdigen wusste. Sie hatte sich als Mrs. Traven vorgestellt, der Soldat hieß O'Connor, verheiratet waren sie demnach nicht. Zu all dem verhielt sich Elaine gleichgültig, bis sie auf einmal die Frau mit der Frage überfiel: »Wann, das wüsste ich gern, waren Sie hier in Maxwell's Warenhaus angestellt?«

»Oh, vor über siebzehn Jahren. Da wirst du noch nicht auf der Welt gewesen sein.«

»Woher wollen Sie das wissen?«, fragte Elaine.

»Meine Liebe«, antwortete leichthin die Frau, »ich muss es ja schließlich wissen!«

Schwester Norwood schien wie vom Donner gerührt. Ihr Bierglas schwenkend, blickte Mrs. Traven Elaine unverwandt an und lächelte dabei.

»Warum müssten Sie das wissen?«, beharrte Elaine. Ihre Hände verkrampften sich um die Tischplatte.

»Elaine, bitte!«, rief Schwester Norwood.

»Da war dieser Bursche im Rekrutierungslager«, fiel O'Connor gezwungen lachend ein, »der sagte zum Arzt: ›Doktor‹, sagte er, ›wenn Sie mich tauglich schreiben, wird man bald auch Fahnenstangen einziehen. Wo ich doch so schmalbrüstig bin! Wäre ich durchlöchert, könnte man mich glatt für eine Blechpfeife halten.‹ ...«

Der Witz verfing nicht. Zwar lockerte sich Elaines Griff, ihr Ausdruck aber blieb gespannt. Sie lehnte sich zurück und schwieg.

»Liebes Kind, ich weiß, wann du geboren bist, weil ich deine Mutter kannte. Verstehst du?«, sagte Mrs. Traven und schaute uns alle der Reihe nach an. »Warum sind wir nicht alle miteinander lustig?«

»Ja, jetzt verstehe ich«, flüsterte Elaine.

Die Unterhaltung schleppte sich noch eine Weile hin. Der Soldat spann sein Garn und Mrs. Traven applaudierte übertrieben. Hin und wieder klatschte auch ich, während Elaine sich nicht rührte und schwieg. Sie musterte die Frau unverwandt. Als Schwester Norwood unter einem Vorwand das Zimmer verlassen wollte, sprang Elaine impulsiv auf und küsste sie. Schwester Norwood streichelte ihr übers Haar.

»Es muss wunderbar sein, wenn die Kinder einen so lieb haben«, bemerkte Mrs. Traven.

»Es ist der schönste Lohn«, bestätigte Schwester Norwood.

Dann aber, schon wagten wir zu hoffen, dass der Besuch ohne weitere Zwischenfälle enden würde, denn die beiden machten Anstalten, sich zu verabschieden, kam es zum Eklat.

Etwas unsicher auf den Beinen, leicht angetrunken wohl, war mir Mrs. Traven in die Diele gefolgt, wo ich ihr in ihren Sommermantel helfen wollte. Vor dem Spiegel brachte sie ihre Frisur in Ordnung, drehte schließlich ihre wohlgeformten Beine und zog die Nähte ihrer Strümpfe bis obenhin gerade. Während sie in ihren Mantel schlüpfte, wandte sie sich plötzlich zu mir um und fragte mit angehaltenem Atem: »Sagen Sie, sind Sie in meine Tochter verliebt?«

Über ihre Schultern hinweg sah ich Elaine in der Tür stehen. Ich nickte, um Mrs. Travens unerwartete Frage schnellstens abzutun.

»Das freut mich für euch beide!« Rasch hob Mrs. Traven das Gesicht und küsste mich. »Viel Glück«, flüsterte sie.

Da stürzte Elaine auf sie zu und riss sie von mir weg. »Wie können Sie es wagen!«, schrie sie. »Sie billige Hure!« Sie holte aus und schlug Mrs. Traven ins Gesicht.

Die Frau stand wie versteinert. Ihr Mantel war zu Boden geglitten. Ohne den Versuch sich zu verteidigen, vergrub sie das Gesicht in den Händen und fing krampfhaft zu weinen an. Elaine lief ins Badezimmer und warf die Tür hinter sich zu.

»Schmeißt das Frauenzimmer raus!«, schrie sie. »Raus mit ihr, ich will sie nie mehr sehen!«

»Elaine«, rief Schwester Norwood, »diese Frau – diese Frau ist deine Mutter.«

Mrs. Traven zuckte zusammen. »Das bin ich nicht«, beteuerte sie unter Tränen, »Sie sind ihre Mutter – nur Sie! Oh, Bill«, flehte sie ihren Begleiter an, »bring mich weg, bitte – bring mich weg!«

Der Mann hob ihren Mantel auf und legte ihn ihr um die Schultern. »Du hättest auf mich hören sollen, Schatz«, sagte er, »warum hast du nicht auf mich gehört?«

Tränenüberströmt wandte sich die Frau an Schwester Norwood. »Verzeihen Sie mir!« Und dann, gefolgt von dem Mann, floh sie nach draußen in den Flur. Ich schloss die Wohnungstür hinter ihnen. »Elaine!«, rief ich. »Elaine!«

Die Herbstsonne schien hell ins Treppenhaus, als ich am nächsten Morgen wiederkam. Der Himmel über der Stadt war weit und hoch. Es war ein Tag, der es mir hätte leichter machen müssen, durchzustehen, was immer durchzustehen war. Doch meine Ahnungen wollten nicht weichen.

Am Abend zuvor hatte Elaine mich in der kurzen Zeit, die ich noch geblieben war, mit Vorwürfen überschüttet, weil ich, wie sie meinte, auf die Annäherungsversuche »dieser Frau« eingegangen sei. So sehr ich auch

bestritt, dass es die gegeben hatte, sie war nicht zu überzeugen. Es schien, als wollte sie den Schock, den sie erlitten hatte, auf den belanglosesten Anlass zurückführen und vor allem anderen die Augen verschließen.
Auf mein Läuten hin öffnete Elaine die Tür. Ihre Augen waren umschattet, sie blickte verstört, schien übernächtigt, ihr Haar war wirr.
»Oh«, sagte sie, als hätte sie mich nicht erwartet, wandte sich ab und verschwand.
Ich schloss die Tür hinter mir und ging ins Wohnzimmer. Die zugezogenen Vorhänge ließen nur wenig Licht herein, die Luft war schal. Gläser, Bierflaschen, Essgeschirr auf dem Tisch und in der Spüle zeugten vom Abend zuvor. Ich warf einen Vorhang auf und öffnete das Fenster. Elaine trat ein und begann wortlos Ordnung zu schaffen. Ich wollte ihr helfen, doch sie wehrte ab.
»Lass nur. Ich mach das schon.«
»Hast du überhaupt geschlafen?«
»Kümmert's dich?«
»Was soll das, Elaine?!«
»Ich hab geschlafen. Warum auch nicht?«
Ohne mich zu beachten, räumte sie weiter auf. Ich ging auf die Wohnungstür zu.
»Wo willst du hin?«, rief sie.
»Komm mit, Elaine. Es ist besser, wir gehen raus.«
»Wohin bloß?«
»Zum Fluss. Es ist ein schöner Tag. Da können wir uns aussprechen.«
»Es gibt nichts auszusprechen«, behauptete sie.

Aber sie kam mit. Den ganzen Weg durch die Stadt und auch später am Murray Ufer verlor sie kein Wort über den Abend zuvor.
»So nicht«, sagte ich endlich, »wir müssen reden!«
Sie schüttelte den Kopf. »War alles bloß ein Albtraum. Sieh doch, wie die Hügel in der Sonne leuchten! Es gibt nur dich und mich, nichts sonst zählt.«
Die Hügel leuchteten wirklich in der Sonne. Lichtstrahlen stachen durch das Blattwerk der Weiden, das tief über dem dunkelgrünen Wasser des Flusses hing. das Gras auf den Feldern wiegte sich im Wind.
Sie ergriff meine Hand. »Wenn du mich nur ein wenig lieb hast, dann sprich nicht drüber«, sagte sie. »Es ist vorbei und vergessen.«
»Begreifst du denn nicht ...«, setzte ich an.

»Nie wieder werde ich von Bestimmung und Schicksal reden«, unterbrach sie mich. »Ist es denn so wichtig, wer unsere Mütter waren? Die Vergangenheit zählt nicht. Nur die Gegenwart. Ich will nicht länger bloß versuchen, dich zu lieben, denn jetzt ...«, ihre Fingernägel bohrten sich in meine Handfläche, »... jetzt weiß ich, dass ich dich liebe! Ich will, dass wir zusammenbleiben, würdest du mich heiraten.«

»Elaine, was redest du da?«, entgegnete ich ruhig. »Dafür sind wir noch zu jung.«

»Du liebst mich nicht.«

»Eigentlich waren wir immer mehr wie Geschwister«, sagte ich. »Vielleicht aber ändert sich das mit der Zeit.«

»Mehr wollte ich nicht wissen.«

Dann, in dem jähen Stimmungswechsel, wie ich ihn bei ihr kannte, lief sie voraus und winkte mir, ihr zu einer kleinen, versteckten Mulde am Flussufer zu folgen, die warm von der Sonne war.

»Hier wollen wir bleiben, verborgen vor der Welt«, drängte sie. »Unser erstes gemeinsames Zuhause!« Sie zog mich zu sich herunter. »Hier sind wir allein. Hier stört uns keiner.« Sie schloss die Augen und streckte die Arme aus. »Küss mich!«

Sie öffnete ihr Kleid, warf sich auf mich, drückte sich fest an mich. Meine Bedenken schwanden, ich beherrschte mich nicht länger.

»Du«, flüsterte sie, und ließ mich nicht los, »bitte warte. Kannst du warten?«

Ich versuchte mich von ihr zu lösen.

»Nein«, drängte sie, »küss mich wieder. Du sollst mich küssen. Nur das – *das* noch nicht.«

»Du willst es doch auch.«

»Ja«, sagte sie, »ich will es auch. Wir sollten aber warten – versteh doch bitte!«

Ich setzte mich auf und schlang die Arme um die Knie. Im Fluss trieb ein Ast. Ich sah ihm schweigend nach, bis er verschwunden war.

»Was hast du?«

»Nichts, Elaine – zieh dich wieder an.«

»Ich liebe dich«, sagte sie.

Am Abend, noch im Bann dieser Stunde, baten wir Schwester Norwood um ihre Zustimmung zur Heirat. Sie sah uns beunruhigt und, wie mir schien, auch irgendwie traurig an.

»Wartet noch«, sagte sie, »ein Jahr oder zwei!«

Im Innern gab ich ihr recht, und darum schwieg ich. Elaines Augen blickten hart. Sie wandte sich Schwester Norwood zu. »Du verstehst nicht!«, rief sie. »Mutter ...«
»Ihr solltet noch warten. Glaub mir, Elaine, ich will nur euer Bestes!« Als ich weiter schwieg, kehrte mir Elaine den Rücken und stürzte in ihr Zimmer. Ich hörte die Tür ins Schloss fallen, wollte ihr folgen.
»Lass sie jetzt«, bat mich Schwester Norwood.
Ich verließ die Wohnung und stieg langsam die Treppe hinunter. Wind war aufgekommen, es war kühl jetzt. In der Straße schimmerten die Laternen schwach im Dunkel. Entschlossen, der Zukunft zu überlassen, was sich nicht gleich entscheiden ließ, kehrte ich ins Lager zurück.

In der Folgezeit waren wir ständig im Einsatz. Fern im Norden, in Neuguinea, hatte eine Großoffensive begonnen. Tag und Nacht pendelten die Lastwagen zwischen den Munitionsdepots und Alburys Rangierbahnhof. Nicht nur die Fahrer, wir alle arbeiteten Doppelschichten, bis uns die Augen brannten und die Knochen schmerzten. Es herrschte Ausgehverbot und unsere freien Stunden wurden auf ein Minimum gekürzt. Wir schufteten. Weit draußen, zwischen den friedlichen Hügeln, verluden wir Granaten, Bomben und Munitionskisten. Ich ließ Elaine eine Nachricht zukommen, hörte aber nichts von ihr. Erschöpfung verdrängte allmählich jeden Gedanken an sie. Nach siebzehn Tagen hatten wir es geschafft. Das Klirren der Rollen verstummte, die leeren Schuppen wurden geschlossen, die Lastwagen geparkt. Wir warfen uns auf unsere Pritschen ...

Tage später, beim Ausgang in die Stadt, kam mir alles fremd und verändert vor, obwohl sich nichts verändert hatte. Eine große Gleichgültigkeit hatte mich befallen. Ich spürte kein Verlangen nach Elaine. In mir wehrte sich alles gegen weitere Gefühlsausbrüche. Trotzdem hielt es mich nicht unter den Kameraden, ich mied die Kneipen, und nachdem ich eine Weile ziellos durch die Straßen gelaufen war, schlug ich wie unter Zwang die Richtung zu Elaines Wohnung ein. Unterwegs stieß ich auf Schwester Norwood, die fast an mir vorbeigeeilt wäre.
»Entschuldige«, sagte sie tonlos. »Ich hab dich nicht gesehen. Aber ich bin froh, dass du gekommen bist. Demnach hast du meinen Brief ...«
»Nein, da war kein Brief. Was ist denn los?«
»Elaine ist im Krankenhaus.«
Schuldgefühle überkamen mich.

»Eine Überdosis Morphium«, sagte Schwester Norwood leise. »Aber es ist überstanden. Sie ist außer Gefahr.«
»Morphium!«
»Du hast keine Schuld«, versicherte sie mir. »Ich habe Schuld. Hätte ich sie doch bloß auf die Erschütterung vorbereitet, die kommen musste …«
»Ich werde auf sie warten«, versprach ich bedenkenlos, wie ich in diesem Moment alles versprochen hätte, sogar sie zu heiraten. »Darf ich ihr das sagen?«
Schwester Norwood schüttelte den Kopf.
»Sie tat es nicht wegen euch. Das ist vorbei«, sagte sie, »das spüre ich – nein, ich weiß es!«

Das Krankenhaus war nicht weit. Ich ging unterm kalten Licht der Kugellampen den Korridor entlang, und alles um mich her schien unwirklich. Noch vor Schwester Norwood betrat ich Elaines Zimmer. Sie lag ganz still. Wie ein dunkler Schleier breitete sich ihr Haar über dem Kissen aus. Das Tageslicht betonte die bläuliche Blässe ihrer Haut und das Dunkel ihrer Augen. Sie atmete mit Mühe.
»Elaine«, flüsterte ich.
Ihre ungewöhnlich großen Pupillen wandten sich mir zu, nichts aber deutete darauf hin, dass sie mich erkannte.
»Ich hab dich lieb, Elaine«, sagte ich.
Sie öffnete die Augen ein wenig weiter, es war, als überraschten sie meine Worte, oder gar meine bloße Anwesenheit.
»Wo ist Mutter?«, fragte sie. »Mutter soll kommen.«
»Elaine, erkennst du mich nicht?«
»Ja doch«, sagte sie, »bring Mutter her.«
Schwester Norwood kam näher und setzte sich aufs Bett. Elaines Hand schob sich vor. »Mutter, liebste Mutter!« Sie lächelte matt. »Geh nicht weg, geh nie mehr weg!«
Ich fühlte mich ausgeschlossen. Durchs Fenster konnte ich weit hinter dem Fluss die braunen Hügel sehen. Wolkenschatten zogen über die Hänge.
»Verzeih mir, Mutter, bitte verzeih mir«, hörte ich Elaine sagen, »ich weiß jetzt, dass du mich liebst.«

Zwei Tage später wurde unsere Einheit nach Melbourne verlegt. Ich schrieb zwei Briefe an Elaine, hörte jedoch nie wieder von ihr.

Postausgabe

Die Einheit stand zur Postausgabe im Karree um Sergeant McPherson – die Briefe waren alphabetisch sortiert und bis Dombrowski an der Reihe war, der Briefmarken sammelte und fast täglich Sendungen aus aller Welt empfing, hätte ich nicht hinzuhören brauchen. Aber ich hörte hin. Seit jenem aufregenden Bescheid aus Adelaide wartete ich auf die Zeitschrift mit meiner ersten veröffentlichten Geschichte. Schon monatelang hatte ich mich gedulden müssen, und doch war ich in all der Zeit bei jeder Postausgabe mit wachen Sinnen dabei.

So auch heute, einem regnerischen Junimorgen im Melbourner Camp Pell, wohin wir aus Albury zum Einsatz im Hafen beordert worden waren. Gleich fiel mir der große braune Umschlag auf, den Sergeant McPherson unterm Arm hielt, um beim Briefeverteilen die Hände frei zu haben. Ich hörte ihn Namen von Auer bis Cohen rufen, auch Dombrowskis, und meine Hoffnung wuchs. Nachdem mit dem Namen Zadek die Postausgabe beendet war, traten alle ab. Nur ich blieb – und tatsächlich, diesmal hatte ich nicht vergeblich gehofft. Stumm, dabei innerlich aufgewühlt, nahm ich die Sendung in dem großen Umschlag in Empfang, machte kehrt und verschwand über den Appellplatz in mein Zelt. Das war leer. Ungestört vollzog ich die heilige Handlung, riss den Umschlag auf, stutzte erschrocken, weil da auch noch ein Schreiben beigefügt war – nicht etwa eine Absage? Nein, gottlob! Nur die Erklärung, warum sich die Auslieferung der Zeitschrift verzögert hatte. Und dann, endlich, hielt ich das umfangreiche Heft mit dem Titel *Angry Penguins* in den Händen, überflog das Verzeichnis mit klangvollen Namen wie Sargeson, Cowan, Farrell und Marshall, und entdeckte dazwischen auch meinen Namen. *Angry Penguins!* Zornige Pinguine ... Bei dem Anblick meiner Erzählung im Druck, mein Name groß gesetzt über dem Titel *Die einfachen Dinge*, fühlte ich alles andere als Zorn. Ich war stolz, glücklich, dankbar.

Vor den Männern behielt ich die Veröffentlichung für mich, wer von ihnen würde nachempfinden können, was ich empfand. Ich zehrte davon, dass die Erzählung gedruckt war und nun viel gelesen würde, und dass ich ein Exemplar des *Angry Penguins* an Mrs. Helen Coster in Sandringham schicken ließ, zeigte, wie viel mir die Frau noch bedeutete.

Margie

Erst im Bett, später in der Nacht, bemerkte ich die Missbildung ihres linken Fußes, spürte ich unterm Deckbett die Krümmung. Beim Tanz im Trocadero, wo wir uns begegnet waren, hatte ich nur Augen für ihre Schönheit, die klaren blauen Augen, die sanft gewölbte Stirn, ihre schlanken Arme, schlanken Hände und wie die Brüste sich abhoben unterm Kleid.

In meiner Freizeit, *my time on leave*, die wir fortan gemeinsam verbrachten, vermieden wir Spaziergänge: Wohin sie wollte, fuhren wir mit der Straßenbahn, das ging gut und leicht damals in Melbourne, und kostete Soldaten nichts. Kam es zu Abstechern in den Botanischen Garten, fand sie gleich eine Bank zum Verweilen: »Komm, setz dich hierher – marschieren tust du doch genug im Dienst. Was macht ihr dort überhaupt, außer marschieren? Erzähl mal.«

Ich erzählte, und sie hörte aufmerksam zu – erstaunlich im Grunde. Was schon war Besonderes an Verladearbeiten im Hafen und in Lagerhallen? Allmählich ging mir auf, dass für sie mein Erzählen nur ein Vorspiel für Zärtlichkeiten war, so auch diesmal wieder, hier auf der Parkbank. Ich warf den Armeehut vom Kopf, beugte mich über sie und küsste sie, bis wir außer Atem waren. Sie lachte gurrend und tupfte mir mit dem Spitzentaschentuch die Spuren ihres Lippenstifts vom Mund.

»Du sollst erzählen. Erzähl weiter!«

»Da war einmal ein Mädchen, das war siebzehn und schön wie eine Blume, und tanzte gern, und wie die für Frank Sinatra schwärmte, war zum Auswachsen.«

»Dann wachs ein bisschen aus!«

»Was bloß hat dieser Sänger, das ich nicht habe?«, fragte ich.

»Den Nachteil, weit weg zu sein«, erwiderte sie prompt. »Dein Glück.«

Und dann, von einem Tag zum anderen, war auch ich weit weg, die Einheit war nach Albury zurückverlegt. Und sie war achtzehn und ich zwanzig, als mich ein kurzer Urlaub wieder nach Melbourne brachte. Und auch Sinatra war *in town* – war nach Melbourne zu einem Konzert für die Truppen eingeflogen worden.

»Wie bloß komme ich da rein. Wie bloß?«, fragte Margie.

Ich schwieg.

»Warum sagst du nichts? Denk nach!«

Das tat ich, und es ermunterte mich wenig, als ich sie sagen hörte: »Ich schlaf mit dir so oft du willst, und wie du es willst, wenn ich bloß da reinkomme.«

Einen kurzen Augenblick verschlug es mir die Sprache. »Du«, sagte ich dann, »da ist kaum was zu machen – das ist ein Konzert nur für Soldaten.«

Sie sah mich an. »Ausflüchte«, sagte sie. »Wo ein Wille ist …«

Ich wich ihrem Blick nicht aus. »Richtig«, sagte ich, »wäre da ein Wille, gäbe es einen Weg.«

Wo ist Tommy?

Der Leiter der Wäscherei sah uns beide prüfend an, stellte ein paar Fragen, dann nickte er mir zu, ihm in sein Büro zu folgen. Ich erkannte, dass er zum harten, herrischen Schlag gehörte, und er missfiel mir sofort.

»Sie scheinen den Job nötiger zu haben als der andere«, sagte er unverblümt zu mir, und ich hatte nichts darauf zu antworten. Ich trug meine alte Armeeuniform, braun gefärbt und von einem Schneiderlehrling in so etwas wie einen Anzug umgeändert. Der andere Bewerber war in guten neuen Sachen erschienen und hatte keine Enttäuschung gezeigt, als er abgewiesen wurde.

Ich erklärte dem Wäschereibesitzer, dass ich bei der Armee Lastwagen gefahren sei und eine Fahrerlaubnis besitze. Da warf er ein Bund Autoschlüssel auf den Tisch und sagte, ich könne auf Probe anfangen. Wenn ich gut arbeite, werde er den Grundlohn um ein oder zwei Pfund erhöhen.

»Sind Sie verheiratet?«, wollte er wissen, und als ich verneinte, sagte er: »Unser letzter Fahrer war auch Junggeselle – hat ihm eine Menge Ärger eingebracht.«

Dann ließ er mich allein, und ich sah mir die an der Wand hängende Karte von Melbourne an. Die Vororte South Yarra, Prahran, Windsor und St. Kilda waren mit roter Tinte abgegrenzt, und blaue, rosa, gelbe und grüne Stecknadeln bezeichneten jeweils die Straßen, in denen Wäsche abgeholt und geliefert werden musste. Ich zählte sie. Es waren zweiundsiebzig – folglich würde ich alle Hände voll zu tun haben, wenn ich alles an einem Tage schaffen wollte. Jetzt war es neun Uhr. Mir blieben kaum sechs Stunden für die Arbeit.

»Tommy war mit der Montagstour gewöhnlich um zwei Uhr fertig«, erklärte mir der Boss, als er zurückkam. »Dadurch hatte er immer noch Zeit, die Schmutzwäsche abzuladen und den Wagen wieder zu beladen, damit er dienstags, wenn die Fabriken an der Reihe sind, zeitig losfahren konnte.«

»Und einen solchen Mann haben Sie entlassen?«, fragte ich.

»Wer sagt das denn?«, erwiderte er. »Der hat sich selbst entlassen – ist von einem Tag auf den anderen nach Sydney verschwunden.«

»Wird seine Gründe gehabt haben.«

»Natürlich hatte er die!« Er lächelte vieldeutig.

Der Grund dafür wurde mir klar, als ich die bestürzte Frage des Mädchens hörte, das mir helfen sollte, den vor dem Hintereingang der Wäscherei geparkten Morris-Lieferwagen zu beladen.

»Wo ist Tommy?«

»Am Freitag verschwunden«, teilte der Boss ihr mit.

»Das ist nicht wahr!«, rief sie aus und wurde blass. Sie war etwa zwanzig, gut gewachsen, aber ihr Gesicht war aufgedunsen wie bei den meisten Wäscherinnen. Ihre Augen waren mit Wimperntusche verschmiert, die in dem Dampf weich geworden war. »Warum ist er weg?«

»Was weiß ich!«, sagte der Boss. »Gewöhnen Sie sich lieber an den Neuen, Shirley.«

Sie warf mir einen flüchtigen Gruß zu und beachtete mich danach nicht weiter. Während sie die Pakete aus der Wäscherei brachte, bemerkte ich, wie sehr ihr Toms Abgang zu schaffen machte. Ich weiß nicht, ob sie Tränen oder Schweißtropfen abwischte, als sie sich mit der Schürze über die Wangen fuhr, ich weiß nur, dass sie einmal ins Haus stürzte und mit schriller Stimme rief: »Tommy ist weg!« Danach arbeitete sie verbissen und schwieg, bis der Wagen beladen war.

»Wie war doch gleich Ihr Name?«, fragte sie, als ich schon hinterm Lenkrad saß.

»Hatte noch keine Gelegenheit, Ihnen den zu sagen.«

»Geht auch so«, meinte sie. »Wenn Sie also diese Pakete nach den Farben der Stecknadeln abliefern, kann nichts schiefgehen – blau für South Yarra, rosa für Prahran, gelb für Windsor und grün für St. Kilda. In dieser Reihenfolge. Die Straßennamen und die Hausnummern stehen auf den Lieferscheinen.«

»Danke.«

»Schon gut«, entgegnete sie, »aber merken Sie sich das lieber gleich. Noch einmal kann ich's Ihnen nicht erklären.«

»Heißt das, Sie werden hier aufhören?«

»Weiß ich noch nicht«, sagte sie, drehte sich weg und ging mit hängenden Schultern in die Wäscherei zurück.

Ich ließ den Motor an und fuhr langsam aus der Seitenstraße heraus in die Commercial Road. Der Verkehr und der Zustand des Lieferwagens beanspruchten mich derart, dass ich mir keinen Kopf mehr über Shirleys Probleme machte. Sehr schnell entdeckte ich, dass die Kupplung schleifte und ich die Geschwindigkeit nur erhöhen konnte, indem ich den Gashebel durchtrat. Bei dem schlechten Zustand der Fußbremse wagte ich nicht, höher als bis in den zweiten Gang zu schalten, aus Angst, eine rote Ampel zu überfahren. Und als sich herausstellte, dass auch die Handbremse defekt war, verfluchte ich diesen Tom hemmungslos. Der hatte den Lieferwagen ja großartig in Schuss gehalten! Jedes Mal, wenn ich auf einer Steigung zu starten versuchte, rollte ich zurück, gefährlich nah an die Fahrzeuge heran, die sich hinter mir stauten. Die Autofahrer hupten, die Polizisten an den Kreuzungen pfiffen, und ich war bald in Schweiß gebadet. Dieser verfluchte Tom hat sich aus dem Staub gemacht, bevor es ihn bei einem Zusammenstoß erwischte, dachte ich mehr als einmal, und der ersten Hausfrau, die sich erkundigte: »Wo ist denn Tommy heute?«, antwortete ich, er verstecke sich vermutlich vor der Verkehrspolizei.

»Was für ein Unsinn!«, entgegnete die Frau heftig. »Sie kennen ihn nicht, sonst würden Sie nicht so einen Blödsinn reden. Tommy versteckt sich vor niemandem, das lassen Sie sich gesagt sein!« Damit knallte sie mir die Tür vor der Nase zu. Ich verstaute ihr Bündel Schmutzwäsche im Wagen. Wirst vorsichtiger mit deinen Antworten sein müssen, sagte ich mir, während ich die Punt Road entlang zur High Street in Prahran fuhr. Ohne Zweifel hatte dieser Tom die Frauen auf seiner Seite!

Als ich mit dem Vorort Windsor durch war, hatte man so oft nach ihm gefragt, dass ich mich nicht länger über den Zustand des Lieferwagens wunderte: Der Mann hätte mehr Arme als eine Krake haben müssen, um Zeit für Reparaturen zu finden, denn er war offensichtlich vollauf damit beschäftigt gewesen, sich bei den Kundinnen beliebt zu machen.

Ich hatte ungefähr fünfzig von meinen Paketen abgeliefert, etwa genauso viele Bündel Schmutzwäsche in Empfang genommen, als es zwei Uhr schlug. Mindestens zwanzig Adressen in St. Kilda musste ich noch schaffen. Meine Nerven waren gespannt, weil ich immer wieder nur um Haaresbreite einem Zusammenstoß entging. Außerdem hatte ich Hunger, und meine Kehle war trocken vom vielen Fragen nach versteckten Seitengassen und vom ständigen »Wäsche!«-Rufen vor den Haustüren und in den Hinterhöfen der Mietshäuser. Dazu kam, dass ich nicht sicher war, ob mein Geld auch stimmte. Denn natürlich musste ich nicht nur die Schmutzwäsche mitnehmen, sondern auch kassieren. Der Boss hatte mir eine Umhängetasche verpasst, wie sie Straßenbahnschaffner trugen, und Wechselgeld für ein Pfund. Der Riemen schnitt mir in die Schulter, so schwer waren die Münzen, die ich bisher eingenommen hatte. Hast einen großartigen Job erwischt, sagte ich mir, während ich allmählich einen widerwilligen Respekt für meinen Vorgänger in mir wachsen fühlte.

Längst hatte ich erkannt, dass dieser Tom sehr gut mit allem fertig geworden war – mit diesem klapprigen Lieferwagen und allem anderen auch. Und seine Popularität verblüffte mich geradezu. Eine Frau in der Moore Street hatte ihn einen »wirklichen Gentleman« genannt, eine andere in der Upton Road meinte, er sei ein »Universalgenie und ein hübscher Kerl obendrein«, während eine dritte in der Vine Street ihn für »so etwas wie einen Dichter« hielt und hinzufügte, er sei sowieso zu schade gewesen zum Wäscheausfahren. »Ich wünsche ihm alles Gute, wo immer er auch sein mag«, sagte sie mir. Ob jung oder alt, es gab kaum eine Hausfrau, die nicht sofort nach Tommy fragte, und die Kinder beklagten sich lauthals – sie waren daran gewöhnt, jeden Montag von ihm Bonbons zu bekommen oder ein Stück im Lieferwagen mitgenommen zu werden.

Zu all dem wurde mir bald klar, dass ich mich gehörig anstrengen musste, wenn ich es Tom gleichtun wollte – alldieweil ich nicht gerade gut angefangen hatte. Abgehetzt, wie ich war, hatte ich mich zu den Kundinnen kurz angebunden verhalten, war auf ihre Versuche, einen kleinen Schwatz zu beginnen, ebenso wenig eingegangen wie auf das Gejammer ihrer Kinder. Und als die Zeit immer knapper wurde, ließ ich mich gar nicht mehr über Tommy aus. »Er ist ab nach Sydney.« Mehr sagte ich nicht, was den Eindruck, den ich hinterließ, nicht gerade verbesserte.

Einmal parkte ich den Lieferwagen auf einer Steigung in der Punt Road und vergaß, den ersten Gang einzulegen. Und als ich aus einem Haus an der Ecke der Nelson Street zurückkam, entdeckte ich, dass das verdammte Vehikel sich selbständig gemacht hatte und einen ganzen Block zurückgerollt war. Die Handbremse! Wäre der Wagen nicht von einem Bordstein gebremst worden, er wäre noch eine Meile weitergerollt. So war er in einem Winkel mit dem Kühler zur Fahrbahn zum Stehen gekommen. Ein halbes Dutzend Pakete lag auf der Straße verstreut.

Da gab ich alle Zurückhaltung in Bezug auf Tom auf. »Ein Dichter und ein Gentleman!«, blaffte ich die Frau an, die mir bis ans Gartentor gefolgt war. »Wahrhaftig ein famoser Kerl, dieser Tommy!«

Aber der Teufel hol's, die Frau bemerkte den Sarkasmus gar nicht. »Das stimmt, er hatte ein goldenes Herz«, sagte sie freundlich. »Sogar meine Mimi hat das gespürt – und Sie wissen ja, auf den Instinkt von Katzen kann man sich immer verlassen.«

»Katzen fahren keine Lieferwagen«, entgegnete ich, aber ich glaube kaum, dass sie begriff, wie ich das meinte.

Ohne ein weiteres Wort sammelte ich die Pakete auf, stieg in den Wagen und setzte meine Runde fort. Mimi, die Katze, dachte ich, was noch alles?!

Ich würde sie verleumden, wollte ich behaupten, das Interesse all dieser Frauen an Tommy wäre mehr als bloße Zuneigung gewesen. Immerhin waren die meisten verheiratet. Aber das weiß ich sicher: wenigstens zwei waren in ihn verliebt – Shirley, das Mädchen aus der Wäscherei, und Miss Hopkins, meine letzte Kundin in St. Kilda.

Als ich vor ihrer Parterrewohnung in der Marine Parade auf die Klingel drückte, öffnete sie sofort, als hätte sie nur auf diesen Augenblick gewartet. Sie war eine schlanke Person mit großen Augen, die mich bestürzt musterte. Dann fiel ihr Blick auf das Paket in meiner Hand. Ein unverständliches Flüstern war die Antwort auf meinen Gruß.

»Wo ist Tommy?«, hauchte sie, was mich veranlasste, weniger barsch als sonst zu antworten.

»Nach Sydney?«, wiederholte sie ungläubig. »So weit weg!«

»Heutzutage ist das keine so große Entfernung.«

»Für mich doch«, sagte sie mehr zu sich selbst, und sagte dann etwas von ihrem alten Vater, der auf das Geld angewiesen sei, das sie mit Musikstunden verdiene.

»Verstehe«, sagte ich kurz angebunden. Es war bereits nach drei, und ich war in Eile.

Auf meine Frage, ob sie schmutzige Wäsche mitzugeben habe, antwortete sie nicht, trat schweigend zurück in den Flur. Ich folgte ihr und legte das Wäschepaket in der Diele ab.

»Nach Sydney!«, wiederholte sie. »Und hat nie ein Wort davon gesagt!«

»Das macht sieben Shilling neun Pence, Miss Hopkins.«

»Ja, ja«, erwiderte sie geistesabwesend und verschwand im Wohnzimmer, um das Geld zu holen. Durch die offene Tür konnte ich einen runden Eichentisch sehen, auf dem Geschirr und Kuchen und eine dampfende Kaffeekanne standen. Zwischen dem Fenster und einem Klavier mit aufgeklapptem Deckel und spielbereiten Noten saß ein alter Mann in einem Schaukelstuhl, die Beine in eine Decke gehüllt.

»Tommy ist weg«, sagte Miss Hopkins zu ihm, und obwohl sie leise sprach, hörte ich aus ihrer Stimme doch die gleiche Verzweiflung heraus wie bei Shirley in der Wäscherei.

Dann kam sie mit dem Geld zurück.

»Was ist mit der schmutzigen Wäsche?«, fragte ich sie noch einmal.

»Tommy hatte eine schöne Stimme, müssen Sie wissen«, sagte sie. »Wenn er Zeit hatte, sang er uns etwas vor, und ich begleitete ihn auf dem Klavier.«

»Wenn Sie heute nichts für mich haben«, sagte ich, »werde ich nächsten Montag wieder nachfragen.«

»Nein, das ist nicht nötig. Ich kann wirklich selbst waschen. Wir haben nicht viel.«

»Wie Sie wünschen, Miss.«

Ich schloss meine Geldtasche und ging hinaus. Ohne recht zu wissen, was sie tat, folgte sie mir ein paar Schritte auf die Straße hinaus. Im Sonnenlicht wirkte ihr Haar nicht blond, sondern grau. Ich hielt sie jetzt für längst über vierzig, während ich sie vorher auf ungefähr dreißig geschätzt hatte. Als sie sich von mir verabschiedete, blickte sie mich kaum an, sie sah in die Ferne über den Strand der Hobson's Bay. Es war, als erwarte sie, dass Tom aus dem Dunst über dem Meer auftauchte.

Kurz vor Feierabend kam ich in die Wäscherei zurück. Ich meldete mich beim Boss und fragte ihn, ob Shirley mir morgen wieder helfen könne, den Lieferwagen zu beladen.

»Sie könnte, wenn sie noch da wäre«, sagte er.

»Heißt das, sie ist weg?«

»Hat zu Mittag gekündigt. Nicht mal ihren Lohn hat sie sich auszahlen lassen.«

Es verschlug mir die Sprache.

»Man kann in einen Menschen nicht hineinschauen, was?«, fuhr er fort. »Jedenfalls liegt das Geld für sie bereit – sie kann es sich jederzeit holen.«

»Es ist ein weiter Weg bis nach Sydney.«

Er sah mich an. »Und es leben zwei Millionen Menschen dort«, sagte er. »Es wird nicht leicht für sie sein, Tommy zu finden.«

Pit und Monica

Mit dem Lohn für das Wäscheausfahren in der Tasche und meiner zurechtgeschneiderten Armeeuniform überdrüssig, entschloss ich mich zu einem Neubeginn: Sporthose, Sportjacke und ein dazu passendes Hemd, und obwohl die Verkäuferin des kleinen Konfektionsladens mit ihrem Pagenschnitt und überschlanken Figürchen nicht sonderlich auf mich wirkte, beeindruckte mich doch, wie gut sie sich auf Herrenmode verstand. Was sie vorschlug, schien wie für mich geschaffen – ich nickte zu allem, kleidete mich in der Kabine um und kam mir danach wie verwandelt vor. Ihr wohl auch. Es war, als betrachte sie mich neu.

»Schmuck«, entschied sie. »Total schmuck!«

Da keine weiteren Kunden zu bedienen waren, kamen wir ins Gespräch, und am Ende lud sie mich ein, meine Verwandlung ein wenig zu feiern. Ich stutzte. Wie sollte das gehen? Ladenschluss stand zwar bevor, doch wo konnte man zu dieser Zeit in Melbourne noch feiern – hier schlossen die Kneipen um sechs, Konditoreien meist auch, und ob sie sich nach Parkville entführen lassen würde, wo ich gegenwärtig wohnte, erschien mir fraglich. Also wartete ich, und was kam, ließ aufhorchen.

»Unsere Wohnung ist nicht weit und von dort haben wir den schönsten Ausblick zum Park.«

»Unsere Wohnung?«

»Monicas und meine.«

Wer war Monica? Neugierig geworden, nahm ich ihren Vorschlag an und erfuhr dabei auch, wie sie hieß.

»Pit – für Peter. Richtig aber heiße ich Petra. Es ist bloß, dass Monica von diesem Pit nicht lassen will, bis ich selbst fast dran glaube.«

Pit passte zu ihrem Pagenschnitt, ihrer flachen Brust, dem jungenhaften Figürchen und ihrer burschikosen Art. Sie bündelte meine Armeekleidung zusammen, und ich ließ sie alles in den Müllschacht werfen – Armee ade, das war's!

»Und nun können wir – Ladenschluss ist längst.«

Schnell räumte sie auf, rechnete die Kasse ab und schon waren wir auf dem Weg. Zu ihrer Wohnung war es nur ein Katzensprung, der Ausblick zum Park aber blieb mir vorenthalten – auf den Balkon sollte ich nicht gelangen: Zu angetan von Monica hatte ich mich gezeigt, die reizvoll war, blond, üppig, und geneigt, ihre Brüste zur Geltung zu bringen. Immer wieder berührte sie mich, bis ich irgendwann reagierte und spielerisch ihren Arm streichelte.

»So nicht, lieber Freund«, hörte ich Petra rufen.

Ihr Ton ließ mich aufhorchen. Als ich aber bald darauf durch die offene Anrichte in die Küche blickte und sah, wie jetzt sie Monica den Arm streichelte, begriff ich die Lage.

»Gin-Fizz oder Ale?«, rief Monica mir zu.

Ich hatte mich abgewandt, im Wohnzimmerspiegel aber, der ebenfalls Einblick in die Küche gab, sah ich Petras Hand zärtlich über Monicas Schenkel gleiten, sie küssten sich, und da ließ ich beide wissen, es sei wohl besser, dass ich gehe.

»Warum bloß?«, rief Monica.

»Lass ihn«, meinte Petra. »Nicht immer machen Kleider Leute.«

»Mir gefällt er«, widersprach Monica.

»Ach wirklich?«, entgegnete Petra.

Ich sah, wie sie sich straffte und zum Schlag ausholte. Die Ohrfeige hinterließ Striemen auf Monicas Wange, und noch lange nachdem ich gegangen war, stand mir ihr verwirrter, zutiefst ungläubiger Ausdruck vor Augen.

Begegnung auf der Landstraße

Ich stehe auf der Landstraße und warte, dass mich ein Auto ein Stück des Weges mitnimmt. Hell scheint die Sonne über das weite Land, und die Luft ist frisch. Es ist ein schöner Tag. Ich höre Motorenlärm, noch bevor ich ein Auto sehen kann. Über den Hügeln kreuzt ein amerikanisches Auto auf. Es scheint das Tempo zu verlangsamen. Der vierschrötige Mann am Steuer winkt und zeigt an, wo er halten wird. Ich nehme mein Bündel und renne hinterher.

»Wo wollen Sie hin?«, fragt er mich, und ich sage ihm, nach Sydney.

»The big smoke«, erwidert er lachend, dann sagt er etwas zu der Frau neben sich, worauf sie nickt. Er macht mir ein Zeichen einzusteigen, öffnet die hintere Tür mit fahrigen Bewegungen. Mir ist, als hätte er getrunken. »Wir können Sie ein Stück mitnehmen«, sagt er.

Ich schiebe mein Bündel durch die Tür, werfe sie hinter mir zu und werde beim plötzlichen Start in den Rücksitz gestaucht.

»Herrlicher Tag, was?«, ruft er.

»So ist's.«

Nach einer Weile stellt er sich und die Frau vor. »Das ist Nell. Ich heiße Jack, Jack Moran – heute seit genau fünf Jahren im Ehejoch.«

Worauf die Frau spöttisch auflacht, aber nichts sagt. Ich nenne meinen Namen und sage, wie froh ich sei, mitgenommen zu werden.

»Nicht der Rede wert«, meint Jack Moran. »Auf Urlaub, was?«

»So ungefähr.«

»Nun, wir auch. Nicht wahr, Nell? Hart gearbeitet, und nun lassen wir die Zügel schleifen.«

»Wir wissen nicht, wohin wir fahren, aber wir fahren«, stellt sie fest, und es ist klar, auch sie hat getrunken.

»Ich weiß, wohin wir fahren«, sagt Jack. »Zu meinem Bruder, der auf seiner Farm versauert. Arbeitet da wie ein Pferd.«

»Dorthin?«, fragt Nell.

»Sicher. Warum nicht? Er hat doch sonst keine Abwechslung, oder?«

»Ich weiß nicht, ob wir da hinfahren sollen.«

»Es liegt am Wege«, wendet Jack ein. »Sollen sich mal meinen Wagen ansehen, er und Dawn. Wird ihnen was zu denken geben. Funkelnagelneuer Buick, direkt aus dem Autohaus.«

»Ich weiß nicht«, sagt Nell.

Ich bin froh mitgenommen zu werden. Seine Prahlerei geht mich nichts an, macht mich aber schweigsam. Jetzt wendet sich die Frau um und lächelt mir zu. Sie bemüht sich, jung und sorglos zu wirken.

»Trinken Sie?«, fragt sie mich.

»Manchmal«, sage ich.

»Gut«, meint Jack.

»Du sei still«, schilt sie ihn, »du wirst erst was essen, bevor du wieder trinkst.«

»Ich esse, wenn es mir passt.«

»Und das ist jetzt«, beharrt sie.

Vor dem nächsten Gasthof hält Jack an, und wir gehen zusammen ins Gastzimmer, wo er lärmend Bier bestellt. Als Nell entdeckt, dass wir für den Mittagstisch zu spät kommen, sagt sie: »Du wirst nichts trinken, ehe ich nicht ein paar Sandwiches besorgt habe.«

»Also hol welche«, erwidert Jack.

»Und womit soll ich bezahlen?«

Ich krame etwas Geld hervor, aber Jack hält mich zurück. »Geht alles auf meine Kappe«, sagt er und sucht in seinen Taschen nach Geld. Aus einem Bündel klaubt er einen Schein. Nell steckt ihn in ihre Handtasche und geht etwas unsicher auf ihren hohen Absätzen zur Tür. Von dort winkt sie uns. Ihre gekünstelte Heiterkeit sagt mir, dass sie unglücklich ist. Nachdem sie gegangen ist, trinkt Jack das Bier, das er für sie bringen ließ, und stellt die anderen zwei Gläser vor uns hin.

»Das wird uns gut tun«, sagt er freudlos. »Beseitigt auf der Stelle alle Sorgen.«

»Warum Sorgen?«, frage ich ihn, »Sie sind doch auf Urlaub.«

»Sicher«, sagt er, »sicher bin ich das. Trinken wir noch eins.« Damit lässt er sein leeres Glas auf der Tischplatte kreisen und hält dem Schankkellner zwei Finger hoch. Er sieht ihn prüfend an und sagt: »Sind wohl von hier – oder?« Der Schankkellner nickt. »Kennen Sie einen Kerl namens Tom Moran hier in der Nähe?«

»Ja. Hat eine Farm, zwanzig Meilen weg. Ist er das?«

»Das ist mein Bruder«, sagt Jack. »Wie geht's dem?«

»Wie's so geht«, antwortet der Schankkellner und setzt die gefüllten Gläser vor uns hin. »Erwartet Sie Ihr Bruder?«

»Gott, nein!«, sagt Jack. »Hab ihn seit Jahren nicht gesehen. Wäre nicht hier, wenn ich nicht meinen Buick einfahren müsste.«

»Mir fällt ein, er hat auch noch nie von Ihnen gesprochen«, bemerkt der Schankkellner.

»Wir verstehen uns schon«, erwidert Jack.

»Bestimmt«, sagt der Schankkellner.

Etwas scheint Jack zu beunruhigen. Es vergeht längere Zeit, bis er vom Bierglas zu mir hochschaut. »Wissen Sie was?«, sagt er. »Die Welt ist verdreht.«

»Meinen Sie?«

»Als mir noch der Hintern durch die Hose guckte, war ich näher dran, die Frau zu kriegen, die ich wollte, als heute, wo es mir gut geht, mit dem Holzgeschäft, das mir was einbringt.«

»Und was ist mit Nell?«, wage ich zu fragen.

»Nell«, sagt er, »Sie und ich, wir gehen nur so miteinander. Wenn es vorbei ist, ist es vorbei.«

»Aber Sie sagten doch …«

»Ach, wegen der fünf Jahre«, unterbricht er mich. »Das war nur so dahin gesagt. Dawn und ich, wir würden heute fünf Jahre verheiratet sein. Bloß …«

Ich erfahre nicht, wer Dawn ist, denn er bricht ab, weil Nell hereinkommt.

»Da habt ihr«, sagt sie und stellt einen Karton mit Sandwiches auf die Theke, »schönen Schinken mit Ei.«

»Iss sie selbst«, sagt Jack zu ihr. »Ich will nichts.«

»Aber du musst was essen!« ruft sie verzweifelt, setzt sich und blickt von Jack zu mir und wieder zurück. »Jack ist mürrisch«, sagt sie leise, »er ist einsam.«

»Er hat doch Sie.«

»Ja, mich«, sagt sie bitter und kreuzt die wohlgeformten Beine unter dem engen, geschlitzten Rock. »Ich weiß, wozu er mich hat.«

»Hör auf damit, Nell«, sagt Jack.

»Warum soll ich aufhören? Wir sind beide Außenseiter, Jack. Sieh dem ins Gesicht. Beide Außenseiter. Wir gehören nirgends hin.«

Jack rückt unruhig hin und her. »Hör auf damit!« verlangt er nochmals.

»Warum willst du nicht zugeben, dass du deine Kumpels vermisst?«, fragt sie. »Dein Geld hat dir nichts gebracht. Du warst zufriedener, als du noch angestellt warst.«

»Du bist ja so klug, nicht wahr? Heb dir das fürs Bett auf.«

»Bett!«, schreit Nell. »Worüber redest du denn neuerdings im Bett? Du schläfst doch gleich ein, wenn du hattest, was du wolltest.«

Eine halbe Stunde später sitzen wir wieder im Wagen. Der Tag neigt sich dem Ende zu. Die Sonne wirft ein dunkles Herbstrot auf die Felder. Am Horizont steigen Abendwolken auf. Der Wagen läuft gut in der Abendkühle. Aber Jack und Nell schweigen.

Bald verlassen wir die Hauptstraße und fahren auf einem Dorfweg hügelan, bis wir das tiefliegende Land überblicken und in der Ferne ein massives Farmhaus sehen.

»Das ist Toms Anwesen«, sagt Jack.

»Du solltest da nicht hinfahren«, warnt Nell.

»Dawn soll sehen, dass es mir auch ohne sie gut geht«, sagt Jack.

Als wir den Weg erreichen, der zur Farm führt, steige ich aus und öffne das Gatter. Jack steuert den Wagen mit gedrosseltem Motor hindurch. Ich schließe das Gatter und steige wieder ein.

»Es wird schon gut gehen mit Tom«, sagt Jack zu Nell. »Das mit Dawn ist alles vorbei.«

»Ich glaub das erst, wenn ich es sehe«, sagt Nell.

»Wirst es sehen.«

Jack steuert den Buick vor das Farmhaus, hält an und hupt. Weit ab bellt ein Hund. Wir warten. Nach einer Weile hören wir eine helle Stimme rufen. Dann öffnet sich die Haustür und eine Frau tritt auf den Hof. Sie ist schön. Mit ihrem schwarzen Haar, ihren blauen Augen und der zarten Haut wirkt sie alles andere als bäuerlich. Als sie Jack erblickt, errötet sie.

»Hallo, Dawn!«, ruft Jack und steigt aus.

»Guten Tag«, antwortet die Frau. Hinter ihr äugt ein nussbraunes, sommersprossiges Mädchen hervor. Es ist ungefähr fünf Jahre alt und ähnelt Jack. »Geh ins Haus, Maureen«, sagt die Mutter zu ihr, und das Mädchen gehorcht.

»Wem schadet das, wenn sie mich sieht?«, fragt Jack.

»Wenn sie dich sehen will, kann sie das durchs Fliegengitter.«

»Und wo ist Tom?«

»Tom arbeitet.«

»Willst du ihn nicht rufen?«

»Er wird zum Abendbrot zurück sein. Aber du wirst dann schon weg sein.«

Jack geht zum Wagen zurück. »Ich habe gedacht, ich könnte Maureen ein bisschen ausfahren und auch dich, wenn du Lust hast«, sagt er.

»Wir nehmen den Einspänner zum Ausfahren.«

»Natürlich, Dawn, sicher, sicher«, sagt Jack. »Du warst nicht immer so auf hohem Ross.«

»Das ist lange her, Jack, sehr lange«, sagt die Frau leise, und wieder errötet sie.

Die ganze Zeit hat Nell wie versteinert dagesessen und durch die Frontscheibe gestarrt. Schließlich sagt sie: »Lass uns fahren, Jack, bitte.« Für einen Augenblick weilen die Augen der Frau, die Jack hätte heiraten können, auf Nells geschminktem Gesicht, dann schaut sie weg.

Ich lehne mich so weit wie möglich zurück, während Jack wieder den Fahrersitz einnimmt und den Motor anlässt. Durch das Motorengeräusch schreit er: »Also gut! Leb wohl! Sag Tom, es tut mir leid, dass wir ihn verpasst haben. Richte ihm aus, er soll vorbeikommen, wenn er mal in der Stadt ist.«

In die Augen der Frau stiehlt sich etwas wie Verachtung und noch ehe wir abgefahren sind, dreht sie sich um und geht mit schwingender Schürze ins Haus zurück.

Als ich das Gatter schließe, kann ich in der Ferne einen Mann sehen, der im Licht der scheidenden Sonne einem Pferdepflug folgt. Der Mann hält die Pferde an und blickt zu dem Auto hinüber. Ich wundere mich nicht, dass er uns nichts zuruft. Wir fahren davon, Jack bleibt schweigend über das Lenkrad gebeugt.

Plötzlich sagt Nell: »Wenn ich keine Dame bin, dann bin ich eben keine Dame.« Dann bricht sie in Lachen aus. Jack bleibt stumm, erhöht grimmig die Geschwindigkeit. Der neue Motor arbeitet hart in rasanter Beschleunigung.

»Nehmen Sie es nicht zu schwer«, wage ich zu sagen.

»Sie können aussteigen, wenn Ihnen was nicht passt«, sagt Jack.

»Werde ich machen, wenn Sie das wollen.«

»Verzeihung«, sagt Jack.

»Es ist besser, ich mach mich auf den Weg«, sage ich.

»Um diese Zeit nimmt Sie keiner mehr mit.« Und zu Nell, die vor sich hinlacht: »Was ist so komisch?«

»Gleiche Brüder, gleiche Kappen, nicht wahr?«, sagt sie mit zittriger Stimme, dem Weinen nah. »Siehst du, die hat's uns gezeigt – den zwei Außenseitern.«

»Lass gut sein, Nell«, sagt Jack. »Wer ist sie schon, dass sie sich aufs hohe Ross setzt?«

»Ich wünschte, ich wäre halb so stolz wie sie«, sagt Nell bitter. »Dabei konnte ich dich nicht mal davon abhalten, zu ihr zu fahren.«

»Tut mir Leid, Nell.«

»Tut dir Leid«, schreit sie schrill. »Du und deine Eitelkeit! Was bedeutet ihr schon das Auto? Ein Stück Blech auf Rädern, weiter nichts.«

»Vergiss es, Nell. Es ist vorbei.«

»Was glaubst du, wie mir zumute war, als sie mich so ansah? Denkst du, ich hätte kein Gefühl? Wenn ich wie sie wäre, würde ich mich nicht mit dir herumtreiben und auf den Tag warten, bis du genug von mir hast. ›Fick sie und verlass sie‹, hast du doch immer gesagt, nicht wahr? Sie aber verließ *dich*, trotz Säugling und allem.«

»Hör auf damit!«, knurrt Jack.

»Sie hat uns nicht mal ins Haus gebeten. Da hast du's, was sie von dir und mir hält.«

»Nur von mir, Nell. Du bist da raus.«

»Ach ja?! Wenn du dich da mal nicht irrst!«, sagt Nell bitter. »Ich bin so oft für eine Hure gehalten worden, dass ich schon anfange, mich wie eine zu benehmen. Aber damit ist jetzt Schluss, das sage ich dir, Jack. Schluss!«

»Das reicht, Nell. Jetzt reicht es!«

Schweigen herrscht, während der Wagen stetig die Landstraße entlang brummt. Es ist längst Nacht, und das Licht der Scheinwerfer streicht an Bäumen und Drahtzäunen vorüber. Wegweiser springen aus der Finsternis, während wir uns einer Ortschaft nähern. Als Nell wieder spricht, klingen ihre Worte wie eine Antwort auf etwas, das mir entging.

»Denke bloß nicht, du bist der Hammer, Jack, und ich der Amboss, nichts als der Amboss.«

»Hör auf, Nell!«

»Solltest du das denken, dann lass uns jetzt auseinandergehen. Für immer. Auf der Stelle. Und Gott sei mit dir.«

Ich steige in der Ortschaft an einem Gasthof aus. Jack und Nell fahren weiter ins Land.

Bill und Henry

Meine Rückkehr nach Melbourne ließ sich gut an. Bill Harvey, dem ich die leerstehende Wohnung in dem Haus vermittelt hatte, in das ich neu eingezogen war, zeigte sich erkenntlich, indem er einmal die Woche mit seinem kleinen Ford zum Markt fuhr und auch sonst den Großteil aller Besorgungen machte, während Henry Jenkins, der zu meiner Überraschung mit eingezogen war – was wusste ich damals schon von Männern, die anders waren –, für sie in der Gemeinschaftsküche kochte und das Haus sauber hielt. Von dem Tag an, als Henry seufzend klagte, Frauenarbeit sei nie getan, nannte ich ihn im Stillen Henriette. Wir störten uns nicht. Die Wohnung von Bill und Henry lag zum Hinterhof und meine gegenüber den rund ums Jahr blühenden St. Vincent Gardens.

Das Haus war alt, aber gut in Schuss, weiträumig, mit großen Fenstern, war renoviert worden, ehe wir alle einzogen, und außen und innen weiß. Oben, in der Wohnung mit der Veranda, lebte der Hauswirt mit seiner Mutter, und anzurechnen war ihm, dass er keinen Anstoß an Bill und Henry nahm. Er akzeptierte sie, und wie sie waren, und honorierte Henrys Mühen, indem er den beiden die Miete herabsetzte.

Nichts also störte den Lauf der Dinge, bis ich Bill eine Wochenendarbeit anbot – von montags bis freitags war Bill Buchhalter einer Sportwarenfirma, nun fuhr er mich samstags und sonntags im Auto von Kirche zu Kirche, wo ich für *Elite-Fotos* mit einer Leica Hochzeitsbilder zu machen hatte. Henry vermisste Bill und war eifersüchtig, ließ gleich das Kochen und vernachlässigte das Haus. Bald musste wieder der Hauswirt die Arbeit tun, und natürlich brachte er die Miete auf den alten Stand.

Henry bemerkte das schadenfroh. Auch sonst hatte er sich verändert – er war hämisch geworden, spitz, und weil niemand mehr kochte, magerte er ab. Bill aß in Restaurants und fehlte jetzt nicht nur an den Wochenenden, und ich, der in der Stadtbibliothek an einem Buch zu schreiben begonnen hatte, ging während der Woche für billiges Geld in Emily McPhersons Kochschule essen und an den Wochenenden zu Chung Wah, dem Chinesen. Meine Wohnung gegenüber den Gärten war zu einer Schlafstätte reduziert, und fortan sah ich Henry so gut wie nie. Der Augenblick, als ich ihn in der Dämmerung auf den Stufen der Stadtbibliothek sitzen sah, blieb in mir haften. Henry weinte. Er saß dort, zusammengekauert, und weinte. Natürlich ließ ich mich aufhalten, natürlich fragte ich nach seinem Kummer – doch er antwortete nicht gleich. »Was zahlen Sie Bill, dass er Sie an den Wochenenden zu den Kirchen fährt?«, fragte er schließlich. Ich sagte es ihm. Henry putzte sich die Nase, wischte sich mit dem Handrücken die Augen und nahm dann aus seiner Brieftasche eine Fünfpfundnote. »Nehmen Sie das, ich bitte Sie, und mieten Sie sich jemand anders – und jeden Freitag komme ich mit dem Geld.« Das schlug ich aus und bestellte fortan ein Taxi für meine Wochenendfahrten. Henry war zufrieden und bald glänzte das Haus wieder von innen, wie zuvor aßen wir zu dritt in der Gemeinschaftsküche, doch erst als ich eine Freundin einzuladen begann und wir zu viert waren, war Henry ganz der alte. Er sang beim Servieren, warf uns allen freundliche Blicke zu und wirkte gelöst wie in den Tagen, als er mit Bill eingezogen war.

Dunkelkammer

Noch immer Hochzeitsfotograf, fuhr ich weiterhin an den Wochenenden in einem Taxi quer durch Melbourne – Toorak, Malvern, Richmond, Collingwood, Fitzroy, wohin immer mich der Chef von *Elite-Fotos* schickte.

Auf den Fahrten begleitete mich bald eine junge Frau, Irene McKenzie, die wochentags in einer Radiofabrik am Fließband arbeitete, samstags und sonntags aber frei und niemandem verpflichtet war. Verhalten, schweigsam saß sie im Taxi und sah den Hochzeiten zu, sah zu, wie ich die Jungvermählten unterm Konfettiregen ablichtete, strahlende Paare auf den Stufen der Kirchen, und selten sagte sie mehr dazu als: »Schön, zu schön!«

So vergingen für sie die Wochenenden, von Kirche zu Kirche, Hochzeit zu Hochzeit, und da sie stets zu den verabredeten Zeiten im Flur vor der Dunkelkammer zur Stelle war, mussten ihr die Ausflüge zum Bedürfnis geworden sein. Andeutungen, die sie schon bald über ein Krebsleiden und dessen Folgen gemacht hatte, ließen in mir nie mehr als freundschaftliche Gefühle aufkommen. Dabei war sie eine schöne Frau. Braune Augen belebten ihr blasses Gesicht, das von dichtem, dunklem Haar umrahmt war, ihr Mund und ihre Stirn waren wohlgeformt, nur ihr Ausdruck blieb freudlos, selbst wenn sie lächelte. Harsche oder gar gehässige Worte über andere kamen ihr nie über die Lippen, immer suchte sie in ihren Mitmenschen nur Gutes. Auf Freundlichkeiten aber, Anerkennendes über ihr Aussehen, reagierte sie bitter.

»Lass es gut sein«, wehrte sie dann ab, »wer will mich schon. Welcher Mann will eine solche Frau.«

Sie litt, das war deutlich – wie auch nicht, nach einer so schweren Operation, die sie körperlich entstellt hatte, und ich hatte es mir gleich angewöhnt, nie schöne Worte zu machen. Dafür war sie mir dankbar, und unsere Ausflüge blieben ungetrübt.

Allmählich weitete sie diese aus, trennte sie sich auch nach den Hochzeiten nicht von mir, sondern wartete auf einem Stuhl in der Dunkelkammer, bis meine Arbeit dort getan war. Im rötlichen Schein der Lampe, schwach umrissen nur und kaum zu sehen, überwand sie ihre Hemmungen, war sie gesprächiger, klang ihre Stimme heller und froher. An jenem Spätnachmittag im Frühling aber schwieg sie beharrlich, sagte kein Wort, bis ich schon glaubte, sie irgendwie gekränkt zu haben. Spannung lag im Raum. Plötzlich war mir, als spürte ich ihre Nähe. Lautlos war sie mit ihrem Stuhl an meinen Arbeitstisch gerückt, saß nun neben mir im Dunkel – und berührte mich. Verstört ließ ich den Film, der mir um den Hals hing, zu Boden gleiten und, mehr aus Mitleid als anderen Gefühlen, zog ich sie zu mir herüber, gab sie aber sogleich wieder frei. Ein Zittern ging durch ihren Körper, das spürte ich noch, und dann begrub sie ihr Gesicht in den Händen.

»Wie konnte ich glauben, du würdest es auch nur einen Augenblick vergessen«, hörte ich sie sagen.

»Was vergessen?«

»Als ob du das nicht wüsstest – nicht wüsstest«, flüsterte sie heftig und sagte nichts weiter, bis wir die Dunkelkammer verließen und auseinander gingen. Am folgenden Wochenende fehlte sie. In der Dunkelkammertür aber steckte ein Zettel: »Leb wohl auch weiter – Irene McKenzie.«

Marty Carrigan

»Pack sie da rein«, rief Tom McIntyre mir zu, nachdem er mit einem kräftigen Ruck eine der Kisten am Pfosten vorbei gegen die Bordwand gedrückt hatte. Jetzt hieb auch ich den Schauerhaken in eine Kiste und passte sie in die Lücke ein, die McIntyre frei gemacht hatte. Es war Millimeterarbeit. McIntyre verstand sein Handwerk, hatte Augenmaß. Das sagte ich ihm auch.

Er reagierte nicht. Seit ich ihm hier unten im Bauch des Frachters zugeteilt worden war, beschäftigte ihn, mit wem er es zu tun hatte – der Name, unter dem ich in die Gang eingeführt worden war, machte ihn stutzig. Er passe nicht zu mir. Mochte ich auch, wie sie alle, selbstgedrehte Zigaretten rauchen, einen breitkrempigen Hut tragen und ein Schweißtuch um den Hals, und mich bei der Arbeit geübt zeigen, er misstraute mir, hielt mich für einen, der sich hinter einem falschen Namen versteckte.

»Kein Rauchen unter Deck«, warnte er mich scharf, als ich eine Pause dazu nutzen wollte.

Natürlich kannte ich das Rauchverbot, hatte aber bemerkt, dass es häufig umgangen wurde. Ahnend, warum er mich aufs Korn nahm, hielt ich mich zurück und drückte die Zigarette aus.

Diese Schicht und die nächste noch ertrug ich sein Misstrauen, seine Wortkargheit, die rauen Rüffel, wenn etwas nicht nach seinem Willen ging. Spätestens aber, als die gesamte Gang von mir abzurücken begann, entschloss ich mich, reinen Wein einzuschenken – selbst wenn danach für mich alles in die Brüche ging.

»Ich bin's satt, mit den Fliegen zu trinken«, sagte ich zu ihm vorm Aufbruch ins arbeitsfreie Wochenende. »Trinkst du einen mit?«

McIntyre sah mich an, zögerte und nickte dann. Sein Gesicht lag im Schatten. Doch ich wusste, was er dachte – und wusste es auch, als er in der Kneipe mit undurchdringlicher Miene das Glas Bier entgegennahm, das ich ihm reichte.

»Ich trete an unter der Nummer und dem Namen von einem, der mal in der Gewerkschaft war«, begann ich unvermittelt, und sagte ihm, wie ich wirklich hieß und dass ich als Soldat am Hafen eingesetzt gewesen war. »Darum ist die Arbeit hier nicht neu für mich.«

Er schwieg. Er war auf die zwei Namen konzentriert, die er jetzt von mir kannte: Geoff Carrigan und Martin Ruben. Er musterte mich aus verengten Augen, als sehe er mich zum ersten Mal.

»Auf der Flucht«, sagte er, »vor den Bullen auf der Flucht – eh, Marty?«

»Nichts davon – Martin Ruben steht auf der schwarzen Liste«, erklärte ich ihm.

»Wie das?«

Es widerstrebte mir, mich dafür rechtfertigen zu müssen, dass ich – das war noch im Krieg gewesen – auf einem Forum an der Yarra Bank zu Spenden für das von der deutschen Armee belagerte Leningrad aufgerufen hatte. »Seitdem gelte ich als Roter«, sagte ich bloß.

McIntyre stutzte. Ich merkte, er hätte das lieber nicht erfahren.

»Du lebst gefährlich«, hörte ich ihn sagen. »Falsche Nummer, falscher Name – könnte ich eigentlich nicht durchgehen lassen.«

»Du musst tun, was du musst«, sagte ich zu ihm.

»Geoff Carrigan«, fragte er, »war das auch so einer?«

Ich nickte. »Auch der hat für die Russen Geld gesammelt, damals im Krieg – nur ist er nie auf diese Liste gelangt.«

McIntyre reagierte nicht, bis ich ihn dazu herausforderte: »Sag offen, ob ich auch für euch so untragbar bin, wie für die Kommunistenhasser da oben – wenn das so ist, zieh ich die Konsequenz.«

Er schwieg länger als zuvor. Schließlich wandte er sich an den Barmann und bestellte zwei Bier. Er hob sein Glas, gab sich einen Ruck und sagte: »Ab heute trinkt Marty Carrigan nicht mehr mit den Fliegen.«

Und darauf stießen wir an.

Jenseits der Stadt

Ich ertrug sie nicht. Keine Woche ertrug ich die Einsamkeit jenseits der Stadt in den Hügeln. Meine Gedanken zogen Kreise, und ich sah mich in einen Strudel von Schreibversuchen gerissen – *gehe ich es so an, oder anders?* Formulierungen kamen und gingen, bis nichts mehr ging und meine Abgeschiedenheit wie eine Strafe auf mich wirkte. Bald würde ich den Dandenongs den Rücken kehren, dieser Buscheinsamkeit, wo mir das Lachen der Kukaburras in den Zweigen der Bäume wie irre Laute klang und mich Schwärme bunter Sittiche erschreckten, wenn sie plötzlich mit rauschendem Gefieder in den wolkenlosen Himmel stiegen. Nachts, wenn der Mond schien, die Vögel und alle Tiere schwiegen und nur die Grillen tausend und abertausendfach zirpten, empfand ich meine Abgeschiedenheit noch stärker als am Tag.

Ich floh.

Zur Stadt zurückgekehrt, unter dem Gewölbe der großen Bibliothek, wo ringsum an den mit grünem Filz bespannten Tischen die Besucher im Lichtschein der Lampen Bücher lasen, hoffte ich auf eine Wende. Aber noch immer brachte ich nur Ansätze zustande, immer nur Versuche bis ich erkennen musste, dass was ich schreiben wollte, noch unklar war, mir der Überblick fehlte. Aber ich harrte aus, kehrte täglich zur Bibliothek zurück und mied die Außenwelt, mied den Hafen, wo vier Schauerleute aus Tom McIntyres Gang meinen Teil der Arbeit taten, damit ich frei war für das Schreiben. Sie waren es, Tom McIntyre, Jim Warren, Harry O'Leary und Keith Jeremy, die eine ausrangierte Straßenbahn ersteigert, sie entrostet, mit einer dem Busch angepassten Tarnfarbe gestrichen und innen so umgebaut hatten, dass man dort an einem Stehpult schreiben, auf einer Liege schlafen und rund um einen Tisch auf Bänken sitzen konnte. Regale für Konserven und Getränke hatten sie eingebaut, einen Holzkohlenherd und zwei Wassertanks, deren Inhalt bei sparsamer Nutzung drei Wochen reichen würde. Und als das getan war und sie die Straßenbahn hinter einem Trecker quer durch die Stadt über kurvenreiche Straßen hoch in die Hügel der Dandenongs geschleppt und auf einem Plateau mit weiter Sicht aufgebaut hatten, erklärten sie mir, dies sei nur in zweiter Linie ihre Wochenendlaube, fürs erste gehöre sie mir. Drei Wochen lang solle ich dort bleiben und dann, in Abständen, immer wieder drei, bis der Roman, den sie mir zutrauten, geschrieben sei. Ich aber hatte nicht durchgehalten und würde sie, um das nicht eingestehen zu müssen, weitere fünfzehn Tage zu meiden haben – und das, unter den Umständen, schien mir eine lange Zeit.

*Der Inspektor

Als ich im Hafen von Melbourne in den Laderaum des Frachters stieg, forderte ein stämmiger Mann mit gebrochener Nase gerade die Gang zu einer Spende »für den armen alten Bill« auf, den verletzten Schauermann, für den ich eingesprungen war.

Es wurde noch nicht gearbeitet, obwohl die Pfeife das Ende der Mittagspause angekündigt hatte und über den anderen Luken schon die Kräne rotierten. Die Männer waren in Gedanken noch bei dem Unfall, schweigend legten sie ihren Beitrag auf einen Wollballen. Mich bemerkten sie erst, als auch ich einen Schein dazutat.

»Anständig von dir«, sagte der Stämmige. Er erklärte, dass er die Gang anführe und auch ich ihn Nugget nennen könne. »Wie die anderen.«

Sorgfältig rechnete er das Geld durch, notierte die Summe auf einem Fetzen Papier und band alles in einem Taschentuch zusammen, das er wegsteckte. Dann nickte er der Gang zu, und alle begannen zu arbeiten, während ich darauf wartete, dass mir jemand sagte, wo ich gebraucht wurde.

Auf Deck neben dem Lukenmann lehnte ein hagerer Mann, der unentwegt zu uns herabblickte. Sein Gesicht war von einem breitrandigen Hut beschattet. Mir fiel auf, dass er Schlips und Kragen trug und eine Reihe Stifte in seiner Westentasche. Da es mir inzwischen zu dumm war, untätig herumzustehen, schaute ich mich um, wo es etwas anzupacken gab, und begann zu arbeiten. Mit Wollballen hatte ich nicht zum ersten Mal zu tun, obwohl bislang nicht auf Schiffen, sondern in Scherschuppen, wo auch Schauerhaken gebraucht wurden, und so fand ich mich schnell zurecht. Die Männer merkten das und akzeptierten mich, fragten beiläufig, wie ich heiße, wo ich herkomme und ob ich zum ersten Mal am Hafen arbeite – dass ich zur Gewerkschaft gehörte, setzten sie voraus. Schließlich sagte Nugget zu mir: »Bei uns bist du richtig. Schau dich um, ob du in der Gang bleiben willst, denn es sieht nicht so aus, als ob Bill bald zurückkäme.«

Mir machte zu schaffen, dass ich für einen Verletzten eingesprungen war, auch missfiel mir, dauernd vom Lukensüll beobachtet zu werden. Da aber die anderen keine Notiz von dem Mann nahmen, vergaß auch ich ihn allmählich, bis ich hörte, wie er Nugget zurief, er solle eine Schlinge um einen bestimmten Wollballen legen, der, wie er meinte, für Marseille und nicht für London bestimmt sei: »Der muss zurück auf den Kai.«

Von wo ich stand war deutlich, dass auf dem Ballen das Wort *Marseille* durchgestrichen und in dicker Schablonenschrift durch *London* ersetzt worden war. Daher staunte ich, dass Nugget gutmütig lächelnd den Ballen an Land hieven ließ. »Geht klar, Mister Atkins«, rief er.

Ich verzog keine Miene, als Nugget mich ansah, und sagte bloß: »Der lässt ganz schön nach seiner Pfeife tanzen!«

»Wer?« Nugget klang barsch.

»Der da oben!«

»Bist neu hier«, sagte Nugget, drum lass ich das durchgehen. »Hier tanzt keiner nach irgendwelchen Pfeifen.«

»Ich verstehe.«

»Gar nichts verstehst du!« Er kam näher. »Der arme Kerl ist verrückt im Kopf. War hier mal Inspektor, aber das ist er nicht mehr. Die Company hat ihn rausgeworfen, als er nach dem Tod seiner Frau aus dem Leim ging. Er hatte nur sie, keine Kinder, keine Freunde, nichts. Aber entlassen oder nicht, er kommt täglich hierher, als wäre nichts gewesen – armer Teufel! Sag mal«, fügte er hinzu, »da, wo du herkommst, würde da einer das Herz haben, einen zu treten, der sowieso schon am Boden liegt?«

»Ich hätte mich da raushalten sollen.«

»Schon gut«, sagte Nugget.

In der nächsten Stunde schufteten wir ohne viel zu reden, verstauten Berge von Wollballen in schwer zugängliche Ecken. Die Sonne stand jetzt so, dass es im Laderaum wie in einem Hochofen war. Schweiß floss mir übers Gesicht. Ab und zu warf ich einen Blick auf den einstigen Inspektor, der hatte sich nicht von der Stelle gerührt. Die Sonne erhellte jetzt sein Gesicht, und ich konnte sehen, wie seine Augen aufmerksam hin und her schweiften. Zuweilen zog er einen Stift aus der Tasche und notierte etwas in ein Büchlein, wobei seine Lippen sich bewegten.

»Gleich wirst du seine Pfeife hören«, sagte Nugget zu mir, »Der hat in all den Jahren nicht versäumt abzupfeifen – außer in der Woche, als seine Frau starb.«

Und tatsächlich, Schlag drei Uhr ertönte seine Pfeife, nur Sekunden früher als die des Vormanns auf dem Ladeplatz. »Schluss, Leute, Rauchpause!«, rief er müde.

»Jawohl, Mister Atkins«, antwortete Nugget.

Als ich auf Deck kam, stand er allein an der Backbordreling, in der unnahbaren Haltung, die Inspektoren an sich haben. Er setzte sich nicht, rauchte auch nicht. Ich hatte mich mit meiner Thermoskanne bei der Kombüse hingehockt und von dort sah ich ihn eine Nickeluhr aus der Weste ziehen und die Zeit mit der Uhr über den Ladeschuppen vergleichen. Die Männer von der Gang waren weg, um sich nach ihrem verletzten Kumpel umzusehen, so war ich mir selbst überlassen. Nur ein Seemann war noch da, der die Reling strich – und der Inspektor natürlich.

Er blickte in meine Richtung, doch irgendwie sah er an mir vorbei. »Heiß«, sagte er und fuhr sich mit dem Finger den Kragen entlang, »sehr heiß!«

Ich bot ihm von meinem Tee an.

»Nein, danke«, erwiderte er, »die Zeit ist zu kurz. Später werde ich zu Hause Tee trinken.«

Ich versuchte mir vorzustellen, wie es bei ihm zu Hause aussah und wie er allein dort fertig wurde. Noch immer sah er an mir vorbei ins Leere. Plötzlich hörte ich ihn mit dumpfer Stimme sagen: »Würde gern Ihren Namen wissen. Es ist – Sie erinnern mich an jemanden. Ich – ich …« Der Satz verhallte unhörbar.

»Penrith«, sagte ich, »mein Name ist Penrith.«

Er rieb die Handflächen aneinander und sah mich forschend an. Sein Gesicht hatte Farbe verloren. Ich begriff plötzlich, warum die anderen ihn so mitfühlend behandelten. Er war wirklich einer, dem das Schicksal arg mitgespielt hatte.

»Doch nicht Jim Penrith?«, fragte er leise.

»Der bin ich«, bestätigte ich erstaunt.

»Erkennen Sie mich denn nicht?«, flüsterte er, zog ein Taschentuch hervor und wischte sich die Stirn ab. »Tim Atkins – Moonah Farm. Vor dreißig Jahren. Erinnern Sie sich nicht an mich?«

Als ich nicht gleich reagierte, sah er weiter an mir vorbei, als schaute er in die Vergangenheit, die für ihn gegenwärtiger zu sein schien als für mich. In dreißig Jahren hatte ich auf so vielen Rinder- und Schaffarmen gearbeitet, dass es eine Weile dauerte, bis ich mich erinnerte, welche die Moonah Farm und wer Tim Atkins war. Mir fiel ein, ich hatte einen Tim Atkins gekannt, doch was der Mann vor mir mit dem jungen Burschen von damals gemein hatte, war nur diese Angewohnheit, wie ein Krämer die Handflächen aneinanderzureiben. Er war eines Tages auf der Farm erschienen, ein blasser Junge in Stewarduniform, den – so erfuhren wir – ein Passagier des Diebstahls bezichtigt hatte, worauf er fristlos entlassen worden war. Der Farmer hatte sich schwer getan, ihn einzustellen, und als er dann doch als Handlanger arbeitete, hatten wir ihn Pommy Atkins genannt, nicht Tim. All das fiel mir jetzt ein, und dass er sich in unsere Ivy verliebt hatte, ein flachshaariges Waisenmädchen, das als Küchenhilfe aushalf. Nur wegen ihr war er auf der Farm geblieben, als wir anderen weiterzogen.

»Da war einer, den wir Pommy Atkins nannten«, sagte ich, »war Steward auf einem englischen Passagierschiff gewesen.«

»Jetzt erinnern Sie sich!«, entgegnete er lebhaft. »Wie ich mich freue!« Er beugte sich zu mir herab und schüttelte mir die Hand. »Ivy und ich sprechen oft über damals. Sie wird froh sein, einen von der Moonah Farm wiederzusehen.«

»Die kleine Ivy«, sagte ich, »weiß ich noch wie heute.«

»Sollten Sie auch. Sie haben uns zwei doch zusammengebracht.«

Er begann von der Vergangenheit zu erzählen Es war, als öffnete er für einen Freund die Türen seines Hauses, und in jedem Zimmer lebte Ivy. Sie hatte ihn überredet, mit ihm die Moonah Farm zu verlassen und nach Melbourne zu ziehen, um dort einen Fernkursus mitzumachen, und sich später bei der gleichen Reederei zu bewerben, die ihn einst entlassen hatte. Unter Ivys Fürsorge hatte er sich derart bewährt, dass er es bis zum Inspektor mit festem Gehalt und Leistungszulagen brachte. Und Ivy war sein Mittelpunkt geblieben, Ivy lebte, und er lebte nur für sie.

»Wenn die Schicht zu Ende ist«, sagte er. »Kommen Sie uns doch besuchen. Ivy wird sich freuen!«

»Gern«, sagte ich.

»Kinder haben wir keine«, fuhr er fort. »Aber ein gemütliches Zuhause. Und Ivy wird sich freuen«, wiederholte er. »Nach all den Jahren.«

Die Pfeife, die das Ende der Rauchpause verkündete, schreckte ihn auf. Er sah sich um, als sei er bei einer Übertretung ertappt worden, zog die Nickeluhr aus der Westentasche und verglich die Zeit mit der Uhr am Schuppen. Seine Züge erstarrten in dienstlicher Reserviertheit, als er seine Trillerpfeife ansetzte und hineinblies.

»Sie kommen zu spät«, sagte er zu Nugget, der gerade an der Spitze der anderen die Gangway heraufkam.

»Tut mir leid, Mister Atkins, wir hatten uns nach Bill Adams erkundigt, Sie wissen doch, der Kumpel, der heute früh verletzt wurde«, sagte Nugget.

»Schon gut. Aber jetzt an die Arbeit.«

»Klar, Mr. Atkins«, versicherte ihm Nugget.

»Und Sie auch«, sagte Atkins zu mir.

Er hatte wieder seinen Posten am Lukensüll bezogen und schien mich und unsere Verabredung vergessen zu haben. Da nahm ich meine Tasche und stieg hinunter in den Laderaum.

*Home sweet Home

Beide hätte ich in meinem Pokerklub brauchen können – den einen als Rausschmeißer, den anderen als Wachmann. Aber darüber war mit ihnen nicht zu reden. Vor dem Unfall behaupteten sie stets, sie seien Seeleute und wollten es auch bleiben. Als ob es unter ihrer Würde wäre, sich auf bequemere Art ein paar Pfund zu verdienen. Seeleute – zum Lachen! Außer bei gelegentlichen Bergungsarbeiten war keiner von ihnen weiter aus dem Hafen herausgekommen als ein Schlepper oder Baggerkahn. Schwimmende Landratten waren sie, weiter nichts, Decksmänner von Gnaden der Melbourner Hafenverwaltung, Seeleute nur, weil irgendein Gewerkschaftsfunktionär sie aufgenommen hatte.

Na gut, das juckte mich nicht! Von mir aus konnten sie sich Sinbad der Seefahrer nennen, bis sie blau anliefen, solange sie mir nicht die Polizei auf den Hals hetzten. Ich hatte ihnen zu viel über mich erzählt. Das war ein Fehler! Sie wussten, dass ich Buck Richards heiße und mir als amerikanischer Matrose ein paar Jährchen die Winde zwischen Frisco und Japan, Indonesien und Australien um die Ohren hatte wehen lassen. Das ging noch an. Doch dass ich nach einem mächtigen Krach mit dem Ersten Offizier auf Nimmerwiedersehen von meinem letzten Dampfer verduftet war, hätte ich besser für mich behalten. Und schon gar nicht hätte ich ihnen unter die Nase reiben dürfen, dass ich es eigentlich nicht nötig habe, den Handlanger auf einem Schleppkahn zu spielen, und ich nur bei der Hafenverwaltung arbeite, um meine Spur zu verwischen. Die beiden waren mit dem Verein verheiratet und wollten unbedingt dabeibleiben, bis sie Rente bekamen, und natürlich passte es ihnen nicht, dass so einer wie ich sich da reindrängte und einen Teil der Prämien für die Bergungsarbeiten einheimste.

»Blödsinn«, versicherte ich ihnen immer wieder. »Die meisten Wracks werden nachts hereingeholt, da habe ich was Besseres zu tun, als auf See herumzugondeln.«

Trotzdem betrachteten sie mich mit Misstrauen – ich fuhr einen Buick, trug feine Anzüge und besaß eine Eigentumswohnung in St. Kilda. Und außerdem war da mein Pokerklub in der Finders Lane! Für sie war ich ein Schandfleck, ein Mann, der mit einem Bein im Knast war. Wie zwei alte Weiber lagen sie mir in den Ohren: »Überlass deinen Arbeitsplatz jemandem, der ihn braucht!«

»Kann mir nicht leisten, so eine verdammt gute Deckung aufzugeben«, erklärte ich ihnen.

Aber sie hörten nicht auf zu drängen: »Mach endlich Schluss hier, Mensch!«

Wie Zwillinge stimmten sie in allem überein – aus Opposition gegen einen dritten. Dabei konnte man sich ein ungleicheres Paar kaum vorstellen: Hugh Stanley war ein wahrer Hüne, muskulös wie ein Ringer, während Alec Sikes zum Umblasen dürr war. Obwohl sie schon fast sieben Jahre zusammenarbeiteten, gerieten sie sich ständig darüber in die Haare, wie man ein Schlepptau festmachte oder eine Wurfleine an Land beförderte – kurz, über jeden nautischen Trick. Wahrlich, sie waren prächtige Seemänner!

Wobei das mit dem In-die-Haare-Geraten nicht wörtlich zu verstehen war. Weder Hughs kurze Bürste noch Alecs drei Strähnen, die sich wie dünne Pinselstriche über seinen Schädel zogen, eigneten sich dazu. Außerdem fing Hugh selten mit dem Streit an. Gewöhnlich war es Alec, der bei jeder Gelegenheit kläffte: »Hugh! Die Spring holt über Eck, die Lippe bricht aus! Die Leine steht auf Kraft, stopp sie ab! Führ das Auge um den Pollen!« Oder: »Verdammt noch mal, Hugh, halt den Eimer auf Kurs, du steuerst uns alle noch in den Dreck!«

Wirklich, der mickrige Alec hetzte seinen Partner schlimmer herum als ein Liverpooler Bootsmann eine indische Besatzung. Dabei war er mit seinen einunddreißig zwei Jahre jünger als Hugh. Wenn jenseits der Hobsons Bay der Schlamm ins Meer gelassen werden musste, schwang Hugh den schweren Hammer, um die Flügelschrauben von den Falltüren zu schlagen. Er drehte auch die Winschkurbel, wenn die Falltüren wieder hochzuleiern waren. In der Zeit zwischen den Ruderwachen trabte er an Deck herum und schrubbte die Planken mit Meerwasser, das er in einer Schlagpütz aufholte. Sogar in der Mittagspause, wenn sie wieder am Ann Street Pier lagen, forderte Alec: »Brat ein anständiges Steak, Hughie, und gib ordentlich Zwiebeln dran, hörst du?«

Hugh hätte Alec mit einem Hieb seiner Pranke sämtliche Knochen brechen können, aber nein, er gehorchte stets. Höchstens, dass er manchmal vor sich hinbrummte wie ein gekränkter Bär, aber nie ging er so weit, Alec auch nur anzutippen. Es war ein Bild für die Götter, wie das mickrige Kerlchen diesen Schrank von einem Mann herumkommandierte. Dabei war Hugh durchaus kein Trottel. Ich fand ihn nicht halb so tollpatschig, wie Alec ihn hinstellte – er war fleißig und keineswegs ungeschickt. Das

Verhältnis zwischen den beiden blieb mir unverständlich, bis ich erfuhr, wie es zustande gekommen war: Hugh Stanley war ein ehemaliger Zuchthäusler, und Alec hatte ihm Arbeit und ein Dach überm Kopf verschafft.

Nun wurde mir auch klar, warum ich besonders für Hugh eine Gefahr bedeutete. Ich stand mit dem Gesetz auf Kriegsfuß, und wenn mich die Polizei eines Tages schnappte, könnte sie auch auf ihn stoßen und ihn wieder dorthin befördern, woher er gekommen war. Hugh war kein Gewohnheitsverbrecher. Aber er hatte einen Menschen umgebracht – bei einer Prügelei hatte er zugeschlagen, ohne das Ausmaß seiner Kraft einzuschätzen. Er wurde wegen Totschlags verurteilt, und nach seiner Entlassung aus dem Gefängnis wollte nicht einmal seine Mutter mehr etwas von ihm wissen. Arbeitslos hatte er auf der Straße herumgelungert und unter Brücken geschlafen, bis er Alec Sikes begegnet war. Alec hatte zwar nie gesiebte Luft geatmet, aber auch von ihm wollte niemand etwas wissen, denn er war streitsüchtig, und es war schwer auszukommen mit ihm. Gewiss freundete er sich nicht aus Herzensgüte mit Hugh an, sondern weil er Vorteile für sich witterte: Dieser Hüne war der richtige Arbeitsgaul und obendrein eine massive Rückendeckung für ihn. Er nahm Hugh in seinem Zimmer auf, in einer Pension irgendwo in Williamstown, und schließlich überredete er Joe Macnamara, den Boss vom Ann Street Pier, ihn als Decksmann einzustellen.

In der gleichen Nacht, in der Alecs Wirtin Näheres über Hugh Stanleys Vergangenheit erfuhr und ihn mitsamt seinen Klamotten auf die Straße setzte, strandete auch ein Kutter in der Nähe der Leuchtbojen von Gelibrand. Macnamara hatte die beiden der Schlepperbesatzung zugeteilt, die den alten Eimer reinholte. Glück im Unglück, wie man so sagt. Wenn ihnen das auch nicht gerade ein Vermögen einbrachte – ein Kutter ist schließlich kein Frachter –, so erhielten die beiden nach der Bergung immerhin eine so hohe Prämie, dass sie ein paar Wochen später den bloßen Schiffsrumpf bei einer Auktion erstehen konnten.

»Ohne Maschine ist er ja nicht viel wert«, sagte Alec, dessen Idee der Kauf gewesen war, »aber wenigstens kann dich jetzt keine dämliche Vermieterin mehr rausschmeißen.«

»Da hast du recht«, antwortete Hugh erleichtert. »Und ich werd uns ein Heim aus dem Pott machen, überlass das nur mir!«

Und Hugh hielt Wort. Er muss wie ein Sklave geschuftet haben, um das schäbige Wrack in ein Hausboot zu verwandeln. Ich traute meinen Augen nicht, als ich es sah. Sie hatten den Schiffsrumpf den Yarra-Fluss hinunterschleppen lassen und zwischen Williamstown und Melbourne festgemacht. Außenbords war er dunkelgrün gestrichen worden, und am Bug leuchtete in gelben Buchstaben der Name *Sanctuary*. Das halbabgesägte Bugspriet stützte jetzt eine massive Holzplattform mit einer Plane, die einen Tisch und Stühle überdeckte. Der Mast war entfernt worden, um mehr Platz an Deck zu schaffen, und das ehemalige Logis, jetzt mit Betten, Schränken und Rohrsesseln ausgestattet, war mit einer Wochenendlaube vergleichbar. Das Kabelgatt war so eingerichtet, dass man dort mit Regenwasser duschen konnte, und die Kombüse mit Herd und Kühlschrank sah aus wie eine richtige Küche. Decks und Schotten waren blitzblank gescheuert, und alle Metallbeschläge glänzten wie neu. Da die Liegegebühr kaum der Rede wert war, wohnten die beiden praktisch mietfrei. Es war wirklich ein *sanctuary*, eine Zufluchtsstätte. Daran dachte ich bei meinem Besuch allerdings kaum, denn mich ließ ein Gedanke nicht mehr los: Das wäre der ideale Platz für meinen Pokerklub – nicht weit weg von der City und viel sicherer vor der Polizei als der Schuppen hinter dem Lagerhaus in der Flinders Lane!

»Hättest du nicht Lust, noch fünfzig Pfund die Woche nebenbei zu kassieren?«, fragte ich Alec so gleichgültig wie nur möglich.

»Dumme Frage!« Alec musterte mich argwöhnisch.

»Hast recht«, gab ich zu, »zweihundert Lappen monatlich. Die liegen nicht im Hafen rum.«

»Kaum«, bestätigte Alec, »was müsste ich dafür tun?«

Ich erklärte es ihm. Er zögerte mit der Antwort, doch ich sah, wie er rechnete. Aber bevor er etwas sagen konnte, hatte mich eine Hand am Hemd gepackt, ich wurde zur Seite gestoßen, dann nach vorn gezerrt, bis mein Gesicht fast das von Hugh berührte. Er atmete schwer, mit offenem Mund. Er starrte mich an, als wäre ich ein Ungeheuer.

»Buck!«, drohte er, »das lässt du bleiben.«

»Was soll ich bleiben lassen?«, fragte ich. Er hielt mich immer noch am Hemd fest, und als ich mich loswand, riss der Stoff zwischen den Schulterblättern. »Sieh dir die Bescherung an, du Tölpel«, fluchte ich. »Zieh Leine und steck deinen Kopf in einen Eimer.«

Er trat auf mich zu. Ich wich zurück und sah mich nach einer Schlagwaffe um.

»Hier machen sich keine verfluchten Spieler breit, auf meinem Eigentum nicht!«, brüllte er wie ein Hausbesitzer. »Alec, erklär ihm, dass wir sein dreckiges Geld nicht brauchen.«

»Wem gehört der Pott eigentlich?«, fragte ich.

»Uns gehört er«, schrie Hugh, »mir und Alec. Und es ist kein Pott, sondern ein Heim. Verschwinde, bevor ich dich in den Bach schmeiße!«

»Alec!«, rief ich, aber da sich der spillerige Kerl nicht rührte, zog ich mich zum Laufsteg zurück und setzte die Diskussion von dort aus fort. »Na, was ist, Alec?«

»Wir sind keine Falschspieler«, schrie Hugh außer sich. »Wir sind Seeleute und bleiben Seeleute!«

»Du kannst ja nicht mal eine Leine vom Spill zum Polier verschiffen, du Riesenross!«, fuhr ich ihn an, jetzt selbst erregt. »Alec!«, wiederholte ich und rührte mich nicht vom Laufsteg weg.

Aber Alec schwieg.

Mein Angebot hatte ihn zweifellos gereizt, aber jetzt hielt er zu Hugh. Ich hatte Hugh beleidigt, und das stand nur ihm zu.

»Verpiss dich!«, erklärte er.

Es war zwecklos, die Sache weiter zu betreiben. Verärgert wandte ich mich um, stopfte mein zerrissenes Hemd in die Hose und stieg an Land.

Doch der Gedanke, das Hausboot zu mieten, ließ mir keine Ruhe, und in den folgenden Wochen gab ich mir redlich Mühe, die beiden weichzuklopfen. Ich wusste, dass ich ihnen als Seemann einiges voraushatte, also legte ich mich ins Zeug. Jedes Mal, wenn der Boss auftauchte, fand ich mich eifrig bei der Arbeit, und bald war es Buck Richards und nicht Hugh oder Alec, der gerufen wurde, wenn was Besonderes anlag. Ich zeigte mich sogar bereit, Überstunden zu machen, wenn die Wahl zwischen mir und ihnen stand. Und so dauerte es dann auch nicht lange, bis die beiden auf den Grundlohn zurückgesetzt waren und Heringe zu Mittag aßen statt Steaks.

Die Dinge spitzten sich schneller zu, als ich erwartet hatte: Bereits vierzehn Tage später führte Joe Macnamara Hugh und Alec wieder als Decksmänner in den Lohnlisten und nicht wie bisher als Leichtmatrosen. Das bedeutete eine weitere Verkürzung ihrer Heuer, und sie begriffen allmählich, dass es ernst wurde. Da sie keine Matrosenbriefe hatten, mussten sie sich fügen, ob es ihnen passte oder nicht. Die Trottel!

»In meinem Pokerklub treiben sich immer ein paar erfahrene Vollmatrosen herum«, sagte ich eines Tages zu Alec, »Burschen, die sich gern mal in der Hafenverwaltung die Zeit vertreiben würden!«

»Wer sich bei dir rumtreibt, hat kein Gewerkschaftsbuch«, gab Alec zurück.

»An deiner Stelle wäre ich da nicht so sicher«, erwiderte ich. »Ich glaube, wenn die sich bewerben, setzt Joe Mac euch aufs Trockene.«

»Du Hundesohn!«, fluchte Alec, aber ich sah, dass er beunruhigt war. Plötzlich schien er einen Einfall zu haben. Seine Augen verengten sich vor Hass, als er drohend hervorstieß: »Ich verpfeif dich an die Polizei!«

Das hatte ich erwartet, und so ließ ich ihn wissen, dass Singvögel in Australien unerhört beliebt seien. »Sie sterben selten an Altersschwäche, verstehst du?«

»Was willst du damit sagen?«, fragte er.

»Ich hab von Leuten gehört, die mit durchlöchertem Schädel im Yarra-Fluss schwammen«, erklärte ich ihm. »Und nie hat jemand herausgekriegt, wie ihnen so etwas passieren konnte. Es wäre wesentlich gesünder für euch, mit mir zusammenzuarbeiten. Und profitabler!«

Er knurrte wie ein Tier in der Falle, dann kratzte er sich mit der hornigen Hand am Hals.

»Hughie!«, rief er, »komm mal her.«

Aber auch diesmal scheiterten meine Pläne am Widerstand des Hünen. Er schüttelte heftig den Kopf. »Nur über meine Leiche!«, beharrte er.

»Wer weiß«, erwiderte ich böse. »Je dicker sie sind, desto härter fallen sie.«

Damit ließ ich die beiden stehen und spleißte eine Gei ein.

Als wären meine Worte prophetisch gewesen, brach sich Hugh Stanley zwei Tage später den linken Oberschenkel. Er hatte von einem längsseits anlegenden Schleppkahn auf das Deck eines Baggers springen wollen, war dabei ausgerutscht und fast ins Wasser gefallen. Bevor er seinen schweren Körper hochhieven konnte, hatte ihn der treibende Kahn erfasst und gegen den Bagger gequetscht. Wir hörten sein Gebrüll und sahen gerade noch, wie er von einem halben Dutzend Armen in Sicherheit gebracht wurde. Als sie sein linkes Hosenbein aufschnitten, gab es über die Art der Verletzung keinen Zweifel. Hugh stöhnte grässlich. Vier kräftige Männer packten zu und trugen ihn an Bord eines Schleppers, der ihn zu den Victoria-Docks brachte, von wo aus man ihn ins Krankenhaus schaffte.

Er tat mir leid, aber ich hütete mich, Alec etwas davon merken zu lassen.

»Er wird wohl eine Weile ausfallen«, sagte ich bloß. Aber ich musste zugeben, dass ich sofort überlegte, wie ich Alec ohne seinen Partner meinem Angebot zugänglich machen konnte.

Alec schwieg, er sah mich an, als wäre ich an dem Unfall schuld.

»Ich hab ihn nicht über Bord gestoßen«, sagte ich.

»Nein«, gab er zu, »aber ein Wunder wär's nicht gewesen bei dem Tempo, das du in der letzten Zeit vorgelegt hast.«

Daraufhin hielt ich es für besser, vorerst nicht von dem Hausboot zu sprechen. In den folgenden Tagen war Alec bedrückt wie bei einem Begräbnis. Es war niemand mehr da, den er tyrannisieren konnte, und er musste schuften wie nie zuvor. Es brachte ihn fast um, aber zu seiner Ehre musste ich sagen, dass er sich redlich abmühte, hauptsächlich, um Hugh den Arbeitsplatz zu erhalten. Er befürchtete zu Recht, dass Joe Macnamara Hugh durch einen anderen Mann ersetzen könnte, und wenn ich ein Wort gesagt hätte, wäre es sicher auch dazu gekommen. So weit wollte ich jedoch nicht gehen. Ich konnte hart sein, aber ich trat keinen, der am Boden lag.

Es genügte, wenn Alec spürte, dass ich seine Sturheit nicht vergessen hatte: Stand die Wahl zwischen ihm und mir, machte ich die Überstunden. Das bedeutete zwar, dass ich ständig auf Trab sein und mich mächtig ranhalten musste, um meinen Pokerklub nicht zu vernachlässigen. Aber dafür hatte ich die Genugtuung, Alec zeigen zu können, woher der Wind wehte.

Überstunden bei der Hafenverwaltung sind die Chance, an einträgliche Bergungsarbeiten ranzukommen. Das bewies sich, als mir am Wochenende das stattliche Sümmchen von zweihundert Pfund in Aussicht gestellt wurde. Macnamara hatte mich als zusätzlichen Mann auf den Schlepper *Vigorous* geschickt, der einen in Seenot geratenen Kohlendampfer bergen sollte. Dem Schiff war nicht viel passiert – Ruderbruch, manövrierunfähig und dann auf Grund gelaufen. Es hatte Schlagseite, als wir ankamen, aber es dauerte nicht lange, da schwamm der Dampfer brav hinter unserem Schlepper her, und wir verdienten die Prämie praktisch mit der linken Hand. Ich konnte in derselben Nacht sogar noch meinem Hauptberuf nachgehen. Als Alec Sikes am Montag von unserem Glück erfuhr, erstickte er fast vor Wut. Sein wetterzerfurchtes Gesicht färbte sich aschgrau. Ich hatte ihm eine verdammt gute Beute vor der Nase weggeschnappt. Den ganzen Tag über ließ ich ihn nicht aus den Augen – er war imstande, mir ein Messer zwischen die Rippen zu jagen. Kurz vor Arbeitsschluss ergriff ich die Gelegenheit, ihm wieder einmal klarzumachen, dass man auch auf andere Weise Geld verdienen konnte.

»Leichter als Kaugummi gerade biegen«, fügte ich hinzu. Er verstand mich schon richtig. Ich merkte deutlich, wie die Treue zu Hugh seiner Geldgier wich. Die Rückendeckung fehlte ihm, er biss sich auf die Lippe und sah mich unsicher an.

»Zweihundert Pfund im Monat, überleg es dir!«, fuhr ich fort und hielt ihm eine Schachtel Zigaretten hin. Er nahm eine. »Also, was ist?«, fragte ich ihn.

Er zog den Rauch tief ein und blies ihn langsam heraus. »Okay«, knurrte er, ohne mich anzublicken, »abgemacht, du Gauner!«

Bloß gut, dass die Freude, mein Ziel endlich erreicht zu haben, mich nicht dazu verleitete, meinen Klub in der Flinders Lane zu schließen. Denn was sich bald darauf an Bord der *Sanctuary* abspielte, übertraf jede Vorstellung.

Nachdem ich Alec die ersten fünfzig Pfund ausgezahlt hatte – das konnte ich mir leisten, denn ich hatte mein Geschäft inzwischen zu einem Bakkarat- und Pokerklub erweitert und verkaufte geschmuggelten Whisky zu gepfefferten Preisen –, überführte ich die Hälfte meiner Poker spielenden Kunden auf das Hausboot. Sie fanden das famos, und nach zwei Nächten hatte ich fast das Doppelte meiner Auslagen kassiert. Das ermutigte mich, einen zuverlässigen Mann einzustellen, der meinen Schuppen in der Flinders Lane überwachte, damit ich nicht ständig in meinem Buick zwischen der *Sanctuary* und der Flinders Lane hin- und herzusausen brauchte. Ich konnte nicht riskieren, mich für längere Zeit von dem Hausboot zu entfernen, weil ich befürchtete, Alec könnte kopfscheu werden. Die Kerle, die sich jede Nacht auf dem Hausboot breitmachten, gingen nicht gerade schonend mit der Einrichtung um. Und es genügte nicht, Alec umsonst trinken zu lassen und ihm immer mehr Geld zu versprechen. Ich musste ständig in seiner Nähe sein – immerhin hatte er mir oft genug angeraten, mich zu »verpissen«, und am liebsten hätte ich ihm dieselben Worte in die Visage gehaucht.

»Hör auf zu jammern!«, fuhr ich ihn an. »Am besten, du verziehst dich in ein Nachtasyl, da kommst du wenigstens zum Pennen. Ich sorg hier schon für Ordnung. Und wenn was kaputtgeht, komm ich dafür auf.«

Aber darauf ging er nicht ein. »Nein«, beharrte er, »ich bleibe an Bord. Die *Sanctuary* gehört auch Hugh, vergiss das nicht! Wenn ich dich hier schalten und walten lass, ist unsere Bleibe hin, wenn er aus dem Spital kommt.«

»Wann glaubst du, werden sie ihn dort entlassen?«, fragte ich.

»Jederzeit.«

»Jederzeit? Quatsch«, entgegnete ich. »Hugh bleibt mindestens noch einen Monat beim Knochenbrecher.«

Darin sollte ich mich gründlich geirrt haben. Am folgenden Samstag kurz vor Mitternacht, als die Stimmung der trinkfreudigen Spieler gerade den Höhepunkt erreicht hatte, kam eine Gestalt im Bademantel auf Krücken über den Laufsteg gehinkt. Mein Aufpasser, ein sechzehnjähriger Rowdy aus Fitzroy, war zu verblüfft, um den Eindringling sofort aufzuhalten, und als er sich besonnen hatte, war es zu spät. Hugh Stanley war bereits an Deck und brachte das Bürschchen mit einem einzigen Hieb zum Verstummen. Dann schleppte er sich zum Logis, riss die Tür auf und stand wie ein auf Rache sinnender Krieger vor uns.

In der Sekunde, bevor der Sturm losbrach, prägte sich mir sein Anblick ein: Seine Augen blickten furchterregend, das Gesicht war hochrot, der Schweiß rann ihm die Nase herab auf das vorstehende Kinn, und seine kurz geschorenen Haare standen steil wie Stacheln. Er atmete schwer von der Anstrengung, auf Krücken zu laufen und sich aufrecht zu halten, seine breite Brust hob und senkte sich. Mit zischender Stimme befahl ich: »Raus mit euch! Raus mit euch allen!«

Das vergipste linke Bein hing an ihm herab wie ein Gewicht, als er sich an den Türrahmen lehnte und eine Krücke hob. Bevor ihm jemand in den Arm fallen konnte, hatte er mit einem mächtigen Streich Flaschen, Gläser, Geld und Karten vom Tisch gefegt. Ich trug prinzipiell keine Waffe bei mir, aber so mancher meiner Kunden hatte den Revolver griffbereit. Doch keiner muckste sich, auch nicht, als Hugh die Krücken fallen ließ, sich über den Tisch stürzte und die Köpfe der zwei am nächsten sitzenden Männer gegeneinanderstieß. Die beiden verlöschten wie Kerzen und fielen bewusstlos zu Boden.

»Na los«, brüllte Hugh und öffnete und schloss seine Pranken, »kommt alle her!«

Keiner nahm die Herausforderung an. Sie fürchteten sich vor dem rasenden Hünen – ich auch, wie ich zugeben musste. Alle fürchteten sich und hatten gleichzeitig so etwas wie Mitleid mit ihm. Sie waren aufgesprungen und aus Hughs Reichweite an die entfernteste Wand geflüchtet – zwölf hartgesottene Spieler ließen sich von einem Mann in Schach halten, der nur auf einem Bein stehen konnte, aber von einem solchen Zorn besessen war, dass er fähig schien, sie alle umzubringen.

»Hughie!«, piepste Alec aus einer Ecke, »um Gottes willen, Hughie!«

Hugh Stanley wandte langsam den Kopf und blickte vorwurfsvoll auf seinen Partner herab. »Alles wegen des Geldes«, sagte er bitter, »alles wegen des dreckigen Geldes!«

Er wirkte jetzt eher traurig als wütend. Er klammerte sich an den Tisch, stemmte mit Mühe seinen Körper hoch und sah Alec in die Augen. »Unser

Heim! Und was hast du daraus gemacht?« Hughs Opfer auf dem Boden kamen wieder zu sich, der eine tastete um sich und versuchte sich aufzusetzen. Ich musste ihnen endlich beistehen, sonst verloren meine Kunden jeden Respekt vor mir.

»Hugh!«, rief ich, »das reicht. Wenn du so weitermachst, bringst du noch einen um – es wäre nicht das erste Mal, vergiss das nicht!«

»Ja«, sagte Hugh gebrochen, »ich weiß. Kannst ruhig herkommen, Buck, an dir mach ich mir nicht die Hände schmutzig. Aber ihr hier verschwindet auf der Stelle!« Er näherte sich den beiden Männern, sie hielten sich stöhnend die Köpfe. Er rührte sie nicht an, nicht einmal, als einer der beiden sich über sein Gipsbein erbrach. Etwas in Hugh war gestorben.

»Raus mit euch, raus«, sagte er nur, während Alec die Krücken aufhob und sie ihm unter die Achseln zu klemmen versuchte.

Eine halbe Stunde später – die meisten meiner Kunden waren bereits verschwunden – hatten sich Hughs Opfer so weit erholt, dass wir ihnen an Land helfen konnten. An Deck wimmerte mein Aufpasser, der Fitzroy-Rowdy, in der Dunkelheit. Ich kümmerte mich nicht um ihn, er hatte sein Fett weg. Schließlich bezahlte ich ihn nicht fürs Maulaffenfeilhalten. Wir bugsierten die beiden Männer in meinen Buick, und ich fuhr sie nach Hause.

Überflüssig zu sagen, dass keiner von uns jemals wieder die *Sanctuary* betrat. Vielleicht hätte ich Alec Sikes über kurz oder lang zum Schmierestehen bewegen können, aber mit einem Kerl wie Hugh Stanley konnte ich es nicht aufnehmen.

Professor Picasso

Sie tauften mich Professor zu Beginn meiner ersten und Picasso während meiner letzten Heuer – obwohl ich nie studiert hatte noch je das geringste zeichnerische Talent bewies. Die *Aeon*, ein ausgedienter Kohlendampfer, der nur noch eine Trampfahrt in australischen Gewässern vor sich hatte und danach in Yokohama verschrottet werden sollte, lag in jener Sommernacht in Geelong vor Anker, einem kleinen Hafen unweit von Melbourne. Noch heute sehe ich mich mit dem Seesack auf dem Buckel im Hafengelände herumirren, bis endlich die Anlegestelle gefunden war, von wo ein Boot mich übersetzen sollte. Es war spät und längst dunkel, als ich endlich auf den Wellen schaukelte und fern in der Nacht die Umrisse des Schiffes auszumachen waren – steiler Schornstein und klobige Ladebäume zwischen kantigen Aufbauten. Der Matrose an den Riemen, ein stämmiger Kerl mit buschigen Brauen, zeigte sich mürrisch. Er hatte lang auf mich warten müssen, und was er von sich gab, war mit ein paar Worten gesagt. Ich also war der Neue, und dies war meine erste Reise. »Na dann, Professor!« Als ich wissen wollte, warum er mich so nannte, antwortete er nicht gleich. Rudernd pfiff er einen Seemanns-Shanty mit, der durch die offenen Bullaugen der *Aeon* zu uns herüberschallte – ein grölender Chor, der immer lauter wurde, je näher wir kamen: »What'll we do with the drunken sailor …« Schließlich verstummte der Chor, und auch der Matrose an den Riemen wurde still. Er blickte hoch und sagte: »Mann Gottes, wenn einer selbst mit vier Augen eine halbe Ewigkeit braucht, um dieses Boot zu finden, wird's kein Seemann sein, sondern bloß so 'ne Art Professor!« Ich nahm das hin. Besser, als sich mit ihm anzulegen, schien mir, fortan meine Brille nicht mehr zu tragen – in den Kohlenbunkern und vor den Kesseln im Heizraum würde sie mir ohnehin nichts nützen. Vergeblicher Entschluss! Den Namen Professor wurde ich bis Japan nicht los, wo nach der Übergabe des Schiffes an die Schrottfirma der Mannschaft Geld zur Rückkehr nach Australien ausgezahlt wurde und wir uns trennten.

Nicht anders und nicht besser erging es mir zehn Jahre später auf dem Motorschiff *Karl-Marx-Stadt*, das von Rostock nach Havanna ausgelaufen war. Hatte ich Mühe, mit Brille und meinem immerhin schon reifen Alter von über dreißig als Decksmann anzukommen – das war nur möglich, weil ich das Seefahrtsamt umgehen und kurz vor dem Ausklarieren auf der Brücke anmustern konnte – so wollte ich wenigstens beweisen, dass man, wenn schon keinen Rudergänger, so doch einen brauchbaren Decksmann in mir gefunden hatte. Willig übernahm ich das Pönen des Schornsteins und verbrachte so etwa fünf der wohl an die vierzehn durchweg sonnigen Tage auf See, wobei mein Aufwand an Farbe in einem vertretbaren Verhältnis zu meinen Anstrengungen blieb. Den Rest der Überfahrt malte ich sorgfältig den blau-rot-blauen Schornsteinring der Seereederei.

Ganz sicher brauchte ich für die Arbeit viel mehr Zeit als angesetzt war, doch am Ende kletterte ich guten Gewissens und braungebrannt an Deck und trommelte die Mannschaft zusammen. »Seht her, was ich geschaffen habe – ein Bild für die Götter!«

Nicht dass ich erwartete, sie würden mich auf Schultern tragen, ein Lob aber erhoffte ich schon. Die Männer schwiegen und sahen prüfend zum Schornstein hoch, an dem die Farben in der Sonne glänzten. Ich wartete. Aus den Augenwinkeln konnte ich erkennen, wie sich der Bootsmann am Kopf kratzte und dann stumm an den Fingern die Tage zu zählen begann, die ich dort oben verbracht hatte. Zwei Hände reichten nicht. »Picasso«, sagte er schließlich, »das ist 'n Kasten Bier wert!«

Wer den denn stiften solle, fragte ich. Er sah mich an, als hörte er nicht recht. »Du, Picasso«, entschied er schließlich, »oder glaubst du etwa ich?«

Und noch drei Monate später, als wir wieder nach Rostock zurückkehrten, wo ich abmusterte, verfolgte mich der Name Picasso.

Professor Picasso! Wie aber kam es, dass einer wie ich überhaupt zur See fuhr? Hatte ich nach meiner Entlassung aus der australischen Armee nicht Kameramann in einer Dokumentarfilmcrew werden wollen – was jedoch scheiterte, sodass ich als Straßen- und Hochzeitsfotograf endete?! Zu wahr! Denn nach zwei Jahren solcher Tätigkeit war mir aufgegangen, dass sie für einen, der inzwischen gewisse Fähigkeiten als Verfasser von Erzählungen bewiesen hatte, wenig hergab. Da würde die Seefahrt bestimmt ergiebiger sein.

Plötzlich, und so intensiv, als lägen nicht sechs Jahre, sondern nur Tage dazwischen, erinnerte ich mich an jene Woche meiner Rekrutenzeit in Australien, als Korporal Bernie Bleichert, der aus Deutschland eine handliche Reiseschreibmaschine über die Meere gerettet hatte, »Willi Tanks Erinnerungen« ans Schwarze Brett zu heften begann – allmorgendlich in Fortsetzungen. Zwar fanden wir den Titel der Serie blass, doch was da gekonnt aufgezeichnet worden war – tatsächlich wurde aus Bleichert nach dem Krieg ein fähiger Reporter –, fesselte uns sofort, sodass wir uns bald vor dem Anschlagbrett drängten.

Willi Tank, so stellte sich heraus, war Matrose in der deutschen Handelsmarine gewesen. Sein Schiff wurde torpediert und er, als einer der wenigen Geretteten, von den Briten interniert und nach Australien geschickt. Im Lager hatte er sich – wie auch wir – freiwillig zur australischen Armee gemeldet und wurde unserer Pioniereinheit zugeteilt. Wovon wir kaum Notiz genommen hatten – es gab bei uns genug abenteuerliche Typen! –, bis Korporal Bleicherts Serie am Schwarzen Brett erschien.

Erinnerungen – wahrlich, eine zu dürftige Überschrift für einen Text, der unsere Phantasie beflügelte! Allein die Namen der Orte, die darin auftauchten, erfüllten uns mit Sehnsucht: Santiago de Cuba, Rio de Janeiro, Montevideo, Yokohama, Samoa, Fidschi. Ich fieberte geradezu vor Fernweh und sah mich an Willi Tanks Seite bei kubanischen Macumbas, diesen berauschenden Festen der Schwarzen, und am Fuß des Zuckerhuts durch brasilianische Favelas streifen, die – so las ich – voll brodelndem Leben steckten. In japanischen Teehäusern liebkosten mich Geishas und sangen für mich, und an den weißen Stränden des Pazifiks weilte ich unter Palmen, dem Klang der Gitarren lauschend, den laue Abendwinde zu mir herübertrugen. Ich hörte das Rauschen und die Brandung der Wellen, und immer wieder drängte es mich hinaus auf die Meere, die Willi Tank in Wind und Wetter durchkreuzt hatte, in Flaute und Stürmen, in bitterer Kälte und sengender Hitze. Zu fernen Häfen in ach so fremden Ländern! Das sollten Strapazen gewesen sein? Für mich, der die Zeit bis zur nächsten Fortsetzung dieser schier magischen Serie kaum erwarten konnte, prangten die Sterne um so heller, je dunkler die Nächte waren, und immer glänzte das Mondlicht silbern in den Tälern und Kämmen der Meereswellen. Stürme warfen mich nicht um, und keine Tropensonne brannte so heiß, als dass sie nicht auch herrlich strahlte. Ich bewunderte Willi Tank, beneidete ihn, und nur der Umstand, dass ich noch jung und er wohl an die dreißig war, hielt meinen Neid in Grenzen. War der Krieg erst zu Ende, würde auch ich erleben, was er erlebt hatte.

»Ist das zu schaffen, Willi?«

»Warum nicht«, antwortete er, »das schaffst du!«

Er kam, und das war wie ein Omen für mich, aus meiner Heimatstadt Duisburg am Rhein. Das brachte uns näher, oder besser, es ermöglichte mir, ihm näherzukommen und eine Beziehung anzubahnen, die ich gern Freundschaft genannt hätte.

»Wie macht man so was, Willi, zur See zu fahren?«

Er erklärte es mir wie ein älterer Bruder dem jüngeren, und ich hortete, was er sagte. Santiago de Cuba, Rio de Janeiro, Montevideo, Yokohama, Samoa, Fidschi ... Ist heute auch der Einfluss, den der blonde deutsche Seemann auf mich ausübte, nicht mehr allzu gegenwärtig – schließlich dachte ich bei meiner Entlassung aus der Armee zunächst nicht an die Seefahrt –, so steht doch fest, dass mein Drang nach literaturfähigen Abenteuern, der mich Jahre später zu jedem dieser Häfen und den Südseeinseln aufbrechen ließ, in jenen Anfangswochen meiner Armeezeit geweckt wurde.

Midnight Sailing

Um Mitternacht sollten die Anker gelichtet werden, hatte man mir im Heuerbüro gesagt. Jetzt war es acht Uhr abends und dunkel. Vom Bahnhof aus konnte man im Licht der Kräne nur die Takelage des Frachters sehen. Ich warf meinen Seesack über die Schulter und ging die Schienen am Kai entlang, bis ich am Ziel war.

An Deck war keiner, aber von der Back her hörte ich Gesang, lautes, abgerissenes Gegröle. Am Kai unten war es finster, nur hinten am Tor las ein Wächter im Laternenlicht die Abendzeitung. Das Gegröle riss nicht ab: »Ro-ling stone ...«, die Stimmen rau und ohne Zusammenklang.

Ich ging die Gangway hinauf, ließ meinen Seesack an der Tür zur Back fallen und trat ein. In der ersten Kammer links saßen vier Seemänner auf ihren Kojen und tranken aus Flaschen. Ein alter Mann hockte auf einem Koffer vornübergesunken, das Gesicht in den Händen, mit bebenden Schultern. Keiner schien ihn zu beachten. Ich blieb stehen und fragte die Männer nach dem Obmann. Das Singen brach ab. Sie musterten mich. Der mit dem roten Haar und gebrochener Nase griff nach einer Flasche, öffnete den Verschluss mit einem Geldstück und bot mir Bier an. Schaum rann an seiner sommersprossigen Hand hinab.

»Der Obmann ist an Land«, sagte er. »Gerade angeheuert?«

»Ja.«

»Ich bin Mick Callaghan. Die anderen hier sind Tiny, Bruiser und Curly Connors. Der auf dem Koffer ist unser alter Peggy, der Mannschaftssteward. Und wie heißt du?«

Ich nannte meinen Namen, und alle vier brummten Begrüßungen.

»Großartiger alter Kasten«, sagte Curly Connors und wandte sich wieder seinem Bier zu.

»Ist spannender als im Zirkus«, sagte Tiny, ein kräftiger Mann mit arglosen blauen Augen.

Bruiser spuckte aus und warf eine leere Flasche durch das Bullauge. »Man weiß nie, wohin der Pott fährt. Eine einzige Trampfahrt«, erklärte er wütend. »Viele Männer im Heuerbüro?«

Ich nickte. »Mehr Männer als Jobs.«

»Sag ich doch«, meinte Bruiser und lehnte sich auf seiner Koje zurück.

Sie begannen wieder zu singen – das Lied vom *rolling stone* und dann eins über Irland. Mick erklärte mir, ich sei mit einem Schweden untergebracht und sagte, wo dessen Kammer zu finden sei. Er musste brüllen, um sich verständlich zu machen. Ich schleifte meinen Seesack den Gang entlang. Auf der oberen Koje in der letzten Kammer lag schwer atmend ein nackter Mann. Laken und Decken waren am Fußende der Koje zu einem Haufen zusammengeknüllt. Ein Bein hing an der Seite herab wie das eines Toten. Ich schob es zur Seite und setzte mich auf die untere Koje. Der Schwede stöhnte und drehte sich nach der Schott um. Die Ginflasche, die er umklammert hielt, glitt ihm aus der Hand, sodass der Inhalt über seine Brust und den muskulösen Arm entlang bis zu den Fingerspitzen floss. Plötzlich setzte er sich auf und starrte trunken auf die Flasche, die in seinen Schoß gerollt war. Er fluchte, tastete nach einem Korken, fand ihn, drückte ihn in den Flaschenhals und fiel wieder zurück. Sein blondes Haar schimmerte im Kojenlicht.

»Wie geht's dem Peggy?«, murmelte er, ahnend, dass jemand in der Koje unter ihm war.

»Der ist noch an Bord.«

»So! Wo ist meine Hose?«

Er fand sie irgendwo auf der Koje, kramte in den Taschen und holte einen Geldschein und eine Handvoll Silbermünzen raus.

»Gib das dem Peggy.«

»Der ist doch heute ausgezahlt worden.«

»Seine Heuer ist weg, geklaut – alles geklaut«, sagte der Schwede. »Gib ihm das Geld und bring ihn an Land. Und sag's den anderen.« Das Sprechen schien ihn erschöpft zu haben, sein Gesicht fiel ein und wurde wächsern. Er begann mit offenem Mund zu schnarchen.

Ich stand auf und ging zu den anderen zurück. »Mal zuhören«, sagte ich ihnen, »Peggys Heuer ist weg. Wusstet ihr das?«

Sie sahen mich verständnislos an.

»Was ist los?«, fragte Bruiser.

»Peggys Heuer ist weg.«

»Seine Heuer ist weg? Das kann doch nicht wahr sein!«

»Der Schwede hat's mir gesagt.«

Mick Callaghan stand schwankend auf und ging zu dem Alten, der immer noch, das Gesicht in den Händen, auf dem Koffer saß. Mick rüttelte ihn. »Wo ist deine Heuer?«, fragte er mehrmals. »Wo ist sie?«

Der Alte blinzelte und schüttelte traurig den Kopf. Langsam erinnerte er sich. »Wir waren vier«, erklärte er, »zwei verschwanden. Der Schwede kippte um. Er weiß nichts. Ich auch nicht. Ich weiß nichts.« Mehr sagte er nicht.

»Und was nun?«, fragte Tiny mitfühlend, aber ratlos, »Ich bin blank.« Mick Callaghan kratzte sich unter der Mütze am Kopf, zog nach kurzem Zögern den Schubkasten unter seiner Koje heraus, kramte in einem Hemd und fand zwei Pfundnoten. »Also«, sagte er, »Tiny hat nichts. Wie viel Geld hast du, Curly?«

»Vier Zehner«, antwortete Curly.

»Gib her. Und du, Bruiser?«

»Von mir kriegt der nichts«, erklärte Bruiser. »Bin ich sein Hüter? Er hätte besser aufpassen müssen.«

»Nicht so«, sagte Mick. »Ich kann auch anders.«

»Du! Und wer noch?«

»Also, Bruiser, wie viel gibst du? Noch mal frag ich nicht!«

»Der kriegt nichts.«

»Und du kannst ab jetzt alleine trinken.« Mick wandte sich von ihm ab. »Wie viel hast du?«, fragte er mich.

»Fünf Pfund.«

»Gib her. Am Zahltag kriegst du die wieder. War kein schlechter Peggy, der Alte«, meinte er, und dann leiser: »Wozu lebt man, wenn nicht, um für einen Kumpel da zu sein!«

Innerhalb einer halben Stunde hatte Mick über dreißig Pfund von der Besatzung unter und auf Deck erbettelt oder erzwungen. Die ganze Zeit saß der Alte verwirrt auf seinem Koffer. Mick stopfte ihm das Geld in die Manteltasche und sagte für einen Zwanzigjährigen seltsam väterlich: »Komm, Alter, wir beide gehen jetzt an Land.«

Sie stolperten zusammen aus der Back, ich folgte mit dem Koffer. An Deck zurrten ein paar Seeleute die Ladebäume fest – dunkle Gestalten im Schein der Kranlampen. Schwankend führte Mick den Alten auf die Gangway zu. Der Erste Offizier trat ihnen in den Weg. »Callaghan«, rief er, »wo wollen Sie hin?«

»Ich bringe unseren Peggy an Land«, erklärte Mick.

»Einen Schritt weiter und es hagelt eine Eintragung ins Logbuch. Was hat der überhaupt noch an Bord zu suchen?«

»Hören Sie, Mister«, entgegnete Mick, »ich bring unseren Peggy an Land. Reicht das?«

»Sie melden sich morgen auf der Brücke.«

Mick schwang zornig herum. »Mister, der Mann wurde beraubt. Seine ganze Heuer ist weg.« Dann leise, geradezu sanft zum Alten: »Komm, lass uns gehen.«

»Callaghan!«, rief der Erste. Ein Fluch ließ ihn innehalten. »Drück ein Auge zu, du Mistkerl!« Bruiser war aus dem Dunkeln aufgetaucht, grob, klotzig, kriegerisch. »Sind Sie mit dem Pott verheiratet, Mister? Sie kriegen doch auch nur Heuer wie wir!«

»Auch Sie melden sich auf der Brücke, McAllister!«, sagte der Offizier ruhig und wandte Bruiser den Rücken zu.

»Morgen. Aber nicht jetzt.«

Bruiser entriss mir den Koffer und lief stolpernd hinter Mick und dem Alten die Gangway hinunter. Einen Augenblick tauchte er unten im Dunkel unter, nur seine Schritte waren deutlich zu hören. Am Tor, im Licht des Wärterhäuschens, sah man ihn wieder, neben Mick, der den Alten stützend am Arm führte. Gemeinsam gingen alle drei durch das Tor in Richtung Bahnhof.

Coalburner

Die Kessel der SS *Fiona* unter Druck zu halten, kostete Kraft, und zu Beginn jeder Wache schuftete Curly Connors, der untersetzte Heizer, dem ich als Trimmer zugeteilt war, aus Leibeskräften. Er schuftete und ließ dabei alle Flüche ab, die ihn seine lange Seefahrt gelehrt hatte. Nicht wenige davon galten mir – ich hatte ihn aus den Bunkern mit Kohle zu versorgen und je tiefer ich in den Bunker musste, umso länger brauchte ich für die Arbeit. Connors ertrug es nicht, wenn ihm die Kohle knapp wurde, und einmal, als er bei der letzten Schaufel und ich noch nicht in Sicht war, schleuderte er sein Brecheisen so wuchtig gegen die Bordwand, dass es zurückprallte und ihn am Bein traf. Ich hörte ihn brüllen und für den Rest der Wache sah ich zu, dass der Schubkarren zwischen mir und ihm blieb.

Es ging hart zu zwischen uns. Die Matrosen an Deck fragten sich schon, wann mir die Geduld reißen und ich Connors mit der Schaufel den Schädel spalten würde. Ich aber ließ ihm seine Wut – der Mann, das sah ich ein, war bessere Trimmer gewöhnt, geübte Kerle, auf die Verlass war, und so blieb mir nichts weiter, als die Zähne zusammenzubeißen und bis zur Rückkehr nach Sydney durchzuhalten.

Doch es kam anders. Schon bald teilte mich der Zweite Ingenieur für Lofty Clarks Mitternachtswache ein. Lofty, wie Connors ein erfahrener Heizer, war hochgewachsen, breitschultrig und sanft, trug auf der Brust ein Kreuz und fluchte nie. Er arbeitete stetig, behielt mühelos die Kessel unter Druck, und fehlte ihm Kohle, kroch er in die Bunker und schaufelte selbst den Karren voll. Das spornte mich zu doppeltem Einsatz an, und ich bemühte mich stets, den Nachschub zu sichern – und war Lofty dankbar, dass er es hinnahm, wenn das mal nicht klappte. Er zeigte sich immer nur versöhnlich und spätestens als ich erfuhr, dass er seit eh und je freiwillig auf Mitternachtswache zog, sagte ich mir: »Der wird sich dafür hergegeben haben, mich zu übernehmen.« Lofty kräuselte bloß die Lippen, als ich ihn darauf ansprach, und mehr als ein »Schon gut« war ihm nicht zu entlocken.

Erst in Singhs Resthouse in Lambasa auf Fidschi, wo die *Fiona* kurzzeitig angelegt hatte, bot sich mir die Gelegenheit, Curly Connors zur Rede zu stellen. Wortlos trank der sein Bier und grinste bloß.

»Wisch das Grinsen weg«, sagte ich leise.

»Donnerwetter«, entgegnete Connors, »unser Trimmer muckt auf.«

Ich spürte, das gefiel ihm geradezu.

»Wenn mir was nicht passt, sag ich's frei raus. Ist das klar?!«, erklärte Connors. »Warum sollte ich dich abgeschoben haben – könnte doch sein, dass du anderswie bei Lofty gelandet bist.«

»Anderswie – das hast *du* ihm eingeredet.«

Wieder grinste Connors. »Eingeredet – der hat dich von mir weggeholt. Lofty holt sich doch immer die Schwächsten. Ist halt ein Heiliger, der Kerl.«

Damit verstummte er und griff nach seinem Bier.

*Die rote Rose

»Ich mag die Farbe nicht«, sagte Slim Munro der Barfrau hinter der Theke. »Passt nicht zu deinem Kleid.« Sie wurde rot. »Was versteht ein Seemann von Rosen?«, erwiderte sie.

Er nahm sein Glas, leerte es. Sein Blick verhärtete sich. »Alles und ein bisschen mehr«, sagte er.

»Ach ja?«

»Du solltest es wissen.«

»Wieso?«, fragte sie. Gleich hinterher bereute sie, dass sie schnippisch war, ließ es ihn aber nicht merken. Bier wurde verlangt, sie verließ ihn. Er sah nicht, wie sie sich schnell in dem Spiegel hinter den Flaschen musterte, hörte sie aber lachen, als jemand leise pfiff. Er stierte in sein leeres Glas und auf sein Gesicht, das ihn verzerrt aus den Bierpfützen ansah. Jäh wischte er sie mit der Hand fort. Jetzt sah er es nicht mehr. Er drehte sich um und ging durch die Schwingtür hinaus. Am Ende der Straße, an Brücke 4, lag sein Schiff. Rauch stieg aus dem Schornstein, Seeleute arbeiteten an Deck – Gestalten, die er kannte. Rasch ging er in die andere Richtung, wo die Läden waren.

»Glaubte schon, du hättest uns verlassen«, begrüßte ihn eine halbe Stunde später die Barfrau. Die Kneipe war überfüllt jetzt und laut, er musste sich über die Theke beugen, um sich ihr verständlich zu machen. Die gelbe Rose steckte noch an ihrem Kleid.

»Du hast mich vermisst?«, fragte er.

Sie nickte, lächelte. »Ein bisschen«, sagte sie. »Was soll's sein?«

»Wie immer«, antwortete er ein wenig bitter. »Hier, Joan, diese steht dir. Habe ich extra für dich geholt.«

Er legte eine frische rote Rose auf den Tresen – ein Juwel zwischen Bierlachen und Gläsern.

»Ach, du Seemann«, sagte sie und sah ihm in die Augen.

»Die steckst du dir an«, sagte er.

Für einen Augenblick waren sie unter all den Männern für sich, waren miteinander allein.

»Wenn du dich dann besser fühlst, stecke ich sie mir an«, sagte sie.

»Bloß kein Mitleid«, sagte er, »mir geht es gut.«

»Geht das schon wieder los?«, fragte sie.

Sie entfernte sich, aber die Rose nahm sie mit.

Im Mannschaftsraum des Frachters *Argo* blickte der Obmann auf die Uhr. Sie zeigte zehn Minuten vor vier, zehn Minuten vor der geplanten Abfahrtszeit. Die Schiffsmaschine dröhnte rhythmisch in den Wänden.

»Ist Slim an Bord?«, fragte er. Der Heizer ihm gegenüber schüttelte den Kopf.

»Wann ist er an Land gegangen?«

»Gegen Mittag.«

Der Obmann biss sich auf die Lippe, er setzte sich und dachte nach. Der Zweite Ingenieur erschien in der Tür. »Hallo«, rief er, »alle an Bord?«

»Außer einem«, sagte der Obmann.

»Und was wird werden?«

»Unterbemannt fahren wir nicht«, sagte einer der Heizer scharf.

»Wir geben Ihnen rechtzeitig Bescheid«, sagte der Obmann besänftigend zum Ingenieur.

»Hoffentlich. Wir werfen bald los.«

»Ich glaube, er ist nur zur Post, um ein Telegramm aufzugeben«, rief ein Trimmer ungefragt.

»Ja, eben«, sagten zwei Männer wie im Chor.

»Er ist jeden Augenblick zurück«, versprach der Obmann. Er wünschte, es glauben zu dürfen.

»Also. Sorgen Sie dafür.«

Der Ingenieur verschwand an Deck. Der Obmann ging ihm nach, um den Bootsmann zu suchen. Er wandte sich an Slims Wachpartner, dem alten Angus, der vor der Kombüse saß und sich die Pfeife stopfte.

»Angus, Slim ist weg. Weißt du, wo er ist?«

Angus kratzte sich das stoppelige Kinn und schüttelte den Kopf.

»Ich werde den Bootsmann bitten, noch nicht loszuwerfen. Wir müssen Slim finden. Diesmal würde es für ihn schiefgehen.«

»Diese Jugend! Zu meiner Zeit ...«

»Egal jetzt. Damals war es auch nicht viel anders. Geh zu Flahertys und sieh zu, ob Slim dort ist. Ich würde selber gehen, bloß ...«

»Klar, ich bringe ihn her«, unterbrach ihn Angus, steckte die Pfeife weg und stand auf. »Es wäre nicht das erste Mal, was?«

Sie lächelten beide. Ohne ein weiteres Wort ging Angus mittschiffs, vorbei am Ersten Offizier und dem Ingenieur, die ihn beide kühl ansahen.

Während er die Gangway hinunterstieg, hörte er den Offizier sagen: »Jetzt werden uns zwei fehlen, nicht bloß einer.«

Könntest recht haben, dachte Angus, niemand reißt sich ein Bein aus, auf diesem Schrotthaufen den Heizer zu machen. Langsam, schwerfällig, trottete er am Pier entlang. Nach einer Weile hörte er die Schiffspfeife schrillen, einmal, dann ein zweites, ein drittes und ein viertes Mal. Angus ging schneller.

Auf zwei Meilen in der Runde, auf Schiffen, in den Kneipen, auf den Straßen des kleinen Orts, erkannten Seeleute den Ruf: »Mann von Bord.« Einen Augenblick lang wurden der Lärm, die Gespräche in Flahertys Kneipe leiser, es war wie vor einem Rennbericht im Rundfunk. Angus drängte sich an die Theke. Er sah Joan, die Barfrau an den Zapfhähnen, aber nirgends sah er Slim. Er beugte sich zu ihr, die Männer rundum machten ihm Platz.

»Einen Augenblick, Joanie«, rief er.

Die Barfrau sah auf und lächelte. »Hallo, Angus! Whisky? Sofort!«

»Hast du Slim gesehen?«, fragte er.

»Klar, der ist hier.« Sie strich eine Haarsträhne aus der Stirn. »Da drüben!« Sie zeigte in die Richtung.

»Danke Mädchen«, sagte Angus erleichtert.

»Die Rose hier ...« Sie merkte, dass Angus fort war, und ließ den Satz unvollendet.

Seit einer halben Stunde lehnte Slim Munro an der Theke und betrank sich. Das Signal der Schiffspfeife war ihm nicht bewusst geworden. Darauf hatte er es angelegt, es war leichter so. Trotzdem bohrte es in ihm. Wann würde er die Seefahrt aufgeben und an Land bleiben? Wie die Dinge lagen, war nie etwas entschieden worden, nie blieb Zeit dafür. An Bord dachte er ständig an Joan. Da waren sie sich nah. Nichts gab es, was sie nicht verstanden hätte, nichts, was er ihr nicht hätte sagen können. Aber die Wirklichkeit war anders. Das Leben an Land verwirrte ihn, krempelte ihn um. Bier am Nachmittag, mehr Bier am Abend, und dauernd diese mürrische Reizbarkeit, die ihn immer befiel ...

»Slim Munro, wenn du dich betrinkst, gehe ich nicht mit dir aus. Bei Flaherty sehe ich genug davon.« Wie oft hatte sie das gesagt.

»Dann bleib zu Hause, ist mir auch egal.«

»Schön, wenn du meinst.«

Wieder an Bord – noch mehr Bier und Schnaps, Kartenspiel mit den anderen, und das Geld rinnt weg wie Sand im Stundenglas. Aber froh, wieder an Bord zu sein – kein Geld, keine Verpflichtungen, keine Konflikte. Alles renkt sich ein, sobald das Schiff ausläuft. So ist es immer gewesen. Jetzt ist er siebenundzwanzig. Wird es noch so sein, wenn er fünfzig ist? Kein Heim, keine Bleibe; Joan ersetzt durch die Margarets, Mollies, Brendas, die ganze Küste runter ...

»Slim, Junge, hör zu.« Ruhig, väterlich brach der alte Angus in Slims Gedanken ein. Sanft zog er ihn von der Theke fort. »Du kommst jetzt an Bord, ja?«

»Trink einen mit mir, Angus.«

»Nein, jetzt nicht. Komm mit. Du weißt, dass wir auslaufen. Hast die Pfeife gehört.« Angus sprach ohne Vorwurf oder Überlegenheit. Es war eine Feststellung.

Hinter dem Gesicht des alten Heizers meinte Slim die Gesichter von einem Dutzend oder mehr der Mannschaft zu erkennen. Alle warteten geduldig auf seine Rückkehr, bereit allesamt, eher eine Eintragung im Logbuch zu riskieren, als ohne ihn auszulaufen: Pedro, Plonko Jensen, Merrick, Carlson, Curly Connors, Sunshine, Tiny Mathews – jeder von ihnen. Slim reckte die Schultern und stand auf.

»Klar«, sagte er zu Angus, »werde euch nicht im Stich lassen. Hab bloß nicht auf die Zeit geachtet. Ich ...«

»Schon gut, Slim. Komm mit.«

Schwankend ging er mit Angus zur Tür; auf halbem Wege blieb er stehen. »Augenblick mal«, sagte er. Angus wartete auf der Schwelle. Slim drängte sich an die Theke zurück. »Joanie!«, rief er.

»Slim, nicht so laut!«, sagte sie.

»Ich gehe jetzt, Joanie. Wir laufen aus.«

»Slim, du hast versprochen ...«

»Ich hab nicht den Mut«, gestand er, »nach neulich Abend nicht mehr. Ich wollte dich hier rausholen, wollte als Heizer aufhören ...« Es kümmerte ihn nicht, wer zuhörte. Es kümmerten ihn nicht die Seeleute, die alle zu ihm hinsahen. »Ich hab mein Wort gebrochen, weil ... du weißt warum. Wirst es verstehen.«

Er sah sie hastig mit der anderen Barfrau flüstern, sah wie sie versuchte, die Schürze abzubinden, was nicht gelingen wollte.

»Bleib da, Joan«, rief er, »es gibt nichts weiter zu sagen.«

»Slim«, rief sie leise und ließ die Schürze sein.

»Ich schreibe dir«, rief er.

»Ja, Slim. Und danke für die Rose.«

Sie wurde rot und wandte sich ab. Aber im Spiegel sah er ihr Gesicht und daneben seines, und im Spiegel sah sie ihn an. Er zögerte, dann raffte er sich auf und folgte Angus zur Straße.

Eine halbe Stunde nach der planmäßigen Abfahrtszeit kletterten sie an Bord der *Argo*. Hinter ihnen zogen Matrosen die Gangway hoch. Der Erste Ingenieur stand an der Reling. Kalt sagte er zu Slim: »Der Kapitän will mit Ihnen reden.« Wortlos ging Slim an ihm vorbei. Er betrat den Mannschaftsraum. Ein paar Heizer saßen dort beim Tee. Keiner sagte etwas. Auch Slim schwieg. Dann rief jemand: »Slim, wie geht's dir, alter Knochen?«

Slim grinste und setzte sich zu ihnen an den Tisch.

Er war wieder zu Hause.

*Die Zähmung des Patrick Mulligan

Als im Mai die Heuerverträge für die *Gold Nugget* abliefen, verpflichteten sich die meisten der Mannschaft für weitere sechs Monate. Wir waren ein Team geworden und hatten uns aneinander gewöhnt, außerdem rechneten wir damit, dass der Frachter – einer der letzten Kohlendampfer an der australischen Küste – demnächst verschrottet würde. Die *Gold Nugget* war uralt mit engen Quartieren, veralteter Ausrüstung und einem schmalen, heißen Kesselraum. Seit einiger Zeit schon drängte die Gewerkschaft darauf, das Schiff aus dem Verkehr zu ziehen, und wenn es soweit war, erwartete uns eine Reise nach Japan und in Australien eine Prämie in Höhe einer Monatsheuer.

Vom Maschinenpersonal musterte nur Plonko Jensen ab und flog mit dem ersten Flugzeug von Cairns nach Perth. Für Sam Burns, der seinen langen Urlaub antrat, kam ein anderer Zweiter Ingenieur an Bord. Er hieß Patrick Mulligan, aber unter den Seeleuten kannte man ihn bloß als den »Schinder«, weil er, wie man sagte, Meinungsverschiedenheiten gern mit Gewalt aus der Welt schaffte. Er war ein rothaariger Kerl, groß und breit wie eine Kneipentür, mit muskulösen Schultern und Fäusten groß wie Kürbisse. Als wir ihn zu Gesicht bekamen, brauchten wir keine Versammlung, um uns zu einigen, wie er zu behandeln war: Hart und ohne Pardon! Nach ein paar Tagen jedoch atmeten wir auf. Eine andere Mannschaft musste ihn gezähmt haben, bevor er auf der *Nugget* anfing. Er war umgänglich wie ein Zirkusbär, und als er den routinemäßigen Arbeitsablauf an Bord veränderte, hielten das die meisten von uns für eine Verbesserung. Er führte eine Methode ein, durch die wir mehr Freizeit im Hafen hatten als je zuvor: Ein bestimmtes Arbeitspensum täglich, und wenn das geschafft war – Feierabend! Die Matrosen betrachteten uns voller Neid, bis auf Deck eine ähnliche Methode eingeführt wurde. Jetzt war nach drei Uhr außer dem Hilfsmaschinisten und dem Matrosen am Ladegeschirr kaum noch jemand an Bord – ein Vorteil, der sich ungünstig auf unseren Lohn auswirken sollte. Was wir nicht durchschauten. »Mulligan ist besser als Sam Burns.« Das war die einstimmige Meinung, der nur Keith O'Brian, unser Obmann, widersprach: »Blind wie Fledermäuse seid ihr!«, warnte er uns. »Merkt ihr denn nicht, wie der überall die Schraube anzieht? Mulligan weiß doch, dass er uns jede Arbeit aufhalsen kann, solange er uns nur vorzeitig an Land lässt!«

Das stimmte: Mulligan fand jeden Tag mehr für uns zu tun, als Sam Burns je eingefallen war. Vor lauter Ungeduld, von Bord zu kommen, brachen wir ständig Rekorde.

»Denkt an meine Worte!«, sagte O'Brian. »Der Kerl hält's mit den Bossen!«

Bald herrschte offene Feindschaft zwischen den beiden. O'Brian redete sich heiser, als er versuchte, die Arbeit in vernünftigen Grenzen zu halten.

»Ihr könnt nicht beides haben«, beharrte Mulligan, »entweder ihr spuckt in die Hände und schafft was, oder ihr bleibt alle Mann bis fünf Uhr an Bord.«

»Das wäre besser als diese Schinderei«, entgegnete O'Brian. Er wollte nicht einsehen, warum wir außer dem Säubern der Bilgen, dem Wegräumen der Asche und den immer wieder anfallenden Reparaturarbeiten auch noch die Schotten und den Schornstein bis oben hin anstreichen mussten, wo doch das Schiff bald verschrottet werden sollte.

»Wenn ich darüber zu bestimmen hätte, würde der Pott noch jahrelang schwimmen«, erklärte Mulligan.

Damit war die Katze aus dem Sack: die meisten von uns begriffen jetzt, dass er nur aus Berechnung so zahm gewesen war. Er wollte befördert werden. Solange er uns dazu bringen konnte, den Frachter instand zu halten, würde es der Gewerkschaft schwerfallen, die Verschrottung durchzusetzen. Wir schadeten nur uns selbst und erhöhten die Profite der Reederei. Allmählich begann sich unsere Truppe zu entzweien. Wir hatten uns an einen frühen Feierabend gewöhnt, und nicht wenige verfluchten O'Brian, weil der sich dagegenstellte.

»Gib endlich Ruhe«, verlangten sie, »uns geht's doch nicht schlecht.«

Doch er gab keine Ruhe. »Dem Schinder sind wir schnurzegal«, beharrte er, »der sieht nur zu, wo er selber bleibt.«

Das kam Mulligan zu Ohren, und es dauerte nicht lange, da packte er O'Brian beim Hemd und warf ihm vor, er wiegele die Leute auf. O'Brian riss sich los, wehrte sich aber nicht weiter. Er sah den um mehr als einen Kopf größeren Mulligan nur an. »Nächstes Mal überlegen Sie sich's gründlich, bevor Sie mich anfassen«, sagte er und zog sein Hemd zurecht. Es klang nicht überzeugend.

»Sie würden gleich nach der Gewerkschaft brüllen, ich weiß«, entgegnete Mulligan. »Wären nicht Manns genug, die Sache am Kai auszutragen.«

»Welche Sache?«

»Glauben Sie etwa, ich weiß nicht, was Sie in der Messe über mich verbreiten?«, fragte Mulligan. »Sie haben nicht allzu viele Freunde an Bord, Söhnchen.«

»Ich bin nicht mit Ihnen verwandt«, erwiderte O'Brian, »also nennen Sie mich gefälligst beim Namen!«

»Und Sie gewöhnen sich ab, mich Schinder zu nennen!«, rief Mulligan. Die Narbe über seiner Oberlippe zeichnete sich weiß in seinem rot angelaufenen Gesicht ab. »Sonst zeige ich Ihnen, was ein Schinder kann, und wenn Sie zehnmal Obmann sind!«

Er stieß das Wort Obmann so gehässig aus, dass wir alle instinktiv gegen ihn waren: Jetzt griff er die Gewerkschaft an, und das passte auch O'Brians Gegnern nicht. O'Brian wandte sich zu uns um, er hatte die Augen zusammengekniffen und wirkte verbissen.

»Soll ich's ihm zeigen?«, fragte er leise.

»Lass es gut sein, Keith«, antworteten die meisten, aber einige nickten auch.

»Wir treffen uns auf dem Kai«, sagte O'Brian zu Mulligan, »und nach der Gewerkschaft werde ich nicht brüllen.«

Es war eine heikle Angelegenheit: ein Gewerkschaftsobmann schlug sich mit einem Schiffsingenieur! Insgeheim hofften wir alle, dass sich die Gemüter bis zum Mittag abkühlen würden. Mulligan zeigte sich den ganzen Vormittag nicht im Kesselraum, und keiner von uns erwähnte vor O'Brian die Herausforderung. Wem wäre damit gedient, wenn er zusammengeschlagen würde?, fragten wir uns. Außerdem – wenn ein Wort davon zur Gewerkschaftsführung drang, würden wir bei der nächsten Versammlung hart ausgezählt werden: »So nicht, ihr von der Gold Nugget!« Gleichzeitig aber gab es dieses ungeschriebene Gesetz sich bei Männersachen nicht einzumischen. Also machte sich O'Brian am Mittag auf die Suche nach Mulligan.

»Sind Sie bereit?«, fragte er ihn ruhig.

»Jederzeit. Aber vielleicht wollen Sie vorher noch etwas essen, damit Sie Mumm in die Knochen kriegen«, höhnte Mulligan.

»Ich warte hinter dem Schuppen am Kai«, sagte O'Brian nur.

Als die Pfeife ertönte, standen sich die beiden auf dem Aschenplatz hinter dem Schuppen gegenüber, O'Brian schlank, aber kein Schwächling, und Mulligan, nackt bis zur Hüfte, mit einem mächtigen Oberkörper und starken Muskeln. O'Brian schien von vornherein chancenlos. Wir befürchteten das Schlimmste für ihn, und als er beim ersten Schlag zu Boden ging, waren wir geradezu erleichtert. Aber er schnellte wieder hoch und konterte mit Haken auf Mulligans Kopf und Bauch. Wenn die Schläge den Mann auch kaum erschütterten, so ging er jetzt immerhin in Deckung. Er trat einen Schritt zurück und wartete, dabei grinste er, voller Genugtuung darüber, dass der Kampf noch nicht zu Ende war.

»Los«, drängte er, »versuch's noch mal!«

O'Brian duckte sich, als Mulligan ausholte, dann hämmerten seine Fäuste wieder auf die empfindlichsten Stellen ein – unter dem Herzen und über der Gürtellinie. Mulligan gab Schlag um Schlag zurück. Plötzlich wich er zur Seite und versetzte O'Brian einen Kinnhaken, der diesen taumeln ließ, wie von eiserner Faust getroffen. Er fiel, und wir glaubten, sein Kiefer sei gebrochen. Er hustete und schüttelte den Kopf. Schweiß färbte sein Hemd unter den Achselhöhlen und an den Schulterblättern. Mulligans weißer Körper glänzte nicht einmal.

»Weiter«, forderte er, »oder hast du genug?«

O'Brian schwieg. Auf seine Fäuste gestützt, richtete er sich auf, stand bald wieder auf den Beinen. Wir entdeckten ein bösartiges Funkeln in Mulligans Augen, und als O'Brian in seine Reichweite kam, sahen wir ihn nach einem Knüppel greifen.

Da schritt Mike Bates ein. Er hatte wie wir alle auf der Rampe gehockt, einen Zigarettenstummel zwischen den Lippen, den Kampf beobachtend. Als Mulligan den Arm hob, um O'Brian einen Hieb zu versetzen, sprang er auf und schlug ihm den Knüppel aus der Hand. Der fiel ein paar Meter weiter hart auf den Ascheboden.

»So nicht, Mister!«, rief Bates.

Mulligan warf einen verächtlichen Blick zu uns herüber. Dann, wie um zu beweisen, dass er auch ohne Knüppel Herr der Lage war, ließ er die Fäuste sinken, streckte das Kinn vor und forderte O'Brian heraus. Schneller als Mulligan in Deckung gehen konnte, holte O'Brian aus und landete seine Faust auf Mulligans Nase mit mehr Kraft, als wir ihm noch zugetraut hatten. Wir hörten, wie der Knochen brach. Blut strömte Mulligan übers Gesicht, und er schien auch nichts mehr zu sehen, denn er bewegte suchend den Kopf, als wäre er blind.

»Wo bist du, du Bastard?«, brüllte er.

»Hier«, antwortete O'Brian, ohne sich zu rühren. Doch als er bemerkte, dass Mulligan ihn nicht sah, nutzte er das nicht aus. »Wir sind quitt, scheint mir«, sagte er bloß.

Mulligan versuchte noch ein oder zwei Schläge auszuteilen, traf aber nicht. Da gab er auf. Er wischte sich mit dem Handrücken das Blut vom Mund und betastete seine Nase. »Von jetzt an bleibt ihr allesamt bis fünf Uhr an Bord«, stieß er hervor, kehrte uns den Rücken und ging zum Schiff zurück.

Das war das Ende der neuen Arbeitsmethode, aber nicht das Ende des Streits. Andersherum wäre es uns, ehrlich gesagt, lieber gewesen – bis uns klar wurde, dass es jetzt tatsächlich weniger anstrengend war. Wir konnten uns Zeit lassen beim Mittagessen und bei den Rauchpausen und gewöhnten uns wieder um – keine zermürbende Plackerei mehr, sondern normales Arbeiten. Sowohl O'Brian als auch Mulligan mussten wegen Gesichtsverletzungen zum Arzt – ein Unfall, behaupteten beide, und wir bestätigten das. Da sie aber tagelang mit braun und blau geschlagenen Gesichtern herumliefen, sickerte allmählich die Wahrheit durch. Doch nachgegangen wurde der Sache nie.

In der Mitte der dritten Woche liefen wir aus Cairns aus, und wenn Mulligan aufgehört hätte, O'Brian zu provozieren, wäre die Spannung wahrscheinlich abgeklungen. Er forderte ihn nicht mehr zum Kampf heraus – das war auf See sowieso unmöglich. Aber dafür erschien er öfter als notwendig im Kesselraum, besonders, wenn O'Brian Wache hatte. Die Kohle war schlecht, und wir alle hatten Mühe, die Kessel unter Druck zu halten, O'Brian genauso wie die anderen. Um ihm eins auszuwischen, griff Mulligan eines Nachts selbst zur Schaufel, schob O'Brian beiseite und begann zu arbeiten. Und nach und nach gelang es ihm tatsächlich, den Zeiger am Druckmesser um ein paar Grad hochzutreiben. Aber das war kein Wunder – er war bloß zwanzig Minuten unten und natürlich im Vorteil, denn O'Brian hatte sieben Stunden Schufterei hinter sich, mit Pausen natürlich, aber immerhin sieben Stunden! Schließlich schlug Mulligan die Ofentür zu, legte die Schaufel weg und pflanzte sich vor O'Brian auf.

»Dass Sie mich damals geschafft haben, war Zufall«, sagte er, »aber dass *ich* und nicht Sie den Dampf hochgetrieben haben, war keiner – ist das klar, Mister Obmann?«

»Halten Sie Ihre gebrochene Nase hier raus«, sagte O'Brian ruhig, »sonst können Sie diesen Ofen bis nach Rockhampton allein füttern!«

»Wenn Sie gut beraten sein wollen«, erklärte Mulligan ebenso ruhig, »mustern Sie im nächsten Hafen ab. Wir brauchen Heizer auf diesem Frachter, keine Maulhelden.«

Da flog eine Schaufel an seinem Kopf vorbei und prallte mit nachhaltigem Krachen gegen einen Pfosten. Mulligan drehte sich überraschend schnell um und erblickte Bill Richards, den zweiten Heizer. »Ein Glück, dass Sie nicht getroffen wurden«, rief der. »Ich werfe das Ding immer so weg, wenn ich mit der Arbeit fertig bin. Gefährlich, wenn's hier unten so voll ist.«

Mulligan zuckte sichtlich zusammen. Er hatte Richards stets auf seiner Seite gewähnt – jetzt begriff ich, dass das falsch war.

»So haarscharf sind Sie noch nie an einer Eintragung ins Logbuch vorbeigekommen«, drohte er heiser.

»Aber Mister«, erwiderte Richards, »falls die Schaufel verbogen sein sollte, werden O'Brian und ich das schon richten. Sie können sorglos nach oben verschwinden.« Damit öffnete er die Tür zum Maschinenraum, sodass, was er noch hinzufügte, im plötzlichen Lärm unterging. »Da ist es viel kühler«, schrie er. »An Ihrer Stelle würde ich auf immer von den Öfen wegbleiben!«

Während der folgenden Wachen ließ sich Mulligan nicht im Kesselraum blicken, er rief uns seine Anweisungen durch den Schacht zu. Womöglich wartete er nur seine Zeit ab. Jedenfalls lief er mit finsterer Miene herum und biederte sich bei keinem von uns an. Stattdessen griff er nach der Flasche, und bald überstiegen seine Schulden beim Chefsteward jedes Maß. Aber er vertrug eine Menge, daher kamen keine Klagen.

»Saufen kann er, der Schinder«, bemerkte Art Croft, der wegen seines Alters – er war bereits über sechzig und schippte immer noch Kohlen – so etwas wie ein Urgestein in der Gewerkschaft war. »O ja, saufen kann er, boxen auch und Streik brechen!«

»Wie meinst du das?«, fragten wir und hörten von Art Croft, dass Mulligan selbst einmal Heizer war. »Hört zu, er ist wegen Streikbrechens aus der Gewerkschaft geflogen. Danach ist er aus Australien verschwunden und als Vierter auf einem britischen Schiff wieder aufgetaucht. Und am Ende dann als Zweiter bei uns.«

»Und das alles hören wir erst jetzt!«

»Hab's ja selber erst rausgekriegt«, sagte Croft.

Plötzlich sahen wir Mulligans Angriffe gegen unseren Obmann mit anderen Augen – er oder wir, hieß es ab sofort. Wir würden ihm das Leben zur Hölle machen, doch überraschenderweise versuchte ausgerechnet O'Brian, uns davon abzuhalten. »Ich war von Anfang an gegen

Mulligans Arbeitseinteilung«, sagte er, »aber jetzt bin ich gegen jeden Trick, der ihn zu Fall bringen könnte.«

»Ist die Kohle nicht sauschlecht?«, fragten wir ihn, und er gab das zu. »Und ist der Kesselraum nicht heiß und stickig?« Auch das gab O'Brian zu. »Na also«, sagten wir, und dass noch weit mehr gegen Mulligan vorzubringen sei.

»Gegen die Schiffseigner«, korrigierte O'Brian.

»Bald trinkst du noch Bier mit dem Schinder!«, legte Mike Bates los. »Warum bringst du ihm nicht gleich ein paar Flaschen mittschiffs?«

O'Brian sah Bates an. »Warten wir ab, wie er sich in Rockhampton verhält«, erklärte er. »Bis dahin machen wir weiter wie bisher.«

Donnerstag früh liefen wir in Rockhampton ein, ohne dass es irgendwelchen Ärger mit Mulligan gab. Nach der Anzahl der Flaschen zu urteilen, die der Steward aus seiner Kabine räumte, musste er schwer über den Durst gezecht haben. Und so sah er auch aus: glasige Augen, aufgedunsenes Gesicht – und nicht nur dort, wo O'Brian ihn getroffen hatte. Er schnaubte durch die gebrochene Nase und bewegte sich wie in Trance. Sogar Jock Eddy, unser Mannschaftssteward, hätte ihn jetzt k.o. schlagen können, und er prahlte auch damit, gerade als Mulligan am offenen Bullauge der Messe vorbeiging. Jock Eddy wurde blass. Aber Mulligan rief uns nur zur Arbeit, Eddy beachtete er nicht! Da wussten wir, jetzt hatten wir ihn, und als er draußen an Deck O'Brian begegnete und ihm gegenüber kein Wort von Abmustern verlor, waren wir sicher – der Mann war gezähmt!

Wir taten unsere Arbeit im Maschinenraum, machten um fünf Uhr Schluss und gingen erst spät an Land. In den Kneipen war nichts los, und so waren die meisten von uns schon gegen zehn wieder an Bord. Als in der Messe die Sprache auf Mulligan kam, fanden wir alle, dass es Zeit war, ihn umzutaufen. Nach einigem Hin und Her einigten wir uns auf den Namen Punchy, was nichts anderes als angeschlagener Boxer bedeutete. Gerade wollten wir die Taufe mit einem Glas Bier begießen, da kam Mike Bates mit der Nachricht, dass er Mulligan den Abend über von einer Kneipe zur anderen gefolgt sei und gesehen habe, wie er aus der letzten heraustorkelte und dann die Gangway hinaufkletterte.

»Er hat's gerade noch geschafft«, sagte er, »aber wirklich, gerade noch! Ich dachte, er fällt uns noch in den Bach. Kaum hatte er einen Fuß auf

Deck, da sackte er auch schon um. Jetzt blockiert er die Gangway. Was machen wir mit ihm?«

»Liegenlassen, damit der Alte ihn findet, wenn er an Bord kommt.«

Wir wussten, wie wild Kapitän Adams werden konnte, wenn einer sich sinnlos betrank.

»So werden wir Mulligan los«, sagte Mike Bates.

»Oder machen ihn noch schärfer«, wandte O'Brian unerwartet ein. »Denkt mal, wie der sich auf dem nächsten Schiff aufspielen wird, um die Scharte wieder auszuwetzen!«

»Was geht uns das an!«

»Möglicherweise nichts«, gab O'Brian zu, blieb aber störrisch und bestand darauf, Mulligan in seine Koje zu schaffen. »Wer hilft mir?«

Wir waren zu sprachlos, um zu antworten.

»Na gut«, sagte O'Brian gereizt, »dann mach ich's allein.«

»Warte mal«, rief plötzlich der alte Croft O'Brian hinterher, und dann folgte er ihm nach. Beide schwiegen, als sie in die Messe zurückkamen, daher konnten wir nur ahnen, wie sie Mulligan in seine Koje geschafft hatten. Er musste eine verdammt schwere Last gewesen sein!

»Habt ihr ihn in den Schlaf gesungen?«, erkundigte sich Mike Bates bei O'Brian, aber Croft riet ihm, die Klappe zu halten, darum blieb O'Brian die Antwort erspart.

Am nächsten Morgen ließ sich Mulligan nicht blicken, der Dritte Ingenieur übernahm seinen Dienst. Und als wir ihn nach zwei Tagen wieder zu Gesicht bekamen, zeigte er sich freundlich.

»Was habt ihr denn mit dem gemacht?«, fragten wir O'Brian. Er antwortete nicht. Also wandten wir uns an Croft: »Na los, red schon!«

»Das war so«, begann dieser, »als wir ihn mittschiffs hatten, wurde er plötzlich munter und fing an auszuschlagen wie ein Pferd. Wir mussten ihn wieder auf die Planken legen. Er rappelte sich hoch und pflanzte sich vor uns auf. Dann erkannte er Keith und wurde rasend. Man hätte schon so was wie ein Hellseher sein müssen, um zu begreifen, was er sagte. Jedenfalls wurde er bald still, als er über ein Tau stolperte und auf die Schnauze fiel. Danach trugen wir ihn in seine Koje. Das ist alles.«

Wir wollten es nicht glauben. Was oder wer hatte Mulligan derart zum Schweigen gebracht.

»Keine Ahnung«, antwortete uns Croft. »Vielleicht hat er ein wenig nachgedacht, als er nüchtern wurde. Ich weiß bloß, dass er ein Auge aufmachte, bevor wir das Licht in seiner Kajüte ausknipsten und er blöde grinsend zu O'Brian sagte: ›Danke, Keith, danke!‹«

»Weiter nichts?«

»Nein«, erwiderte Croft. »Weiter nichts.«

Danach hatten wir einen Monat lang Ruhe auf See, und es tat uns beinahe leid, als die *Gold Nugget* schließlich in Yokohama verschrottet wurde. Dort verloren wir Mulligan aus den Augen – wohin er verschwand, weiß keiner von uns.

*Unter grausamer Sonne

»Wenn er ›Ag-nes!‹ ruft«, sagte sie und ahmte die raue Stimme ihres Mannes nach, »werde ich innerlich ganz steif.«

»Wer zwingt dich, bei ihm zu bleiben?«, fragte er.

»Es ist wie früher, als ich noch zur Schule ging«, fuhr sie tonlos fort, »wir hatten einen Lehrer, der rief uns nur auf, wenn er uns schlagen wollte.«

Ron Prentice, der junge Landarbeiter, musste an Superintendent Morton aus dem Waisenhaus denken, wie er mit einem kalten Lächeln die Peitsche hob. »Schlägt Ed dich?«

Agnes Burke sah an ihm vorbei durchs Küchenfenster ins grelle Sonnenlicht und kniff die Augen zusammen.

»Das hat's schon gegeben«, gestand sie. Dann wandte sie sich wieder ihrer Hausarbeit zu.

Der Landarbeiter, der in Jeans und sauberem Baumwollhemd auf dem Fensterbrett saß, beobachtete sie. Vor zwei Monaten war er hierhergekommen, und vom ersten Tage an war die Frau des Farmers gut zu ihm gewesen wie niemand sonst, seit dem Tode seiner Mutter – Waisenhausangestellte hatten ihn auf sein künftiges Leben als Landarbeiter vorbereitet. Es empörte ihn, dass Ed Burke seine Frau nicht besser behandelte als Aufseher Morten jahrelang ihn – wie ein zugelaufenes Tier! Sicher, dachte er, das Leben ist hart, besonders hier in dieser öden Gegend. Aber zum Teufel, wenn einer eine Frau wie Agnes hatte, tapfer und gut, dann kümmerte er sich um sie! Er würde alles für sie tun, er würde sie nicht anschreien, oder sie gar schlagen. Er würde gut zu ihr sein, zu ihr und zu Meggy, dem Kind. Wenn Agnes Burke doch jünger wäre oder er älter, zehn Jahre älter, das wäre was!

Gewöhnt, seinen Gefühlen nur auf praktische Weise Ausdruck zu verleihen, fragte er sie: »Hast du irgendetwas für mich zu tun, bevor Ed zurückkommt?«

»Heut ist doch Sonntag, nicht?«, sagte sie. Sie verstand ihn sehr gut, zeigte es aber nicht. »Setz dich draußen auf die Veranda und lies deine neue *Sporting Life*, die mit der Post für dich gekommen ist.«

»Ich würde lieber hier bei dir bleiben.«

»Ich rede gern mit dir, Ron«, gab sie zu, »es ist viel schöner hier, seit du da bist.«

Schweißtropfen traten ihm auf die Stirn. Er schluckte. »Ja«, sagte er, »sicher.«

Eine Schmeißfliege, die summend die Lampe über dem Küchentisch umkreist hatte, schoss zum Fenster hin. Er schlug nach ihr, seine Hand schnell und sicher wie die eines Boxers. Die Fliege fiel tot aufs Fensterbrett. »Beim Training am Ball lernt man so was«, erklärte er. »Merken sogar die Fliegen.«

»Fliegen und Staub«, sagte die Frau und wischte wieder mit einem feuchten Tuch den Tisch, das Buffet, den Ofen ab, »damit wird man nie fertig.«

»Macht nichts«, tröstete er sie. »›Stets lächeln, meine Kinder‹, wie der Pfarrer im Waisenhaus immer sagte.«

»Ja, ja«, stimmte sie zu, »uns beide hat man schon ziemlich herumgestoßen, was, Ronny?«

Wieder war ihm die Kehle wie zugeschnürt. So hatte noch keine Frau Ronny zu ihm gesagt.

»Ich mag dich, Agnes.«

»So was darfst du zu mir nicht sagen«, wandte sie ein, »es sei denn, du sehnst dich nach deiner Mutter.«

»Nein, das ist was anderes«, entgegnete er und blickte weg. Und ob es was anderes war – wenn er ihr nur erklären könnte, was ihn des Nachts in seiner Kammer neben der Veranda wach hielt. Was war Ed doch für ein Klotz, eine Frau wie Agnes nicht zu schützen!

Er schnipste die tote Fliege zum Fenster hinaus in den heißen Staub. Hinter dem Drahtzaun streckte sich das ausgedörrte Land bis weit hinter den Horizont. Der kahle Eukalyptusbaum im Hof reckte seine dürren Zweige zum wolkenlosen Himmel. Der Stamm des Baumes warf einen tintenschwarzen Schatten über das braunhaarige Mädchen, das mit einem Hündchen spielte. Er beobachtete Meggy, bis ein Einspänner ihn ablenkte, der sich auf der Landstraße in einer Staubwolke näherte. Ron wandte sich langsam um. »Ed wird gleich da sein.«

Agnes Burke stand einen Augenblick regungslos, dann strich sie sich mit fahrigen Fingern das Haar aus dem Gesicht und befestigte es mit Nadeln. Die Küchenuhr schlug an.

»Er muss Streit gehabt haben«, sagte sie, »sonst käme er nicht so früh.«

»Ich verzieh mich besser«, sagte Ron und ging zur Tür.

»Nein, bleib! Es gibt gleich Kuchen und Tee.«

»Er wird wieder Krach anfangen, wie neulich.«

»Soll er«, antwortete sie, »ich hab dich lieber in der Nähe, wenn er betrunken ist.«

Sie trat ans Fenster und rief Meggy herein, ohne einen Blick auf die Landstraße zu werfen. Dann zog sie mit einem Ruck den Vorhang vors Fenster. Der dünne Stoff hing wie ein brennendes Laken vor dem Sonnenlicht. Sie goss Tee in Porzellantassen, schnitt drei Stücke Kuchen ab und stellte sie auf den Tisch.

»Lang zu«, sagte sie.

»Du machst einen Fehler«, sagte er, »du weißt doch, wie er ist.«

»Und ob ich das weiß!«, rief sie aus. »Tu nur so, als ob er nicht käme.«

»Ich fürchte mich nicht vor ihm«, sagte er in einem Ton, der reifer klang, als es seinen sechzehn Jahren entsprach, »ich mache mir nur Sorgen wegen dir.«

»Schlimmer kann's nicht mehr werden.«

»Mein Gott, Agnes!«

Kopfschüttelnd setzte er sich an den Tisch. Sie hörten das Klappern von Pferdehufen auf dem harten Boden im Hof und das Rollen von Rädern, hörten Ed betrunken vor sich hinmurmeln. Agnes blickte Ron über den Tisch hinweg an. Ron zerdrückte einen Zigarettenstummel auf einem Teller. Meggy kam in die Küche gelaufen, in die jetzt der Schatten des Einspänners fiel. Sie konnten einen Teil des Pferdes sehen wie ein Schattenspiel hinter dem Vorhang die stämmige Gestalt von Ed Burke.

Meggy lachte. »Wie komisch das aussieht!«, rief sie.

»Setz dich hin und iss«, sagte Agnes zu ihr.

Sie hörten das Pferdegeschirr klirren, als Ed begann, die Stute auszuspannen. Die ganze Zeit fluchte er grimmig: »Verdammte Trockenheit, verdammte Schinderei! Nichts gedeiht, alles verdorrt – eine Gegend nur gut für Kneipenwirte – der Teufel soll sie holen …«

Plötzlich wieherte das Pferd, dann ein zweites, ein drittes Mal, wie in einem brennenden Stall. Die Umrisse des Pferdeleibes verschwanden vor dem Vorhang. Sonnenlicht fiel über den Küchentisch und über die gespannten Gesichter von Agnes, dem Kind und von Ron. Der stieß seinen Stuhl zurück und riss den Vorhang auf. Ed Burke, stämmig und muskulös, schlug dem Pferd mit einem Holzknüppel aufs Maul. Meggy schrie.

»Lass das Pferd in Ruhe!«, rief Ron.

»Zur Hölle mit euch allen!«, fluchte Ed Burke, wischte sich mit dem Ärmel übers Gesicht, hielt inne und ließ die Augen nicht von dem Pferd, das zurückwich. Das Weiße in seinen Augen war deutlich, es bäumte sich auf und zerrte den Einspänner über den Hof. Ed lachte.

Das Lachen ließ Ron an Aufseher Morton denken, der so gelacht hatte, wenn er die Jungs im Waisenhaus mit der Peitsche schlug. Jetzt lachte Burke, der auf das Pferd einhieb. Grausamkeit und Lachen ... Ron sprang mit einem Satz durchs Fenster, stürmte über den Hof, und als er sich auf Burke stürzte, sah er nur noch dessen grobes Gesicht mit dem grausam lachenden Mund, den er mit der Faust treffen wollte, treffen musste. Doch es gelang ihm nicht. Burke lachte noch immer. Der Adamsapfel in seinem Hals bewegte sich, als er schluckte. Noch einmal schlug Ron ins Leere, er glaubte die anfeuernden Rufe der Jungen im Waisenhaus zu hören: »Gib's ihm, Ron!«, schrie Jim Croxton, schrien Tiny Maxwell, Spider Carter und Dave Mooney. »Gib's ihm!« Und dann traf ihn der Holzknüppel hart am Kopf, ein zweites Mal, ein drittes Mal, und er fiel vor Burkes stämmige Beine. Er spürte, wie ihm Burke in die Seite trat, krümmte sich, schnellte hoch und entzog sich Burke mit einer Geschicklichkeit, die er im Ring gelernt hatte. Und diesmal traf er Burkes Mund, wurde aber zugleich auch von dem Knüppel an der Schläfe getroffen, und wieder brach er zusammen. Er hörte Agnes rufen: »Genug, genug!«, als wäre sie weit weg. Er versuchte aufzustehen, schaffte es aber nur, sich aufzurichten. Burkes Gesicht über ihm begann zu kreisen. Er spuckte es an. Burke stieß mit dem Fuß nach ihm. »Steh endlich auf und hau ab.«

Verschwommen sah Ron den Stamm des Eukalyptusbaumes, Teile des Drahtzaunes, ein zersplittertes Wagenrad, die Hinterbeine des Pferdes, die sich entfernenden Stiefel, in denen Burke steckte. Ließ er ab von ihm? War es vorbei? Langsam rappelte er sich auf. Als er sich umblickte, sah er Burke auf der Veranda sitzen, den Hut aus der Stirn geschoben, lachend.

»Ich rufe die Bande zusammen, und dann machen wir dich fertig!«, keuchte Ron.

»Bis das passiert, sind wir alle von der Sonne verreckt«, sagte Burke, »hier wird keiner mehr sein.«

»Du kannst meinetwegen verrecken«, sagte Ron. Kalter Hass stieg in ihm auf, sein Kopf dröhnte. »Ja, verrecken sollst du. Aber nicht Agnes, und auch Meggy nicht.« Er wandte sich weg und wankte auf den Zaun zu, wo sich der Einspänner im Draht verfangen hatte und das Pferd am Geschirr zerrte. Behutsam und mit beruhigenden Worten näherte Ron sich dem verängstigten Tier. Das Pferd spitzte die Ohren. Nur seine Haut zitterte noch. Ron setzte seine Schritte so, dass die Stute ihn sehen konnte.

Sie wieherte leise, als er sie abschirrte und zum Stall führte, dabei ständig ihren Hals streichelnd, wo sich eine Beule unter der geplatzten Haut bildete. Vom Stall aus hörte er Ed Burke schreien: »Halt dich da raus, Weib, wenn du weißt, was für dich gut ist.«

Als er das Pferd versorgt hatte, tauchte er das Gesicht in den Trog mit Trinkwasser. Die pflaumengroße Schwellung über seinem rechten Auge hämmerte. Er ging über den Hof und am Haus entlang in seine Kammer neben der Veranda. Der ziehende Schmerz im Schädel machte ihm mehr zu schaffen als die geplatzte Lippe oder das angelaufene Auge. Er setzte sich aufs Bett und überlegte, was er tun sollte. Schließlich begann er, seine Habseligkeiten in eine Tasche zu verstauen – den schwarzen Wollschal seiner Mutter und Pater Dooleys Gebetbuch, seine Socken, Hemden und Unterwäsche und die eingerahmten Fotos von Jack Dempsey, Jack Carroll und Joe Louis, die Dave Mooney ihm geschenkt hatte, als er das Waisenhaus verließ. Wenn er in die Stadt kam, würde er rauskriegen, in welcher Eisenbahnreparaturwerkstatt Dave arbeitete, und dann, vielleicht …

Seine Gedanken umkreisten die in alle Winde verstreuten Freunde. Er hätte viel darum gegeben, jetzt in der Ecke des Schlafsaals im Waisenhaus mit ihnen zusammenzusitzen und zu beraten, was zu tun war. Zu dumm, dass er wegen Agnes Burke weich geworden war.

Unter dem Bett zog er einen Packen Zeitschriften hervor, Nummern der *Sporting Life*, die er gesammelt hatte. Die Tasche ließ sich nur mit Mühe schließen. Als er sie an Burkes Schlafzimmer vorbeitrug, glaubte er von drinnen Agnes Stimme zu hören: »Ronny!«, und dann keinen Laut mehr, als hielte ihr der Mann den Mund zu. »Burke!«, rief Ron, »Burke!« Er hörte Füße scharren, wie bei einem Handgemenge. Das Gazefenster wurde aufgestoßen. Burke füllte die Öffnung beinahe aus. »Bist du noch immer nicht weg?«

Ron konnte Agnes sehen, die starr im Schlafzimmer stand mit angstvoll geöffneten Augen. Meggy klammerte sich an ihre Schürze.

»Hab ich dir nicht gesagt, du sollst abhauen?«, schrie Burke.

»Wenn du deine Frau nicht in Frieden lässt, hole ich die Jungs her und bring dich um«, drohte Ron.

»Hau endlich ab!«

»Dachtest du, ich bleibe auf deiner verdammten Farm?« Ron schulterte seine Tasche. »Ich rate dir nur, lass die Hände von deiner Frau.«

Burke musterte ihn. Ein Gedanke schien ihm durch den Kopf zu gehen. »Hör gut zu, mein Sohn«, sagte er dumpf, »du wirst mir noch dankbar sein, dass ich dich gefeuert habe. Besser unter Brücken schlafen als zu versuchen, in dieser Ödnis zu überleben.«

»Für mich bist und bleibst du ein Saukerl«, entgegnete Ron.

Jetzt, da Ed Burke ruhig war, hatte er zum ersten Mal Angst vor ihm. Aus Burkes Augen sprach Wut. Ron wandte sich vom Fenster ab, dem Tor zu.

»Genau da geht's lang«, rief Burke. »Hau ab, ehe ich dich noch mal verprügele.«

Ron sah jetzt Agnes am Fenster, neben ihrem Mann. Sie schien um etwas zu bitten, aber er konnte ihre Worte nicht verstehen. Er zögerte einen Augenblick, schaute sie an, dann ging er weiter über den Hof und durch das Tor, ohne einen Blick zurück.

Nachdem er etwa drei Meilen die heiße und einsame Straße entlanggelaufen war, setzte sich Ron an den Stamm eines Eukalyptusbaumes. Ein Stück weg weidete eine Herde Schafe in dem verdorrenden Gras. Ein Habicht kreiste hoch am Himmel. Ron wischte sich mit einem Tuch über Gesicht und Nacken. Sein Kopf schmerzte, das rechte Auge auch. Er legte die ältesten Nummern der *Sporting Life* unter den Baum, besann sich einen Augenblick lang, dann ging er weiter. Nach zwei Meilen hatte er sich dazu durchgerungen, den restlichen Packen Zeitschriften zu opfern, bis auf das eine Heft über das Leben von Joe Louis. Der rote Sonnenball verschwand hinter einer einsamen Farm und dem toten Baum mit dem Schild: *Wilson's Schenke – Vier Meilen*.

An der Kreuzung, wo die Landstraße zur Stadt abzweigte, drehte er sich um und blickte zurück. Schon jetzt kam ihm die Zeit auf Burkes Farm unwirklich vor. Nur das Verlangen nach Agnes erinnerte ihn noch an sein bisheriges Leben. Fernab schien sich etwas zu bewegen. Er straffte sich. Dann schulterte er seine Tasche und ging weiter, wandte sich auch nicht um, als er hinter sich das Trappeln der Pferdehufe vernahm.

»Ron! Ronny!«

Er ließ die Tasche zu Boden fallen und sah, wie die Frau die Zügel mit fahrigen Händen befestigte.

»Mein armer Ron!«

»Warum bist du mir nach?«, fragte er schroff.

»Ich habe alle deine *Sporting Life*«, sagte sie.

»Wie hast du es geschafft, von Ed wegzukommen?«

»Er ist jetzt ruhig. Er wird dir nichts mehr tun, wenn du zurückkommst.«

»Ich komme nicht zurück.«

Der Ausdruck in ihren Augen verwirrte ihn. Ihr Haar war wirr, eine Strähne fiel ihr seitlich übers Gesicht.

»Es wäre falsch, wenn ich zurückkäme«, sagte er.

»Was soll ich ohne dich?«

»Ich kann dir nicht helfen.«

»Doch, du könntest …«, sie berührte mit den Fingerspitzen die Beule über seinem Auge und die aufgesprungene Lippe. Dann zog sie ihn impulsiv an sich. Er spürte ihren Körper, so wie er es sich oft gewünscht hatte, nachts, in der Einsamkeit seiner Kammer.

»Willst du wirklich?«, fragte er. Er biss die Zähne zusammen. »Wohin wollen wir gehen, Agnes?«

Als sie ihn in den Armen hielt, kreiste der Habicht immer noch über ihnen am Himmel, der schon ergraute. Auf der Straße wieherte das Pferd. Sie konnten weder das Pferd noch den Einspänner sehen, denn ein Busch verdeckte Pferd und Wagen. Einmal, als hätte ihn jemand gestoßen, riss Ron sich los, dann wandte er sich ihr wieder zu und legte sein Gesicht an ihre Brust. So blieb er lange Zeit, sie streichelte sein Haar.

Sie war die erste Frau für ihn, denn er war erst sechzehn und noch kein Mann.

*Der Fluch von Maralinga – eine Novelle

Ich mache mir nicht viel aus Alkohol, aber als der Colonel vorschlug, vor dem Abflug noch einen oder zwei Brandys als Magenstärkung zu nehmen, lehnte ich nicht ab. Und nun saßen wir an der Hotelbar und hatten uns kaum noch etwas zu sagen. Sie wissen ja, wie das ist, wenn man im Ausland einen Landsmann trifft: Gewöhnlich erzählt man das, was man zu erzählen gewillt ist, in der Anregung der ersten halben Stunde. Danach wird einem die Begegnung meist lästig, und das Gespräch verläuft im Sande. So erging es mir auch mit dem Colonel.

Wir wollten beide ins Landesinnere, und so hatte ich ihm mitgeteilt, dass ich Geologe bei der *Mineral Exploration Incorporated* in Kalifornien und auf dem Wege nach Sladen Waters an der Grenze zwischen West- und Südaustralien sei, wo einer unserer jüngeren Mitarbeiter glaubt, auf Nickel gestoßen zu sein. Ich ließ mich nicht näher darüber aus – es empfiehlt sich nie, allzu mitteilsam zu sein –, aber zu meiner Überraschung wusste der Colonel, dass die australische Regierung meiner Firma grünes Licht auf einem Gebiet von über vier Millionen Acres gegeben hatte.

»Eine Gegend«, sagte er immer wieder, »die man im Auge behalten sollte.«

Und dann fragte er mich, ob ich ihm nicht, falls wir wirklich auf ein größeres Lager stoßen sollten, einen Wink geben könne, bevor die Börse davon Wind bekomme, und als ich erwiderte, das ließe sich machen, überreichte er mir seine Karte und vertraute mir an, er sei in allerhöchstem Auftrag von Washington herübergeflogen, um die bevorstehende Explosion einer Atombombe in Maralinga in Südaustralien zu beobachten. War ich jemals dort? Nein. Und in Washington auch nicht? Nun, sein Haus stehe mir jederzeit offen, wenn ich wieder in den Staaten sei: Schwimmen, Golf, Tennis, und falls ich einmal dem häuslichen Alltag entfliehen wolle, er habe Telefonnummern. Dabei grinste er, und ich fand ihn weniger sympathisch als anfangs: Ich hänge an meiner Familie und bin über das Stadium hinaus, wo man am Wege Blumen pflückt. Wirklich, ich wäre gern öfter mit meiner Frau zusammen, als es mir möglich ist.

Zwangsläufig kamen wir wieder auf Atombombenexplosionen zu sprechen, und was er dazu zu sagen hatte, machte mir seine Gesellschaft nicht angenehmer. Mir bedeuten die USA bestimmt so viel wie den meisten

Amerikanern, aber wenn jemand Uncle Sam derart in den Himmel hebt, wird mir unbehaglich.

»Schließlich«, erklärte der Colonel, »haben wir jetzt mehr als ein Dutzend Tests in Nevada durchgeführt, und es wird höchste Zeit, dass wir mal jemand anderem den Hinterhof verpesten, solange wir dabei noch einen Logenplatz haben.«

Obwohl auch ich der Meinung bin, dass wir die Absichten der Russen durchkreuzen müssen, habe ich doch ganz bestimmte Ansichten darüber, wie man die Atomenergie für friedliche Zwecke nutzen sollte, und all zuviel Säbelrasseln ist mir zuwider. Aber es erschien mir zwecklos, mit dem Colonel über interglobale Kontrollen und Fünf-Mächte-Abkommen zu reden. Also kaute ich auf meinem Zahnstocher und sagte gar nichts, dachte aber, ich müsste ja des Teufels sein, wenn ich die Telegrafendrähte heißlaufen ließ, um Colonel Dwight G. Swanson Tipps für gute Kapitalanlagen zu geben. Mir ging er allmählich mit seinem ständigen Schulterklopfen auf die Nerven, und ich bedauerte, ihm das Foto meiner Frau und meiner Kinder gezeigt zu haben. Seine Bemerkung: »Eine tolle Frau!«, klang mir noch in den Ohren wie das Lob eines Autohändlers, der gerade ein neues Modell in Augenschein nimmt.

Also nippten wir, wie gesagt, ziemlich schweigsam an unseren Brandys, während die Augen des Colonel sich an den körperlichen Reizen der Barfrau weideten. Er wollte wohl gerade versuchen, seiner zweifellos beachtlichen Liste eine weitere Telefonnummer hinzuzufügen, als ein Hotelboy zu uns trat und uns mitteilte, der Wagen warte, der uns zum Flugplatz bringen sollte.

»So long, Süße, dann eben ein andermal«, verabschiedete sich der Colonel. Die Barfrau steckte lächelnd sein Trinkgeld ein. »Oh, vielen Dank, Sir!«, sagte sie. »Sie werden bald Dwight zu mir sagen«, versicherte ihr der Colonel, nahm meinen Arm in Ermangelung eines anderen und führte mich durch die Halle. Ich mag Vertraulichkeiten dieser Art nicht, befreite mich schnell und bemerkte, als ich mich halb umwandte, wie die platinblonde Barfrau in dem Spiegel hinter den Schnapsflaschen ihr Profil musterte. »Eine tolle Frau!«, sagte der Colonel, und diesmal hätte ich ihn am liebsten getreten.

Als meine Augen sich gerade an das strahlende Sonnenlicht zu gewöhnen begannen, das schräg über das Vestibül und die marmorne Treppe des Hotels fiel, sah ich durch die Glastüren den Aborigine. Er stand mit dem Rücken zu dem lärmenden Verkehr und den auf dem Bürgersteig vorbeieilenden

Menschen an der Säule am anderen Ende des Hoteleingangs. Seine Kleidung war zerlumpt, die Schuhe waren mit Strick zusammengehalten. Er hatte weißes Haar und schwarze Haut. Er hielt die Hände an die Lippen gepresst, und jedes Mal, wenn die Hotelboys die Schwingtür aufstießen, vernahm ich einen klagenden Laut, es war als bliese jemand auf einem Grashalm. Ich folgte Colonel Swanson zu dem wartenden Wagen und warf schnell ein paar Münzen in den verbeulten Hut, der zu Füßen des Schwarzen lag. Doch er starrte an mir vorbei und brachte weiter, ich weiß nicht wie, diese unheimlichen Laute hervor. Für einen Augenblick fühlte ich mich schon in die Wüste versetzt, in die mich die Reise führte. Auch als ich versuchte, die Aufmerksamkeit des Schwarzen auf das Geld zu lenken, das ich ihm gab, verriet er durch nichts, dass er es bemerkt hatte, er stand einfach da mit einer sonderbaren, zurückhaltenden Würde, ganz und gar nicht wie ein Bettler.

»Hallo, Mister Cox«, hörte ich den Colonel ungeduldig rufen, »wir müssen los!«

Ich stieg in den Wagen, während der Fahrer und die Hotelboys unser Gepäck verstauten und der Colonel geräuschvoll letzte Instruktionen gab. Als wir abfuhren, sah ich, wie ein Polizist den Schwarzen abführte. Der ging friedfertig mit, schaute weder nach rechts noch nach links, sondern mit dem entrückten Blick eines Blinden unentwegt geradeaus.

Neben mir auf dem Plüschsitz der Limousine redete der Colonel auf mich ein, doch ich hörte nicht hin, bis er mir aufs Knie schlug und erklärte: »Ich sage Ihnen, Cox, Sie brauchen bloß dieses kleine Telegramm zu schicken, das andere besorgt dann schon Dwight G. Swanson. Ich vergesse nie einen Gefallen, verlassen Sie sich darauf!«

»Maralinga«, sagte ich, »war das nicht ein Reservat der Eingeborenen?«

»Natürlich«, antwortete der Colonel, »na und?«

»Ich wollte es nur wissen.«

»Oh«, sagte er, »die Nigger dort sind alle evakuiert worden. Das sind doch Nomaden aus der Urzeit, wissen Sie. Heute hier, morgen dort. Die können überall leben. Ich glaub nicht, dass die überhaupt was mitkriegen. Die Bombe wird krepieren, aber die schert das nicht, die begreifen sowieso nichts. Es sind ja ohnehin bloß ein paar hundert.«

Der dunkelhäutige Bettler inmitten der teilnahmslosen Menschenmenge ging mir nicht aus dem Sinn. Die Gleichgültigkeit, die der Colonel an den Tag legte, entsprach der Norm. Wahrscheinlich, dachte ich, ist das Schicksal der Eingeborenen von Maralinga heute so unabwendbar wie einst, als ihre Vorfahren den Kugeln der Einwanderer zu trotzen hatten.

Gewöhnlich überlasse ich es anderen, die Menschheit retten zu wollen, trotzdem verdross mich die Gefühllosigkeit des Colonels. Aber ich bin Geologe und kein Weltverbesserer – je mehr so einer nach Übeln sucht, desto mehr findet er, heißt es. Daher sagte ich gar nichts, obwohl ich das Gefühl nicht los wurde, dass ich diesmal nicht hätte schweigen dürfen.

Wir erreichten den Flugplatz gerade noch rechtzeitig, um unser Gepäck wiegen zu lassen und uns an Bord der Skymaster zu begeben, deren vier Motoren bereits mit ohrenbetäubendem Lärm warmliefen. Der Colonel bestürmte gleich die Stewardess, zwei nebeneinanderliegende Sitze für uns frei zu machen, doch da das Flugzeug jeden Augenblick starten würde, erklärte sie ihm höflich, aber entschieden, jetzt sei dafür keine Zeit mehr. D. G. Swanson war gerade im Begriff, ihr mit seinem Dienstausweis zu kommen, als über der Tür das Schild *No Smoking – Fasten your Seatbelts* aufleuchtete. Also setzten wir uns auf die Plätze, die wir gebucht hatten, wobei der Colonel etwas von »Unerhört« vor sich hinmurmelte. Die Stewardess versicherte ihm, dass sie später versuchen würde, unserem Wunsch zu entsprechen. Die Maschine stieg zum azurblauen Frühlingshimmel empor. Flugplatz, Fabriken und die vielfarbigen Dächer von Sydney verschwanden und wir sahen den klar blauen, von Stränden gesäumten Pazifik. Ich hoffte, die Gesellschaft des Colonel würde mir erspart bleiben.

Verstohlen musterte ich meinen Nachbarn und fragte mich, ob der wohl bereit wäre, den Platz zu wechseln, falls er darum gebeten würde. Er war ein muskulöser Mann mit gebräuntem Gesicht, der steif in seinem zu engen Anzug dasaß, wie jemand, der ans Fliegen nicht gewöhnt ist. Auch als das Warnschild erloschen war, ließ er den Sicherheitsgurt zu und es schien, als wollte er während der ganzen Reise seinen breitrandigen Hut aufbehalten. Ein Farmer, dachte ich, oder ein Schafscherer, der aus Sydney in den Süden zurückkehrt – auf jeden Fall ein wortkarger Mann, der den Mund nur auftat, um der Stewardess zu erklären, er fühle sich wohl auf seinem Platz und wolle bleiben, wo er sei.

»Sie können den Sicherheitsgurt jetzt lösen, Sir«, sagte sie, aber mein Nachbar sah sie nur ruhig an und erwiderte: »Schon gut, Miss – ich werde das irgendwann tun.«

Ich konnte nicht umhin, seine unerschütterliche Ruhe zu bewundern, aber vor allem war er mir sympathisch, weil er mir den Colonel vom Halse hielt.

Wir überflogen eine öde Gegend, unfruchtbare Ebenen, nur selten durchbrochen von bewachsenen Flächen und flachen braunen Hügeln, hinter denen die leuchtend rote Abendsonne unterging, als der Colonel den Gang entlangkam und meinen Nachbarn zu einem Platzwechsel zu veranlassen suchte. Mit einer langsamen Bewegung fuhr sich der Mann mit der Hand über das Kinn und sagte:»Hören Sie, Yank, mag sein, Sie können unsere Regierung nach Belieben herumschubsen, aber so weit ist es noch nicht, dass Sie mir was vorschreiben. Ich bleibe, wo ich bin, und damit hat's sich.«

Das passte Dwight G. Swanson ganz und gar nicht. Er war leicht angetrunken und daher reizbar. Nach einer hitzigen Entgegnung, die die Atmosphäre keineswegs verbesserte, forderte er mich auf, mit ihm nach hinten an die Bar zu gehen. Ich lehnte ab und verschanzte mich hinter einer Zeitschrift.

Ehrlich gesagt, meine Aufmerksamkeit weilte weniger bei dem, was ich las, als bei der Haltung meines Nachbarn zu dem Colonel. Eine Zeitlang verharrte er schweigend und regungslos, dann zog er einen Tabaksbeutel hervor, drehte eine Zigarette, zündete sie an und bemerkte:»Früher einmal wart ihr Yankees in diesem Lande gern gesehen. Und vermutlich seid ihr es bei vielen Leuten auch heute noch. Aber ich hab da meine Meinung.«

Er ließ sich nicht weiter darüber aus, und ich war nicht in der Stimmung, ihn zu ermutigen. Er musterte mich, dann fuhr er fort:»Ich bin nicht gern unhöflich – aber wenn ich sehe, wie euer Militär sich in unserem Land wichtig tut, dann packt mich die Wut.«

»Stoßen Sie sich nicht daran«, entgegnete ich,»es gibt nun mal solche und solche auf der Welt.«

»Das ist wahr«, bestätigte er, immer noch leicht verdrossen. Ungeachtet seiner Absage an den Colonel lud er mich schließlich ein, ein Glas mit ihm zu trinken.»Es geht nichts über einen guten Schluck australisches Bier«, redete er mir zu. Wie die Dinge lagen, musste ich auch seine Einladung wohl oder übel ausschlagen, doch ich bemühte mich, das so freundlich wie nur möglich zu tun.

»Na schön«, sagte er, sofort wieder auf der Hut,»wie Sie wollen!« Aber es klang, als wäre er zu dem Schluss gekommen, alle Amerikaner seien hoffnungslos.

Da mich noch andere Dinge beschäftigten als sein argwöhnisches Schweigen, das er bis über Adelaide bewahrte, wurden wir nicht näher bekannt. Und so nahm er, nach dem Blick zu urteilen, mit dem er den Colonel beim Aussteigen maß, seine Einschätzung der Amerikaner mit sich wie ein Stück Handgepäck.

»Tja«, seufzte D. G. Swanson, und was er von dem Australier dachte, war offensichtlich. »Na, dann alles Gute, Mister Cox«, fügte er hinzu. Ein Sonderflugzeug der US-Army würde ihn nach Maralinga bringen, während ich an Bord der Skymaster blieb, um weiter nach Kalgoorlie zu fliegen, wo meine Firma ein Privatflugzeug gechartert hatte, das mich nordöstlich nach Sladen Waters bringen sollte. »Viel Glück und einen guten Fund!«

Obwohl der Colonel den ganzen Flug über getrunken hatte, war er doch noch klar genug im Kopf, um mich an das Telegramm zu erinnern, das ich ihm schicken sollte. Er lächelte, als er mir die Hand schüttelte, aber der Blick in seinen Augen war nach wie vor berechnend. »Vergessen Sie's nicht!«, waren seine letzten Worte.

»Ich werde an Sie denken«, erwiderte ich zweideutig. Und er ging aus meinem Leben, ohne eine Sekunde lang daran zu zweifeln, dass für ein Verhältnis unter Männern die sicherste Grundlage gemeinsame Geldinteressen waren.

Der Nachtflug verlief ereignislos. Die Sterne glitten an den Fenstern vorbei, die Motoren dröhnten, und ich war gereizt und fühlte mich eingesperrt, wie immer auf langen Flugreisen. Ich hatte den Colonel bereits vergessen, und meinen australischen Nachbarn auch, so glaube ich. Der Platz neben mir blieb unbesetzt. Ich breitete Papiere darauf aus, Tabellen und Landkarten, aber obwohl ich jetzt ungestört war, konnte ich nicht arbeiten. Ich wollte endlich greifbare Ergebnisse sehen, es war genug geplant und theoretisiert worden – jetzt hieß es, eindeutig zu entscheiden, ob Turnbulls Fund – Keith Turnbull, der für uns tätige australische Geologe – die Kosten für die umfangreichen Forschungen rechtfertigte oder nicht. Mit grimmigem Humor dachte ich an die Legende von dem jungen Viehtreiber aus Kalgoorlie, der 1891 einen Stein nach einer Krähe geworfen hatte – einen Brocken, der, wie sich herausstellte, aus purem Gold war. Ich wünschte, in Kalgoorlie würde mich ein Telegramm erwarten: »Warf Stein nach Goanna (oder was für Echsen es sonst in Sladen Waters geben mochte) – Stein war reines Nickel – Gruss Turnbull.« Nickel: für unsere Rüstungsindustrie im Augenblick verdammt viel wichtiger als alles Gold – Nickel, Nickel, Nickel … sogar die Motoren des Flugzeuges schienen es zu sirren, als ich in einen unruhigen Schlaf verfiel.

Spät in der Nacht traf ich in Kalgoorlie ein, steif und benommen von dem langen Flug. Die Kälte war beißend, und ich war froh, in den wartenden Mietwagen steigen zu können, der mich durch verschlafene Ortschaften zu einer breiten, von Bäumen gesäumten Hauptstraße brachte, auf der sich zwischen den Stützbalken von Balkons schäbige Läden aneinanderreihten – ich glaubte in eine Stadt aus einem Hollywood-Western geraten zu sein. Im Hotel wurde ich erwartet. Ein kahlköpfiger Mann mit üppigem Schnauzbart führte mich die Treppe hinauf in mein Zimmer, das ich nur wenige Stunden bewohnen sollte. Ja, man würde mich rechtzeitig wecken, das Frühstück und der Mietwagen würden um fünf Uhr bereitstehen. Damit überließ er mich dem Schlaf.

Als das erste Morgenlicht das Balkonfenster erhellte, wusch und rasierte ich mich und zog frische Wäsche an. Nach einem herzhaften Frühstück – Steak, Eier, Weißbrot und Tee – fühlte ich mich gestärkt für den Tag, der mit der Rückfahrt zum Flughafen begann. Durch das Rückfenster des Wagens sah ich in der Ferne, hinter niedrigen Häusern mit überhängenden Dächern, die riesige Pyramide der Abraumhalde und den Turm über dem Schacht der »Goldenen Meile« von Kalgoorlie, jener sagenhaften australischen Goldmine.

Der Anblick rief mir alles ins Gedächtnis, was ich über die Vergangenheit von Kalgoorlie gelesen und gehört hatte: Scharen von Abenteurern, die, vom Gold angelockt, nach Westen zogen, Vermögen gewannen und an einem einzigen Tag wieder verloren. Zelte und Baracken. Wein und Frauen und wenig Wasser. Und bald hatte mich eine nervöse Spannung gepackt, die jeden überkommt, der auf Entdeckungen aus ist. Vielleicht war dieses dem Spielfieber verwandte Gefühl daran schuld, dass ich den Piloten des kleinen DeHavilland-Doppeldeckers, der auf dem Flugplatz für mich bereitstand, so barsch anfuhr. Der Mann, ein schlanker, sehniger Australier mit rötlichem Haar und Sommersprossen im Gesicht, der ständig an mir vorbei in die Ferne blickte, weigerte sich, sofort zu starten. Er warte auf die Post, erklärte er, als hätte nicht meine Firma für gutes Geld die Maschine gechartert, und auf Babynahrung für das Kind einer Mrs. Sidley, der Frau des Missionars von Sladen Waters.

»Was geht die mich an?«, fragte ich. Aber er blieb störrisch und sagte etwas von den Menschen im Landesinneren, die oft wochenlang von jeder Verbindung mit der Stadt abgeschnitten seien. Für die sei die Post wichtig, und auch die Babynahrung. »Betrachten Sie es doch mal von der Seite, Mister Cox«, begann er und sah mich dabei an. Doch ich ließ ihn einfach in dem kalten Nordostwind stehen, der über die Rollbahn wehte. Meine Lippen waren ausgedörrt, meine Gesichtshaut spannte sich, und meine Handrücken wurden weiß in der trockenen Luft. Ich musste an meinen Nachbarn in der Skymaster denken und war geneigt zu glauben, dass die Australier allgemein keine allzu gute Meinung von uns Amerikanern haben.

Bei einer Tasse Tee in der Empfangshalle des Flughafens beobachtete ich die weiteren Vorgänge durch das große Fenster. Am wolkenlosen Himmel stieg die Sonne auf, als tatsächlich ein Lieferwagen auf unsere DH 84 zurollte. Ich sah, wie der Fahrer meinem Piloten einen Postsack und mehrere Päckchen überreichte, und Sekunden später begann sich der Propeller zu drehen, langsam zuerst, dann schneller, während der Motor warm lief. Healey – so hieß der Pilot – versuchte nicht, sich anzubiedern. Er sprach nur, wenn er gefragt wurde, schwieg, wenn ich schwieg, und da ich nichts so sehr hasse wie Unterwürfigkeit, begann ich ihn zu schätzen. Er flog die Maschine wie ein alter Hase, und wir hatten ein ziemliches Tempo drauf. Das grenzenlose Ödland unter uns wurde nur von niedrigen Sandhügeln und Büschen unterbrochen, und die unermesslich großen Salzseen, die wir westlich und östlich bemerkten, waren ausgetrocknet und leuchteten grell im Sonnenlicht. Nichts deutete darauf hin, dass dort Tiere lebten. Oder Menschen.

Als Healey spürte, dass ich meine Barschheit von vorhin bedauerte, begann er zu erzählen – von Zeiten der Dürre, von den wenigen Wasserlöchern und unterirdischen Wasseradern, von der hoffnungslosen Lage der Eingeborenen, die durch die Wüste nach Westen zogen, weil sie wegen der Atombombenversuche aus ihren Reservaten vertrieben worden waren … Was er sagte, bestätigte nur, was ich am Tage zuvor dem Colonel klarzumachen versucht hatte. Über Healeys Darstellung vergaß ich kurz meine eigentliche Arbeit. Allmählich bekam ich ein Bild von dem Mann – er hatte jahrelang beim Flying Doctor Service gearbeitet, der Ärzte in die Ortschaften im Landesinneren bringt, und mit der Zeit erkannte ich, was für ein prächtiger Kerl er war. Zweifellos hatte er mich anfangs übel eingeschätzt, aber es muss mir wohl gelungen sein, den Eindruck abzuschwächen, denn er bot mir Tee aus seiner Thermosflasche und belegte Brote an.

Die Zeit verging schnell, und früher, als ich erwartet hatte, deutete er auf eine niedrige Hügelkette und fragte, ob ich die Landebahn davor und die drei oder vier Häuser mit kleineren Nebengebäuden erkennen könne – das sei die Missionsstation Sladen Waters. Die Sonne brannte jetzt fast senkrecht auf das Flugzeug herab, und gegen das grelle Licht konnte ich kaum etwas erkennen. Wir kreisten tiefer und tiefer, und dann gab es einen leichten Ruck. Wir waren gelandet.

Sowie ich aus dem Flugzeug stieg, umfing mich die Mittagshitze wie ein brennendes Tuch. Menschen umringten Healey wie Fliegen einen Honigtopf. Post ... Babynahrung ... Desinfektionsmittel ... Medikamente. Ein Mann, offensichtlich ein Mechaniker, wollte wissen, ob das Getriebe für den Jeep dabei sei. Hoffentlich ist nicht von unserem Company Jeep die Rede, dachte ich, als auch schon ein schlanker dunkelhäutiger Mann zu mir trat, dessen junges Gesicht von einem breitrandigen Filzhut beschattet wurde. Er stellte sich als Keith Turnbull vor und überfiel mich mit der Nachricht, unser Jeep liege mit einem Getriebeschaden fest.

Meine erste Reaktion war ein Blick auf die Armbanduhr, als hätte ich einen Zug zu versäumen. Alle möglichen Folgen schossen mir durch den Kopf – Verzögerungen, drängende Telegramme, Terminverschiebungen. Mir standen drei Tage für meine Arbeit zur Verfügung. In zehn Tagen musste ich wieder in Kalifornien sein und Bericht erstatten, bevor ich eine andere Aufgabe übernahm. Turnbulls Nachricht war niederschmetternd!

Ich fürchte, ich war meinen Gastgebern, den Sidleys, die die Missionsstation leiteten, unhöflich begegnet. Ich nahm wenig Notiz von Mann, Frau oder Kind und noch weniger von dem, was sie sagten, als sie mich vom Landeplatz zu ihrem Haus geleiteten. Der schwarze Diener, der mein Gepäck trug, grinste mich unaufhörlich an, starke Zähne blitzten in seinem breiten Mund, während Turnbull wiederholte, der Jeep sei vor drei Tagen liegen geblieben, und er habe sofort versucht, Ersatzteile zu beschaffen. Käme es denn wirklich so sehr auf einen Tag an? Ich sah ihn nur an, und er wurde rot und verfiel in Schweigen. Mich kümmerte es nicht, wie unbehaglich ihm zumute war. Er bezog ein gutes Gehalt, und wir konnten mit Recht erwarten, dass alles in tadelloser Ordnung war.

Die Sidleys führten mich in ein großes, recht behagliches Schlafzimmer mit einer Gazetür und Fenstern, die auf flaches Ödland sahen, unterbrochen nur von Sträuchern und Büscheln aus scharfem Gras. Gegen die grelle Helligkeit draußen wirkte der Raum fast dunkel, auch weil er von einer Markise über der Veranda beschattet wurde. Ein plötzlicher Windstoß wehte heiße Luft an meinem Gesicht vorbei und schlug die Tür zu. Fliegen summten.

Mit der Bemerkung, dass bald gegessen würde, hatten mich meine Gastgeber allein gelassen, damit ich mich einrichtete. Doch ich war nicht in der Stimmung, auch nur das Nötigste auszupacken. Ich setzte mich aufs Bett, starrte durchs Fenster und überlegte, was zu tun sei. In der Ferne sah ich Eingeborene zwischen unglaublich armseligen Hütten aus Holz und

Wellblechteilen, die mit Zweigen und groben Säcken gedeckt waren. Es schien dort so viele Hunde wie Kinder zu geben, und soweit ich erkennen konnte, waren die Menschen armselig wie ihre Behausungen. Aber ich war nicht hier, um Studien zu treiben, und was ich sah, beschäftigte mich weitaus weniger als die Klemme, in der ich mich befand.

Während des Essens, das ein freundliches Mulatten-Mädchen servierte, traktierte mich Reverend Alan Sidley mit seinen Problemen. Offenbar hatte er selten Gelegenheit, sie Fremden zu nennen. Er fixierte mich unentwegt aus wässrig-blauen Augen, die sich wie Murmeln im rosigen Gesicht drehten, und überschüttete mich mit einer Flut von Informationen, die, richtig zusammengefasst, die Grundlage für einen Bericht über die Lebensbedingungen der Aborigines von Sladen Waters hätten hergeben können.

»Wenn Sie nur wüssten, Sir«, wiederholte er immer wieder, »wie schwierig unsere Arbeit geworden ist, seit man diese Unglücklichen aus dem Maralinga-Gebiet nach Westen vertrieben hat – wenn Sie nur wüssten …« Es hörte sich an, als gäbe er mir die Schuld daran, bloß weil ich Amerikaner war, dabei konnte ich seinen Worten nur entnehmen, dass die australische Regierung sich einen Teufel darum scherte, ob die Eingeborenen lebten oder starben.

Aus allem, was er sagte – und ich kam nicht umhin, hinzuzufügen, dass er mir nicht weniger scheinheilig vorkam als seine Frau, eine korpulente Person, sauber und glatt wie ein gepelltes Ei – ging eindeutig hervor, dass es den Eingeborenen in der Nähe ihrer Missionsstation am Lebensnotwendigsten mangelte.

»Krankheiten, Verbrennungen und andere Verletzungen, Unterernährung, Fehlgeburten, Erblindung, Kindermord«, der Reverend zählte jedes Übel an den Fingern auf, »sind bei ihnen alltäglich. Wasser ist knapp, Wild gibt es in dieser Gegend nur wenig. Und Gott ist mein Zeuge, es übersteigt bei Weitem unsere Möglichkeiten, ihnen außer geistlicher Fürsorge auch wirksame ärztliche Hilfe zukommen zu lassen.«

»Ja«, sagte ich, »gewiss«, aber nach dem harten Blick zu urteilen, den Healey, der Pilot, mir zuwarf, schien meine Reaktion gefühllos zu wirken.

»Nun ja, Sir«, fuhr Reverend Sidley fort, noch immer im Bann seiner Ausführungen, »Sie werden es ja selbst sehen.«

Da mischte sich Turnbull ins Gespräch, der mich immerzu besorgt angeschaut hatte. Er schlug vor, mich durch die Station zu führen, bis unser Jeep fahrbereit war.

»Hören Sie, Turnbull«, entgegnete ich ihm, »wir haben zu arbeiten!« Und wieder warf ich einen Blick auf meine Armbanduhr wie ein ungeduldiger Reisender. »Gibt es hier denn kein Fahrzeug, das man mieten kann?« Die Frage rief blankes Staunen hervor. Der Tag sei doch schon viel zu weit vorangeschritten, um noch irgendwohin zu fahren. Sei ich denn nicht müde von der Reise, mache mir die Hitze denn nicht zu schaffen? Sei es nicht vernünftiger, bis zum nächsten Morgen zu warten? Ich schüttelte den Kopf.

»Ich habe einen alten Dodge«, sagte Reverend Sidley schließlich, »aber eine längere Fahrt würde ich damit nicht mehr riskieren.«

»Ich habe schon Dodges gewartet und gefahren, da konnte ich gerade mal lesen und schreiben«, entgegnete ich. »Ich wäre Ihnen sehr dankbar, wenn Sie mir den Wagen leihen würden, Mister Sidley. Geld spielt keine Rolle.«

Die Erwähnung von Geld schien den Reverend zu verletzen. »Oh, ich leihe Ihnen den Wagen gern, Sir«, antwortete er. »Ich bin nur um Ihre Sicherheit besorgt.«

»Ich riskiere es«, sagte ich mit einem kurzen Blick auf Turnbull, der einem Vorschlag von mir nicht widersprechen konnte.

Und so beschlossen wir nach kurzer Beratung, etwa 150 Meilen südostwärts zu fahren, zur nächsten Gesteinsformation, wo Turnbull die ersten Nickelfunde gemacht hatte. Joey, der eingeborene Diener, sollte uns begleiten. Wasser, Lebensmittel und Schlafsäcke würden wir mitnehmen, und falls wir nach vierundzwanzig Stunden nicht zurück wären, sollte uns der Mechaniker mit dem Jeep holen. Der Plan schien idiotensicher und vor allem zeitsparend. Ich glaube, zum ersten Mal seit meiner Ankunft gelächelt zu haben.

Gewiss, der Dodge war reichlich alt, ein abgenutzter Tourenwagen aus dem Jahre 1928 oder 1929, wie man ihn in den Staaten heutzutage lange suchen müsste. Auf diesem Typ hatte ich fahren gelernt, und als ich das Vehikel sah, musste ich unwillkürlich an meine unbeschwerte Studentenzeit zurückdenken: acht Mann hoch und querfeldein, was der Wagen nur hergab und solange der Sprit reichte! Ich weiß noch, wie einer immer sagte: »Diese Karre ist unverwüstlich – lass sie laufen.« Aber das war in den dreißiger Jahren gewesen, und jetzt schrieben wir 1953, mit anderen Worten, ich hatte seit vierundzwanzig Jahren keinem Dodge mehr unter die Haube oder unters Fahrgestell gesehen. Und Reverend Sidleys Auto war auch nicht jünger geworden.

Aber der Motor sprang an, als Turnbull auf den Starter drückte, und dem Klang nach zu urteilen, lief er gut. Die Reifen sahen solide aus, und sogar ein Reserverad gab es; im Werkzeugkasten fehlte nichts, Öl war aufgefüllt, und der Kühler dicht. Keine der halbblinden Zellophanscheiben fehlte, und das Verdeck war erst vor kurzem erneuert worden.

Die Sidleys priesen jetzt die Vorzüge ihres Autos, als wollten sie es verkaufen, und sie winkten uns nach. Wir ratterten langsam aus der Station, Joey, der Diener, neben einem Haufen Gepäck auf dem Rücksitz, und ich und Turnbull vorn. Ich erinnere mich noch, dass ich mich fragte, wovon eigentlich die Ziegen lebten, die wir in der Umgebung der Station bemerkten – wo es doch ringsum kaum einen Halm gab.

Turnbull schwieg lange. Er machte sich mit dem Wagen vertraut, und ich bemerkte, dass er den Dodge vorsichtig fuhr, ihn nicht ohne Geschicklichkeit zwischen Gestrüpp und Sanddünen hindurchmanövrierte und sich stets auf möglichst festem Boden hielt. Das gefiel mir. Ich bin den Menschen gegenüber zurückhaltend, bis sie sich bewähren, und Turnbull bewährte sich jetzt. Bald begann er, mir im einzelnen über seine Arbeit Bericht zu erstatten, und was er sagte, klang vielversprechend. »Wenn sich das alles bestätigt, sind Sie ein gemachter Mann«, sagte ich zu ihm, und er errötete vor Freude.

Nach und nach wurde meine Stimmung besser, vor allem, als die Hitze etwas nachließ und ich Joey beauftragt hatte, die Seitenfenster dichtzumachen, sodass kaum noch Staub eindrang.

»Können Sie nicht noch einen Zahn zulegen?«, fragte ich Turnbull.

»Ich weiß nicht, Mister Cox«, antwortete er. »Vielleicht wär's besser, nicht zu schnell zu fahren!«

»Aber doch nicht im Schneckentempo«, entgegnete ich.

Also senkte er den Kopf, und bald hatte er den Dodge auf dreißig Meilen gebracht, eine annehmbare Geschwindigkeit, wie ich fand. Hinten ratterte dauernd etwas, und als ich mich umdrehte, um Joey nachsehen zu lassen, war er auf dem Rücksitz eingeschlafen, und aus unserem Zwanzigliterkanister rann Wasser durch ein Loch im Boden. »Anhalten!«, schrie ich Turnbull zu. Was ich zu Joey sagte, nachdem ich ihn wachgerüttelt hatte, behalte ich besser für mich.

»Tut mir leid, Boss, tut mir leid«, wiederholte Joey immer wieder in seinem Pidgin-Englisch und sah mich furchtsam an, bevor er den Kanister wieder zuschraubte. »Noch 'ne Menge Wasser da!« Aber nach dem Gewicht des Kanisters zu urteilen, hatten wir mehr als die Hälfte verloren.

»Was meinen Sie?«, fragte ich Turnbull.

»Ich glaube, wir können es wagen«, antwortete er. »Joey kennt Wasserlöcher, nicht wahr, Joey?«

»Ich kenne Wasserlöcher«, bestätigte Joey.

»Hoffentlich!«, sagte ich.

Ich bin nicht abergläubisch, aber jetzt war ich doch besorgt um den weiteren Verlauf. Nichts hatte an diesem Tage geklappt! Ein Unglück kommt selten allein, dachte ich, und mein Optimismus schwand. Gespannt horchte ich auf jeden verdächtigen Laut, der vom Wagen oder von unserem Gepäck herkam. Und wirklich, bald vernahm ich ein leises Knacken, immer, wenn Turnbull über dreißig Meilen fuhr. Es schien das Getriebe zu sein.

»Haben Sie das Öl im Getriebe kontrolliert?«, wollte ich wissen.

»Nein, Mister Cox«, gestand Turnbull.

»Ich höre da was knacken«, sagte ich. »Lassen Sie *mich* mal fahren.«

Er hielt an, um den Platz zu tauschen, und eine halbe Stunde lang steuerte ich den Dodge nach Turnbulls Weisungen im zweiten Gang zwischen Gebüsch und Sanddünen hindurch über den harten Boden. Das Knacken hatte aufgehört, und nach einer Weile beruhigte ich mich. Ab und zu kreuzten Kaninchen unseren Weg, und einmal glaubte ich von weitem zwei Kängurus in das Ödland hüpfen zu sehen. Rauch kräuselte sich zum wolkenlosen Himmel empor, doch als wir die Stelle erreichten, waren keine Aborigines zu sehen, nur verkohltes Spinifexgras und glimmende Zweige.

»Die sind lange weg«, erklärte Joey und wies mit dem Kopf auf eine Spur im Sand.

Ich beschloss, ein schnelleres Tempo zu riskieren, aber sowie ich Gas gab, begann wieder das Knacken, deutlicher jetzt, Metall rieb gegen Metall. Ich nahm den Fuß vom Gaspedal und ließ den Wagen ausrollen, aber bevor er noch richtig stand, krachte es, als wären seine inneren Bestandteile zu Boden gefallen. Ich trat hart auf die Bremse.

»Da haben wir's!«

»Verdammter Mist!«, rief Turnbull, der unter den Wagen gekrochen war und die Ablassschraube geöffnet hatte. »Knochentrocken.«

»Großartig, wie man hierzulande seine Autos pflegt!«, fluchte ich.

Zugegeben, wenn ich Turnbull nicht angetrieben hätte, den Dodge schneller zu bewegen, wäre er vielleicht noch gelaufen. Aber daran dachte ich jetzt nicht. Ich war aufs Äußerste gereizt und machte keinen Hehl daraus. Da saßen wir nun, zwischen Hölle und tiefem Wasser – habe ich tiefes Wasser gesagt? Schlechter Vergleich! Die Gegend ringsum sah so trocken aus wie unser Getriebe.

Turnbull begann den Wagen aufzubocken, und ich fragte ihn, was zum Teufel das solle. Natürlich überzeugte er sich bald selbst, dass es zwecklos war, ohne Ersatzteile eine Reparatur zu versuchen. Er war nur verzweifelt bemüht, mich zu beruhigen, und er tat mir ein wenig leid. Schließlich war er jung, ein frischgebackener Akademiker, wie ich es auch einmal gewesen bin, und er schien anständige Arbeit geleistet zu haben, bevor die Pechsträhne einsetzte. Aber, hol's der Teufel, dachte ich, zwei Wagen an einem Tag gebrauchsunfähig! Das war zum Verrücktwerden! Wir überlegten hin und her und kamen schließlich zu dem Schluss, dass es das Vernünftigste sei, hierzubleiben und auf den Jeep zu warten. Als die Sonne unterging, bereiteten wir uns für die Nacht vor. Joey sammelte Brennmaterial und entfachte geschickt ein Feuer, über dem wir uns mit dem größten Teil des übriggebliebenen Wassers Tee aufbrühten.

»Wasserloch ganz nah!«, versicherte Joey immer wieder, als wir unsere Rationen teilten und aßen. Dann legten wir uns nieder.

Die Nacht senkte sich wie ein Vorhang und in der sternenhellen Dunkelheit kühlte der Boden schnell aus. Die Luft wurde eiskalt. Obwohl ich meinen Schlafsack dicht ans Feuer gezogen hatte, fror ich, wo die Wärme mich nicht unmittelbar erreichte. Jedes Mal, wenn ich aus unruhigem Schlaf erwachte, sah ich die Umrisse von Joey, der, eine Decke über den Schultern, das Feuer schürte. Guter alter Joey, dachte ich, dich werden wir noch brauchen. Turnbull schlief fest, er rührte sich auch nicht, als aus der Ferne das Heulen der Wildhunde die nächtliche Stille störte. Knabenträume von Abenteuern zogen mir durch den Kopf, bis ich wieder an meinen unerfüllten Auftrag denken musste, der jetzt endgültig zu scheitern drohte. Bei dem Gedanken hätte ich ausrasten können.

Ich war vor dem Morgengrauen auf den Beinen und weckte Turnbull. Joey musterte mich. »Bald wir sehen Wasserloch. Wasserloch ganz nah«, versicherte er und streckte das Kinn vor.

»Gewiss, Joey«, sagte ich, »nach dem Frühstück.«

Als das erste Tageslicht über die Sanddünen fiel, folgten Turnbull und ich Joey, der unbeirrt in östliche Richtung ging. Er lief schnell und leicht, obwohl er den unhandlichen Wasserkanister trug. Turnbull und ich hatten jeder nur eine Flasche mit unserem letzten Wasser mitgenommen. Nachdem wir zwei Stunden lang durch Sand und Spinifexgras gestapft waren, das mir wie Nadeln in die Beine stach, begann mich das Tempo zu zermürben, und eine Stunde später, als die Hitze uns entgegenschlug wie die Flammen eines Hochofens, fragte ich barsch: »Wo zum Teufel ist das Wasserloch?« Meine Kehle war ausgedörrt.

»Ganz nah«, sagte Joey.

Ich sah Turnbull an. »Was meinen diese Schwarzen mit nah?«

Turnbull zuckte die Achseln. »Kommt drauf an.«

»Scheint mir auch so!«, brummte ich.

Sanddünen, Spinifexgras, Mulgagestrüpp – kein Zeichen von Leben oder von Felsen, wo das Wasser sein könnte, als wir uns weiterschleppten oder vielmehr – ich schleppte mich weiter, denn Joey ging immer noch leichten Schrittes, und auch Turnbulls Ausdauer schien gut. Der Fußmarsch übertraf meine schlimmsten Erwartungen, und endlich blieb ich erschöpft stehen und trank in einem Mal das ganze Wasser aus der Flasche. Joey beobachtete mich wortlos, und Turnbull wahrte ein Schweigen, das mir geringschätzig vorkam.

»Was ist los?«

»Nichts, Mister Cox«, versicherte Turnbull.

»Jetzt ganz nah – Wasserloch«, sagte Joey. Am liebsten hätte ich ihm meine Flasche an den Kopf geworfen, doch dazu fehlte mir die Kraft.

Wir gingen weiter, bis Joey ruckartig stehenblieb, als hätte ihn eine Schlange angegriffen. Er starrte auf die Erde, und als wir ihn einholten, sahen wir, dass vor seinen Füßen neben einem Busch ein Kind lag, ein totes kleines Mädchen mit langem, strähnigem Haar, höchstens zwei Jahre alt. Seine Arme waren dünn wie Stöcke, der Bauch war aufgedunsen, Zunge und Augen standen hervor, als wäre es erdrosselt worden. Insekten summten über seinem Kopf.

Beim Anblick war ich wie versteinert. Es dauerte lange, bis ich eine Frage stellen konnte. Offensichtlich hatten die Eltern das Kind getötet, um es von den Qualen des Durstes zu erlösen, erfuhr ich.

»Wie weit bis zum Wasserloch?«, fragte ich Joey ein letztes Mal.

»Nicht mehr weit jetzt«, antwortete er traurig, schüttelte den Kopf und wies auf ein paar Felsen am Horizont. »Eltern von Kind kannten Wasserloch nicht.«

Sie lagen unter dem Felsen, der über dem seichten Wasserloch hing wie ein Dach – vier halbnackte, abgezehrte Aborigines: ein Mann, ein Kind und zwei Frauen. Der Mann hatte einen Speer und einen Bumerang neben sich, und zwischen den Frauen, inmitten irgendwelchem Gerät, saß

123

ein kleiner Junge, dessen Augen übergroß im eingeschrumpften Gesicht leuchteten. Joey betrachtete die Vier argwöhnisch, bevor er sie ansprach. Sie hoben nur matt die Köpfe. Der Mann antwortete mit wenigen Worten, die weder Joey noch Turnbull zu verstehen schienen.

»Sie aus Maralinga«, erklärte Joey schließlich, nachdem er sich ihnen durch die Zeichensprache verständigt hatte. »Kommen von weit her.« Er wies nach Osten.

Ich blickte in die Richtung und sah ein Wetterleuchten, und dann eine pilzförmige Wolke, die langsam aufwärtsstieg. »Gewitter«, entfuhr es mir.

»Nicht Gewitter!«, schrie Joey in panischer Angst. »Hab nie gesehen so ein Gewitter!«

Er floh hinter den Felsen.

Die Vier am Wasserloch zitterten und stöhnten. Aus ihren Augen sprach Angst. Und plötzlich begriff ich – der Bettler vor dem Hotel in Sydney, die ausgemergelten Eingeborenen bei der Missionsstation, das tote Kind neben dem Busch ... Die Wolke stieg höher und höher. Aber ich konnte zu Turnbull nichts anderes sagen als: »Joey hat recht. Das ist kein Gewitter. Das war die Bombe.«

Es dauerte lange, bis Joey wieder hinter dem Felsen auftauchte. Wie weggeblasen war sein sorgloses, beinahe kindliches Verhalten. Er sah zu, wie wir Wasser schöpften und tranken, während die Aborigines sich mit letzter Kraft weiterschleppten.

»Na los, Joey«, ermunterte ich ihn, »trink auch!«

Aber er schien mich nicht zu hören. Regungslos starrte er zum Horizont und er bewegte sich erst, als das Blau des Himmels wieder durch die aufsteigende Wolke sichtbar wurde.

»Die Nickelvorkommen sind ausreichend«, berichtete ich zehn Tage später dem Chef der *Mineral Exploration Incorporated*. Das war alles, was er hören wollte.

Vater aller Völker

Seit der Kinderlähmung, die ihn im zwanzigsten Lebensjahr heimsuchte, war Maurice Carter ans Bett gefesselt. Wo er lag, war ihm die Sicht auf Melbourne und die grünen Hügel der Dandenongs genommen. Das vom Wind bewegte Blattwerk der Eukalyptusbäume vermochte er nur als unruhige Schatten an der Zimmerdecke wahrzunehmen. Im großen Spiegel aber, der schräg über seinem Kopf befestigt war, konnte er die Leinwand sehen, auf die er, Pinsel in die linke Faust gepresst, mit rücklings ausgestrecktem Arm zu malen gelernt hatte.

Es war ein langer Weg zur Kunst gewesen, und ein noch längerer zur Anerkennung, die er der Hafenarbeiter-Gewerkschaft verdankte, zu der er einst gehört hatte und die weiterhin seine Bilder in ihren Räumlichkeiten zeigte. Seiner Frau, einer Krankenschwester, war zu danken, dass er nach dem Schicksalsschlag das Malen nicht aufgegeben hatte. Sie war es, die ihn dazu brachte, im Liegen und mit Hilfe des Spiegels den Pinsel zu führen. Fortan hatte er sich mit seinen Bildern körperlich Behinderten verpflichtet gefühlt, auch allen Entrechteten. Er hatte lange an dem Gemälde einer Aborigine-Frau gearbeitet, der Mutter eines Neugeborenen, die wie alle ihres Stammes wegen der Atombombenversuche aus ihrem Stammesgebiet in der südaustralischen Wüste von Maralinga vertrieben worden und damit dem Hungertod ausgesetzt war.

Als ich an diesem Nachmittag Maurice Carters Atelier betrat, war er dabei, einem in dieses Gebiet abkommandierten berittenen Soldaten festere Konturen zu geben – es war Filigranarbeit, die Peitsche in der Faust des Mannes deutlich sichtbar zu machen. Als er den Pinsel sinken ließ, sagte ich: »Eines deiner stärksten Bilder.« Noch löste er den Blick nicht von dem, was ihm der Spiegel zeigte. Dann aber gab er sich zufrieden. »Getan!«, schloss er und ließ den Pinsel in die Büchse mit der Lösung gleiten. »Getan – aber zu spät!«
»Wie meinst du das?«, fragte ich.
Mühevoll wendete er den Kopf und sah mich an. »Das Bild war als ein Geschenk für Stalin gedacht. Nun ist er tot!«
Die Sonne war im Schwinden, die Farben verloren an Leuchtkraft, die Frau auf der Leinwand wirkte dunkler jetzt, der Boden unter ihren Füßen nicht länger so rot, der berittene Soldat mit der Peitsche weniger bedrohlich.

Ich sagte: »Stell es trotzdem in Moskau aus.«

Er wandte den Blick von mir ab. »Der Vater aller Völker«, sagte er, »gerade er hätte die Vertreibung all dieser Menschen verurteilt. Nun erreicht ihn das Bild nicht mehr. Das schmerzt.«

Ich schwieg.

Dass ich nur aus Freundschaft für ihn schwieg, ahnte er nicht.

*Die Patrioten – eine Novelle

»Tatsächlich«, sagte Ingenieur Robert Köhler, »die wahre Geschichte, die ich erzählen will, zeigt, dass das Leben meist seltsamer ist als die Literatur. Ich denke, das alles könnte sehr gut einen Roman abgeben.«

Er tat einen letzten Zug an seiner Zigarette und warf die Kippe in den Kamin. Seine Lippen spitzten sich, während er nachdenklich in das flackernde Feuer starrte. Es war, als stiegen seine Erinnerungen hinter den rot und gelb zuckenden Flammen auf. Er blickte zum Fenster. Weiße Schneeflocken fielen sanft aufs Fensterbrett. »Überall in Australien«, sagte er, »brennt jetzt die Sommersonne.« Er wandte sich wieder mir zu. »Sie fragten mich, ob ich viele Deutsche in Australien getroffen hätte. Gewiss habe ich das – Nachkriegsauswanderer aus den zwanziger Jahren zumeist, Leute, denen das Leben in der Heimat aus politischen oder wirtschaftlichen Gründen unerträglich geworden war. Viele von ihnen schienen sich gut eingerichtet zu haben, und wirkten trotzdem nicht zufrieden. Die guten Seiten ihrer Vergangenheit waren in ihrer Erinnerung glänzender, die Gründe für ihre Auswanderung nebelhafter geworden. Nicht wenige beneideten mich, dass ich zurückkehren konnte, wenn ich in Australien den Auftrag meiner Firma erfüllt haben würde. Dieses Heimweh – und damit komme ich zu meiner Geschichte – wurde sogar von zwei betagten Deutschen geteilt, die fast ihr ganzes Leben in Australien verbracht hatten.«

Er lehnte sich im Sessel zurück und brannte sich wieder eine Zigarette an. »Im Mai dieses Jahres«, fuhr er fort, »verbrachte ich einen kurzen Urlaub im Dorf Harrietville, am Fuße des Berges Hotham in Victoria, wo zuweilen Schnee fällt – ja, in manchen Gegenden Australiens fällt Schnee, ist dort sogar Wintersport möglich. Es war einen Monat vor der Saison und es schneite nur gelegentlich leicht, meist war der Himmel klar, und im Tal war es angenehm wie in einem deutschen Frühherbst – kalte Nächte und sonnige Tage. Meine Skier blieben im Schuppen des Gasthauses, während ich lange Fußmärsche unternahm, manchmal von einem Hündchen begleitet, das leicht ermüdete, erschöpft am Wegrand blieb und auf meine Rückkehr wartete. Ich wanderte gewöhnlich sehr weit umher, müssen Sie wissen, weil die lauten Pumpen und Bagger einer Goldminen-Company störten und sie die Umgegend ruiniert hatten.

Ich fühlte, dass ich schlecht beraten war, als ich mich zu der Reise nach Harrietville entschloss.«

»Robert, mein Schatz«, unterbrach ihn seine Frau besorgt, »wie du das ausdehnst! Alles, was tatsächlich passierte: Du trafst zwei heimwehkranke Deutsche – und nachher starben sie.«

»Martha, ich bitte dich!«, sagte Dr. Köhler vorwurfsvoll. Nur schwer gelang es ihm, den Faden wieder zu knüpfen. »Ach ja«, gab er tonlos zu, »sie starben. Doch wie sie starben, kann«, hier fixierte er seine Frau kummervoll, »von prosaischen Geistern nicht begriffen werden.«

»Robert!«, sagte Frau Köhler, doch als sie ihn zu beschwichtigen versuchte, wehrte er ab.

»Ich war eine Stunde lang auf gewundenem schmalem Wege durch einen Wald von Gestrüpp und australischen Eukalyptusbäumen gewandert«, sagte er, »als ich mich plötzlich einem Stück Landschaft wie in Thüringen oder im Harz gegenübersah. Zwischen Buchen und Rüstern schimmerte grün das üppige Gras einer Wiese mit weidenden Schafen. Der Weg führte zu einem Farmgatter, hinter dem weit ab ein niedriges Steinhaus mit einem Strohdach unter einer mächtigen Eiche zu sehen war. Im Hof stampfte ein schweres Zugpferd, Hühner pickten am Boden, ein Hund bellte bei meinem Erscheinen und Augenblicke später tauchte ein stattlicher, im Lodenanzug gekleideter Mann auf. Sein bärtiges Gesicht wurde von einem Jägerhut beschattet. Gütige blaue Augen prüften mich. ›Guten Tag!‹, sagte ich, keinen Augenblick im Zweifel, dass er Deutscher war. ›Schönen guten Tag!‹, erwiderte er in angenehmem Tonfall, während mich von der Seite des Hauses her eine hagere Frau mit männlichem Haarschnitt argwöhnisch musterte. Der Mann schlug vor, dass wir unsere Begegnung bei einem Schoppen Wein feiern sollten. Er ging ins Haus und kam gleich darauf mit einer Flasche und Gläsern zurück. Wir nahmen an einem runden Tisch unter der Eiche Platz. Die Frau, die seine Haushälterin zu sein schien, setzte ihre Arbeit fort, ohne mich weiter zu beachten. Bald waren wir in angeregter Unterhaltung, in deren Verlauf ich seine bemerkenswerte Geschichte erfuhr.«

»War auch die Frau eine Deutsche?«, fragte ich.

»Freilich nicht«, sagte Dr. Köhler. »Sie war eine geborene Australierin, die, wie sich herausstellte, überhaupt kein Deutsch verstand.«

»Aber Sie erwähnten zwei Deutsche?«

»Gewiss, aber der andere kam erst später. Sein Name war Schultz – ein knochiger alter Mann mit einem Kopf, der im Vergleich zu seinem

Körper groß wirkte. Auch er war bärtig, aber sein schwarz-graues Haar war zottig und seine Erscheinung schlampig. Er war fast taub und sprach so undeutlich, ich verstand nur allmählich, dass er in Dresden geboren, einmal Grobschmied gewesen war, Kohlentrimmer auf einem Kriegsschiff und ein paar Jahre nach dem ersten Weltkrieg Goldgräber in Australien, was ihn nach Harrietville geführt hatte, wo er geblieben war.«

Während Frau Köhler Nüsse aus einem Schälchen anbot, suchte sie nach Anzeichen von Überdruss oder Langeweile in meinem Gesicht, da ich aber gespannt zuhörte, ließ sie der Erzählung ihres Mannes freien Lauf.

»Der Farmer hieß Westerhausen, Alexander Westerhausen«, nahm der Ingenieur den Faden wieder auf. »Er wirkte wie ein robuster Sechziger, war aber weit über siebzig und lebte seit mehr als einem halben Jahrhundert in Australien, was in einem so jungen Land eine lange Zeit ist. In all den Jahren hatte er nicht nur seinen unverkennbar norddeutschen Akzent behalten, sondern auch ein klares Bild seiner Vaterstadt Hamburg, der Hansestadt von einst, gut intakt, wie sie gewesen, als er seines Vaters Tabakladen aufgab, um sein Glück in Australien zu versuchen, wo Gold zu finden war, Reichtum und Unabhängigkeit. Es schien mir indessen, dass es mehr die Sucht nach einem männlichen Leben als die Verführung des goldenen Erzes war, die ihn aufbrechen ließ, denn nachdem er vergeblich Gold geschürft hatte, brachte er die Ausdauer auf, bei Harrietville ein Stück Buschland zu kultivieren, dort Vieh zu züchten und ein ansehnliches Steinhaus zu bauen. So eingerichtet, begann er ein am Ort lebendes Mädchen zu hofieren, das seine Zuneigung erwiderte, bis ihr der Vater jede Verbindung mit einem Deutschen untersagte. Danach wurde Westerhausen zum Einsiedler, der sich im Dorf kaum noch blicken ließ. Man munkelte, er habe angefangen, seine Felder zu vernachlässigen – was nicht stimmte –, und dass er sein Vieh wie Haustiere halte, was nur allzu wahr war, denn ich erlebte, wie sogar die Schafe auf seinen Ruf hörten. Ob Sie mir glauben oder nicht, ich sah, wie seine Herde ihm aufs Wort folgte.

Mit der Zeit hatte sich Westerhausen längst daran gewöhnt, allein und von allen und jedem unabhängig zu leben. Die in Friedenszeiten langsam wieder normal werdende Haltung gegenüber den Deutschen machte er sich nicht zunutze. Seine einstige Liebe, so erfuhr er, hatte einen Heilsarmeemajor geheiratet und war nach New South Wales verzogen, ihr Vater war an einem Schlaganfall gestorben und ihr einziger Bruder in Flandern gefallen – was ihn alles nichts anzugehen schien. Es war, als hätte er jeden Gedanken an Heirat und Familie aufgegeben, um abgeschlossen in einer von ihm selbst geschaffenen Oase zu leben – in die sollte erst Jahre später ein Wanderarbeiter eindringen.

Otto Schultz hatte, wie Westerhausen vor ihm, in der Gegend nach Gold gesucht und war mit einem kleinen Vermögen belohnt worden, das er verschleudert hatte. Worauf ihm nichts anderes übrig geblieben war, als sich bei Farmern zu verdingen. Westerhausen hatte es sich lange überlegt, ehe er einwilligte, Schultz trotz dessen groben Benehmens und struppigen Aussehens einzustellen – er hatte erkannt, dass dessen Absonderlichkeiten hauptsächlich der Taubheit zuzuschreiben waren. Man erzählte sich, Schultz habe einst einen Goldklumpen im Wert eines Jahreslohnes in die Hand einer Frau gelegt, die im Namen der Victoria-Gesellschaft für die Tauben und die Stummen Spenden sammelte, und als sie ihm danken wollte, habe er abgewinkt und sie stehen lassen. Selbst auf der Höhe seines Wohlstandes war Schultz wie ein Vagabund umhergewandert und hatte sein Vermögen achtlos in Zechereien und durch Spenden verschleudert.

War er auch Westerhausen geistig nicht ebenbürtig, so erwies er sich als ein zuverlässiger Arbeiter – ohne seine Kriegsverletzung, hatte sich Westerhausen gesagt, hätte er sehr wohl der stolze Ernährer einer zufriedenen Familie in Dresden werden können, anstatt der vergrämte, unansehnliche Mann, der er geworden war.

Mit der Zeit änderte sich Schultz innerlich, er entwickelte ein Gefühl von Zugehörigkeit zu Westerhausen, der seinerseits, fern davon, seine Entscheidung zu bereuen, nicht nur Schultzes Arbeit anerkannte, sondern auch dessen Gesellschaft zu schätzen lernte. Nach drei Jahren bot er ihm die Teilhaberschaft an seiner Farm an, die zu verkaufen sich beide weigerten, als Agenten der Goldminen-Company, die um Harrietville herum zu schürfen begonnen hatte, einen hohen Preis dafür boten.

Ihre Zuflucht, ihr Stück fruchtbares Land, von einem Fluss durchzogen, der die Bäume und das Weideland tränkte, ihr stämmiges Steinhaus, kühl im Sommer, warm im Winter – nichts davon war für Geld zu haben.«

Dr. Köhler sah mich an, als wollte er sich der Wirkung seiner Worte versichern, und als ich zu bedenken gab, dass das Angebot der Agenten es den beiden Männern wohl ermöglicht hätte, nach Deutschland zurückzukehren und dort in Wohlstand zu leben, setzte Ingenieur Köhler dagegen: »Welcher wahre Farmer ist bereit, sich von seinem Boden zu trennen? Stellen Sie sich vor, um die ganze Oase herum hatte die Goldminen-Company eine Wüste von gefällten Bäumen und aufgeworfener Erde geschaffen. Ich denke, Schultz und Westerhausen fühlten, dass sie mehr als ihre eigene Farm verteidigten, sondern auch die Natur gegen willkürliche Zerstörung.«

»Rührend, aber etwas sentimental in einem Land des Überflusses«, warf Frau Köhler ein.

»Das höre ich nicht zum ersten Mal und höre es nicht gern«, sagte er zu ihr. »Tatsächlich entsprach das damals auch der öffentlichen Meinung, besonders derer, die in Harrietville bereitwillig ihr Land verkauft hatten. Die Hartnäckigkeit der Deutschen wurde zum Stadtgespräch und für eine kurze Zeit sogar zum Gespräch im ganzen Land, denn ein findiger Journalist hatte einen Artikel in einem weit verbreiteten Magazin veröffentlicht, in dem er behauptet hatte, Schultz und Westerhausen seien patriotischer als die meisten Australier, weil sie das Land reicher gemacht hätten, während andere, von Geldgier besessen, es nur ausbeuteten. Der Artikel, der auch ein Foto der beiden Deutschen vor ihrem Haus zeigte, hatte Westerhausen so erfreut, dass er den Text Wort für Wort für Schultz übersetzte. Und ihn auch jedem vorlegte, der Interesse daran zeigte – auch mir. ›Wenn Sie in die Stadt zurückkehren‹, bat mich Westerhausen, ›so besuchen Sie doch bitte Mr. Hamilton‹, das war der Name des Journalisten, ›und sagen Sie ihm, wir sind hier immer noch und haben nicht nachgegeben.‹ Ich versprach das bereitwillig und blieb auch dabei, als ich erfuhr, dass Westerhausens Eifer, dem Journalisten ihre Hartnäckigkeit zu versichern, etwas fragwürdig geworden war. Die beiden hatten nämlich jüngst der Goldminen-Company für eine erhebliche Summe einen schmalen Streifen ihres Bodens überlassen. ›Wir fühlten uns wie Verräter‹, gestand Westerhausen, ›aber unser Wunsch, Deutschland wiederzusehen, war stärker. In diesem Monat noch wird ein Ehepaar die Farm übernehmen, während Schultz und ich wie auch Mrs. Hyland den Sommer und Herbst in Deutschland verbringen werden.‹ Sein Partner, Otto Schultz, der vom Feld hereingekommen war und bei uns Platz genommen hatte, nickte lebhaft – offensichtlich hatte er sich auf einen anderen als den Gehörsinn verlassen, um zu verstehen, was gesagt worden war. ›Schultz wird nach Dresden reisen und ich nach Hamburg, und Mrs. Hyland wird beide Städte aufsuchen. Ah, wie schön das sein wird – die Seereise, und dann Deutschland!‹

Ehe ich das alles erfuhr, war mir bereits klar geworden, dass die beiden höchst unwissend über die Veränderungen sein mussten, die der Faschismus und der zweite Weltkrieg in Deutschland bewirkt hatten. Ich merkte, wie ungläubig mich Westerhausen betrachtete, als ich von Hamburgs bombenzerfetztem Hafen und der Innenstadt und vom Schutt Dresdens zu reden begann, und auch von vergiftetem Denken. Schließlich hörte er mit Bestürzung, dass Deutschland geteilt sei und eine Reise von Hamburg nach Dresden oder umgekehrt mehr Hindernisse mit sich bringe könne als eine Reise über die Weltmeere.

›Mein lieber Doktor Köhler‹, sagte Westerhausen, ›wir sind zwei alte Männer, die überlebt haben, während Deutschland die Last schwerer Zeiten ertragen musste. Aber Heimat bleibt Heimat und wird es immer bleiben. Deutschland!‹, sagte er und, sich aufrichtend, erhob sein Glas. Und das gleiche tat Schultz. Jenseits des abfallenden Graslandes konnte ich undurchdringliches Buschland erkennen, über uns stachen Sonnenstrahlen durch die lohenden Blätter der Eiche, und für einen Augenblick glaubte ich, Zeuge einer Pantomime zu sein, in der zwei Graubärte pathetisch ihr Glas mit dem Wort ›Deutschland‹ erhoben, während nahebei ein großer dunkelbrauner Vogel, den die Australier Kukaburra nennen, lauthals kicherte. Im Grunde aber war ich gerührt von ihrer Treue für ein Land, das es nur in ihren Herzen gab, und so erhob auch ich mein Glas und sagte: ›Viel Glück und gute Fahrt!‹

Westerhausen bat mich mit meinem Aufbruch noch zu warten und rief mit hallender Stimme der Frau zu, die gerade die Hühner fütterte: ›Elsie – komm her und stimme in den Trinkspruch auf Deutschland ein!‹

›Ich habe zu arbeiten‹, wehrte die Frau ab, trotzdem näherte sie sich, fuhr sich übers Gesicht, wischte ihre Hände an der Schürze ab und griff mit einem halb ängstlichen, halb trotzigen Blick zum Glas.«

»Tatsächlich«, versicherte Dr. Köhler mir, »diese Mrs. Hyland sollte Schultz und Westerhausen nach Deutschland begleiten, und dass sie niemand anderes als die Frau war, die sich vor fast vierzig Jahren dem Druck ihres Vaters gefügt und Westerhausen wegen eines Heilsarmeemajors aufgegeben hatte, verdient mehr als nur Erwähnung. Mit ihrem Ehemann hatte sie in kinderloser Ehe bis zum Ausbruch des zweiten Weltkrieges gelebt, danach war er gestorben. Weder Leidenschaft noch Liebe hatten sie in all den Jahren zusammengehalten, nur gegenseitiges Sich-fügen in die öffentliche Meinung. Sie hatte ihre Jugend dahinschwinden sehen, bis nicht einmal die Erinnerung an Westerhausen sie davor bewahren konnte, fade an Körper und Geist zu werden.«

Einen Augenblick zögerte Dr. Köhler, er seufzte und fuhr sich über die Stirn. »Es war einer der Widersprüche des Lebens«, fuhr er fort, »dass der

Ausbruch des Zweiten Weltkrieges Alexander Westerhausen wieder in die Nähe von Mrs. Hyland rückte. Zufällig nämlich war sie auf eine Intrige gestoßen, die von einem Agenten der Goldminen-Company gegen Westerhausen und Schultz geplant war. Der hatte die beiden bei den Militärbehörden als feindliche Ausländer denunziert, damit sie interniert werden würden, wodurch die Company in das Land hätte vordringen können. Dies wissend, hatte sich Mrs. Hyland auf den Weg zu Westerhausens Farm gemacht, aber ich glaube, sie ging nicht nur deswegen – ihr bescheidener Besitz war auf einem Einspänner untergebracht, den sie, von Kopf bis Fuß in ihre besten Sachen gekleidet, selbst lenkte. Wie ich hörte, war sie Westerhausen voller Aufregung entgegengetreten. ›Alexander‹, soll sie gerufen haben, ›erkennst du mich denn nicht?‹

Mit einiger Bestürzung wird Westerhausen die gealterte Frau angesehen haben, deren hageres Gesicht von einem strengen Haarschnitt umrahmt und von einem schwarzen Strohhut beschattet war, und deren Füße in hohen Schnürschuhen steckten, die der Spitzensaum ihres Rockes nicht gänzlich verbarg. ›Ich kann nicht behaupten, dass ich Sie erkenne‹, hatte Westerhausen gesagt. ›Ich bin Elsie, deine einstige Elsie!‹ Darauf, so sagte mir Mrs. Hyland – obgleich ich Grund zu der Annahme habe, dass sie die Sache romantisch ausschmückte –, habe Westerhausen seine Hand ausgestreckt und ihr galant vom Einspänner geholfen. ›Du meine Güte, was führt dich hierher?‹, soll er gesagt haben, während Schultz Pferd und Wagen in den Hof führte.

Von diesem Tag an war Mrs. Hyland auf der Farm geblieben, ganz so wie sie es beabsichtigt hatte, zwar nicht als Westerhausens Frau (das hatte der alte Mann von Anfang an nicht in Betracht gezogen), aber als seine Haushälterin. Es war ihr gelungen, den Militärbehörden zu beweisen, dass die beiden Deutschen keine Gefahr für Australiens Sicherheit bedeuteten, danach hatte sie sich in dem Teil des Steinhauses eingerichtet, den Schultz und Westerhausen für sie geräumt hatten, und sich energisch der Aufgabe gewidmet, für sie zu kochen, zu waschen, zu reinigen und zu flicken. Am Ende mussten sich die beiden Männer fragen, wie sie das alles allein fertig gebracht hatten. Fortan duldeten sie nicht nur, von ihr kommandiert zu werden, sondern freuten sich sogar daran – immerhin hatten sie jetzt Muße in Erinnerungen zu schwelgen, während sie ihre Füße am Kamin wärmten.

Mrs. Hyland sorgte dafür, dass ihre zwei Schützlinge, deren Betreuung ihr Leben ausfüllte, im Dunkel über die Entwicklung des Krieges blieben, der gleich einer Gewitterwolke über der Welt aufgezogen war und sich über ihrem geliebten Deutschland zu entladen drohte. Nur sie besorgte die notwendigen Einkäufe in Harrietville und war so imstande, die beiden von Informationen über die Lage fernzuhalten. Sie zensierte alle Nachrichten, die sie aufschnappte, und gab nur die harmlosesten weiter, was hauptsächlich Westerhausens kindlichen Glauben an Deutschlands Wohlergehen erklärte.

Der Plan der Männer, ihre Geburtsstädte aufzusuchen, beunruhigte Mrs. Hyland aufs höchste. Sie begriff sehr wohl, dass die Männer einem grausamen Erwachen entgegengingen, und hätte alles dafür gegeben, sie vor der Reise zu bewahren. In ihrer ausweglosen Lage brachte sie allerhand Einwände vor – ihr Alter und die Verantwortung für die Farm. ›Und wer wird sich um die Katzen sorgen?‹, fragte sie.

›Deinen Katzen wird es gut gehen‹, versicherte ihr Westerhausen, ›du brauchst dir wegen denen keine Sorgen zu machen.‹

›Sie sind an mich gewöhnt und werden mich vermissen‹, wandte Mrs. Hyland ein.«

Dr. Köhler lachte bei der Erinnerung in sich hinein. »Ach, diese Katzen«, sagte er. »Sie sollten sie gesehen haben! Es waren so viele wie Finger an ihren Händen – wahrscheinlich mehr, ich habe sie nicht gezählt. Es gab schwarze und weiße und gefleckte und einen flauschigen roten Kater, der stets wie selbstverständlich in Mrs. Hylands großem Lehnstuhl thronte, während seine Brut sich lebhaft im ganzen Zimmer tummelte. Wann immer ich mit Mrs. Hyland sprach, sprangen ihr die Katzen auf Schoß und Schultern. Sie rief sie zur Ordnung, als ob es Kinder wären.

›Ich bin so über die Reise in Sorgen, Doktor Köhler!‹, vertraute sie mir an, während sie sich mit ihren Schützlingen beschäftigte. ›Was wird nur aus uns werden, wenn wir drüben sind?‹

Meine Versuche, ihr praktische Ratschläge zu geben, frommten wenig, weil sie völlig darin aufging, für sich und die Männer zu packen – welche Socken, welche Unterkleidung, Mäntel und Hüte waren mitzunehmen. ›Kommen Sie nur erst mal heil hinüber‹, versuchte ich ihr klarzumachen, ›die Kleidung ist nicht so wichtig. Sie werden doch noch vor dem Winter wieder in Australien sein – oder?‹

›Gott sei Dank, ja‹, sagte Mrs. Hyland, ›Gott sei Dank dafür!‹ Und mit ungewöhnlicher Anteilnahme fügte sie hinzu: ›Es wird ihre Herzen brechen, wenn sie sehen, was aus ihrem geliebten Deutschland geworden ist.‹«

Hatte Dr. Köhler zu Anfang auch erklärt, dass es in seiner Erzählung um längst Verstorbene ging, so war ich mir dessen kaum noch bewusst, und fragte, ob die beiden Deutschen und auch Mrs. Hyland in Hamburg oder Dresden geblieben oder wieder nach Australien zurückgekehrt seien.

»Aber, mein lieber Freund, Schultz und Westerhausen sind doch tot«, rief Dr. Köhler, während seine Frau ihn ermahnte, endlich zum Ende zu kommen: »Ich bitte dich, Liebster!«

»Gleich, Martha«, sagte Dr. Köhler. »Aber lass mich noch beschreiben – nicht zu ausführlich, das versichere ich dir, was für einen vergnüglichen Tag wir vier dort auf der Farm noch hatten. Es gehört dazu wie das Mittelstück eines Mosaiks. Eigentlich«, fuhr er fort, »ist trotz ihres Endes die Geschichte nicht durchgehend tragisch. Bedenken Sie, dass Schultz und Westerhausen über achtzig Jahre alt waren, und vielleicht starben sie glücklicher, als wenn sie Hamburg oder Dresden wiedergesehen hätten. Aber darüber gleich ...« Während er ein Streichholz entzündete, um sich eine weitere Zigarette anzubrennen, wurde Dr. Köhlers Ausdruck wieder nachdenklich. Er lächelte schwach. »Ah«, sagte er, »der Tag war herrlich, einer jener unvergesslichen Herbsttage, der uns im Innern nach Deutschland versetzte. Als der rote Sonnenball hinterm Buschland versank und Dämmerlicht über dem Grasland lag, erzählten wir uns mit gelöster Zunge Schwänke, wenigstens Westerhausen und ich taten es, während Schultz und Mrs. Hyland uns aufmerksam musterten. Beide versuchten, ihre Augen die Arbeit ihrer Ohren tun zu lassen. Ein spitzbübischer Ausdruck stahl sich in Schultzes Blick, und als Westerhausen die Geschichte vom Hauptmann von Köpenick wiedergab, lachte er und strich sich mit horniger Hand seinen zottigen Bart. Auch Mrs. Hyland blieb nicht ernst, und je stärker ihr der ungewohnte Wein zu Kopf stieg, desto fröhlicher wurde sie, obwohl sie eigentlich nur das verstand, was Westerhausen ihr mit ein paar englischen Worten andeutete.

Schließlich mischte sie sich sogar ein – das war, als Westerhausen den Fotoapparat erwähnte, den er am Tage vor ihrer Reise nach Übersee zu kaufen beabsichtigte. ›Oh nein‹, widersprach Mrs. Hyland, ›ich werde nicht dulden, dass du dein Geld so verschleuderst!‹ Dabei sah sie bittend zu Schultz hinüber, der freilich ein Lied über verschleudertes Geld hätte singen können. Aber Schultz unterstützte sie nicht.

›Sicherlich‹, fuhr Mrs. Hyland fort, ›ist es möglich, in jeder Stadt Deutschlands Bildpostkarten zu kaufen! Sie sind schärfer und besser als eigene Fotos. Ich habe schön kolorierte gesehen, mit Springbrunnen und Statuen und so was!‹

›Elsie‹, sagte ihr Westerhausen gutgelaunt, ›mach dir mal jetzt keine Sorgen. Nur einen billigen Fotoapparat, he? Danach kannst du wieder die Hand über die Kasse halten.‹

›Es ist dein Geld, sicher‹, widersprach sie schwach, ›aber verlange nicht, dass ich es gut heiße.‹

Ich denke, dieser Zwischenfall beschreibt sehr genau die Beziehungen der drei – die des alten Westerhausen mit all seiner Heimatliebe, die des unverwüstlichen Otto Schultz, der stets schon bei der Erwähnung von Dresden jede Übellaunigkeit ablegte, und letztlich die der Witwe Hyland, die ihren Platz neben den beiden nur halten konnte, wenn sie sich in Kleinigkeiten durchsetzte, ihnen aber in allem Wesentlichen beipflichtete. Ein Dreigespann wahrhaftig, wie ich kein zweites in meinen fünfundvierzig Jahren erlebt habe. Alle, die ich kannte, waren in der einen oder anderen Weise von der Beziehung der drei angetan – auch erinnere ich mich sehr gut, wie Mr. Hamilton, jener sachliche Journalist reagierte, als ich ihn nach meiner Rückkehr aus Harrietville in seinem Büro in Melbourne aufsuchte.

›Was Sie nicht sagen!‹, rief er aus, als ich ihm von Westerhausen und Schultz erzählte. ›All die Jahre – und sie halten immer noch die Festung! Und Elsie kehrte auf die Farm zurück – das ist doch was! Ich habe Lust, sie noch einmal zu besuchen. Könnte neu über sie schreiben: *Die achtzigjährigen Globetrotter.* Was halten Sie davon?‹

›Oder: *Die Patrioten,* schlug ich vor.‹

›Vielleicht‹, sagte Mr. Hamilton, ›nur weiß ich nicht, für welches Land sie sich mehr patriotisch fühlen – für das ihre oder das meine.‹

›Für beide vielleicht‹, sagte ich.

Mr. Hamilton lachte. ›Großer Gott, Sie haben recht! Kommen Sie doch noch einmal mit nach Harrietville, sagen wir morgen oder übermorgen?‹ Ich sah meinen Terminkalender durch und schlug das Wochenende vor. ›Sehr gut, also Sonntag‹, sagte Mr. Hamilton mit rascher Bestimmtheit. ›Ich werde Sie vom Hotel abholen.‹

Wir trennten uns gut gelaunt. Sein heiterer Tatendrang hatte mich angesteckt, ungeduldig erwartete ich ihn am Sonntag und – wartete vergeblich. Nicht vor dem folgenden Montag, an dem mich ein Telefonanruf in sein Büro rief, sollten wir uns wiedersehen. Wortlos zeigte er mir ein Telegramm, das am Samstagabend aufgegeben worden war:

›Alexander Westerhausen gestorben – Stopp – Wir brauchen Sie – Stopp – Elsie Hyland.‹
›Ich versuchte vergeblich, Sie zu erreichen‹, erklärte mir Mr. Hamilton. ›Und schließlich fuhr ich allein los. Bitte verstehen Sie.‹
›Ich verstehe‹, sagte ich kummervoll. ›Wie nehmen sie es hin, die beiden Überlebenden?‹
›Ich muss offen zu Ihnen sein, Doktor Köhler‹, sagte Mr. Hamilton, und seine Augen suchten mein Gesicht ab, ›es gibt jetzt nur noch die arme Mrs. Hyland und ihre Katzen. Als ob das Leben ohne Westerhausen wertlos für ihn geworden wäre, starb Otto Schultz noch in derselben Nacht. Das Begräbnis wird in einer Woche sein. Ich versuchte, Mrs. Hyland mit nach Melbourne zu nehmen, aber sie wollte die Farm nicht verlassen. Ich will hierbleiben, bis Gott mich ruft, sagte sie mir mehr als einmal. Ich denke, es war besser, sie dort zu lassen.‹

Wortlos ließ ich das Telegramm auf den Schreibtisch fallen. Mr. Hamilton schob seinen Augenschirm zurück. ›Nein, Doktor Köhler‹, sagte er leise, ›ich würde an Ihrer Stelle jetzt nicht nach Harrietville fahren. Auch nicht zur Beerdigung. Lassen Sie Mrs. Hyland das Ende der Reise allein machen. Das ist es, was sie wünscht, glauben Sie mir.‹

›Ich glaube Ihnen‹, sagte ich.«

Dr. Köhler richtete seinen Blick langsam von dem heruntergebrannten Feuer auf mich, dann auf seine Frau. »Seit Jahren«, sagte er ihr, »ahne ich, dass du mich nicht verstehst. Ganz klar aber wurde es mir erst, als ich dir zum ersten Mal die Geschichte erzählte – die Geschichte von den Patrioten.«

II Heimkehr in die Fremde

II Heimkehr in die Fremde

Heimkehr in die Fremde............143	*Steckbrief eines Seemannes....199
Frl. Minuth...............................150	Landgang in Cárdenas..............208
Suche nach der Herkunft............151	*Kapitulation...........................213
Bahnhof Friedrichstraße............156	Haus am Bodden......................221
Haus am Stadtrand....................157	Im Schloss zu Mecklenburg.......223
Schuhe....................................158	Buchenwaldreise.....................226
Berliner Karl-Marx-Allee............160	Fahrkartenkontrolle.................228
Verlagshaus............................162	Der lange Schatten...................229
Auf großer Fahrt......................164	Oskar aus Hamburg..................231
*Handel in Imbituba.................166	Tod eines V-Mannes.................233
*Nacht ohne Morgen................169	Anonymes Bekenntnis..............235
*Jenseits der Erfüllung..............179	Windschutzverleih...................237
*Punkt ohne Wiederkehr...........187	Und Aldi am Sonntag...............238
Cadillac..................................194	Im Herbstwind.......................240
Geburt einer Legende...............197	

Die mit * markierten Erzählungen sind nicht im engsten Sinn autobiografisch

Heimkehr in die Fremde

Geschlossen der Kreis – nach siebzehn Jahren im Ausland war ihm Berlin so fremd wie um ihn her die Sprache und der Tonfall, und was die Wirtin sagte, als sie ihn einwies in das Zimmer mit dem Fenster überm Bahnhof. Wenn unten die Züge rollten, klirrte die Scheibe, und bis zur mitternächtlichen Stunde schallte es durch die Lautsprecher zu ihm hoch: *Friedrichstraße. Letzter Bahnhof im demokratischen Sektor.* Der Ruf verfolgte ihn in den Schlaf, der unruhig war in der Kälte, dem schmalen Bett, dem Widerschein des Lichts, das durch das Fenster auf die grauen Wände fiel. Die Erlebnisse des Tages verfolgten ihn, die Ruinen der Stadt, die Trümmer unter bleiernem Himmel, das Ödland zwischen den zerbombten Häusern und wie die Menschen waren, die ihn für einen Ausländer hielten und ihm mehr als ihresgleichen offenbarten, wobei sie Worten wie »drüben« und »im Westen« eine sonderbare Bedeutung gaben. Er verstand sie und auch wieder nicht, obwohl ihm schon in Australien so manches über die Zustände in dieser Stadt mit den zwei Währungen zu Ohren gekommen war, den Wechselstuben, die es dort geben sollte, dem ausgedehnten Schwarzmarkthandel. Erst in den folgenden Nächten, im Theater, erreichte ihn, wie aus einer anderen Welt, die ihm fremd gewordene Sprache, die Schillers war und Lessings und Brechts, in ihrem tiefsten Sinn. Immer auch im Schlaf verfolgten ihn die Gedanken an Regina, der jungen Tänzerin aus Polen, und an das Versprechen, das er ihr beim Ausklang der Weltfestspiele in Warschau gegeben hatte und nicht würde halten können. Er sah sie in den Nächten und suchte sie am Tage, so sinnlos das auch war, und einmal, auf dem Bahnhof, rief er ihren Namen einer Frau nach, in der er Regina wähnte, doch die wandte sich nicht um, und er verlor sie in der Menge. Auch die, der er später in einem Theaterfoyer begegnet war und die ihm folgte in das Zimmer überm Bahnhof, glich Regina, war schlank und blond wie sie, war eine Puppenspielerin mit beredten Händen, die schweigsam wurden und still, als sie spürte, das er an eine andere dachte, auch dann und gerade dann, und die nicht wiederkehrte in sein Zimmer überm Bahnhof.

Wie in Moskau, der letzten Station vor seiner Rückkehr, war auch im Verband der Schriftsteller dieses Landes ganz oben einer, der wie Polewoi teuflisch gut schrieb, einer, dessen Hand, war es die linke oder rechte, in Spanien von einer Kugel durchschossen worden war, und der blickte ihn forschend aus schrägen Augen an, wusste zu spotten und zu lachen, gab sich raubeinig und hart, und hatte doch in einem seiner Romane für einen kleinen polnischen Juden aus den Reihen der Interbrigaden, den das Kriegsgeschehen umgeworfen hatte, brüderliche Worte gefunden, die zeigten, dass in ihm nie jener Dünkel gewesen sein konnte – und das war für ihn, den Heimkehrer, der Prüfstein. Wo standest du, als die Synagogen brannten, hatte er sich bei jeder Begegnung mit Deutschen seiner Generation gefragt. Der andere gestern, der getönt hatte, das deutsche Volk gehöre vor die jüdische Klagemauer und müsse ausgerottet werden, war ihm verdächtig gewesen. Er hatte ihn abgetan. Diesen hier respektierte er. Der hatte am Jarama gestanden, war gegen Ende des Spanienkrieges unter italienischen Partisanen und hatte ein Recht auf seinen forschenden Blick und die bohrenden Fragen. »Bist zwar in Berlin geboren, aber im Ruhrpott aufgewachsen, dann gehörst du dorthin«, waren dessen abschließende Worte gewesen, dabei stammte er selbst aus Essen und fand sich hier zu Hause. Und auch das gestand er ihm zu, dem Kommunisten und Widerstandskämpfer, und er überdachte, was von ihm gefordert worden war. »Bis wann muss ich mich entschieden haben?«, hatte er gefragt und zur Antwort bekommen: »Kein Mensch muss müssen.« Doch impulsiv, wie er war, hatte er in der gleichen Stunde noch den Koffer gepackt, sein Zimmer überm Bahnhof aufgegeben und war abgereist.

Aufbruch über die Grenze, und auffällig war, wie die Reisenden, alte Leute zumeist, am Kontrollpunkt von Helmstedt furchtsam geschwiegen hatten und sofort zu geifern begannen, als sie sich vor den Grenzern sicher wähnten – »Russenknechte«! Von Deutschland nach Deutschland, und gegen Morgengrauen nach nächtlicher Fahrt war der Nebel rot durchzogen von den Feuern der Hochöfen, waren dunkel im Nebel die Silhouetten der Stahlwerke auszumachen gewesen, die Schlote und Fördertürme des Ruhrgebietes. Der Zug donnerte über Brücken, hoch über den Flüssen seiner Kindheit, die unsichtbar und nur zu erahnen waren, lief endlich ein in den Bahnhof von Duisburg, hielt klirrend am Bahnsteig, und es war kalt im Morgengrauen jenes Novembertages, nasskalt und beklemmend. Seine Schritte hallten von den Fliesen des langen Tunnels wider. Hier war es, hier waren sie zu Hunderten zusammengepfercht worden vor der langen Reise ins Ungewisse. Er aber wusste seit Jahren, wohin die Reise all jener polnischen Juden gegangen war und wie sie geendet hatte, und es war ihm eine Herausforderung, die seine Gedanken vergiftete und ihn innerlich verhärtete. Hier soll ich leben, in dieser Stadt?

Der Taxifahrer, der mit einem »Bitte sehr« den Wagenschlag geöffnet hatte, war seines Alters und konnte der Mörder gewesen sein, auch der Besitzer der kleinen Pension, wohin ihn der Fahrer brachte – alles war anders in Duisburg. Er fühlte sich ausgeliefert hier, konnte nicht flüchten ins Fremdsein. Er kannte den Bahnhof und den Vorplatz, zu dem der Tunnel führte, und auch den Platz, wo die Synagoge gebrannt hatte, kannte jede Straße, jedes vom Krieg verschonte Haus. Die Luft, die er atmete, diese rauchige Luft, beschwor Erinnerungen. Wer hat das Recht, von mir zu fordern, dass ich hierher zurückkehre?

Und als er Stunden später, wach jetzt nach kurzem Schlaf in der Pension, gefasster auch, in der Kanzlei jenes Anwalts vorsprach, der damals die Praxis seines Vaters übernommen hatte, und er ihn sagen hörte: »Sie meinen also, Ihr Vater sei ein Deutscher wie wir alle gewesen – da bin ich anderer Meinung, denn es war ja nicht nur eine religiöse, sondern auch eine Rassenfrage«, da waren die Würfel schon gefallen: Ich werde die Stadt auf den Spuren der Vergangenheit durchforschen, werde aufspüren, wen ich kann, und mit den Menschen sprechen, doch bleiben …

Sie war siebzehn, als sie in sein Elternhaus kam, Käte, ihr Dienstmädchen, und die Gefühle, die sie in ihm, den Elfjährigen, wachgerufen hatte, waren in all den Jahren nicht verblasst – sie prägten sein späteres Wunschbild von Frauen. Sanft im Wesen sollten sie sein, einfühlsam, liebevoll und anmutig wie Käte, mit hellem, duftendem Haar und einer Haut wie Samt. Noch immer hatte er ihre Stimme im Ohr und wusste, wie sie beschaffen war, der Nacken, die Arme, Schultern und Hüften und die wohlgeformten Brüste. Er hatte nicht wegschauen können, als sie sich über ihn beugte, damals, als er krank im Bett gelegen hatte, und es war wohl kein kindlicher Blick gewesen, den er auf sie warf.

Nun aber, da sie vor ihm stand, in der Tür der kleinen Wohnung in der Moltkestraße, schien sie weit über ihre Jahre hinaus gealtert – eine verhärmte Frau mit stumpfem Blick und verwelkter Haut. Nichts war da mehr von ihrer einstigen Anmut, und obwohl er erst später erfuhr, dass ihr Mann sie schlug, erkannte er gleich, dass das Leben sie geschlagen hatte. »Du darfst nicht bleiben«, sagte sie, »wenn er nach Hause kommt und dich hier antrifft …« Sie brauchte den Satz nicht zu vollenden, damit er sie verstand, und in der kurzen Zeit, die er bei ihr verbrachte, zerstoben die Vorstellungen, die er sich von ihrem Leben gemacht hatte. Nicht mit Gerhart, den er kannte, hatte sie es teilen dürfen, den hatten die Schergen der Gestapo zu Tode gefoltert – sie war an einen Mann geraten, den der Krieg verroht und in dem nicht einmal die Geburt des eigenen Kindes einen Funken von Güte hatte aufkommen lassen. »Sie werden ihn nehmen«, sagte sie, »einer wie der wird immer gebraucht, und ich hoffe, dass es bald sein wird.« Er fragte, was sie damit meine, und sie antwortete »Fremdenlegion«, und sagte dann noch: »Wenn er erst ist, wo er sein will, in Algerien oder sonst wo, werde ich endlich Ruhe haben.«

Bald darauf war er gegangen. Nicht einmal die Schwelle ihrer Wohnungstür hatte er überschritten, wie ein Hausierer war er im Treppengang geblieben, und doch schien ihm, als hätte er tief in ein Dasein geblickt, das die Käte seiner Kindheit zu dieser Frau gemacht hatte.

Es dämmerte schon, als er dem Pfad folgte, der vom Fuß des Kaiserberges quer durch den Wald ins Tal führte. Selbst wenn die Siedlung umgebauter Eisenbahnwagen die Zeit überdauert haben sollte, was sprach dafür, dass er noch irgendwen von damals antraf – Georg gar, den Freund von einst. Schon zögerte er, nichts mehr schien zu dem Bild von Dörnerhof zu passen, das er in Erinnerung hatte. Zwar waren in den Schwaden dichten Novembernebels die Umrisse von Eisenbahnwagen zu erkennen, dazwischen aber ragte jetzt ein massiver Betonbau, der ein Luftschutzbunker gewesen sein musste. Lichtschimmer drangen durch die Schlitze im Bunker, aber kein menschlicher Laut war zu hören. Nur das heisere Bellen eines Hundes durchdrang den Nebel.

Je näher er der Siedlung kam, umso bedrohlicher hörte sich das Bellen an. Lautlos ging er den schlüpfrigen Weg zurück. Da tauchte aus dem Nebel ein Mann auf und versperrte ihm den Weg: »Was willst du hier?«

Der Mann musterte ihn aus zusammengekniffenen Augen. Haarsträhnen hingen ihm ins Gesicht. »Dieser Georg«, verächtlich wiederholte er den Namen, den er ihm genannt hatte, »längst tot – wenn du meinst, wen ich meine. Im Polenfeldzug verschüttet gegangen. Gleich am Anfang schon.«

Lautlos wie ein Wolf auf der Fährte glitt aus dem Nebel ein räudiger Hund, der die Zähne fletschte. Er ließ das Tier nicht aus den Augen und rührte sich erst, als der Mann es mit einem Tritt verscheucht hatte. Jaulend verschwand der Hund im Nebel.

»Und du hast all die Jahre hier gelebt?«, fragte er den Mann. Der lachte bitter auf. »Scheinst nicht zu kapieren, dass dazwischen auch noch Krieg war. Da kommt so manch einer in Bewegung – oder geht verschütt.« Wieder lachte er. Er wies in die Ferne. »Gefangenschaft. Zehn Jahre bei den Russen.«

Ihm kamen Visionen – in Scheunen verbrannte Frauen und Kinder, erhängte Geiseln in verwüsteten Dörfern, und nur unwillig folgte er dem Mann zu dem Eisenbahnwaggon, in dem er hauste. Die Kerosinlampe am Haken im Fenster warf spärliches Licht über Stuhl und Tisch, holte schwach ein Feldbett aus dem Dunkel und ein Regal aus Kistenbrettern. Ein Holzfeuer glimmte im Kanonenofen in der Ecke. Es war drinnen kaum wärmer als draußen.

»Wie im Lager«, sagte der Mann und schob ihm einen Schemel hin. »Nur dass ich jetzt nicht mehr für die Russen schufte – damit ist Schluss.« Er klatschte ein Bündel Banknoten auf den Tisch. »Wo die herkommen, gibt's mehr – für Spätheimkehrer wird gesorgt.«

»Und keine Richter, wo keine Kläger sind«, sagte er. Da blitzte augenblicklich in der Faust des Mannes ein Küchenmesser auf, das hielt er ihm an die Kehle. Er spürte die Schneide auf der Haut. »Das sagst du kein zweites Mal«, raunte er ihm ins Ohr, gab der Tür einen Tritt, dass sie aufflog und stieß ihn in den Nebel hinaus. »Hau ab, und lass dich nicht wieder blicken.«

Verdammter Stolz! Aber nicht nur Stolz, auch Beklemmung, die sich nicht legen wollte, hinderten ihn am Vorsprechen im Elternhaus. Er umschlich die Villa wie ein Dieb bis hin zum Garten mit den jetzt kahlen Pappeln und, wieder auf der Straße, strich er mit der Hand über das Geländer der Treppe, die im Bogen hinauf zum Eingang führte. Langsam ging er die Stufen hoch, las das Messingschild unter der Klingel und die Warnung auf dem Emailleschild: Hausieren verboten. Er dachte an die Briefe, die man ihm nach Australien geschickt hatte über Hypotheken, Kriegseinwirkungen, Reparaturkosten, die glaubhaft machen sollten, dass den Molls das Haus, das sie von den Eltern noch vor deren Verschleppung für ein Spottgeld hatten kaufen können, geradezu eine Belastung war. Fest wie für die Ewigkeit gebaut, wirkte es noch immer, war unversehrt vom Dach bis zum Keller, blank und lückenlos das Mauerwerk, die Fenster sauber vor luftigen Gardinen, die Rahmen gestrichen und weiß abgesetzt gegen die roten Klinkersteine. Noch einmal blickte er zu dem Fenster hoch, das einst sein Zimmerfenster war, sah, dass da noch die Antenne hing, die er als Junge ausgelegt hatte, und das weckte Erinnerungen in ihm – Nora hieß das kleine Radio, das er sich erspart hatte, war hergestellt von einer Firma Aron, einer jüdischen, wie ihm der Vater versichert hatte, und mit diesem Radio hatte er sich Europa erschlossen, Musik aus Luxemburg und Hilversum, Nachrichten aus London und Sender Köln am Samstagnachmittag mit Tünnes und Schäl, und er dachte daran, dass er bei den Goebbels-Reden nachgezählt hatte, wie oft die Juden Erwähnung fanden.

Derweil war in der Villa nebenan die Tür aufgegangen: »Darf man erfahren, was Sie dort treiben?«, hörte er rufen, und wusste augenblicklich, das ist die Frau des Bankdirektors, die dich damals von der Gartenmauer verjagt hat. Die Frau verschwand, und er ahnte, jetzt würde sie zum Telefon greifen und die Molls anrufen so wie einst den Vater. Das abzuwarten ersparte er sich und ging – Stolz, verdammter Stolz ... Beklemmung weiterhin.

Abreise von Duisburg und Abkehr zugleich – fest stand, es gab für ihn in dieser Stadt kein Bleiben. Sie waren ihm entfremdet, Käte mit ihrem zerbrochenen Leben, keiner, den er getroffen hatte, war aus dem Schatten der Vergangenheit getreten, jener Anwalt nicht und selbst Studienrat Talbert nicht, den er noch aufgesucht hatte, am Kaiserberg beim Wald, der unter der Bedrohung eines Kollegen litt, der damals wie heute Nazi war. »Hüten Sie sich, es kommt wieder anders«, hatte der Mann ihn gewarnt, »und dann geht's auch Ihnen an den Kragen.« Dabei hatte Talbert, wie er es sah, nur seine Pflicht getan, hatte nach dem Krieg, gläubiger Christ, frommer Katholik, der er war, dem Entnazifizierungsausschuss Auskunft über einen Mann erteilt, der ein schlimmer Nazi gewesen war – einer der schlimmsten. »Was soll ich jetzt bloß tun?«, hatte Talbert von ihm, seinem einstigen Schüler wissen wollen. Der aber war ihm die Antwort schuldig geblieben, und wäre nicht Talberts Tochter gewesen, die lange mit ihm gesprochen und für seine Pläne Verständnis gezeigt hatte, er hätte das Haus gleich wieder verlassen und so Frau Falk nicht mehr getroffen, die Mutter von Fritz, mit dem er befreundet gewesen war wie mit Georg aus Dörnerhof. Die Frau hatte ihn angesehen, als sei er nicht bloß unerwartet vor dem Haus der Talberts aufgetaucht, sondern einem Grab entstiegen, und am Ende hatte auch sie beteuert, von nichts gewusst zu haben – ach, sie hatten alle nichts gewusst, Frau Falk nicht, Studienrat Talbert nicht noch dessen Tochter, und er hatte es ihnen geglaubt, Angesicht zu Angesicht mit ihnen hatte er ihnen geglaubt. Später aber waren ihm Zweifel gekommen. Waren denn die Schrecken von Auschwitz nicht schon in den Anfängen zu erkennen gewesen – im Gegröle der Nazis in den Straßen, den Verhaftungen im Morgengrauen, den Hetztiraden im Radio, den zertrümmerten Läden und Häusern, und den brennenden Synagogen? Und als er Frau Falk bedauern hörte, den Molls beim Kauf des Elternhauses nicht zuvorgekommen zu sein und sie dabei tatsächlich von einer Abreise der Eltern sprach, hatte er sich vorgeworfen, nicht längst schon auf dem Zug zu sein, der ihn forttragen würde aus dieser Stadt, zurück in jenen Teil Berlins, von wo er aufgebrochen war ...

Frl. Minuth

Weil ich noch die einstige Sekretärin meines Vaters hatte aufsuchen wollen, war ich einen Tag länger in Duisburg geblieben. Wie mir mitgeteilt wurde, wohnte sie noch in dem Mietshaus von damals. Mir schien sie sehr gealtert und weit hagerer, als ich sie in Erinnerung hatte. Sie war unverheiratet und darum Frl. Minuth geblieben, und so misstrauisch wie sie mich nach meinem Läuten aus einem der oberen Fenster des Hauses gemustert hatte, musterte sie mich auch auf dem Treppenabsatz. Wohl nur aus Gewissensgründen ließ sie mich in die Wohnung und ich blieb kaum länger, als sie brauchte, um mir auszuhändigen, was mein Vater ihr vor der Verschleppung zur Aufbewahrung hinterlassen hatte – eine Reiseschreibmaschine, Manschettenknöpfe, eine Krawattennadel. »Strikt ungesetzlich war das, so was zu behalten damals«, sagte sie, »gefährlich auch für unsereins, allein die Mappe hier hätte mich verraten können.« Wie ich überlebt und wohin es mich verschlagen hatte, fragte sie nicht und ich schwieg dazu, dankte ihr und – ging. Es traf mich tief, als ich, zurückgekehrt in die Pension am Bahnhof, eine Adoptionsurkunde in der Mappe fand. Schlagartig war gewiss, was ich als Elfjähriger geahnt hatte, als mich Käte, unsere Hausgehilfin, im Ärger Adoptivkind nannte, ein mir unheimliches Wort damals, das mir die Mutter nicht hatte erklären wollen – »später, wenn du größer bist«. Also war ich tatsächlich nicht der leibliche Sohn meiner Eltern, hieß Salomon und eine ledige Verkäuferin mit Namen Rachela Schmeidler, die in der Berliner Mulackstraße gemeldet gewesen war, hatte mich mit siebzehn Jahren zur Welt gebracht.

Dem würde ich nachgehen müssen, dem zu allererst ...

Suche nach der Herkunft

»Ein Junge mit Namen Salomon hier in der Mulackstraße? Nicht dass ich wüsste!« Der kleine Mann in Schiebermütze und Lederjacke, der sich als Alfons Hinze vorgestellt hatte, Angestellter einer Zoohandlung beim Alexanderplatz, beäugte mich misstrauisch. »Dabei hab ich mein Leben lang hier gewohnt.«

Nicht lang genug, sagte ich mir, führte ihn aber doch zu dem Haus, das in der Adoptionsurkunde vermerkt war, eine, wie sich herausstellte, jener zahllosen Berliner Kriegsruinen, an die ich mich seit meiner Rückkehr hatte gewöhnen müssen. Nur der Keller des Miethauses schien noch bewohnt – durch den Vorhang des Fensters dicht überm Bürgersteig schimmerte rötliches Licht.

»Muss vor meiner Zeit gewesen sein«, sagte Hinze. »Die da wohnt, wohnt da schon ewig – und kennt auch jeden. Fragen wir sie doch einfach.« Schon wollte er an die Scheibe klopfen, da besann er sich. »Ist zwar nicht mehr die Jüngste, schafft aber noch immer an. Besser, wir warten.«

Nieselregen fiel. Ich fröstelte in der kalten Novembernacht und dem viel zu leichten australischen Mantel. Ich zog die Schultern ein, schlug den Kragen hoch, schob die Hände in die Taschen.

»Hocken wir uns eine Weile in die Mulackritze«, schlug Hinze vor. »Dort kommt sie immer mal hin – vielleicht auch heute.«

Wir waren erst beim zweiten Bier, als eine vollbusige Frau, die trotz schlohweißen Haars kaum älter als fünfzig wirkte, die Kneipe betrat und an einem Ecktisch Platz nahm, an dem schon ein Mann saß, den sie zu kennen schien. Schminke gab ihrem Gesicht eine unnatürliche Röte. Ringe glitzerten an den Fingern beider Hände, und als sie ihren Mantel hinter sich auf der Stuhllehne ablegte, offenbarte ihre durchsichtige Bluse füllige Arme und einen üppigen Busen.

»Wäre richtig nett, wenn Sie mal herkämen«, bat Hinze sie und wandte sich dann an den Wirt: »Eine Lage für drei!«

Die Frau beschwichtigte den Mann an ihrem Tisch und folgte Hinze. Sie musterte mich.

»Auf Ihr Wohl!«, sagte Hinze, und dann leise zu mir: »Das ist sie – der Rest liegt bei Ihnen.«

Ich stellte mich vor, was der Frau nichts sagte, als ich aber einen Jungen namens Salomon erwähnte, der vor dreißig Jahren in ihrem Haus gelebt haben musste, horchte sie auf. »Wie wollen Sie das wissen und von wem?«

Ich holte die Adoptionsurkunde aus der Tasche und zeigte sie ihr. Sie überflog den Inhalt und setzte sich, als könnte sie stehend nicht ertragen, was sie da las. »Sind das etwa Sie?« Ich nickte. Da breitete sie die Arme aus und drückte mich an sich: »Mein Solly!«

Der Geruch ihres Körpers vermischt mit ihrem Parfüm machte, dass ich mich loslöste – könnte das meine leibliche Mutter sein?, fragte ich mich. Sie musste erspürt haben, was ich dachte, denn sie hob abwehrend die Hände. »Nicht mein Solly, Rachelas Solly – die, wo Verkäuferin bei Tietz war. Aus Polen war die und kaum in Berlin, mit schon einem Balg am Hals. Klar, dass die mich tagsüber gebraucht hat.«

Ich fragte nach meinem Vater.

»Männer«, rief sie, »die Männer!«

»Könnte es sein, dass mein leiblicher Vater mich adoptiert hat?«

»Ich hab dem Kerl die Krätze an den Hals gewünscht, weil er dich uns weggenommen hat … drei Jahre keine Spur von ihm und auf einmal nimmt er uns den Jungen weg. War auch für mich schlimm. Nicht bloß für Rachela.«

Die Erinnerung hatte sie gerührt. Sie wischte sich die Augen. »Kannst mich ruhig Herta nennen. Bist schließlich unser Solly – der Salomon!«

»So heiße ich nicht mehr.«

»Aber damals«, rief sie, »damals. Meist riefen dich alle bloß Solly.«

Wie aus weiter Ferne sah ich mich als Dreijähriger in einer Kellerwohnung auf der Fensterbank zwischen Geranien sitzen und Füße auf dem Bürgersteig vorbeiziehen …

»Sie war schön«, beteuerte die Frau. »Deine Mutter war schön. Dunkle Augen, dunkles Haar – Rachela war schön.«

»Und wo ist sie geblieben?«

»Oh.« Sie blickte verstört, sah mich nicht an. »Wo soll sie schon geblieben sein?«

»Sag ihm, was Sache ist!«, rief plötzlich der Mann, dessen Tisch sie geteilt hatte.

»Es ist ihr nichts passiert«, beteuerte sie, »Rachela ist nichts passiert.«

Der Mann schob seinen Stuhl zurück, kam mit schwerem Schritt auf mich zu und reichte mir die Hand. »Wolltest doch die Wahrheit hören – oder?« Ich nickte. Er wandte sich an die Frau. »Große Hamburger –

so war's doch, Herta. Also, warum sagst du's ihm nicht?« Sie verbarg ihr Gesicht in den Händen.

»Von dort gingen doch die Transporte ab, von dort hat man ...«

»Niemals!«, fiel sie ihm ins Wort. »Die Rachela nicht – die nicht!« Aber es war wie ein Echo auf meine Zweifel, als ich sie sagen hörte: »Mein Gott, was waren das bloß für Zeiten!«

Gedankensplitter:
Da ist die Fensterbank in der Kellerwohnung von einem Mietshaus in der Mulackstraße, unendlich hoch ist das Haus für den Dreijährigen, der Salomon heißt, oft Solly gerufen wird, und am 19. Januar 1924 geboren worden ist, und da ist die Kette von Schuhen, die am Fenster vorbeizieht, Schaftstiefel, Schnürschuhe, Frauenstiefelchen, Pantinen. Und auch ein kleiner Holzkreisel, der sich trotz der Peitschenhiebe auf dem Kopfsteinpflaster nie lang dreht, der stolpernd umkippt. Nur kurz am Tag fällt Sonnenlicht durchs Fenster, meist ist es schattig, sind die Zimmerwände grau, und die Wasserflecken oben an der Decke schrecken ihn wie böse Fabelwesen. Er fühlt sich unsauber, unwohl in den feuchten Hosen, feuchtem Unterzeug, das am Hosensaum vorguckt, und ob er weiß, dass der Geruch, der ihn zuweilen umgibt, von ihm selbst kommt. Die vollbusige Frau, die auf ihn acht gibt und zu der hin und wieder Männer kommen, trägt seidige Blusen, manchmal auch nur einen Büstenhalter, sie riecht nach Schweiß und Puder, und einmal sieht er ihren Busen nackt. Sie raucht ständig ovale Zigaretten mit goldenem Mundstück und auf der Schachtel schreiten Kamele vor einer Pyramide. Wenn er ins Gitterbett muss, liegt er so tief, dass er nur die Fabelwesen an der Decke erkennt, die kriechen in seine Träume und verfolgen ihn. Er muss oft ins Gitterbett und dem Stofftier, das er mitnimmt, Hund oder Hase, fehlt ein Auge. Das andere Auge zwickt er frei und fortan hängt es an einem Faden. An die vollbusige Frau erinnert er sich vor allem, und dass sie viel hustet, manchmal schimpft und oft lacht. Das Husten stört, der Zigarettenrauch auch, das Lachen mag er. Er mag auch, dass sie ihn auszieht und wäscht, und er mag nicht, wenn er wieder in das alte Zeug muss. Das aber passiert oft. Gern klettert er die Kellertreppe hoch und in einen Gang, der zum Hinterhof führt, und dort sitzt er sommers in der Sonne an der Mauer, und einmal bastelt ihm ein älterer Junge aus einer Zeitung einen Helm, und den Helm formt er um in ein Schiffchen, das nur in der Tonne zu erproben ist, aber im Wasser aufweicht und zerfällt. Er muss ein Leibchen tragen, was er hasst, und er hasst die schwarzen Wollstrümpfe,

die an dem Leibchen fest geknöpft sind. Er kann die Strümpfe nicht lösen und ausziehen und sie kratzen an den Beinen. Die Kellertreppe ist steil und nach oben leichter zu bezwingen als nach unten, und an den Stufen reißt er sich die Strümpfe kaputt und die Knie auf. Das Stück von der Treppe bis zur Kellerwohnung ist so duster, dass er die Hände vorstreckt wie ein Blinder, und die Klinke ist unerreichbar, er muss heftig pochen, damit geöffnet wird. Das Stofftier liegt im Gitterbett und die Frau legt ihn daneben, und die bösen Fabelwesen verfolgen ihn in den Schlaf und in die Träume …

Eine geschlagene Woche ging ich in der Mulackstraße von Haus zu Haus. Die ich befragte, hörten mir geduldig zu und versuchten sich zu erinnern, am Ende aber wusste nur eine runzlige Alte, die gegenüber der Ruine mit der Kellerwohnung in zwei mit alten Möbeln zugestellten Zimmern wohnte, nachdenklich zu wiederholen: »Rachela, Rachela – bei Tietz am Alex soll die gewesen sein. Waren doch viele von den Jungschen bei Tietz.« Sie dachte nach. »Schlimme Jahre waren det. Wir hatten alle nix. Brot, das gestern ein paar Tausende gekostet hat, war am nächsten Tag nur für ne Million zu kriegen.« Ich beschrieb ihr meine Mutter, so wie Herta sie in Erinnerung hatte. »Dunkle Haare, dunkle Augen, und mit einem kleinen Jungen, der Salomon hieß und meist Solly gerufen wurde. »Mein Gott, nee«, rief die Frau, »hatten doch alle Gören, die Jungschen hier – einen Salomon aber, oder Solly, müsste mich doch erinnern, bei *den* Namen. Jude, nicht? Waren ja fast alles Juden hier herum.« Ich brachte die Große Hamburger ins Gespräch, sie sah mich an, schien zu wissen, worauf ich hinaus war. »Guter Mann«, sagte sie entschieden, »von die Transporte weiß ich nur, wat so geredet wurde. Hab mich da rausgehalten. Vielleicht weiß die Müllersche mehr, wo heute beim Arzt is.« Ich bedankte mich und ging.

Doch auch der nächste Tag erhellte wenig. Ganz ohne Auskunft entließ mich Frau Müller, die kaum jünger als ihre Nachbarin war, jedoch nicht. »Kamen doch alle in unseren Laden damals, die Gören«, sagte sie, »könnten Sie bei gewesen sein – mit drei ist einer doch schon dabei. Einmal, da hat mein Mann ein Foto gemacht von all die Gören, wo sie mit der Lakritze längs der Mauer vor unserem Laden hocken. Ich guck mal nach.« Sie kam mit einem Album wieder. Auf einem vergilbten Foto, das sie mir zeigte, saßen sieben Jungen längs der Mauer und alle mit verschmierten Mäulern. Ich blickte lange hin und glaubte mich in dem Kleinsten zu erkennen, dem mit dem zerzausten dunklen Haar und dunklen Augen.

Ich bat sie um das Foto, doch sie wollte es nicht aus dem Album reißen. »Könnte Sie aber mit einem zusammenbringen, der mit drauf ist«, erbot sie sich. »Bierkutscher Emil – liefert jeden Mittwochmorgen in die Mulackritze.«

Am Mittwochmorgen passte ich den Kutscher ab, einen stämmigen Kerl mit dunklem Kraushaar, buschigem Schnauzer und mächtigen Pranken. Der hieb mir auf die Schulter, als ich mich zu erkennen gab. »Der Solly«, rief er, »wo der Jid war – bloß ich kriegte immer die Prügel, weil ich so aussah wie'n Jid.« Er lachte schallend. »Darauf ein Bier«, rief er dem Wirt zu, doch auch das zweite und dritte Bier entlockte ihm nichts über meine Mutter. »War doch selbst noch ein Dreikäsehoch damals«, sagte er, »wie soll ick mir da erinnern – doch Große Hamburger ...« Sein Lachen versiegte. »Gloob ich eher nich.« Er strich sich den Bierschaum vom Schnauzer. »Lass gut sein«, riet er mir, »kannste sowieso nix dran machen – noch einen auf meine Kappe?«

»Zu früh am Tag«, sagte ich ihm. Ich fühlte mich leer, ausgelaugt. »Ein andermal, Emil.« Damit verabschiedete ich mich, ging zur Theke, zahlte und trat hinaus auf die Straße.

Bahnhof Friedrichstraße

Die S-Bahn hielt lange, länger als üblich, und zweimal schon hallte es laut über den Bahnsteig: *Letzter Bahnhof im Demokratischen Sektor.* Niemand sprach, die Fahrgäste blickten unruhig, und ich sah, wie sich die beiden Blauuniformierten durch den Wagen zwängten. Ihre Forderung klang bedrohlich. »Die Ausweise, bitte!« Stumm gehorchten die Leute, irgendwo raunte jemand: »Schinder!«, doch der das war, blieb unerkannt. Noch standen die Türen offen, noch rollte der Zug nicht, da zwängten sich zwei Männer mit Koffern nach draußen und tauchten in der Menge auf dem Bahnsteig unter.

Die Frau mit dem Kinderwagen bei der vorderen Tür wirkte in sich versunken und so, als ginge sie das alles nichts an. Sie schaukelte den Kinderwagen und strich hin und wieder mit der Hand übers Deckbett. Stumpfen Blickes kramte sie ihren Ausweis aus der Handtasche und hielt ihn zur Kontrolle hoch. Sie war nicht mehr jung, konnte die Mutter eines Babys nicht sein. Auch dem Blauuniformierten fiel das auf. Ich sah wie er stutzte, er den Ausweis der Frau genauer prüfte, ihn durchblätterte und beschlagnahmte.

»Kommen Sie mit.«

Die Frau reagierte nicht. Es war, als verstünde sie kein Wort. Sie wippte den Kinderwagen und starrte ins Leere. Im fahlen Licht sah sie blass aus, noch blasser jetzt, wie es schien. Ihr Ausdruck blieb versteinert.

»Kommen Sie.«

Wieder raunte es »Schinder!« von irgendwo. Die Frau hielt den Kinderwagen fest, als wolle man ihn ihr entreißen.

»Verlassen Sie den Zug!«

Sie drehte den Kopf weg, zog die Schultern ein, ihr ganzer Körper wehrte sich, kein Laut aber wollte ihr über die Lippen. Ich sah den Uniformierten in den Kinderwagen greifen, und gleichzeitig schrie die Frau, dass es durch den Wagen gellte: »Hände weg!«

Noch stand der Zug. Und dann zerrte der Uniformierte etwas Weißes, Gefiedertes aus dem Kinderwagen. Die Gans, die er am Hals hochhielt, baumelte schwer in seiner Hand.

»Verlassen Sie den Zug!«

Als der Zug endlich fuhr, sah ich wie alle anderen zum Bahnsteig. Langsam glitt der Zug an der Frau mit dem Kinderwagen vorbei und dem Mann in der Uniform, und bald schon waren beide außer Sicht.

Haus am Stadtrand

Häuser haben Seelen – dieses, weiß getüncht und mit großen Fenstern zur baumreichen Straße, hatte die Seele eines untersetzten, glatzköpfigen Mannes in brauner Uniform, dessen Foto ich in einer Schublade fand, die zu einem Schrank gehörte, den es im Haus nicht mehr gab. Außer einer Truhe voller Gerümpel fanden sich dort bei meinem Einzug keine Möbel mehr, und dass ich die Schublade nicht gleich auf den Sperrmüll warf, hatte mit dem Inhalt zu tun. Sie war voller Naziinsignien – Hakenkreuzabzeichen, Blut-und-Boden-Dolchen, Ordensbändern.

Frau Lenz, die mir bei der Beschaffung neuer Möbel und beim Einrichten half, verstand sehr wohl, warum ich als erstes das schmiedeeiserne Hakenkreuz aus dem Gitter vor dem oberen Fenster schlug.

»Dass das bis heute da hing«, sagte sie kopfschüttelnd.

Als ich aber die Schublade in den Mülleimer entleeren wollte, hielt sie mich am Arm fest. »Nicht doch! Für so was zahlen die Amis gute Dollars – Souvenir, Souvenir.«

Sie war eine dralle Frau und lachte gern. Jetzt aber klang ihr Lachen gezwungen. Wohl schien ihr nicht dabei, als sie den Schubladeninhalt in ihren Einkaufskorb verschwinden ließ. Ich hielt sie nicht davon ab – sie war mir unentbehrlich. Und hatte sie sich nicht mehr als kritisch über den früheren Hausbesitzer geäußert?

»Wo der hin ist, gehört er hin«, wiederholte sie auch heute, wurde aber gleich darauf versöhnlich. »Doch tierlieb war er. Das immerhin.«

»Tierlieb?«

»Sie werden es merken, wenn Sie erst Post kriegen«, sagte sie und verwies auf den Briefkasten.

Ich ging zum Gartentor und sah mir den Briefkasten an. Säuberlich unter Zellophan prangte auf dem Deckel ein Kärtchen: »Achtung, Vogelnest. Bitte keine Post einwerfen. Mit Dank und Deutschem Gruß! Max Peter Wulff.«

Schuhe

Noch einmal werde ich nach Duisburg reisen und durch die Prinz-Albrecht-Straße gehen, werde haltmachen vor der zweistöckigen Villa aus roten Klinkern, die heil dort steht, von Bomben verschont, mit frisch gestrichenen Fensterrahmen und der gewundenen Steintreppe, die makellos gescheuert ist – makellos auch das Messinggeländer, nur die faustgroßen Kugeln am oberen und unteren Ende haben sich grün-braun verfärbt.

Ich steige die Stufen hinauf und verharre lange vor der Haustür, bis ich endlich läute – der Laut verhallt, während alles um mich her, die Straße, die Villen, die Bäume in der Straße, und das Elternhaus kulissenhaft bleibt, unwirklich, wie schon damals.

Ich höre Schritte, höre wie die Glastür hinter der Haustür zurückgezogen wird, wobei ein bis nach draußen vernehmbarer Sog entsteht, und das Hausmädchen öffnet die Tür nur einen Spalt. Ich höre mich sprechen, meine Worte klingen hohl, der eigene Name klingt fremd, das Mädchen bittet mich zu warten, schließt die Haustür, und wartend erlebe ich, nicht hineingebeten zu werden von der hageren Alten, die jetzt die Haustür einen Spalt weit geöffnet hat.

»Ich bin allein im Haus, kommen Sie doch ein andermal.«

Ein andermal, denke ich. Woher nimmt sie das Recht ... und ich frage, ob sie nicht ahne, wer ich sei.

»Ja, doch.«

»Meine Eltern müssten Sie noch persönlich ...«

»Ja doch.«

Der Spalt zwischen Tür und Rahmen wird nicht weiter. Ich sehe die Frau, gespenstisch in der schmalen Öffnung, das Gesicht grau im Halbdunkel, grau das Haar, das Kleid, die Stimme grau und bedeckt.

»Ein andermal bitte. Ich bin allein.«

Das bin auch ich – allein hier auf dem Treppenabsatz vor der Haustür des Elternhauses. Die Eltern ermordet, Rauch im All über Auschwitz.

Und alles um mich her wirkt weiterhin unwirklich: Die Stadt, die Straße, das Haus.

»Sie kannten meine Eltern?«

»Die Mutter ja. Ihren Vater kaum.«

Der Spalt zwischen Tür und Rahmen bleibt eng. Noch aber versperrt sie die Tür nicht. Noch höre ich sie zittrig Antwort geben. »Ihre Mutter, die kannte ich. Sie kam ja zu mir, ehe sie auf die große Reise ging, und sagte: ›Wie soll ich denn so weit ohne feste Schuhe?‹«
»Keine Schuhe?«, frage ich dumpf.
»Schuhe schon, aber keine festen«, höre ich die Alte sagen. »Und da gaben wir Ihrer Mutter noch ein paar feste Schuhe.«
Ich tue einen Schritt zur Tür, die Frau fühlt sich bedrängt, und betont erneut, sie sei allein, ich solle doch bitte ein andermal kommen, wenn Tochter und Schwiegersohn zu Hause seien.

In mir haben sich ihre Worte von den Schuhen festgesetzt, und als ich mich zur Treppe wende und hinuntergehe, ist die Haustür schon zu. Auch das nehme ich als etwas Unwirkliches wahr – die Stadt, die Straße, das Haus, die verschlossene Eingangstür und ein Paar feste Schuhe.

… und Wochen später ein Schreiben, das mir vorsorglich mitteilt, sämtliche Ansprüche seien verjährt und eine Rückgabe der Immobilie ausgeschlossen.

Berliner Karl-Marx-Allee

Eggers hatte die Leiter zum Obergeschoss der Atelierwohnung schon flach gelegt – für da oben war keine weitere Arbeit geplant, zu inspizieren gab es dort auch nichts mehr, und überhaupt, es war längst Feierabend. Die Brigade war fort, nur er, der Brigadier, war für das Interview geblieben, das die Zeitung mir in Auftrag gegeben hatte: »Ein Held der Arbeit erzählt.« Was gab es da noch zu erzählen? Von der Qualität der Malerarbeiten hatte ich mich überzeugen können, auch bezweifelte ich nicht, dass etliche Verbesserungsvorschläge gemacht und auch umgesetzt worden waren. Schließlich war die Brigade nicht nur für Qualität, sondern auch für vorfristige Planerfüllung ausgezeichnet worden. Es war Eggers anzusehen, dass er des Geredes überdrüssig war. Mir ging es nicht anders. Wer würde lesen wollen, was es mit diesen Verbesserungsvorschlägen auf sich hatte. Es war schon fraglich, ob es außerhalb des Baugewerbes irgendwen interessierte, wie die Brigade zu diesem staatlichen Orden gekommen war. Mit einer *human interest story* aber hatte die Zeitung wenig im Sinn – der Held der Arbeit sollte von der Arbeit erzählen und nichts sonst. Und das hatte Eggers getan. Aber reichte das?

»Ich würde gern in der Kneipe nebenan ein Bier mit Ihnen trinken und danach, wenn's geht, einen Abstecher zu Ihnen machen«, sagte ich. »Sie verstehen schon – wie ein Brigadier so lebt.«

Eggers zögerte. Er sah mich an. »Fall da aus dem Rahmen, würde ich sagen.«

»Wieso?«

»So fragt man Leute aus«, sagte Eggers und schwieg.

Ich hätte es nie erfahren, wären wir nicht in die Kneipe eingekehrt – nicht dass der Alkohol Eggers die Zunge löste, es war die besorgte Frage eines Kumpels, die mich aufhorchen ließ: »Wie steht's um die Frau, Kalle?«

»Beschissen«, entfuhr es Eggers. »Nicht einmal die Untersuchungshaft wurde ihr angerechnet. Und an den vierzehn Monaten, die sie ihr aufgebrummt haben, war nicht zu rütteln.«

Ich konnte nicht so tun, als hätte ich das nicht gehört. Ich sah Eggers fragend an.

»Ja«, bestätigte er schroff. »Vierzehn Monate für ein paar Zettel an Bäumen – bringen Sie das in die Zeitung und ich überschreibe Ihnen meine Prämie. Jeden Pfennig davon. Bloß, das schaffen Sie nie.«

»Was für Zettel an Bäumen?«

Eggers sah seinen Kumpel an. »Soll ich's ihm sagen?«

»Gib's ihm«, antwortete der, und nicht lange später wusste ich Bescheid.

Und Eggers hatte Recht. Brächte ich das in meinem Beitrag, keine Zeitung im Lande gäbe sich dafür her. Wer würde drucken, dass die Familie Eggers an jenem 13. August von ihrem Töchterchen getrennt worden war, weil sich nach dem Mauerbau die Westberliner Großmutter weigerte, das Kind in den Osten zurückzubringen. Und schon gar nicht würde man drucken, dass der dringende Antrag der Mutter, ihr Töchterchen holen zu dürfen, von den Behörden abgewiesen worden war – was dann zu den Zetteln an Bäumen geführt hatte: »Brigade Eggers ist nicht faul, die haut dem Ulbricht eins aufs Maul!«

»Chancenlos«, gab ich Eggers recht. »Ist schon das reinste Wunder, dass es trotz des Husarenstückes Ihrer Frau noch zur dieser staatlichen Auszeichnung der Brigade gekommen ist.«

»Da hat die eine Hand nicht gewusst, was die andere tut«, sagte Eggers. »Und außerdem stimmt es im Grunde – faul ist die Brigade Eggers nicht.«

Er lachte, auch sein Kumpel lachte. Mir aber war nicht zum Lachen – mit dem, was ich erfahren hatte, nicht an die Öffentlichkeit zu gelangen, wäre das geringste Übel. *Vierzehn Monate für ein paar Zettel an Bäumen.* Im Vergleich damit war der geplatzte Zeitungsauftrag ein Nichts.

Verlagshaus

»Diese Frau da mitten im Roman – so untypisch. Geradezu an den Haaren herbeigezogen«, sagte der Leiter des Rostocker Verlages. »Nichts fehlte, würde man sie streichen.« Und dann zitierte er Schdanow, einen für die ideologische Ausrichtung sowjetischer Literatur verantwortlichen Mitarbeiter Stalins: »Typische Menschen in typischen Umständen.« Er schlug vor, das Kapitel noch einmal zu überprüfen, so wie es im Lektorat redigiert worden sei, also »ohne diese Verrückte, die Protestzettel an Bäume klebt.« Danach heiße es nur noch, die Kürzung abzuzeichnen, und der Roman sei im Plan.

Ich war die Auseinandersetzungen müde und bereit nachzugeben. Zwei Jahre hatte ich an dem Buch gearbeitet, ich wollte es verlegt sehen, und die Frau gehörte tatsächlich zu den Randfiguren, und schien entbehrlich. Auch wenn ich ihren Alleingang mit den Protestzetteln an Bäumen und der anschließenden Haftstrafe tilgte, bliebe der Handlungsablauf intakt.

»Wie lange würden Sie brauchen, das Kapitel durchzugehen?«, fragte der Verlagsleiter. Ich sagte es ihm, der Verlagsleiter wies mir ein Zimmer zu, wo ich ungestört sein würde, und eine halbe Stunde später trafen wir uns wieder.

»Nun«, erkundigte er sich sanft. »Wie haben wir uns entschieden?«

Ich schwieg. Der Verlagsleiter spürte den Widerstand, blieb aber zugänglich. Er lächelte, und lächelnd ließ er mich wissen, er verstehe, dass ich mich gegen den Eingriff sträube. Diesmal zitierte er den Verleger Rowohlt, den er schätzte: »Wenn ein Manuskript ohne den Autor gekürzt wird, wird es nicht kürzer, sondern länger.«

Er lächelte. Ich atmete auf. Der Verlagsleiter schien ein Einsehen gehabt zu haben. Schon wähnte ich den Roman samt der gestrichenen Seiten im Plan, und es traf mich hart, als ich das Lächeln schwinden sah.

»Wir sind also übereingekommen, dass wir nicht übereinkommen können«, hörte ich ihn sagen.

»So wird es sein.«

»Meine Hochachtung«, sagte der Verlagsleiter. »Ein Autor mit Prinzipien.«

Zwei Jahre vergeblicher Mühe wegen drei lumpiger Seiten, dachte ich. Doch es gab kein Zurück. Mir ging das mausgraue Mädchen durch den

Kopf, das ich am Morgen auf der Plattform des Zuges nach Rostock verstohlen hatte rauchen sehen, die glimmende Zigarette zwischen Daumen und Zeigefinger in der hohlen Hand. »Knast?«, hatte ich sie gefragt, und erstaunt hatte sie zurückgefragt, woher ich das wisse. Ich hatte ihr geantwortet, dass so nur rauche, wer nicht dabei erwischt werden wolle, und da hatte sie zugegeben, heute erst aus dem Werkhof entlassen worden zu sein, auch den Grund für ihre Bestrafung hatte sie mir gesagt – das Ansprechen von Männern auf Bahnhöfen.

»Es muss an mir liegen, dass ich immer wieder an untypische Menschen in untypischen Umständen gerate«, sagte ich dem Verlagsleiter. »Da war dieses Mädchen auf dem Zug ...«

Der aber hörte nicht mehr hin. Ihn drängten Termine, und kurze Zeit später hatte ich mein Manuskript zurück und war auf dem Weg zum Bahnhof.

Zur See, zur See ... raus aus der Bevormundung. Der einstige Seemann, noch immer im Zentralkomitee der SED für das Transportwesen verantwortlich, betrachtete mich prüfend. Mir schien, als hätte er von meinem gescheiterten Roman erfahren – es musste Quellen geben, die ihm zugänglich waren. »Geldmangel wegen der Vetragsauflösung?«, fragte er. »Nicht wirklich«, sagte ich, meine Kurzgeschichten brächten genug ein. Wo also liege das Problem, warum dränge es mich plötzlich zur See, wollte er wissen. »Kommt aus der weiten Welt, und will wieder dorthin!« Gegenwartsliteratur brauche Gegenwartserfahrungen, erklärte ich ihm. Und die wolle ich mir unter Seeleuten holen – »das wäre meine Ankunft im Alltag.« Ich führte Werner Bräunig in der Wismut an und die jüngste Arbeit von Brigitte Reimann – und er seinerseits besann sich auf eine meiner Erzählungen aus der australischen Seefahrt, die im Magazin veröffentlicht worden war. »Lebensprall«, meinte er. »So etwas bräuchten wir hier.« Gänzlich geheuer aber sei ihm mein Fluchtversuch auch weiterhin nicht. »Fluchtversuch?«, sagte ich. Blockiert sei ich wegen der Eingriffe in mein Schreiben – »was nicht sein darf, das nicht sein kann!« Ich erklärte ihm, was ich damit meinte. Nach einigem Nachdenken versprach er, mit dem Verlag Kontakt aufzunehmen und deren Entscheidung zu überprüfen. Erfolg versprechend schien ihm das nicht, denn für mein Anliegen wieder zur See zu fahren, hatte er plötzlich Verständnis. Er griff zum Telefon, ich hörte ihn ein paar Fragen stellen und bestätigen, ich hätte ein Seefahrtsbuch – »allerdings nur ein australisches«. Dann legte er auf: »Mal sehen, wie sich das anlässt. Ich melde mich«, versprach er – und begleitete mich aus dem Großen Haus an den Wachen vorbei bis hin zu den Stufen, die zum Werderschen Markt führen ...

Auf großer Fahrt

Wenig später wurde ich als kleinstes Rad im Getriebe eines Frachters angeheuert – als Schmierer auf großer Fahrt, die in Szczecin begann, wo es eine Kneipe voller Krach und Wonne gab, in die wir vor dem Auslaufen nach Übersee noch einmal einkehrten. Kaum war Bernd Koster, unser Zweiter Ingenieur, durch die Tür, warf sich ihm eine vollbusige Frau an den Hals, eine mit feurigem Blick und langem schwarzen Haar, die ein Kleid trug, das rot war, prall saß und zeigte, was sie zu bieten hatte – *ihm* zu bieten hatte. Sie tanzten dicht zu den Klängen des Akkordeons. Schwer hing der Tabakrauch unter den Lampen und bei jeder Tanzpause trank sie wie selbstverständlich aus seinem Glas. Den Abend lang wich sie nicht von seiner Seite und als die Musik verklang, verschwanden sie in die Nacht. Doch als in der Früh unser Schiff auslief, war Koster längst im Maschinenraum auf Posten, ganz der Zweite Ingenieur mit wachem Ohr für alle Geräusche. Es war heiß dort unten, laut, und es stank nach Öl und Diesel, sodass ich froh war, als er mich zum Streichen des Schornsteins einteilte. Er ließ mich auf dem Treck von Amsterdam bis Südamerika noch andere Arbeiten über der Wasserlinie tun – doch beileibe nicht *nur* dort. Die Anerkennung der Maschinencrew fand ich erst, als ich mir nicht zu schade war, in die Bilgen zu kriechen, die vom Öldreck zu befreien waren – eine Wartungsarbeit, die noch jeder verflucht hatte, der sie je tun musste. Als ich verdreckt von Kopf bis Fuß wieder auftauchte, verrieten ihre Mienen: *Auch du, Bruderherz,* und fortan hatte ich sie für mich gewonnen. Von Anbeginn hatte Bernd Koster sehr wohl begriffen, was ich eigentlich mit der Reise bezweckte, und auch der Schiffsarzt, der eine künstlerische Ader hatte und gut zeichnen konnte, kam bald dahinter. An Deck half es meinem Ansehen, dass ich dem baumlangen, blondbärtigen Bootsmann nie verhehlte, wie ich einen Großteil meiner Freizeit nutzte. »Sieh einer an«, pflegte er zu sagen, während er durchs Bullauge in meine Kammer lugte, wo ich in die Schreibmaschine hämmerte, »Jack London dichtet wieder!« Dann pfiff er sich eins und trollte sich. Nach und nach kamen sie mir alle näher, die Männer unseres Frachters, ich erzählte von mir und meiner Arbeit und sie von sich und ihrer, und ich ließ es mir nicht nehmen, den Rudergängern auf der Brücke oder den Matrosen im Kabelgatt zuzusehen, damit ich gut darüber schreiben könnte. Und natürlich ging ich mit der Crew an Land, war ich dabei, als sie im Hof einer Hafenkneipe von Buenos Aires zum großen Asado-Essen ein Holzfeuer entfachten, in dem zum Schluss ein paar Männer aus Übermut ihre Schuhe verbrannten. Spätestens aber, als sie in Uruguay am Kai von Montevideo auf die Frauen warteten, denen sie in die Häuser mit den roten Laternen folgen wollten, war jeder wieder beschuht. Wo, zum Teufel, fragten sie mich, hatte ich diese Frau mit dem rotbraunen Haar entdeckt, die singen konnte wie eine Lerche und die gesamte Hafenliegezeit nur für mich da war? Das behielt ich für mich und sie staunten nicht schlecht, als Delia auch am Kai von Rio de Janeiro auf mich wartete. »Kannst du ein Glück haben, Mann!«, sagte Johnny Balaschek, unser Kühlmaschinist, den sie Eisbär nannten, und damit sprach er für alle. Wir waren bei Sonnenaufgang eingelaufen, die Stadt leuchtete im Morgenlicht, die Strände auch, und fernab leuchtete das Kreuz Jesu auf dem Zuckerhut. In der Freizeit zog es Delia und mich zu den Stränden von Copacabana und zur Insel Paquetá, und am Tag der Trennung war mir, als senke sich ein Schatten über Rio. Es war Liebe gewesen, und innerlich leer stieg ich an der Praça Mauá die Stufen hoch zur Hafenbar, wo ich Männer unseres Schiffes zu finden hoffte, und erst gegen Mitternacht machte ich mich mit Johnny Balaschek auf den Weg zurück an Bord. Und büßte ihn ein, als er das Mulattenmädchen sah, das am Kai stand, knabenhaft in Jeans, mit einer Seemannskappe auf dem Kopf, und rauchend. Jetzt stand auch unser Eisbär da und rauchte. Ich sah die beiden in die Nacht verschwinden und als Balaschek am Morgen lachend die Gangway hochstieg, barfuß und ohne Hemd, gab ich ihm seine Worte zurück: »Kannst du ein Glück haben, Mann!« Die Leinen wurden eingezogen, das Schiff löste sich vom Pier, machte Fahrt und bald schon war das Mulattenmädchen, das da rauchend am Pfosten lehnte, unserem Blick entschwunden. Wir sahen sie winken, und dann sahen wir sie nicht mehr ...

*Handel in Imbituba

Kalle hielt inne und lauschte. »Hörst du das auch?«, fragte er.

»Klingt nicht sonderlich«, sagte ich.

Doch er ließ sich nicht abschrecken. Wo Musik war, war auch was los. »Sehen wir's uns mal an«, drängte er.

Wir folgten den Klängen, vom Hafen her über den mit Palmen gesäumten Platz bis zu der Kneipe auf der anderen Seite. Das Klimpern brach ab, als wir eintraten. Zu Kalles Enttäuschung war die Kneipe leer, abgesehen von einem alten Mann. Der legte seine Gitarre beiseite und musterte uns. Er hatte ein pockennarbiges Gesicht mit lederner Haut. Die Narbe eines Messerstichs spaltete seinen dichten schwarzen Schnurrbart bis hinauf zum Backenknochen.

Als Kalle mit den Knöcheln auf den Tisch klopfte, tauchte aus dem Hintergrund eine Schwarze auf. Wir bestellten Rum und Coca-Cola. Die Frau zuckte die Achseln und verschwand. Bald kam sie mit zwei Gläsern und mehreren Flaschen Coca-Cola zurück. Der Rum sei ihr ausgegangen.

»Schöne Kneipe!«, sagte Kalle.

Draußen verblasste der Tag. Kein Windhauch milderte die Hitze. Die Luft war feucht. Die Palmen auf dem Platz ließen schlaff die Blätter hängen.

Der alte Mann zog seinen Stuhl noch näher zu uns heran. Er zeigte auf seine Kehle: »Whisky für mich?« Danach verfiel er ins Portugiesische, von dem nur ich ein paar Worte verstand. Nein, er wolle den Whisky nicht umsonst, er werde es gutmachen, wenn wir ihm vom Schiff eine Flasche besorgten. Er wies auf seine Umgebung und fluchte. Was für ein gottverlassenes Nest war doch Imbituba, wo man nicht einmal einen Schluck Whisky bekam. Wenn wir ihm Whisky verschafften, würde er uns Mädchen verschaffen – zwei Mädchen für die Nacht.

»Wovon redet er?«, wollte Kalle wissen. Seine Augen leuchteten auf, als ich es ihm sagte. Dies war seine erste Auslandsreise und er hoffte auf Abenteuer.

»Versuchen wir's mit ihm«, sagte er. »Eine Flasche Whisky wäre ein Spottpreis.«

Er gab dem alten Mann ein Zeichen, stand auf, verließ die Kneipe und war nach einer Viertelstunde mit einer Flasche Whisky zurück.

Er schwitzte, sein sommersprossiges Gesicht war gerötet. Er stellte die Flasche auf den Tisch. Der Alte kehrte seine Taschen nach außen als Beweis, dass er kein Geld hatte, zog dann ein Messer aus seinem Gürtel und hielt es Kalle hin. Der winkte ab. Geschickt schnellte der Alte das Messer so dicht an seinen buschigen Augenbrauen vorbei, dass ein paar Haare fielen. Wieder hielt er Kalle das Messer hin. Der schüttelte den Kopf und öffnete die Flasche. Der Alte schob das Messer in den Gürtel und griff nach dem Glas, das Kalle für ihn gefüllt hatte. Sein Adamsapfel bewegte sich, als er einen kräftigen Schluck nahm. Er leckte sich die Lippen, wischte seinen feuchten Schnurrbart ab, schnalzte mit der Zunge und drückte Kalle die Hand. Nach ein paar weiteren Schlucken holte er seinen Sombrero unter dem Tisch hervor, hängte sich die Gitarre über die Schulter und drängte zum Aufbruch. Er schaute nach, wie viel noch in der Flasche war, schraubte sie zu und steckte sie sich ins Hemd. Wir legten das Geld für die Cola auf den Tisch. Dann folgten wir ihm über den Platz zu einem Pfad entlang einer Zuckerfabrik. In der Luft hing der süßliche Geruch von Melasse. Dunkelheit war eingebrochen.

»Ich hätte das Messer genommen«, sagte ich zu Kalle, »weiß der Teufel, wo wir hier landen.«

Zwischen Dünen führte der Pfad zum Meer. Strand und Wellen schimmerten im Mondlicht. Weit vor uns flackerte die unruhige Flamme einer Petroleumlampe im Fenster eines Schuppens.

»Mal sehen, was dort läuft«, sagte Kalle.

Der Schuppen war verfallen und eng. Ein wackliger Tisch und zwei Stühle standen vor einer Theke, die den Raum teilte. Auf dem Regal hinter der Theke glitzerten Flaschen und Gläser im Licht einer Lampe. Der Alte holte die Whiskyflasche aus dem Hemd und stellte sie auf den Tisch. Dann nahm er die Gitarre und schlug einen lauten Akkord an. Sofort huschten geschmeidig und lautlos wie Katzen zwei braunhäutige Mädchen durch die Hintertür. Ihre dunklen Augen forschten aufmerksam. Ihre Arme und Beine stakten aus Baumwollkleider, die wie Säcke an ihnen hingen. Ihr Haar war lang und strähnig.

»Die Mädchen«, sagte der Alte zu Kalle gewandt.

Die eine wirkte um die zwölf, die andere eher jünger. Der Alte winkte sie heran. Sie schlüpften unter der Theke hindurch. Die ältere setzte sich auf Kalles Schoß und legte die Arme um seinen Hals. Die jüngere sah den Alten unschlüssig an.

»Sind beide gesund«, beteuerte der.

»Gieß dir den Rest von dem Whisky ein und lass sie laufen. Sie sind zu jung«, sagte ich zu Kalle.

Der Alte verteilte, was noch in der Flasche war, auf drei Gläser. »Frag deinen Freund, was er für das Mädchen zahlen will«, sagte er zu mir.

Ich redete mit Kalle und nannte dem Alten einen Betrag, der nur ein Bruchteil von Kalles Angebot war – so würde sich die Sache schnell erledigen, hoffte ich. Doch der Alte nickte. Er trank sein Glas leer, dann sagte er etwas zu den Mädchen. Die auf Kalles Schoß schmiegte sich an ihn und flüsterte etwas. Kalle schob eine Hand unter ihr Baumwollkleid, mit der anderen streichelte er ihre Brust.

»Mehr Whisky«, sagte der alte Mann zu mir. »Dafür kann er beide haben.«

Ich stierte in den Rauch meiner Zigarette, als ob ich rechnete. Wieder redete ich auf Kalle ein, aber der hörte kaum noch hin.

»Handel du das aus«, sagte er zu mir.

Das Mädchen saß jetzt rittlings mit hochgeschobenem Rock auf seinem Schoß.

»Keinen Whisky mehr. Es reicht«, sagte ich zu dem Alten.

Seine Hand, die das Glas hielt, zitterte. Plötzlich schmiss er das Glas zu Boden und zog fluchend das Mädchen von Kalles Schoß. Und jagte beide Mädchen durch die Hintertür. Ich nahm Kalle beim Arm, zwang ihn aufzustehen und schob ihn nach draußen. »Warum, verdammt noch mal, vermasselst du alles?«, rief er.

»Wie alt, denkst du, war dein Mädchen?«, fragte ich ihn.

»Wenn sie Brüste haben, sind sie auch alt genug«, sagte er.

»Eine Flasche Whisky für beide«, antwortete ich.

»Ich hab ihnen auch Geld geboten«, beteuerte er.

»Das wirst du ihnen auch geben, und zwar so, dass der alte Gauner es nicht mitkriegt.«

»Leck mich am Arsch!«, schrie Kalle.

»Und du wirst ab heute keinen mehr finden, der mit dir an Land geht.«

Das wirkte. Widerstrebend ging er zurück. Ich sah ihn hinter dem Schuppen verschwinden und jäh wieder auftauchen.

»Hast du ihnen das Geld gegeben?«

»Nein«, sagte er. Er zitterte. Sein Gesicht zuckte. »Das Messer«, sagte er, »der Alte zückte das Messer. Kann von Glück sagen, dass ich heil weg bin.«

»Ja«, sagte ich. Ich fühlte mich elend. Um ein Haar hätte ich ihn auf dem Gewissen gehabt. Ich packte ihn bei der Schulter. »Komm«, sagte ich, »gehen wir an Bord.«

*Nacht ohne Morgen

Ich hatte Vanja nichts gesagt. Trotzdem war sie an diesem Abend anders als sonst. Sie war nicht vergnügt wie gewöhnlich, sie lachte nicht, tanzte mechanisch wie eine aufgezogene Puppe und trank lange an dem Rum mit Coca-Cola, den ich bestellt hatte. Es war, als traure sie um jemanden, als halte sie einsame Totenwache inmitten der lärmenden Seeleute in der Hafenkneipe auf der Praça Mauá. Ich begann das Versprechen zu verfluchen, das ich meinem Kumpel, unserem Bootsmann Fred Barock gegeben hatte, der mit am Tisch saß und auf sein Mädchen wartete.

Hätte ich mir diesen Landgang bloß verkniffen!

»Was, ist los, Vanja?«, fragte ich sie schließlich.

Sie sah mich an, und ihre dunklen Augen glänzten. »Dein Schiff läuft morgen aus, nicht wahr?«, flüsterte sie.

»Wer sagt das?«

»Niemand – ich fühle es.«

Sie fuhr sich mit beiden Händen an den Hals – eine Geste, die mich traf. Ich hatte nie daran gedacht, dass sie mich lieben könnte, und ich war nicht verliebt in sie, ich war einfach freundlich zu ihr, so wie man zu einem Mädchen ist, das einem die Zeit vertreibt. Sie hatte mir viel von Rio de Janeiro gezeigt, wir waren in verschiedenen Tanzbars gewesen, einen Abend hatten wir draußen am Strand von Ipanema verbracht, wo ein sanfter Wind von den Bergen den Klang der schwarzen Trommeln zu uns herübertrug. Kaum länger waren wir geblieben, als wir brauchten, um die übliche Kerze abzubrennen, und als der Sand kalt wurde und der Strand sich leerte, hatte ich sie nach Hause gebracht. Ich weiß nicht, was mich zurückhielt, aber ich bin nie mit zu ihr hineingegangen. Ich wartete immer nur, bis sie im Haus verschwunden war. Gleich darauf wurde es hinter einem Fenster zu ebener Erde hell. Ich sah sie vor einem Kruzifix knien, bevor sie das Kattunkleid auszog und zu Bett ging. Als das Licht erloschen war, wanderte ich in der anbrechenden Dämmerung zum Schiff zurück.

»Unsinn«, sagte ich jetzt zu ihr, »komm, wir wollen tanzen.«

Sie stand auf, lief zum Bandleader und wechselte ein paar Worte mit ihm. Inzwischen beschwor mich Fred erneut, Vanja nichts von unserer bevorstehenden Abfahrt zu sagen. »Sie wird es Elizete erzählen, und was dann?«

»Du hast doch gehört, was sie gesagt hat«, antwortete ich. »Sie fühlt, dass etwas in der Luft liegt.«

»Mag sein, aber sie weiß es nicht«, beharrte Fred. »Und ich will's Elizete nicht sagen. Sie wird es noch früh genug merken, wenn wir fort sind.«

»Schon gut«, erwiderte ich, »von mir erfährt sie's nicht.«

Vanja kam durch die tanzende Menge auf mich zu und blieb am Rand der Tanzfläche stehen. Ich stand auf, ging ihr zwischen den Tischen entgegen und nahm sie bei der Hand. Wir tanzten zu der langsamen, einschmeichelnden Melodie von Felicidade, die damals in Rio viel zu hören war. Das Lied ließ mich an die Nächte am Strand denken, an laue Winde und weiße Wolken, die im Wind über die Bucht landeinwärts zu den Bergen drifteten. Es arbeitete immer mehr in mir, Vanja belügen zu müssen. Sie tanzte, als wäre sie mit sich allein, sang mit leiser Stimme vor sich hin, und auf ihrem Gesicht lag ein trauriger Ausdruck.

Als wir an unseren Tisch zurückkehrten, saß Elizete da. Sie trug eine weiße Bluse, die ihre dunkle Haut noch betonte. Ihre schlanke braune Hand lag leicht auf Freds Arm. Sie blickte kaum auf, als wir sie begrüßten.

»Wie geht's?«, fragte ich.

»Gut«, antwortete sie, ohne den Blick von Fred zu wenden. Eine Sekunde lang empfand ich so etwas wie Neid, weil ich für Vanja niemals hatte empfinden können, was die beiden füreinander empfanden.

Fred Barock und ich fahren seit Jahren auf demselben Schiff und verbringen an Land mehr Zeit miteinander als mit irgendwem sonst. Es ist, als hätten wir bereits zwei Vergangenheiten: die Zeit, bevor wir Freunde wurden, und die Zeit, die wir gemeinsam durchlebten. Wir sind beide noch ohne Frau. Wir wollen auch nicht heiraten, ehe wir nicht unsere Patente haben. Vor drei Wochen aber sah es so aus, als wäre Fred drauf und dran, alles umzustoßen. Er kam an Bord zurück und schwärmte von einer jungen Schwarzen, die er kennengelernt hatte – die sei etwas Besonderes, sei schön, von natürlicher Intelligenz, »obwohl ich bezweifle, dass sie überhaupt lesen und schreiben kann.« Sie mache sich Gedanken über das, was in der Welt vorgehe, behauptete er. »Ganz eigene Ideen hat sie und wenn sie nur halb so viele Möglichkeiten hätte wie die jungen Frauen bei uns, wäre sie ihnen ganz schön voraus.«

»Das ist ja ganz was Neues bei dir, Sozialstudien im Bett«, sagte ich so gleichgültig wie möglich. Freds Augen wurden schmal, es sah aus, als würde er aufbrausen.

»Es ist alles ganz anders«, versicherte er mir. »Du verstehst das nicht.«

»Mach halblang, Boss«, antworte ich, »alles okay.«

Obwohl ich ihn freundschaftlich Boss nannte, wie es die übrige Mannschaft immer tut, verließ er wortlos das Kabelgatt und machte seine Runde längs Deck. Nach dem, was ich hörte, gab er an diesem Tage seine Anordnungen zerstreut und unaufmerksam. Den größten Teil der Zeit verbrachte er achtern in seiner Kammer mit der Ausarbeitung eines Arbeitsplans für die nächste Woche, den er dem Zweiten Offizier übergab.

Zwei Tage später tat er etwas für ihn ganz Ungewöhnliches. Er vertraute seinen jungen vietnamesischen Hund dem Koch an, überließ mir die Aufsicht an Deck, nahm zwei Tage frei und verschwand. Als später der Zweite ins Kabelgatt kam und mich fragte, ob irgendetwas mit Fred nicht stimme – allen sei sein zerfahrenes Wesen aufgefallen –, versicherte ich ihm: »Ein paar Tage Landgang in Rio, und er wird wieder ganz der Alte sein.«

Fünfzig Stunden später aber hätte ich das nicht mehr sagen können. Fred kam an Bord zurück wie gerade aus einem Traum erwacht. Er sprach kaum und lief geistesabwesend umher. Sogar mir ging er aus dem Weg. Statt wie immer mittags ein Bier mit mir zu trinken, holte er sich sein Essen aus der Kombüse und setzte sich allein auf eine Kiste im Schatten der Aufbauten steuerbords. Da ich wusste, was in ihm vorging, hielt ich es für besser, ihn nicht zu stören.

»Was hat denn der Boss?«, fragten mich die Jungs.

»Nichts«, antwortete ich, »nur üble Laune. Geht vorüber.«

Am nächsten Tag blieb Fred schweigsam und in sich gekehrt, aber er stürzte sich in die Arbeit, überholte die Hangerblöcke an Luke eins, spleißte zwei neue Geien ein und malte die Lademarke nach – alles Dinge, die er als Bootsmann nicht zu tun brauchte. Es war, als versuchte er, sich durch Extraarbeit abzulenken.

Eines Abends in seiner Kammer rückte er endlich mit der Sprache raus.

»Wirst du dich um meinen Hund kümmern, wenn ich nach dieser Reise abmustere?«, fragte er.

»Was soll das heißen – abmustern?«

»Du hast richtig gehört«, bestätigte er. »Ich will nach Kuba. Wirst du dich nun um den Hund kümmern oder nicht?«

Ich starrte ihn an.

»Also?«, fragte er. Er streichelte den Hund, als müsste er sich jetzt gleich von ihm trennen. Das Haar war ihm in die Stirn gefallen und verdeckte seinen Ausdruck. »Ich will nach Kuba«, wiederholte er, »weil Elizete dorthin will.«

»Sie kann weder lesen noch schreiben, sie hat kein Geld, sie kann kein Spanisch, aber sie will nach Kuba«, entgegnete ich.

Er warf das Haar zurück und sah mich aufgebracht an. »Und warum nicht? Dort sind Schwarze gleichberechtigt, anders als hier in diesem gottverdammten Paradies.«

»Es ist ein langer Weg nach Kuba!«

»Sie wird sich die Reise verdienen«, versicherte er mir.

»Wie?«, fragte ich, »auf dem Rücken?«

Fred ließ von dem Hund ab, sprang auf und packte mich beim Kragen. »Sag das nicht noch mal!«

Seine Augen blitzten. Ich riss mich los. In dem folgenden Handgemenge drückte ich ihn auf seine Koje nieder, während der Hund wild kläffte. »Du verdammter Idiot«, fluchte ich, »du verstehst alles falsch.« Damit verließ ich ihn.

Unsere Auseinandersetzung war ohne Zeugen geblieben, auf einem Schiff aber bleiben Spannungen nie verborgen. Bald fragten die Jungs, was es denn zwischen Fred und mir gegeben hätte. Die Situation wurde unhaltbar, besonders, da meine Arbeit – ich bin verantwortlich für die Werkzeuge, die Farben, Pinsel, Schläuche, das Tauwerk, die Drähte und so weiter – ohne Zusammenarbeit mit dem Bootsmann beschwerlich sein kann. So überwand ich mich schließlich und ging zu Fred. »Vergessen wir das Ganze«, sagte ich. »Ich wollte nichts Abfälliges über Elizete sagen.«

Als hätte er nur darauf gewartet, streckte er mir die Hand entgegen, ich ergriff sie erleichtert.

»Verdammt«, sagte er, »wir sind zusammen um die Welt gesegelt, haben viel erlebt und ein paar Frauen umgelegt, ohne uns viel dabei zu denken. Möglich, dass ich dich missverstanden habe. Aber mit Elizete ist es anders. Tatsache!« Er hielt inne, ich merkte, dass er erst sehen wollte, wie ich reagierte, bevor er weitersprach. Offensichtlich hatte er unter unserem Streit so gelitten wie ich.

»Du«, fuhr er fort, »mich hat's ganz schön erwischt, und ich weiß nicht, wohin das alles führen soll.«

Er sagte mir, was seit unserem Streit zwischen ihm und Elizete vorgefallen war. Wie ich vermutet hatte, war er in seiner freien Zeit nur mit ihr zusammen gewesen. Sie wohnte nicht weit von der Praça Mauá auf dem Morro de Conceição in einer baufälligen Favela-Hütte. Nach dem, was er erzählte und was ich selber von Favelas gesehen hatte, konnte ich mir vorstellen, wie sie dort hauste: Eine alte Bettstelle, ein wackliger

Stuhl und ein Tisch auf dem Lehmboden, ein Waschständer, für den das Wasser in einem Kanister von einer Pumpe aus dem Tal heraufgeholt werden musste, eine Feuerstelle, eine trübe Petroleumfunzel. Der Staub, der vom Boden aufsteigt, dringt durch jede Ritze, und die Tageshitze bleibt bis tief in die Nacht im Raum wie die in einem Ofen. Nicht so leicht konnte ich mir vorstellen, wie Fred Zugang zu dieser Welt gefunden, und vor allem, wie er es fertiggebracht hatte, sich alldem anzupassen. Als er mir schließlich erzählte, dass Elizete ein Kind von einem Mann hatte, der sie sitzenließ, konnte ich einfach nicht glauben, was er mir gestand.

»Wenn ich an Land gehe, ist es, als ginge ich nach Hause, zu meiner eigenen Familie, zu Frau und Kind.«

»Ein schwarzes Kind?«

»Richtig, ein schwarzes Kind«, bestätigte er, »das klügste kleine Ding, das du je gesehen hast.«

»Na gut, und was weiter?«

»Wenn es ihr gelingt, mit dem Kind nach Kuba auszureisen«, erklärte er, »und wenn ich dann nach Kuba komme, heirate ich sie.«

Mir war, als steigerte er sich in etwas hinein, an das er selbst nicht glaubte. So hörte ich ohne größere Anteilnahme zu, als er seine Pläne entwickelte. Er sprach von der *Sierra Maestra*, dem Frachter, der auf der Warnow-Werft für Castro gebaut wurde. Er wolle versuchen, in die Mannschaft zu gelangen, die das Schiff nach Kuba überführte. Wahrscheinlich würden sie längere Zeit dortbleiben, um die kubanische Besatzung einzuweisen, dann werde er sein Geld in Pesos bekommen und könne Elizete helfen. Er hoffe sogar, nach einiger Zeit auf einem kubanischen Küstenfrachter übernommen zu werden – schließlich sei Kuba auch ein sozialistisches Land und sie bräuchten dort Seeleute.

»Das wäre doch keine Republikflucht, oder?«

»Nein, Republikflucht wäre es nicht«, sagte ich, »aber es würde nicht gut gehen, und du wirst es auch nicht tun.«

»Du meinst, Elizete wird nie nach Kuba kommen?«

»Ganz richtig«, sagte ich, »und du wirst sie auch nicht heiraten.«

»Nein? Wart's ab!«

Ich trat dicht an ihn heran und sah ihm ins Gesicht, bis er den Blick abwandte und über die Reling starrte, zu den Hütten auf dem fernen Hügel.

»Fred«, sagte ich eindringlich, »ich weiß zwar nicht, wie ihr euch verständigt, du und Elizete, aber verwende deine paar Brocken Portugiesisch nicht dazu, ihr noch länger Hoffnungen zu machen. Besseres kann ich dir nicht raten.«

Ich sah, wie seine Gesichtsmuskeln sich strafften. Er umfasste die Reling mit einem harten Griff, aber er blickte mich nicht an, und er erwiderte kein einziges Wort.

Die Zeit verstrich, unsere Abfahrt aus Rio rückte näher. Fred musste sich darüber klar geworden sein, welche Hindernisse seinen Plänen im Wege standen, denn er sprach immer beiläufiger von ihnen, und schließlich erwähnte er sie nicht mehr. Seinen wenigen Äußerungen entnahm ich, dass er in einem scheußlichen Dilemma steckte: Er begriff endlich, dass sein Kuba-Plan nicht durchführbar war. Elizete nach Deutschland mitzunehmen hieße, eine tropische Pflanze in eine Schneewüste zu stecken. Wenn er aber in Brasilien unser Schiff verließ, wäre das ein Vertrauensbruch, der am Ende sie beide vernichten musste. Er würde die DDR verlassen, nur um die Armut mit ihr zu teilen, ohne je imstande zu sein, ihre Lage zu verbessern. Sein Verstand lag im Streit mit seiner Leidenschaft, denn ich glaube, es war viel mehr Leidenschaft als Liebe, was er für Elizete empfand, sinnliche Leidenschaft – alles andere hatte darin seinen Ursprung.

Ich sah, wie er litt, als die Zeit ihn zu einem Entschluss zwang. Zwei Nächte hintereinander verließ er das Schiff nicht, sondern blieb allein in seiner Kammer und betrank sich mit einem Sortiment Schnaps, das jeden Schwächeren umgehauen hätte. Einen Schiffsjungen, der zufällig eintrat, jagte er mit Flüchen an Deck zurück und wenn ich den Jungen nicht beruhigt hätte, wäre er durchs ganze Schiff gelaufen, um zu verkünden, der Bootsmann sei durchgedreht.

Ich ging nicht zu Fred. Ich hoffte, er würde zu mir kommen, wenn er sich von seiner Sauferei erholt hatte, und mir erklären:»Es ist vorbei, ich gehe jetzt an Land und sage Elizete die Wahrheit.«

Aber nichts dergleichen geschah. Er ging an Land wie sonst, oder vielmehr, er flüchtete an Land und sprach kein Wort zu mir. Damals stieg in mir zum ersten Mal eine leise Verachtung auf, denn nun war ich überzeugt, dass er versuchen würde, Elizete und sich weiterhin in Hoffnungen zu wiegen. Er würde dem Kind Spielsachen mitbringen, Elizete Geschenke machen, mit ihr schlafen, von Heirat und einer gemeinsamen Zukunft in Kuba reden, obwohl er längst nicht mehr daran glaubte. Um offen zu sein: Ich hätte mehr von ihm gehalten, wenn er in ein Bordell gegangen wäre. Ich habe nichts für einen Mann übrig, der sich selbst und die Frau betrügt, die er zu lieben vorgibt. Allmählich verlor ich jeden Respekt vor ihm. Schließlich gab ich mir einen Ruck und forderte ihn heraus: »Wie steht es mit dir und Elizete?«

»Was kümmert dich das?«, erwiderte er mürrisch.

Ich wollte ihn nicht daran erinnern, wie weit er mich längst ins Vertrauen gezogen hatte, also zuckte ich nur die Achseln und schwieg. Fred trat ins Kabelgatt und inspizierte die Werkzeuge, als handelte es sich nur um eine Routineüberprüfung. Dann sagte er etwas von einer Manila-Leine, die in Montevideo gebrochen sei und neu gespleißt werden müsse.

»Du erledigst das besser, bevor wir auslaufen«, meinte er.

Es war eine unnötige Anweisung, denn ich kenne meine Aufgaben. Darum erwiderte ich scharf: »Vielleicht hast du auch noch ein oder zwei Dinge zu erledigen, bevor wir auslaufen!«

Er fuhr herum, als hätte ich ihn getreten. »Was willst du damit sagen?«, schrie er mich an.

»Muss ich es dir erklären?«

Er atmete tief, seine schmal gewordenen Augen fixierten mich. Ich hielt seinem Blick stand, bis seine Erregung nachließ.

»Nein«, antwortete er schließlich viel leiser, »du musst mir nichts erklären.« Über sein Gesicht perlte Schweiß, er wischte sich mit der Hand über die Stirn. »Du«, fuhr er fort, und es klang wie ein Seufzer, »ich werde ihr nichts sagen, ich kann es nicht.«

»Du meinst, du willst es nicht?«

»Nein«, sagte er. »Verdammt, ich kann es nicht!«

Sagte ich nicht, dass mich in der Bar auf der Praça Mauá am Abend vor unserer Abfahrt so etwas wie Neid überkam, weil ich für Vanja nicht empfinden konnte, was Fred und Elizete füreinander empfanden? Ich will es genauer ausdrücken: Ich wäre froh gewesen, wenn ich ein Mädchen gefunden hätte, das mich liebte und das ich aufrichtig lieben konnte, aber für nichts auf der Welt hätte ich in dieser Nacht mit Fred getauscht. Ich hatte Vanja gegenüber keine Verpflichtungen. Falls ihre Zuneigung zu mir tiefer war als meine zu ihr, so hatte ich sie nicht dazu ermuntert. Im Gegenteil, ich hatte ihr immer zu verstehen gegeben, dass sie lediglich mit meiner Freundschaft rechnen könne. Niemand wusste, ob ich je wieder nach Rio kommen würde, und wenn wir ausgelaufen waren, sollte sie mich vergessen.

Da sie noch sehr jung war und ihr Leben noch vor sich hatte, drängte ich sie immer wieder, nach Bahia zurückzukehren, woher sie stammte und wo ihre Eltern lebten. Sie besaß eine naive Heiterkeit, eine vertrauensvolle Ergebenheit, die ich nicht hatte missbrauchen wollen, die aber bald ein anderer missbrauchen würde. Es war auf die Dauer für sie unmöglich, Körper und Seele einzig mit der Handvoll Cruzeiros zusammenzuhalten, die sie dafür bekam, dass sie mit Seeleuten tanzte und sie zum Trinken animierte. Der Abstieg von diesem Leben zur ärmlichsten Prostitution in irgendeinem Haus, in dem eine Tür zu einer Reihe Zimmer führt, die jeweils ein Bett und einen Waschständer enthalten, vollzieht sich rasch. Ich hatte in Rio solche Häuser gesehen mit geschminkten Gesichtern in erleuchteten Fenstern. Der Gedanke, auch Vanjas Gesicht könnte eines Tages in einem dieser Fenster erscheinen, bedrückte mich.

»Wie viel Geld brauchst du für die Fahrt nach Hause, nach San Salvador?«, fragte ich sie mit meinen paar Brocken Portugiesisch und auf Englisch.

Sie sah mich überrascht an, dann schüttelte sie langsam den Kopf und gab mir zu verstehen, dass ihre Eltern sie nicht brauchen und nicht ernähren könnten und dass sie hoffe, in Rio bessere Arbeit zu finden als je in San Salvador. Eine wohlhabende Künstlerin in Copacabana wolle sie stundenweise als Hausmädchen beschäftigen.

»So eine freundliche Dame«, sagte Vanja, und ihre Augen glänzten, »sie malt schöne Bilder.«

»Das ist fein«, erwiderte ich erleichtert.

»Morgen, wenn dein Schiff abfährt, gehe ich zu ihr.«

Ich warf einen raschen Blick auf Elizete, die Fred so aufmerksam zuhörte, dass sie unser Gespräch nicht mitbekommen haben konnte. Die beiden waren wie von unsichtbaren Wänden umgeben und der Außenwelt entrückt.

»Wie kommst du nur darauf, dass unser Schiff morgen ausläuft?«, fragte ich Vanja. »Wer hat dir das gesagt?«

»Ich fühle es«, erwiderte sie und wieder nahm ihr Gesicht diesen nachdenklichen Ausdruck an.

»Du und deine Gefühle!«, sagte ich und verfluchte mehr denn je das Versprechen, das mich zum Schweigen zwang. Ich langte über den Tisch nach der Rumflasche. Dabei hörte ich, wie Elizete bittend sagte: »Fred, du kommst jetzt nach Hause, ja?«

»Heute nicht«, antwortete Fred, »heute geht's nicht. Wir verholen, und da muss ich früh an Bord sein.«

Verholen, dachte ich. Zum Teufel, warum sagst du ihr nicht die Wahrheit!

Fortan schien die Zeit im Schneckentempo zu kriechen. Ich tanzte noch zweimal mit Vanja, während Fred und Elizete sich weiter unterhielten. Kurz nach Mitternacht verließen wir die Bar. Die beiden Frauen folgten uns hinaus auf die Straße, die schlanke junge Mulattin und die schöne, reifere Schwarze. Fred zuliebe nahm ich mich zusammen und gab mir Mühe, ganz wie sonst zu sein. Ich werde nie erfahren, ob Vanja sich in das Unvermeidliche gefügt oder ob sie zum Schluss doch noch geglaubt hatte, unser Schiff würde noch eine Weile in Rio bleiben. Sie forderte nichts von mir und ließ sich ihre Gefühle kaum anmerken.

»Alles Gute, Vanja«, verabschiedete ich mich, »wir sehen uns noch.«

Sie blickte mich stumm an, zögerte einen Augenblick, als wartete sie, ob ich sie nicht doch nach Hause bringen würde. Als ich das nicht tat, lächelte sie schwach und nickte fast unmerklich. Sie berührte leicht meine Lippen, mein Gesicht, dann huschte sie in eine Seitenstraße und verschwand im Schatten der Häuser, der dunkler war als die sternklare Nacht.

All dies geschah so schnell, dass es mir erst zu Bewusstsein kam, als es bereits zu spät war, sie zurückzurufen. Ich wandte mich zu Fred um. Er stand mit dem Rücken zu mir, die Hände um Elizetes Hüften, das Gesicht dicht an ihrem. Ich konnte nicht hören, was er zu ihr sagte oder ob er überhaupt etwas sagte. Aber ich sah, wie sie ihren Mund zu seinem hob und ihn leidenschaftlich küsste. Seine breiten Schultern senkten und bogen sich nach vorn, plötzlich riss er sich von ihr los und rief mir zu, ich solle ein Taxi holen. Seine Stimme klang heiser und unnatürlich.

Ich ging über den Platz und ein Stück die Avenida Rodrigues Alves hinunter, bis ich unter den Palmen des *Touring Club do Brasil* ein Taxi fand. Nachdem ich dem Fahrer unser Ziel genannt hatte, fuhr ich mit ihm um das Denkmal auf der Praça Mauá herum und ließ ihn halten, als ich Fred und Elizete ein paar Schritte vor der Florida-Bar stehen sah. Tanzmusik erfüllte die Nacht. Ich musste laut auf zwei Fingern pfeifen, damit Fred mich bemerkte. Als er auf uns zukommen wollte, sah ich, wie Elizete seinen Arm ergriff und sich verzweifelt an ihn klammerte. »Fred«, rief sie, »Fred – bleib bei mir!«

»Ich kann nicht«, hörte ich ihn sagen, »ich komme morgen zu dir, verstehst du, morgen!«

Elizete schien die Lüge durchschaut zu haben. »Nein, Fred, nein!«, schrie sie und klammerte sich noch fester an ihn. Er musste sich mit Gewalt von ihr lösen. Es kostete ihn Überwindung, ihr körperlich weh zu tun, aber er konnte sich nur befreien, indem er sich mit einem Ruck losriss. Bevor er zwei Schritte getan hatte, hing sie von neuem an ihm, und wieder stieß er sie von sich weg. Dabei zerriss ihre Bluse und entblößte ihren Busen.

»Komm nach Hause, Fred, bitte!«, flehte sie.

In mir wallte etwas auf, das stärker als Verachtung war. »Cais do Porto!«, rief ich dem Taxifahrer zu, gewillt, Fred zurückzulassen. Aber noch bevor der Mann den Motor anlassen konnte, war es Fred gelungen, die hintere Wagentür aufzureißen und sich in den Sitz fallen zu lassen. Er fasste den Türgriff und versuchte die Tür zu schließen. Doch das schaffte er nicht. Elizete hatte sich dazwischengeworfen, ihr Oberkörper lag im Wagen, ihre Hände krallten sich am Boden fest, als wäre das Taxi ein Floß, das sie über trügerische Meere ans sichere Ufer tragen würde.

»Nimm uns mit, Fred, Fred – mein Baby – oh, Fred!«

Tränen strömten ihr über die Wangen, die Haare hingen ihr ins Gesicht, ihr Busen hob und senkte sich unter der zerrissenen Bluse.

»Sag ihr die Wahrheit, Mann!«, schrie ich Fred an.

Er blieb stumm, blickte verstört von mir zu Elizete.

»Herrgott, was für ein Waschlappen du bist!«, herrschte ich ihn an. »Raus, bring sie heim, und sag ihr endlich die Wahrheit!«

Wäre er nicht ausgestiegen, hätten wir sicherlich noch endlos lange an der Bordkante verbracht, der Fahrer mit stoischer Ruhe wartend und Elizete, mit den Knien im Rinnstein sich verzweifelt an den Wagen klammernd.

Ich fuhr allein zu unserem Schiff zurück. Durch das Rückfenster sah ich, wie Fred Elizete halb trug, half führte, die Straße hinunter, in der Vanja verschwunden war. Kurz vor Auslaufen kam er an Bord, zu mitgenommen, um zu bemerken, welche Aufregung sein Fernbleiben ausgelöst hatte, oder gar an die Disziplinarstrafe zu denken, die ihn erwartete.

»Hast du ihr die Wahrheit gesagt?«, fragte ich. »Hast du ihr gesagt, dass du sie niemals heiraten, sie niemals in Kuba wiedersehen wirst, dass es dort für euch keine gemeinsame Zukunft geben kann?«

Fred sah mich an. »Es war nicht nötig«, sagte er. »Sie wusste es die ganze Zeit.«

*Jenseits der Erfüllung

An jenem Morgen erlebte ich etwas Sonderbares: Ich betrachtete meinen kleinen Sohn, der in seinem Bettchen spielte, und fühlte mich ihm fremd, ganz so, als wäre er nicht unser einziges Kind, sondern ein Findling, den wir aufgenommen hatten. Ich machte eine vertraute Bewegung, hielt dem Kind meine Zeigefinger hin, sodass es sie greifen konnte, und lobte es, als es ihm gelang, sich aufzusetzen. Der kleine Paul lächelte mich an, und ich lächelte zurück, aber mich erfüllte keine Freude, kein Vaterstolz, keines der elterlichen Gefühle, die mich sonst bewegt hatten.

Der Schock darüber hielt den ganzen Tag an. Mechanisch erledigte ich meine üblichen Büroarbeiten, bis mir die Bestellungen von der MS *Frieden* zwischen die Finger kamen, die den Nachmittag zuvor bei unserer Schiffsversorgung eingegangen waren. Während ich die Liste durchging, die der Verwalter des Schiffes für uns aufgestellt hatte, musste ich an meine zwanzig Monate auf See denken, mein Leben an Bord des Frachters, der nun im Dock lag und dort eine Zeit lang bleiben würde. Eine Unruhe ergriff mich, deren ich nicht Herr zu werden vermochte. Ich suchte nach einem Vorwand, um mich auf den Weg dorthin zu machen. Da ich keinen fand, ließ ich den Gedanken fallen. Aber später, anstatt wie sonst nach der Arbeit mit dem Bus nach Hause zu fahren, schritt ich die Straße am Kai der Warnow entlang in Richtung auf die Neptun-Werft. Sehr bald konnte ich die Topplichter der MS *Frieden* ausmachen, die durch den trüben Februarnachmittag schimmerten. Plötzlich schien es mir, als würde ich die Gründe für die Entfremdung von meinem Kind so deutlich erkennen wie die Mastspitzen des Frachters.

»Jetzt, da wir unseren kleinen Paul haben«, hörte ich meine Frau sagen, »wirst du doch nicht wieder zur See fahren, versprich mir das!«

Ich dachte daran, wie bereitwillig ich Margot immer beruhigt hatte, denn nach Pauls Geburt hatte ich wirklich den Wunsch gehabt, an Land zu bleiben. Warum also strich ich jetzt im kalten Nieselregen den Kai entlang?

Als ich mit fünfunddreißig Jahren heiratete, war ich, was ich dem Anschein nach auch jetzt bin: Ein fest mit seiner Arbeit verbundener Schiffsmakler. Weder meine Frau noch ich hätten es für möglich gehalten, dass ich je Verwaltungsoffizier auf einem Frachter werden könnte. Als ich eines Tages, vor mehr als zwei Jahren war das, tatsächlich auf der MS *Frieden* vom Rostocker Hafen ablegte, betrachteten wir das beide lediglich als eine einmalige Gelegenheit, dass ich etwas von der Welt sah. Ich stand achtern an der Reling und sah, wie die Küste von Warnemünde hinter dem Kielwasser des Schiffes zurückwich, und ahnte noch nicht, dass mir die Seefahrt bald mehr bedeuten würde als Bremens Sehenswürdigkeiten, in einer Rotterdamer Hafenkneipe den Shanties der Matrosen zuzuhören, mehr als eine Busfahrt von Santos durch die brasilianischen Berge nach São Paulo oder ein Ausflug inmitten der bunten Menschenmenge zu Rio de Janeiros Copacabana. Das waren die Erlebnisse, von denen ich erzählte, als das Schiff vier Monate später wieder in Rostock anlegte und ich meiner Frau alle möglichen Mitbringsel schenkte. Meine eigentlichen Erlebnisse und Erfahrungen aber behielt ich für mich: Die beinahe sinnliche Bindung an das Schiff selbst, die Freude, es zu spüren und zu atmen, mein wachsendes Interesse an seiner Leistung, seiner Seetüchtigkeit, die Freundschaften, die ich als Mann unter Männern geschlossen hatte, das Gefühl der Befreiung von täglichen Pflichten und den Widrigkeiten des Daseins, das mich nicht so sehr in den Häfen als vielmehr draußen auf dem Meer überkam, wenn kein Land mehr in Sicht war, nur Himmel und Wasser und gelegentlich die Silhouette eines vorüberziehenden Schiffes. Es war ein Gefühl, das ich niemals zuvor oder danach gekannt habe, ein Gefühl der Freiheit, dem ich mich hingeben konnte, da es nicht durch eine verantwortungslose Flucht gewonnen worden war. Schließlich war ich kein bloßer Passagier an Bord der MS *Frieden*, sondern ein vollbeschäftigter Verwalter, der außerdem noch festzustellen hatte, welche unserer Vorräte lange Fahrten in tropischen Zonen gut überstanden und welche nicht. Es fiel mir nicht schwer, den Direktor der Schiffsversorgung davon zu überzeugen, dass es für unseren Betrieb von großem Nutzen wäre, wenn ich noch ein paar Reisen auf der MS *Frieden* mitmachen würde, aber meine Frau davon zu überzeugen, war viel schwieriger. Sosehr sie die erste Reise unterstützt hatte, sowenig wollte sie von weiteren Reisen wissen. Sie sprach von Scheidung, drohte mir, sie würde sich anderen Männern zuwenden, und bemühte sich gleichzeitig, mir alles so behaglich wie möglich zu machen. Es war, als versuchte sie verzweifelt, den Bann einer anderen Frau zu brechen.

»Die vier Monate waren endlos!«, klagte sie. »Mehr würde ich nicht ertragen. Ein paar bunte Ansichtskarten, ein paar Mitbringsel aus Südamerika – was bedeutet mir das schon? Ich bin noch jung, und ich habe keinen Seemann geheiratet.«

Je mehr ich sie zu besänftigen suchte, desto unnachgiebiger wurde sie. Sie warf mir Lieblosigkeit, Verantwortungslosigkeit und schließlich sogar Untreue vor. »Was für Frauen hast du in Rio gehabt?«, fragte sie. Sie tat, als wollte ich nur wegen Gelegenheiten, die das Seemannsleben freigiebig bieten sollte, zur See zurückkehren. Folglich hing eine Wolke über mir, als ich meine nächste Reise antrat. Der Ton von Margots Briefen, die mich in verschiedenen Häfen der Welt erreichten, ließ mich um unsere Ehe fürchten. Ich will nicht leugnen, dass es Augenblicke gab, da diese Furcht mich meinen Entschluss bereuen ließ. Doch es blieben Augenblicke, die bei einem herzhaften Männergespräch vergessen oder durch den Anblick eines Sonnenaufgangs auf hoher See vollständig ausgelöscht werden konnten.

Ich weiß nicht, und ich wollte es auch nicht wissen, wie Margot die Zeit meiner Abwesenheit verbrachte. Natürlich hatte sie ihre Beschäftigungen: Sie hielt unsere Wohnung in Ordnung und verkaufte Damenwäsche in einem Warenhaus. Außerdem lebten ihre Mutter und zwei verheiratete Brüder in Rostock, die sie gelegentlich besuchte. Auf jeden Fall schien sich ihre Haltung mir gegenüber völlig geändert zu haben, als ich von meiner dritten Reise zurückkehrte. Sie war sanft und liebevoll, machte mir keine Vorwürfe, drohte mir nicht. Meine Heimkehr wurde so etwas wie eine zweite Flitterwochenzeit. Trotzdem ließ mich der Gedanke nicht los, dass ihr Ratschläge gegeben worden waren und sie nach einem festen Plan handelte.

»Wenn ich dich nicht zu Hause festhalten kann«, flüsterte sie einmal und schmiegte sich an mich, »dann kann es vielleicht unser Kind.«

»Aber Margot«, sagte ich, »du sprichst, als ginge ich nur zur See, um von dir fortzukommen. Ich bin nicht … ich …«

»Schsch«, machte sie und legte ihre Hand auf meinen Mund, »du brauchst mir nichts zu erklären. Wenn wir erst ein Kind haben, wird alles anders sein.«

»Ja«, sagte ich, »ganz sicher!«

Während mir all dies durch den Kopf ging, machte ich, mehr unbewusst als absichtlich, kehrt und begab mich auf den Heimweg nach Reutershagen. Erst als ich in den Bus stieg, merkte ich, dass ich den Gedanken, mein altes Schiff aufzusuchen, verworfen hatte. Die Entfremdung von dem kleinen Paul war pure Einbildung. Wenn ich nach Hause käme, würde alles so sein wie in den letzten sechs Monaten. Ich würde zusehen, wie Paul gebadet wird, mich darüber freuen, was er alles anstellt, und wenn ich ihm die Flasche gebe, würde ich wieder alte Zuneigung spüren. Erleichtert eilte ich die Straße hinunter, in der wir wohnten, stieg rasch die drei Stockwerke zu unserer Wohnung empor, schloss die Tür auf und rief erwartungsvoll nach Margot. Aus der Küche kam eine undeutliche Antwort, mehr eine Klage als eine Begrüßung. Wasser lief über die Schwelle in den Flur, es war klar, dass Margot die Wanne umgerissen hatte, in der sie das Kind zu baden pflegte. Zu alldem begann nun auch noch der kleine Paul laut zu weinen.

»Sieh zu, ob du im Badezimmer eine trockene Windel findest«, rief Margot durch den Lärm.

»Die Wohnung schwimmt«, sagte ich ernüchtert, »wickle das Kind in ein Badetuch und wisch den Boden auf.«

»Was glaubst du, wie viel Hände ich habe?«, schrie sie.

Ich antwortete nicht, ging ins Badezimmer, wo eine Reihe feuchter Windeln auf verschiedenen Leinen hing. Es dauerte einige Zeit, bis ich eine trockene gefunden hatte und damit in den Flur zurückkehrte.

»Hast du endlich in der Küche aufgewischt?«, fragte ich.

»Gleich«, rief Margot, »bin dabei.«

Der kleine Paul hatte aufgehört zu weinen, er quengelte nur noch hin und wieder, wenn Margot zu geräuschvoll mit dem Schrubber oder dem Eimer hantierte. Schließlich öffnete sie die Küchentür und ließ mich eintreten. Sie sah mitgenommen aus, ihr Haar klebte an der Stirn, und ihre Augen blickten mich vorwurfsvoll an.

»Was hat dich bloß so lange aufgehalten?«, wollte sie wissen. »Du kannst dir nicht vorstellen, was hier alles los war.«

Es stellte sich heraus, dass sich Paul den Magen verdorben und dauernd geschrien hatte, beim Staubsaugen war die Sicherung durchgebrannt und ein loser Ziegel hatte das Ofenrohr blockiert, sodass im Wohnzimmer nicht geheizt werden konnte. Während sie mir all das erzählte, guckte Paul ängstlich aus dem Handtuch, in das er eingewickelt war. Zu meiner Bestürzung schien es mir wieder, als wäre er nicht mein Sohn. Ich betrachtete ihn schweigend.

Margot riss mir die Windel aus der Hand. »Geh und tu was!«, herrschte sie mich sie an.

»Was zum Bespiel?«, fragte ich so ruhig wie möglich.

»Wie wäre es mit der Sicherung? Und bring das Ofenrohr in Ordnung, wenn du das kannst. Oder ist das zu viel verlangt von einem Schiffsmakler?«

»Vielleicht könnte ich mich wieder als Verwaltungsoffizier bewerben, weißt du!«, sagte ich.

Margot fuhr sichtlich zusammen, drückte dann den kleinen Paul an sich, als hätte ich versucht, ihm wehzutun. »Nur zu«, rief sie, »aber glaub nicht, dass du mich noch vorfindest, wenn du zurückkommst!«

»Margot«, lenkte ich ein, »bitte!«

»Bitte«, echote sie, »tu, was du nicht lassen kannst.«

Die Sicherung war leichter repariert als das Ofenrohr. Nachdem das Licht wieder ging, ich die entsprechenden Werkzeuge herausgesucht und meinen Overall angezogen hatte, gelang es mir, den Ziegel zu befreien. Die ganze Zeit war ich mit meinen Gedanken mehr bei Margot und ihrer feindseligen Haltung als bei der Arbeit. Es war, als hätten ihre Haushaltssorgen eine Kluft zwischen uns aufgerissen, die durch die Existenz unseres Kindes eher noch tiefer geworden war. Hatte ich versagt, musste ich mich fragen.

Ich heizte, fegte sorgfältig den Fußboden rund um den Ofen und unter dem Ofenrohr, zog den Overall aus und wusch mir die Hände. Dann setzte ich mich in einen Sessel und wartete darauf, dass Margot mich zum Essen rief. Mein Blick wanderte über die Kuriositäten, die unser Wohnzimmer schmückten, die brasilianischen Rumbastöcke, die argentinische Gaucho-Puppe, das Segelschiff in der Flasche – und blieb auf dem farbenfreudigen kubanischen Wandschmuck haften, der mir, in Bambus gerahmt, gegenüberhing. Ich schaute ihn an, als könnte augenblicklich die braune Tonmaske, die in der Mitte befestigt war, zum Leben erwachen und zu mir sprechen.

Ich hatte den Wandschmuck in einer Kunsthandlung in Havanna gekauft, an dem Tag, an dem ich Margots Brief erhielt, in dem sie mir mitteilte, dass sie seit zwei Monaten schwanger sei. Damals sah es so aus, als sei dies das letzte Andenken, das ich im Ausland kaufen würde.

Der Tag war einer in einer langen Reihe sonniger Tage gewesen. Wir hatten fast vier Wochen im Hafen gelegen. Diese Zeit war reich an erregenden Erlebnissen, wie sie eine junge Revolution mit sich bringt. Ein Schiffsjunge legte mir Margots Brief auf den Tisch in meiner Kammer, wo ich gerade an einigen Aufstellungen arbeitete. Normalerweise hätte ich meine Arbeit zuerst beendet, aber aus einem Impuls heraus öffnete ich den Brief sofort. Als ich ihn gelesen hatte, schien sich ein Vorhang vor all das zu senken, was ich hier erlebt hatte. Ich verwandelte mich ganz und gar in den Mann zurück, der ich gewesen war, bevor ich Verwaltungsoffizier wurde. Da ich im Augenblick nicht das Bedürfnis hatte, mit jemandem zu sprechen, stand ich auf und schloss die Tür zu. Durch das offene Bullauge konnte ich eine Gruppe Schauerleute in der sengenden Sonne an der Mittelschiffsluke arbeiten sehen. Ich betrachtete die Männer mit einem Erstaunen, als erblickte ich kubanische Arbeiter durch das Fenster unserer Wohnung in Reutershagen. Ich zog den Vorhang vor das Bullauge, stellte den Ventilator an und las den Brief meiner Frau noch einmal. Meine Umgebung erschien mir jetzt fremd, jeder Gegenstand in der Kammer, außer Margots gerahmtem Foto auf dem Tisch, das ich betrachtete wie schon seit Wochen nicht mehr. Ich sah sie fast leibhaftig vor mir, sie schien in ihrem Rahmen lebendig zu werden und zu mir zu sagen: »Komm nach Hause, ich brauche dich!«

Vater zu werden, beglückte mich. Ich hoffte, Margot würde mir einen Sohn schenken, dem ich die Liebe zur Seefahrt überliefern könnte. Vielleicht würde er das Leben fortsetzen, das ich nun willens war aufzugeben. Während ich einen Antwortbrief an Margot schrieb, fühlte ich mich derart zu ihr hingezogen, dass es mir vorkam, als wäre ich bereits bei ihr. Ich hörte den Lärm auf Deck nicht mehr, nicht das Stakkato kubanischer Rufe, das Quietschen der Winden oder den dumpfen Aufprall der Zuckersäcke, die in den Laderaum verstaut wurden. Ich reagierte auch nicht, als es an die Tür klopfte und ein Matrose wütend fragte, wo denn der Verwalter stecke.

Nachdem ich den Brief zugeklebt und frankiert hatte, stand ich auf und betrachtete mich in dem Spiegel, der über dem Waschbecken hing. »Du wirst Vater«, sagte ich meinem Abbild. Meine Augen fieberten, mein bereits ergrauendes Haar war zerzaust, Schweißtropfen glänzten in den Stoppeln auf meinem Gesicht, und unter den Achseln und über der Brust wies mein Khakihemd dunkle Flecken auf. Ich sah immer noch wie ein Seemann aus, erst nachdem ich mich rasiert und gewaschen, ein sauberes weißes Hemd und ein paar dunkelblaue Zivilhosen angezogen hatte, ähnelte ich wieder dem Schiffsmakler, den Margot vor fünf Jahren geheiratet hatte.

Langsam, bedächtig räumte ich meine Kammer auf, legte etliche Päckchen Zigaretten auf den Tisch, stellte zwei Dutzend Flaschen kaltes Bier und Salzstangen dazu und bat den Ersten Koch, den Chefsteward und den Zweiten Offizier, mit mir zu feiern. Sie sagten gern zu, denn an Bord wird keine Gelegenheit für eine Feier ausgelassen. Später trafen noch ein paar andere ein, wie von einem Honigtopf angelockte Bienen. Eine Stunde vor dem Abendbrot war meine Kammer voll von Maschinisten und Matrosen. Die Schultern taten mir weh, so oft hatte man mir gratulierend auf den Rücken geklopft.

»Willi Behrens wird Vater ... höchste Zeit, er wird auch nicht jünger ... drei Hurras für ihn!«

Margots Foto ging von Hand zu Hand. Es war, als hätte sie plötzlich für alle eine besondere Bedeutung bekommen.

»Nicht mehr lange Verwalter«, rief ich. »Nach dieser Reise mustere ich ab und bleibe bei meiner Frau!«

Und es war mir Ernst damit, als ich das sagte.

Die Tonmaske in dem kubanischen Wandschmuck verharrte in ihrem stoischen Schweigen und offenbarte keine Erklärung für die plötzliche Sehnsucht, die einen vierzigjährigen Schiffsmakler seiner Frau und seinem Kind entfremdete. Obwohl ich immer in der Nähe der See gelebt hatte, war ich nur durch Zufall Seemann geworden. Ich fragte mich nun, ob es allein der Zauber des Meeres sei, der mich von hier fortzog, oder ich ein Opfer der Unrast, die in den meisten Männern wohnt.

Endlich ging die Tür auf. Margot trat ein mit Paul auf dem Arm. Zu meiner Überraschung hatte sie ihm warme Wollsachen angezogen und ihn in eine Decke gehüllt. Er trug Handschuhe und eine Mütze. Offensichtlich sollte er irgendwo hingebracht werden. Ich sah meine Frau an. Sie hatte Zeit gefunden, sich umzuziehen und zurechtzumachen, war schon im Mantel und hatte ein Kopftuch um.

»Sag Paul gute Nacht«, verlangte sie. »Ich bringe ihn zu meiner Mutter. Dein Essen steht auf dem Küchentisch.«

»Margot!«, rief ich. »Das geht nicht, das war nicht abgesprochen.«

»Du bist dreimal ohne Absprache weggefahren, hast mich länger als ein Jahr allein gelassen, und nach allem, was du angedeutet hast, bist du imstande, das wieder tun.«

»Unsinn, Margot«, protestierte ich und trat zu ihr, um ihr das Kind abzunehmen. »Lass mich Paul ins Bettchen bringen, wo er hingehört.«

Einen kleinen Augenblick schien sie zu zögern. Doch dann wich sie ein paar Schritte zurück und presste das Kind schützend an sich. »Nein!«, beharrte sie. »Ich habe mich entschieden, oder vielmehr, du hast mich zu der Entscheidung gedrängt – jedenfalls habe ich es satt, dir eine Last zu sein.«

»Habe ich das je behauptet? Mit keinem Wort!«

»Musstest du auch nicht«, sagte sie, bereits halb im Flur. »Eine Geste, ein unbedachtes Wort sprechen manchmal Bände. Ich bin zwar seit der Schwangerschaft kaum aus dem Haus gekommen, aber gänzlich verdummt bin ich nicht.«

Schrill hallte ihre Stimme im Korridor wider. Paulchen, der die ganze Zeit leise vor sich hingequengelt hatte, begann lauthals zu schreien.

»Leg den Jungen ins Bett, wo er hingehört«, forderte ich. »Leg ihn schlafen, damit wir in Ruhe reden können. Ich wollte sowieso mit dir sprechen.«

»Wirklich«, sagte sie. »Nun, ich komme bald zurück. Und während ich weg bin, gewöhnst du dich besser an den Gedanken, dass ich mich morgen nach einer Anstellung umsehen werde. Das Kind bleibt bei meiner Mutter, bis ich etwas gefunden habe.«

Da sie den kleinen Paul noch immer fest an sich drückte, hatte sie es schwer, die Wohnungstür aufzuschließen. Endlich gelang es ihr. Ehe sie die Tür hinter sich zuzog, drehte sie sich noch einmal um und blickte mich an.

»Du wirst Paulchen kaum vermissen«, sagte sie. »Heute früh und auch vorhin hast ihn angesehen, als wäre er ein Fremder von irgendwo. Aber das ist er nicht. Das bist der Fremde hier – ja, du!«

»Margot!«, rief ich, aber sie schnitt mir das Wort ab.

»Es gibt Männer und es gibt Seemänner«, schleuderte sie mir entgegen. »Vielleicht gehörst du zu der letzten Sorte, oder aber alle Männer sind so wie du.«

»Du verstehst nicht!«, rief ich.

Es dauerte, bis ich sie beruhigen, ihr versichern konnte, dass – nein, ich will nicht wiedergeben, was ich ihr sagte, denn schon da wusste ich, dass ich log. Und wusste auch, die Entfremdung von unserem Kind würde andauern, solange es ein Pfand in Margots Hand blieb.

*Punkt ohne Wiederkehr

Bis sie ihn an einem der Tische in ihrer Nähe entdeckte, war der Abend für Emmy Berger so leer gewesen wie all die anderen, an denen sie einem verlässlichen Mann zu begegnen hoffte. Vielleicht konnten sich nur diejenigen in einem Tanzcafé wohlfühlen, die sich anderswo geborgen wussten. Die anderen empfanden ihre Einsamkeit nur noch stärker.

Sie war erst von zu Hause fortgegangen, als ihre kleine Tochter bereits schlief, trotzdem plagte sie Unruhe. Sie warf sich vor, das Kind allein gelassen zu haben. Der Anblick von Harry Wels aber hielt sie fest. Sie verharrte angespannt und schaute erst wieder zu ihm hin, als unten im Saal die Band zu spielen begann. Er schien den Ober auf sich aufmerksam machen zu wollen, sein Blick glitt an ihr vorbei, ohne dass er sie bemerkt hätte. Sie kramte in ihrer Handtasche, um den jungen Mann, der jetzt auf sie zukam, von vornherein zu entmutigen, sie zum Tanz aufzufordern. Zu ihrer Erleichterung ging er weiter. Von unten erklang ein Foxtrott, ein Walzer, dann wieder ein Foxtrott, der in einem Crescendo endete. Ihre Hoffnung zerbrach. Purer Zufall, dass Harry hier ist, sagte sie sich, er hat mich nicht erkannt. Habe ich mich derart verändert?

Nach einer Pause, die ihr lang vorkam, fing die Band erneut zu spielen an. Sie saß sehr gerade in dem rötlichen Licht und versuchte durch Anspannung ihres Willens zu erreichen, dass er sie aufforderte. Er erhob sich langsam und ging zwischen den Tischen auf sie zu. »Gestatten Sie?«, sagte er, was sofort erkennen ließ, dass er sich an nichts erinnerte! Während sie mit ihm tanzte, wandte sie das Gesicht ab und hielt die Augen halb geschlossen. Für kurze Zeit gab sie sich der Illusion hin, dass irgendwo im Halbdunkel jenseits der Tanzfläche Harrys Freund Karl wartete. Ich brauche Harry nur zu bitten, dass er mich zu ihm bringt, und alles wird sich fügen – Karl wird endlich einsehen, dass wir zusammengehören, sei es auch nur des Kindes wegen, und er wird erkennen, dass es auch für uns beide gut ist … Was Harry Wels jetzt zu ihr sagte, drang kaum zu ihr durch – irgendwas über die Band und wie sie spielte, und dass er an einen Abend in Montevideo erinnert war. Erst als er sagte, er sei Seemann, blickte sie ihn an.

»Ich weiß, dass Sie Seemann sind«, antwortete sie.

»Erraten, was?«

»Nein. Sie haben es mir schon einmal erzählt.«
»Wann soll das gewesen sein?«
Sie konnte dieses Geplänkel nicht länger ertragen. »Wie geht es Karl?«, stieß sie hervor.
»Wem?«
»Karl Bittner, Ihrem Freund.«
»Sie kennen ihn?«
Ist das möglich?, dachte sie. »Sie hatten uns doch miteinander bekannt gemacht.«
»Das muss Jahre her sein.«
»Achtzehn Monate.«
»Seitdem habe ich vier lange Reisen gemacht. Die letzten beiden ohne Karl. Er fährt nicht mehr zur See.«
Sie blieb augenblicklich stehen, zwang sich dann aber weiterzutanzen. Sie hörte die Musik nur noch wie von fern.
»Fährt nicht mehr zur See? Wieso?«
»Er liegt irgendwo in einer Klinik. Unfall!«
»So gleicht sich alles aus!«, sagte sie.
»Wie Sie reden!«, meinte er. Nach dem Ende des dritten Tanzes verließen die Paare die Tanzfläche. Nur sie blieben.
»Ja, wie kann man nur so reden«, gab sie zu. Schnell trennte sie sich von ihm und lief zur Treppe. Dort aber besann sie sich und wartete auf ihn. »Vielleicht begreifen Sie mich besser, wenn ich Ihnen sage, dass ich ein Kind von Karl habe.«
»Und er weiß das?«
»Er weiß es«, sagte sie, »weiß es sehr gut.«
Harry Wels runzelte die Stirn, er war unschlüssig, ob er ihr Gespräch fortsetzen sollte – schließlich war er nicht hier, um über seinen Freund zu reden, sondern um Spaß zu haben.
»Wissen Sie, wo Karl in Behandlung ist?«
»Bei Stralsund, höre ich.«
»Stralsund – das dachte ich mir.«
»Er hat sich das kaum aussuchen können«, erwiderte er kurz.
»Weiß man's«, sagte sie.
Erst geraume Zeit später, nachdem er sich zögernd zu ihr an den Tisch gesetzt und sie weiter angehört hatte, verstand er, wie sie das meinte. Es hatte ihm an jenem lang zurückliegenden Abend in Rostock wenig ausgemacht, sie Karl zu überlassen – für ihn war sie schlicht eine Begegnung

mehr in jenen Tagen an Land, eine junge Frau im roten Kleid, das blonde Haar kunstvoll hochgesteckt, hübsch und gut gewachsen. Zwischen Montevideo, Rio und Rostock hatte es viele solcher Frauen gegeben, und mit drei Wochen an Land vor sich konnte er sich Zeit lassen. Es hatte ihm damals nichts ausgemacht, als sie ihn beim Tanzen mehr als nur beiläufig gefragt hatte, wer denn sein Freund sei. Wenn nicht ich, dann er, hatte er gedacht, und als sie eine Weile später wie zufällig an ihrem Tisch vorbeigekommen war, hatte er sie aufgefordert, sich zu ihnen zu setzen. Karl war zunächst zurückhaltend geblieben, während sie sich gleich um ihn bemüht hatte und als Karl schließlich auftaute, war er an die Bar gegangen. Vage erinnerte er sich, dass er in dieser Nacht nicht an Bord zurückgekehrt war, aber wo und wie er den folgenden Sonntag und die Nacht zum Montag verbracht hatte, wusste er nicht mehr – Landgänge in anderen Häfen vermischten sich in der Erinnerung.

»Wenn Sie an diesem Sonntag an Bord gewesen wären«, sagte sie, »wäre alles anders gekommen.«

»Hätte, wäre«, sagte er. Die Sache ging nur Karl an. Warum also versuchte sie, ihn da hineinzuziehen – schließlich hatte nicht er sie an diesem Sonntag an Bord kommen lassen, sondern dieser Trottel von einem wachhabenden Matrosen. Der hatte sie sogar zu Karls Kammer geführt, ohne vorher festzustellen, ob das in Ordnung war. Eine irre Situation! Da steht diese junge Frau im Gang, hört Stimmen hinter Karls Tür, und anstatt leise zu verschwinden, klopft sie laut wie eine betrogene Ehefrau. Schließlich geht die Tür auf, Karl erscheint, barfuß und nur mit einer Hose bekleidet. Durch den Türspalt sieht sie die andere Frau – nicht gerade ein Fest für alle Beteiligten.

»Ich stand da wie versteinert und brachte kein Wort heraus«, hörte Harry Wels sie sagen. »Und so impulsiv, wie ich an der Tür geklopft hatte, ohrfeigte ich Karl. Dann floh ich über Treppen und durch die Gänge an Deck und zur Gangway. Ich rannte, rannte ...« Und leise fügte sie hinzu: »Sehen Sie, ich liebte ihn von Anfang an. Und hätte auch dann mit ihm geschlafen, wenn ich gewusst hätte, dass er verheiratet war. Es war feige von ihm, mir das zu verschweigen, feige!«

»Offenbar wollten Sie es auch gar nicht wissen«, sagte er.

Sie betrachtete ihn. »Richtig«, gab sie zu, »ich wollte es nicht wissen, jedenfalls nicht gleich.«

Wortlos waren sie und Karl in jener Nacht bis hin zu der Hafenbar gelaufen, in der sie arbeitete und über der sie wohnte. Durch einen Seiteneingang hatte sie ihn die Stiege hinaufgeführt, die vor der Tür ihres Mansardenzimmers endet und – ihm den Schlüssel in die Hand gedrückt. Das ist ab jetzt auch dein Zuhause, hatte sie gedacht. Karl hatte ihr etwas sagen wollen, sie aber verschloss ihm den Mund. Drinnen blieb er mit dem Rücken gegen die Tür stehen, streifte seine Jacke ab, öffnete den Hemdkragen und schaute sich um. Was sie alles in dem hohen Spiegel ihres Toilettentisches wahrnahm und als ein gutes Omen deutete. Sie streifte die Ohrringe ab und legte sie auf den Toilettentisch. »Setz dich«, sagte sie ihm und an seinem Zögern erkannte sie, dass er ihr noch etwas erklären wollte. Nein, bitte nicht!, dachte sie und legte ihm den Finger auf die Lippen. Er zog sie an sich, ohne sie zu küssen. Der Schlüssel fiel zu Boden. Sie beachtete es nicht, allein durch ihre Hingabe würde sie sich ihm mitteilen. Sie sah ihn wieder, wie er im Tanzcafé auf sie zukam, hochgewachsen, sonnengebräunt, männlich und jungenhaft zugleich. Und sensibel. Er würde spüren, dass ihre Hingabe dem Wunsch entsprang, begehrt zu werden, würde erkennen, wie sehr sie um vieles betrogen worden war im Leben und wie sehr sie sich Geborgenheit wünschte. »Karl«, flüsterte sie, während sie in seinen Armen lag, den Mund dicht an seinem Ohr, »wenn ich ein Kind von dir bekäme, ich wäre glücklich.« Er schob ihr Haar beiseite, das über sein Gesicht fiel, und betrachtete sie auf eine Art, die den Zauber und alle ihre Illusionen zerstörte.

»Ich bin Seemann, Emmy«, sagte er, »da kann ich ein Kind nicht brauchen.«

Sie lag reglos da, atmete kaum. »Ich verstehe das«, sagte sie, aber in ihrem Innern ahnte sie, dass er nicht die volle Wahrheit sprach. Doch sie schwieg. Wenig später, schon angekleidet, warf er sein Jackett über die Schulter, er zögerte, ehe er zur Tür schritt, nahm ihr Kleid vom Boden auf und während er es sachte übers Bettende legte, sagte er: »Du – obwohl heute Sonntag ist, ich muss zurück an Bord.« Sie ahnte, dass auch das nicht stimmte, und je weiter der Tag vorrückte, desto mehr drängte es sie, die Wahrheit zu erfahren. Spät nachmittags brach sie zum Hafen auf, gab der Hafenwache eine falsche Auskunft und gelangte so zu dem Anlegeplatz, wo sein Schiff lag – von dem sie wenig später floh, als stünde es in Flammen.

In den Wochen, die der Frachter in Rostock lag, sah sie Karl nicht wieder. Doch sie konnte ihn nicht vergessen. Es war, als ob die Hoffnung trotz allem weiterlebte. Er war ein Seemann und es gab eine Frau, an die er gebunden war. Was also war ihr geblieben? Nichts, und doch sehnte sie sich nach ihm, bewahrte in sich das Bild, das sie sich beim ersten Anblick von ihm machte. In der Hafenbar, in der sie bediente, nahm sie jede Bemerkung über sein Schiff, jedes Wort über dessen Besatzung auf. Fiel sein Name, gelang es ihr stets, mehr über ihn zu erfahren. Sie rechnete sich aus, dass er nur zwei Jahre älter als sie war, gerade fünfundzwanzig, und sie erfuhr, er sei elternlos aufgewachsen so wie sie, und dass er seit frühester Jugend zur See fuhr. Er war Dritter Offizier. Einmal sagte jemand, seine seemännische Tüchtigkeit wöge seine Eigenwilligkeit nicht auf, und dass er längst Zweiter oder Erster Offizier hätte sein können, wäre er nicht damals in Hamburg versackt, sodass sie ohne ihn auslaufen mussten.

»Und was geschah weiter?«, hatte sie gefragt.

»Nicht allzu viel. Er tauchte wieder auf, hauptsächlich wegen dieser Krankenschwester in Stralsund, die wohl seine Frau war, und nahm hin, was auf ihn zukam – das war's! Seiner Karriere aber hat das alles sehr geschadet ...«

Sie hatte die Suppe, die sie gerade servieren wollte, mit zitternden Händen hingestellt und, sich entschuldigend, die Spritzer von der Tischplatte abgewischt. Ihr Gesicht brannte. In ihrer Verwirrung hatte sie nicht versucht, mehr über diese Krankenschwester zu erfahren.

»Wussten Sie«, fragte sie jetzt Harry Wels, »dass er mit einer Krankenschwester aus Stralsund verheiratet war?«

»Klar wusste ich das.«

»Das wird der Grund gewesen sein, dass er in diese Klinik bei Stralsund wollte.«

»Er wird sich nicht die Knochen gebrochen haben, um in der Nähe seiner Frau zu sein.«

»Sicher nicht.«

»Sicher nicht«, wiederholte er mit Nachdruck.

»Würden Sie für mich zu ihm gehen und ihm ein Foto von unserer kleinen Tochter geben?«, bat sie ihn plötzlich.

Tanzmusik klang zu ihnen herauf, er blickte zu dem Tisch hinüber, an dem er gesessen hatte, wo jetzt zwei junge Frauen saßen. Er wollte sich dorthin begeben, aber sie hinderte ihn daran.

»Hören Sie mir zu«, flehte sie ihn an, und während sie weitersprach, verwarf er den Gedanken, dass sie Karl erpressen wollte. Schließlich hatte sie in all der Zeit allein für das Kind gesorgt und keine Ansprüche an ihn gestellt. Soviel das Foto erkennen ließ, hatte sie das Bündel Leben, das Karl so ähnlich sah, wie ein Töchterchen dem Vater nur ähneln kann, gut aufgezogen – ein quicklebendiges, fröhliches Kind strampelte da auf dem Kissen.

»Wie heißt es?«, fragte er.

»Karola«, sagte sie, und fügte hastig hinzu: »Karola Berger.«

Sein Respekt vor ihr wuchs.

»Ich will nichts von ihm, ich will nur, dass er das Foto hat«, sagte sie, und begann von einer dritten Begegnung mit Karl zu erzählen. Harry Wels erinnerte sich an den Sommertag im August des vergangenen Jahres, als ihr Schiff von einer fünfmonatigen Fahrt nach Argentinien, Uruguay und Brasilien nach Rostock zurückgekehrt war. Die lange, ungepflasterte Straße von den Hafentoren bis zu den Kais des neuen Überseehafens war damals noch voller Schlaglöcher. Er konnte sich vorstellen, wie beschwerlich für sie der Weg gewesen war – hochschwanger und in *der* Hitze.

»Die Anstrengung machte mir nichts aus«, sagte sie. »Es war, als wäre ich gegen alles abgeschirmt. Ich sah den Rumpf des Schiffes vor mir, sah die Gangway steil überm Kai, bei weitem zu steil für mich. Also rief ich dem wachhabenden Matrosen zu, Karl zu holen. Ich wartete im Schatten eines Krans. Als er mich dort unten sah, lächelte er nicht einmal. Sein Mund wurde hart, ich wusste gleich, dass alles zwecklos war. Aber weil ich in ihm nicht länger den Mann meines Lebens sah, sondern nur den Vater meines Kindes, blieb ich innerlich ganz ruhig. Er stand da und sah mich an. ›Wirst du es deiner Frau sagen?‹, rief ich. Er verstand mich sofort. ›Sicher doch‹, gab er zurück. Schon wollte ich mich auf und davon machen, da hörte ich ihn rufen: ›Wohnst du noch da?‹ Ich nickte. ›Ich werde dich besuchen‹, versprach er.«

»Und ist er gekommen?«

»Ja«, sagte sie leise mit tonloser Stimme. »Am Abend vor dem Auslaufen. Er blieb nicht …« Sie hielt inne. »Nach dem Vorschlag, den er gemacht hatte, gab es nichts mehr zu sagen. Ich wies ihm die Tür und ließ ihn gehen.«

»Was für ein Vorschlag?«

»Er bot an, das Kind zu adoptieren – wie kann ein Seemann ein Kind adoptieren! Seine Frau sei dazu bereit, erklärte er mir, sie verstehe sich auf Säuglingspflege. Es verschlug mir die Sprache. Nun sollte mir auch noch mein Kind genommen werden, nichts sollte mir bleiben als die vier Wände eines Mansardenzimmers und die Erinnerung an das, was dort geschehen war. Ich setzte mich aufs Bett, wies ihm die Tür und – sah ihn nicht wieder.«

Unten machte die Band gerade Pause, die Musiker verließen das Podium. Die Stimmen um sie herum klangen lauter. Noch einmal betrachtete Harry Wels das Foto, das er Karl bringen sollte.

»Das lassen wir besser«, sagte er und gab es ihr zurück. »Blicken Sie nach vorn – Sie sind jung und attraktiv genug, einen anderen zu finden.«

»Attraktiv genug«, echote sie. »Nach nur achtzehn Monaten haben Sie mich nicht einmal erkannt.«

»Aber ich habe Sie zum Tanzen aufgefordert«, sagte er.

Wozu ich Sie gezwungen habe, hätte sie beinahe geantwortet. Doch sie schwieg. Sie schob das Foto hinter den kleinen Spiegel in ihrer Handtasche und drückte den Verschluss zu.

»Sie haben recht«, sagte sie und stand auf. »Was nützt es, zu wissen, dass er das Foto hat.«

Schnell verabschiedete sie sich von ihm und verließ das Café. Während sie draußen durch die dunklen Straßen eilte, hoffte sie inbrünstig, ihr Töchterchen möge wohlauf sein und noch friedlich schlafen.

Cadillac

Roberto Retamar, Freund vergangener Jahre, Verbandssekretär der kubanischen Schriftsteller, zeigt sich erfreut, unsere Wiederbegegnung in Havanna lässt sich gut an, er sagt: »Mein Vorschlag, compañero – wir erklären dich zum offiziellen Gast. Zwei Mittagessen wöchentlich, mit Fleisch natürlich, und freie Übernachtung quer durch Kuba.« Ein gutes Angebot, denke ich – unser Frachter liegt im Hafen fest, und ich habe Landgang bis zum Ende der amerikanischen Blockade. Als ich dankbar die gelbe Karte wegstecke, die er mir gegeben hat, eine Art Berechtigungsschein, kommen Retamar Bedenken: werde ich es auf mich allein gestellt schaffen, ohne Spanisch oder Landeskenntnisse? Für ein paar Tage hätte er einen Begleiter für mich, fällt ihm ein. »Heißt Homer Tax, ein verwegener Typ, fährt den Cadillac von ICAP, unserer Freundschaftsgesellschaft, und Englisch kann er auch.« Verwegen in der Tat, denke ich, als der Mann durch die Tür kommt – ein Milizionär mit Colt am Gürtel, klein von Wuchs, drahtig, eine Mischung von Afrika und Orient, die schrägen Augen blicken scharf, im schmalen braunen Gesicht mahlen die Backenknochen, er kaut Tabak. Einen Augenblick lang hört er zu kauen auf, begrüßt mich mit kräftigem Handschlag, dann ruft er: »Adelante – let's go!«, spuckt Tabaksaft durchs offene Fenster, schiebt den Colt auf die Hüfte und verschwindet durch die Tür. Auf der Treppe klappern die Stiefelabsätze. Ich folge ihm. Unten, in der Seitengasse, entdecke ich ihn vor dem Cadillac. Er fragt nichts, sagt nichts, kaut seinen Tabak. Als ich eingestiegen bin, schwingt er sich hinters Steuer. Nach rasanter Fahrt bremst er vor einer Hafenbar, drinnen knallt er die Autoschlüssel auf die Theke und fragt: »Can you drive?« Ich nicke. Er nickt auch – sechs Tage Fremdenführer reichten ihm, meint er. Gagarin quer durch Kuba zu begleiten sei kein Kinderspiel gewesen, ihm stünde Freizeit zu. »You can drive, then you drive!« Mir verschlägt es die Sprache. »Any problems?«
»None«, lüge ich, und das beruhigt ihn – für die nächsten zwei Tage sei das mein Cadillac. »But«, warnt er, »no scratches and no dints!« Er trinkt seinen Rum aus und verlässt das Lokal. Die Autoschlüssel in der Faust gehe ich zum Cadillac, öffne, steige ein, mache mich mit der Schaltung vertraut, lasse den Motor an, und während ich im Schritttempo durch die schmalen Straßen von Havanna manövriere, denke ich nur eins: *keine*

Kratzer, keine Beulen. Als zum dritten Mal von draußen eine Sirene und ein scharfes »Adelante!« laut wird, fahre ich rechts ran. Der Polizist auf dem Motorrad hält an, bockt die Maschine auf und nähert sich. Warum ich den Verkehr behindere, will er wissen. Ich zucke die Achseln, reiche ihm den gelben Berechtigungsschein. Nur drei Worte wird er mir entlocken: »Alemania Este« und »ICAP«, danach lasse ich den Cadillac einfach stehen – am Malecón beim Meer. Bis ein Entschluss in mir reift ...

Tief unten im Tal von Pinar del Río, auf das ich nach langer Fahrt und etlichen Umwegen hinunterblicke, entdecke ich zwischen Bananenhainen das Haus – blau das Dach, die Wände weiß, Farben wie am Schornstein des kubanischen Frachters, auf dem Rodrigo Lopez, mit dem ich mich im Hafen von Szczecin angefreundet hatte, als zweiter Offizier fährt.

Im Hof sind Menschen zu erkennen, Salsa-Klänge dringen zu mir hoch, und das lässt mich hoffen – hatte Rodrigo nicht um diese Zeit heiraten wollen, womöglich feierten sie noch. Wie lange feiert man Hochzeiten auf Kuba? Mühsam schaffe ich es, den Cadillac auf der steilen Serpentinenstraße zu wenden und im ersten Gang auf das Haus zuzusteuern, dessen Lage mir Rodrigo auf einen polnischen Bierdeckel skizziert hatte. »Legt ihr mal in Havanna an, komm vorbei – weit ist das nicht«, hatte er mir versichert. Nie hatte ich damals an eine solche Gelegenheit geglaubt, noch gar einen Ausflug im Cadillac für möglich gehalten. Ich erkenne Rodrigo eher als er mich. Er steht im Hof und starrt auf das Auto. Die Salsa-Klänge verstummen, und alle im Hof starren wie er. Als ich aussteige, schreit Rodrigo auf, ruft meinen Namen, breitet die Arme aus. Wir liegen uns in den Armen. Den Anblick des Cadillac verkraftet er auch weiterhin schwer, traut seinen Ohren nicht, als ich ihn aufkläre. »Mann, oh Mann!« Schließlich lacht er, dass es ihn schüttelt. »Kommst zu spät«, ruft er, die Hochzeit sei gestern gewesen. »Aber trotzdem, besser zu spät als gar nicht.« Er ruft nach seiner Frau: »Täubchen, schau her!« Die Braut von gestern kommt gelaufen, höchstens achtzehn Jahre ist sie alt, dunkelhaarig, dunkeläugig, bildschön – und üppig. Sie staunt arg: Ein Freund ihres Mannes aus Alemania Este in einem Cadillac. »Willkommen, willkommen!« Und schon rennt sie ins Haus zurück, bringt Cola, bringt Rum, bringt Früchte an den Tisch im Hof, und wundert sich weiter. »Amigo, dass du gekommen bist«, ruft Rodrigo immer wieder, »mit mehr als hundert Pferdestärken, aber ohne Braut.«

»Woher nehmen, wenn nicht stehlen?«, sage ich.

»Das regeln wir«, verspricht er, »wir regeln das. Iss, trink, verschnauf dich, und dann nichts wie rein in den Cadillac – wäre doch gelacht, wenn wir in keine Braut für dich fänden. Mit dem Auto!«

Geburt einer Legende

»Die Gewehrmündung im Mund, drückte er ab und blies sich den Schädel weg. So war das!«, sagte der Kubaner.
Wir saßen im Kreis an einem Holztisch in der La-Flota Bar am Hafen von Havanna. Es war Nacht und laut in der Bar. Um uns herum wurde getrunken, gesungen und getanzt. Der Kubaner war kaum zu verstehen in dem Lärm. Er war ein kleiner, drahtiger Mann, und er sprach, als sei er dabei gewesen, als der Schuss fiel. Damit auch ich ihn begriff, sprach er Englisch, wie auch die Frauen bei uns am Tisch – sie kannten die Sprache aus der Zeit der Amerikaner, der Zeit vor Fidel.
»Ach, wie willst du das wissen«, sagte Erminda. »Du wiederholst doch bloß, was die im Radio bringen.«
Sie war eine dralle Frau mit üppigem Busen und dunklen Augen. Aufgebracht wie sie war, wirkte sie jünger.
»Richtig. Genau das kam im Radio«, bestätigte der Mann.
»Miami, was? Florida!«
»War eine Sondermeldung.«
Erminda lachte auf. »Lügen«, rief sie. »Der bringt sich nicht um. So einer nicht. Der nicht!«
»Kluge Sprüche von einer wie du.«
Der Mann sah von der Frau zu mir. Ich tat, als hätte ich nichts Abfälliges gehört, rief nach dem Kellner und bestellte noch eine Runde. Der Kellner strich das Wechselgeld ein. Noch immer war die Musik so laut, dass ich mich vorbeugen musste, um mitzubekommen, was Erminda sagte. Ihr Zorn war verflogen. Ihr Ausdruck verklärte sich. »Der hat sich nicht erschossen«, sagte sie wieder. »Der war ein Mann durch und durch.«
»Hast wohl mit ihm geschlafen«, fiel ihr der Kubaner ins Wort.
»Merde, du Kretin!« Ermindas Zorn loderte wieder auf. »Der hat mich nicht angerührt, der brauchte mich nicht – der gab ohne zu nehmen.«
»Tatsächlich!« Der Kubaner schnaubte. »Ich glaub fast, du kanntest ihn gar nicht.«
»Das wagst du zu sagen!« Erminda kreischte. »Jeder weiß, dass ich zweimal auf Finca Vigia war – richtig drin in dem Haus. Er sprach mit mir wie ein Gott. Er war verständnisvoll wie sonst keiner.«
»Sie waren auf Finca Vigia?«, fragte ich.

»Das ist mir heilig«, sagte sie. »Davon erzähl ich nicht.« Sie blickte durch die offene Tür nach draußen, wo ein blonder Seemann an der Laterne lehnte, den Arm um die Hüften einer Schwarzen. »Nie hat er mich angerührt«, sagte sie. Dann schwieg sie. Nur ihre Lippen bewegten sich wie im Selbstgespräch.

»Vielleicht war es ein Unfall«, sagte plötzlich die Mulattin neben mir. Ich wandte mich zu ihr. Ein Lichtstrahl fing sich in dem Kreuz am Kettchen zwischen ihren Brüsten. »Oder der Wille Gottes.«

»Oder der Yankees!«, warf die dritte Frau dazwischen. »Vielleicht haben ihn die Yankees umgebracht, weil er für Fidel war.«

»Ach was«, rief Erminda durch den Lärm. »Den hat keiner umgebracht. Und er selbst auch nicht. Er verließ diese Welt im Augenblick der Wahrheit. Ja, das sage ich, im Augenblick der Wahrheit – wie die Helden seiner Bücher.« Ihre Hand zitterte, als sie ihr Glas hob. Sie setzte es wieder ab. »Es gab für ihn nichts mehr zu sagen. Er hatte alles gesagt.«

Sie schloss die Augen, stützte das Kinn in die Hände. Es war, als hätte sie uns abgetan. Niemand sprach. Ich stand auf und ging aus der Bar. In Gedanken beim Tod Ernest Hemingways machte ich mich auf den Weg zum Pier, wo der Frachter lag, auf dem ich arbeitete.

*Steckbrief eines Seemannes

Sehen Sie zu, dass aus der Geschichte mein Name rausbleibt, auch der von dem Dampfer, auf dem ich fahre. Sonst kommt mir noch unser Kapitän auf den Hut – im wahrsten Sinne des Wortes. Der kann sowieso nicht ausstehen, dass ich dauernd diesen Wildwest-Hut trage, Dabei ist das eine verdammt gute Kopfbedeckung. Von der trennt mich keiner. Hält bei der Arbeit die Sonne aus den Augen und das Haar sauber.

Seit ich den Hut besitze, bin ich, was wir *Tagelöhner* nennen, Arbeitszeit von acht bis fünf. Auf die Brücke lässt mich der Alte nicht mehr, und schon gar nicht ans Ruder. Mir soll's recht sein. Ich brauche nicht zur Wache und habe meinen geregelten Schlaf. Auf See. Im Hafen schlafe ich sowieso wenig. Was keinen etwas angeht, so lange ich morgens pünktlich zutörne und meine Arbeit mache. Und die mache ich! Wenn ich mich ins Zeug lege, pöne ich an einem Tag die ganze Steuerbordseite ohne Rotznasen oder Kleckse. Das weiß der Alte. Darum sagt er auch nichts wegen dem Hut. Schließlich ist unser Schiff kein Musikdampfer, sondern ein Frachter.

Schade eigentlich, dass der Name unter uns bleiben muss. Ich würde sagen, unser Schiff ist das beste der Reederei. Liegt mit an erster Stelle in der Auswertung. Gutes Bordkollektiv, abgesehen von ein paar tauben Nüssen, die immer dabei sind. Wenige Reparaturen, kaum Unfälle, seit der Jungfernfahrt erst einmal in der Werft gewesen. Interessiert Sie das überhaupt? Nun gut. Also, eine prima Truppe. Sogar der Politoffizier redet nicht bloß, der packt auch mal zu, wenn's nötig ist. Und das ist immerhin etwas. Wie der auf die Geschichte mit dem Fahrrad reagieren würde, kann ich allerdings nicht sagen. Ziemlich sauer wahrscheinlich. Und darauf wollen wir es nicht ankommen lassen. Oder?

Für Willi, so heißt der Mann, ist Kuba nämlich so eine Art rotes Mekka: Revolutionärer Elan, sozialistisches Bewusstsein, Kampfgeist, Opferbereitschaft – eine Liste, so lang wie mein Arm. Womit er sogar recht hat. Darum ist es besser, er erfährt nichts von dem Ding, das wir in Cárdenas gedreht haben.

Also, schreiben Sie auf, wie es war:

Brötchen und ich gehen an Land, gleich nach dem Abendbrot – Brötchen, das ist mein Kumpel. Wie er zu dem Namen gekommen ist, weiß ich nicht. Wodka oder Rotwein wären treffender gewesen, denn er trinkt wie ein Fisch. Was man ihm nicht ansieht. Seit er sich den Bart wachsen ließ, sieht er verwegen aus – wie ein Seeräuber mit grünlichen Augen und dunkelbraunem Kraushaar. Frauen ignorieren ihn nicht, das können Sie mir glauben.

Aber, damit Sie es gleich wissen, mit Frauen haben wir heute nichts im Sinn. Während der langen Hafenliegezeit in Havanna ist unsere Heuer zusammengeschrumpft, und wir können keine großen Sprünge machen. Doch an Bord hocken wollen wir auch nicht, obwohl Cárdenas nicht gerade ein idealer Hafen ist. Der Zuckerpier liegt weit ab, und man muss ein ganzes Ende marschieren, bevor es sich überhaupt lohnt, Halt zu machen.

Laufen Sie einmal an die fünfzig Minuten in kubanischer Hitze, und Sie werden begreifen, warum wir sehr bald unsere Pesos in Rum und Coca Cola umsetzten. Durst ist schlimmer als Heimweh.

An der Bar bietet uns so ein Händler seltsam grinsende Pappmachékatzen an, die er an Gummifäden vor unseren Nasen wippen lässt.

»Schöne Tierchen!«, flüstert er eindringlich auf Brötchen ein – als ahnte er, dass der sich öfter die blödsinnigsten Andenken kauft.

Brötchen verhandelt so gut er kann über den Preis, durchsucht seine Taschen nach Geld, stutzt und zieht grinsend das Futter nach außen.

»No dinero, amigo«, erklärt er.

Der Händler zuckt die Schultern und geht seiner Wege. »Cuba si«, ruft Brötchen ihm nach. Der Mann flucht.

»Nicht sehr patriotisch, der Kerl«, meint Brötchen. »Der Sozialismus wächst eben nicht auf den Bäumen. Geld regiert auch hier die Welt. Und wir sind blank. Jetzt hilft nur noch Mutterwitz.«

Was Brötchen darunter versteht, sieht ungefähr so aus: Er klopft fremden Männern freundschaftlich auf die Schulter, radebrecht ein paar Worte und demonstriert dann Kunststücke mit Streichhölzern (was schwierig ist mit kubanischen, die aus Wachs sind und sich leicht verbiegen). Ich habe ihn auch schon auf Tischen kopfstehen und auf den Händen quer durch Kneipen laufen sehen.

»Der Mensch muss sich zu helfen wissen, auch ohne Worte«, ist seine Losung. Was uns in Cárdenas beinahe hinter Gitter gebracht hätte. Aber davon später. Ich hoffe, ich langweile Sie nicht. Auf die Sache mit dem Fahrrad komme ich noch.

Gewöhnlich hat Brötchen zwei, drei Geduldsspiele zur Hand, solche runden Dinger mit Mäusen oder Bällen, die in Fallen oder Löcher bugsiert werden müssen. Damit schafft er sich jede Menge Kontakt – in Vietnam, in Indien, in Kuba ... überall. Sie glauben gar nicht, was für kindliche Naturen sich oft unter einer rauen Männerschale verbergen. Da ist zum Beispiel dieser bärtige Milizionär, der neben uns an der Bar Kaffee trinkt, jawohl Kaffee! Alkohol kommt für die Kubaner nicht in Frage, wenn sie Waffen tragen. Auch gut so, sonst würde es zu oft knallen, wo doch die halbe Bevölkerung bewaffnet ist. Brötchen zeigt dem Milizionär, wie er blitzschnell vier Mäuse in Fallen verschwinden lässt. Der Mann ist beeindruckt. Nachdenklich drückt er seine Zigarre aus, gibt mir seine Maschinenpistole zu halten, damit er sich ungehindert an dem Geduldsspiel versuchen kann. Ein bisschen fahrlässig, würden Sie sagen. Vielleicht. In Kuba sind die Soldaten nicht so dienstbeflissen wie bei uns, und doch mindestens so wachsam – wenn es darauf ankommt. Dieser Kubaner jedenfalls hat Vertrauen zu uns. Zehn Minuten lang müht er sich mit den Mäusen ab, dann hat er sie schließlich eingefangen. Und freut sich wie ein Kind. Natürlich will er das Spiel kaufen. Großzügig schenkt ihm Brötchen das Ding. »Mein Mutterwitz in Aktion«, meint er. Der Kubaner lässt sich nicht lumpen und spendiert Rum für uns beide. Und so trinken wir auch ohne Geld.

Ich könnte Ihnen jetzt eine Rechnung aufmachen. Das Geduldsspiel hat in Rostock eine Mark gekostet. Die beiden Rums kosten zwei Pesos – das sind acht Mark umgerechnet. Aber es geht ja nicht um das Geschäft. Für Gastfreundschaft lässt sich keine Gleichung ziehen. Wir hätten den Rum bezahlt, wenn wir die Pesos gehabt hätten. Und der Kubaner hätte uns auch ohne Geduldsspiel eingeladen. Ich wollte Ihnen nur klarmachen, wie Brötchen es schafft, über die Runden zu kommen. Ich bin ein Stümper, verglichen mit ihm. Auf dem Schiff macht mir keiner was vor. Fußballspielen kann ich auch, und boxen. Aber im Umgang mit Fremden bin ich schwerfällig. Da ist Brötchen ein As – manchmal sogar ein As zuviel, wie Sie noch erfahren werden.

Ein Seemann ohne Geld ist wie ein Fisch auf dem Trockenen – selbst in Kuba, wo es eine ganze Menge zu tun und zu sehen gibt, das nichts kostet. In Havanna gingen wir oft mit nur einem Peso in der Tasche an Land. Das reichte für ein Bier und ein paar Busfahrten. Immer erlebten wir etwas.

Man könnte glauben, der Sozialismus wird auf Kuba hauptsächlich mit Musik gemacht. Im Park beim Capitolio wird immer getanzt und gesungen, die Menschen ziehen durch die Straßen wie bei uns an Feiertagen, und man fragt sich beim Anblick der neuen Wohnhäuser, der Schulen und Fabriken, wie die Kubaner das schaffen – und wann. Denn tagsüber ist auch nicht viel weniger Trubel als nachts.

Aber das ist in Havanna, und wir sind in Cárdenas, einer kleinen, ziemlich unbedeutenden Hafenstadt, in der es erst lebendig wird, wenn die Fischer, Hafenarbeiter und Seeleute dort eine Pachanga feiern – ein Volksfest mit Masken, Gesang und Tanz. Das geschieht nicht selten und dauert Tage. Wir erlebten so eine Pachanga in Guanabacoa, nicht weit von Havanna. Südamerikanischer Karneval wird Ihnen ein Begriff sein. Jetzt noch die neue Lebensfreude dazu, und Sie nähern sich der Vorstellung: Man kommt sich vor, als wäre man plötzlich auf eine Schaubühne versetzt, die sich schneller und schneller dreht, bis die Farben ineinanderfließen wie Regenbogenfarben. Braune, schwarze, weiße Gesichter lachen dich an. Hände greifen nach dir, Augen leuchten, Hüften schwingen, Beine wirbeln im Tanz. Zum Ausklang, wenn sich die Bühne wieder langsamer dreht und endlich ruht, singen alle im Chor die Hymne des 26. Juli, lassen die Revolution hochleben und Fidel Castro. Das ist eine Pachanga in Kuba.

Doch die nächste Pachanga in Cárdenas steigt erst am Wochenende, und heute ist Donnerstag, ein gewöhnlicher Donnerstagabend, an dem nichts geboten wird. In der kleinen Kneipe ist es gemütlich, aber nicht sonderlich lustig. Der Milizionär, der uns den Rum spendiert hat, ist gegangen, und wir wollen niemanden mehr animieren, uns freizuhalten. Wir sind schließlich keine Schnorrer, sondern Seeleute.

Also, Brötchen und ich überlegen uns, was wir ohne Geld noch anstellen können. Ich schlage vor, schwimmen zu gehen. Die Nacht ist warm, der Strand nicht weit.

»Kennst wohl ein paar Seejungfern dort unten?«, fragt Brötchen.

Ich kann mich irren, aber ich habe den Eindruck, dass man in Cárdenas nachts am Strand eher eine Seejungfer entdeckt als eine leibhaftige Kubanerin. Kein junges Mädchen wird sich im Dunkeln am Strand aufhalten, und wenn – dann nur in Begleitung ihrer Eltern. Auch anderswo sind die Sitten ziemlich streng. Ich habe mir beim Tanzen in Havanna (jetzt rede ich nicht von Hafenkneipen, wo die leichten Mädchen zu finden sind) mehr Körbe eingehandelt als irgendwo sonst. Die schönsten Mädchen sitzen immer unter den Fittichen ihrer Mütter und tanzen entweder überhaupt nicht oder nur mit ihren Verlobten. Es war eine Plage, kann ich Ihnen versichern. Uns ging es wie dem Mann in der Sage, der durstend am Rand einer Quelle sitzt und nicht trinken darf. Und glauben Sie nur nicht, dass die jungen Milizionärinnen, die so heißblütig wirken, zugänglicher sind als die wohlbehüteten Nesthäkchen. Jede hat einen Mann – und die Betonung liegt auf *einen*. Das nur nebenbei. Ich habe Ihnen ja schon gesagt, dass wir mit Frauen nichts vorhatten. Brötchens Bemerkung über die Seejungfern ist auch im übertragenen Sinne nicht wörtlich zu nehmen.

Am Strand ist keine Menschenseele. Der Mond scheint, die Palmen rauschen, die Wellen schlagen auf den weißen Sand. Idyllisch, wie man so sagt. Wir streifen Hemd und Hose ab und tollen im Wasser umher. Als wir wieder an Land waten, entdeckt Brötchen hinter einem Schuppen ein Fischerboot, komplett mit Rudern. Wir schleifen das Boot über den Sand ins Wasser – eine Schinderei, die sich erst lohnt, als wir eine Meile weit draußen sanft durch die Dünung schaukeln. Von hier sieht die Küste traumhaft schön aus: Palmen am schimmernden Strand unter sternklarem Himmel – ein Bild wie in einem Reiseprospekt.

»Touristen zahlen ein Sümmchen für solche Späße«, meint Brötchen. »Aber wir kriegen das alles für nass.«

»Hoffen wir, der Besitzer des Bootes erwischt uns nicht, sonst kann's passieren, er drückt kurz ab, und wir haben plötzlich Löcher in den Hemden, wo vorher keine waren.«

Aber alles bleibt ruhig. Unbemerkt schaffen wir das Boot wieder an Ort und Stelle, schwimmen noch eine Weile, um abzukühlen. Dann kleiden wir uns an und schlendern in die Stadt zurück.

In Rostock lässt sich die Stunde um Mitternacht leicht bestimmen: Die Kneipen schließen, Verkehrsmittel fahren seltener, das Licht der Straßenlaternen schimmert auf dunklen Fenstern, Stimmen und Schritte der Passanten hallen in den Straßen wieder. Ich wette, wenn ich Sie plötzlich um ein Uhr morgens nach Cárdenas versetzte, Sie würden behaupten, es sei acht Uhr abends. Lärm hallt aus den Kneipen, in den Hauseingängen hocken Zigarren rauchende Männer in Schaukelstühlen, durch die offenen Fenster dringen Frauenstimmen, und von irgendwo tönen immer die Klänge eines Radios: Flöten- und Trommelspiel kubanischer Musik.

Weder Brötchen noch ich haben eine Uhr mit. Was nicht heißen soll, dass wir nicht irgendwann einmal Uhren besessen hätten. Um ehrlich zu sein, wahrscheinlich ein halb dutzend Mal, seit wir zur See fahren. Es würde sich lohnen, das Schicksal unserer Uhren in verschiedenen Häfen der Welt aufzuschreiben – aber davon ein andermal.

Als wir an unserer Kneipe vorbeiziehen, kommt Brötchen die Idee, kurz nachzufragen, wie spät es ist. Er verschwindet nach drinnen und lässt mich auf der Straße warten. Geraume Zeit vergeht, ohne dass er wiederkommt, und ich denke, ich schau einmal nach, was aus ihm geworden ist. Ich traue meinen Augen nicht, als ich ihn an der Bar mit dem Pappmachékatzenhändler Rum trinken sehe.

»Doch ein Sozialist, unser Freund«, meint Brötchen, »hat Verständnis für einen verdursteten Proleten.«

Er schiebt mir den Rest seines Rums zu. Schweigend leere ich das Glas auf einen Zug – und weiß bis heute nicht, wie Brötchen zu dem Schnaps gekommen ist.

»Hast du rausgekriegt, wie spät es ist?«, frage ich.

»Dem Glücklichen schlägt keine Stunde«, sagt Brötchen, nimmt dem Händler eine Katze weg und lässt sie auf und nieder wippen. Ich sage ihm, er soll das lassen und an Bord kommen.

Sie können es glauben oder nicht, aber als Brötchen dem Händler die Katze wiedergeben will, hebt der nur abweisend die Hand und besteht darauf, dass Brötchen das Tier behält. Jetzt frage ich Sie: Hat mein Kumpel Schlag bei den Leuten oder nicht?

Rum verdünnt mit Coca Cola ist ein erfrischendes Getränk, Rum pur ist ein Gesöff des Teufels. Und was der Händler Brötchen spendierte, war ein Wasserglas voll bestem kubanischem Rum. Geteilt durch zwei hat die Menge immerhin noch beträchtliche Wirkung auf uns beide. Sonst wäre die Sache mit dem Fahrrad wahrscheinlich nicht passiert.

Es ist sicherlich schon zwei Uhr morgens vorbei, als wir die Kneipe verlassen und unsicheren Schrittes dem Hafen zustreben. Die Stadt ist jetzt ruhiger, die Lichter in den Fenstern sind erloschen. An Drähten über der Hauptstraße gaukeln lebensgroße Pachangamasken im Wind und werfen unruhige Schatten über das Pflaster und die Fassaden der Häuser.

Als Junge bin ich oft im Theater gewesen, um meinen Vater abzuholen, der Bühnenarbeiter in Rostock ist. Die fremdartige Atmosphäre vergesse ich nie – der dunkle Saal, die tote Bühne, die hohlen Kulissen, das geisterhafte Echo meiner Stimme und Schritte. Jetzt ist mir wie damals: Ich bewege mich in einer Geisterwelt, höre mich sprechen, verfolge mein eigenes Schattenspiel, erkenne Einzelheiten: ein spanisches Gitter, der Kopf eines schlafenden Schwarzen, ein Hund in einem Torbogen, die tiefrote Maske an einer Laterne. Ein seltsames Rascheln dringt an mein Ohr, und, niederblickend, sehe ich grüngelbe Krebse die dunkle Gosse entlangkrauchen.

Dann merke ich, wie Brötchen sich von mir trennt, die Straße überquert und auf ein Fahrrad zugeht, das an einer Mauer lehnt. Ich sehe, wie er seine Pappmachékatze an der Lenkstange befestigt, die Lenkstange packt und sich in den Sattel schwingt. Er winkt mir zu. Wie im Traum folge ich ihm und hocke mich auf den Gepäckträger. Brötchen will auf das Pedal treten, da hebt sich eine Gestalt aus dem Dunkel und versperrt uns den Weg. Aufspringend erkenne ich das bärtige Gesicht sofort. Und doch schweige ich. Brötchen lacht. »Amigo«, ruft er. »Bicicleta para mi?« »Por qué?«, fragt der Milizionär und hebt die Maschinenpistole. Sein Ausdruck ist hart.

Da spricht Brötchen die magischen Worte, die uns in Kuba immer wieder Tür und Tor öffnen: »Soy un marino de Alemania Oriental.«

Sie könnten annehmen, dass sich wieder einmal alles zum Guten wendet. Schließlich ist bis zu diesem Punkt meine Geschichte eine einzige Aufzählung von Glücksfällen. Wir haben kostenlos gezecht, sind unbehelligt in einem Fischerboot gerudert, haben eine Pappmachékatze geerbt und uns zum Schluss noch einen Rausch angetrunken. Dann verschaffen wir uns auch noch ein Fahrrad, damit wir bequemer und schneller unser Schiff erreichen.

Warten Sie ab. Es kommt anders. Sonst hätte ich Ihnen ja gleich meinen Namen nennen können. Gegen harmlose Streiche hat unser Kapitän nichts. Der ist ein alter Fahrensmann, den wenig erschüttert. Nur wenn seine Leute mit der Polizei ins Gehege kommen, wird er rabiat. Da findet er treffende Worte über das Ansehen unserer Republik im Ausland und droht mit Landverbot.

Also, dieser Milizionär (Sie werden schon erraten haben, dass es derselbe ist, der Brötchens Geduldsspiel in der Tasche hat) macht uns verständlich, dass wir das Fahrrad haben können und es am Hafentor stehenlassen sollen. Das tun wir auch. Bloß am falschen. Und das ist verschlossen. Wir lehnen das Fahrrad dagegen, klettern auf den Rahmen und sind in zwei Sätzen im Hafengelände. Schon erkennen wir im ersten grauen Licht des Morgens, nicht mehr als zweihundert Meter weg, die Mastspitzen unseres Frachters. Doch im nächsten Augenblick sehen wir nur noch zwei Flecken Gras, so groß wie unsere Gesichter. Eine Kugel ist über unsere Köpfe hinweggezischt, wir haben uns fallen lassen und harren der Dinge, die da kommen sollen. Wachsamkeit, mein Freund! In Kuba klettert niemand ohne Risiko über Zäune von Staatseigentum. Es radelt auch niemand auf fremden Fahrrädern durch die Botanik, ohne irgendwann einmal dafür Rede und Antwort stehen zu müssen.

Unsanft werden wir hochgezerrt. Bevor wir uns versehen, liegen unsere Handgelenke in Handschellen, und kein »Marino de Alemania Oriental« befreit uns aus den Fängen zweier junger Milizionäre, die uns zum Polizeirevier am anderen Ende des Hafengeländes begleiten. Begleiten ist ein blasses Wort. Ich glaube noch heute die Mündung der Maschinenpistole zwischen den Schulterblättern zu spüren.

Sie fragen, wie es kommt, dass unser Kapitän von all dem nichts erfahren hat. Sie werden es gleich wissen. Nie bin ich so klar im Kopf gewesen wie während der nächsten halben Stunde im Polizeirevier von Cárdenas. Brötchen hat es die Sprache verschlagen (selbst mit Bart wirkt er nur halb so verwegen wie sonst), und ich raffe die wenigen Worte Spanisch zusammen, die ich gelernt habe. Die meisten nützen mir hier wenig. Mit »wollen wir tanzen« oder »wann treffen wir uns wieder« und ähnlichem ist hier nichts anzufangen. Ich spreche von Solidarität und Frieden und merke, wie der Argwohn in den Augen der Milizionäre zu schwinden beginnt. Schließlich zeige ich den Männern mein Seefahrtsbuch mit dem Emblem der DDR und murmele etwas von Völkerfreundschaft. Die Männer nicken. Das ermutigt mich, darauf zu bestehen, dass ein Milizionär uns das Fahrrad geborgt hat. Ich deute, so gut mir meine Fesseln das erlauben, in die Richtung der Stadt.

»Un Compañero, un hombre milicia«, wiederhole ich immer wieder. »Bicicleta para nuestros, hombre milicia junto a banco« Damit will ich andeuten, wo der Milizionär auf uns gestoßen ist – nämlich vor der Notenbank in Cárdenas.

Kein Wort will man mir glauben.

»Amigo mio, bicicleta«, versucht es Brötchen zögernd. Nach zwanzig Minuten aufgeregtem Hin und Her – man hatte schon beschlossen, uns bis zum Auslaufen einzusperren, wogegen wir heftig protestierten – entschließt man sich endlich, mit dem Jeep in die Stadt zu fahren und einen von uns dem Milizionär gegenüberzustellen.

Brötchen meldet sich freiwillig.

Man gibt uns zu verstehen, dass wir in die Zelle wandern, sollten wir gelogen haben, und so hocke ich eine halbe Stunde lang verdrossen auf den Stufen des Polizeireviers und bete, dass unser Milizionär noch immer vor der Bank Wache schiebt. Die ekelhaften Krebse kriechen mir vor den Füßen herum, und ich trete eins der Viecher, dass es gegen einen Stein prallt. Ich fluche. Meine Handgelenke sind noch immer gefesselt, und ein Kubaner schiebt mir eine Zigarette zwischen die Lippen wie einem zum Tode Verurteilten, dem man den letzten Wunsch erfüllt. Vielleicht dramatisiere ich die Lage etwas, aber so fühlte ich mich damals.

Und dann höre ich durch die Stille das sich nähernde Motorengeräusch des Jeeps. Sekunden später bremst das Fahrzeug hart auf dem Kies vor dem Revier. Brötchen winkt mir zu, er grinst. Seine Hände sind frei.

Zehn Minuten später klettern wir das Fallreep unseres Frachters hoch und tragen unsere Namen ins Buch ein. Brötchen meint, wenn er dem Milizionär das Geduldsspiel nicht geschenkt hätte, säßen wir noch heute hinter Gittern in Cárdenas. Das ist natürlich übertrieben. Aber ein, zwei Tage Knast hätten uns wohl geblüht – trotz Alemania Oriental.

Darum, wie gesagt, bleibt mein Name in dieser Geschichte unerwähnt.

Landgang in Cárdenas

Verglichen mit Havanna, wo wir sowjetische Hilfsgüter ausgeladen hatten, bot der Hafen von Cárdenas wenig Abwechslung. Der Pier lag weit außerhalb und der größte Teil der Mannschaft blieb an Bord während der für Leningrad bestimmte Zucker in die Laderäume versenkt wurde. Nur noch wenige Tage, dann würden wir die Heimfahrt nach Rostock antreten. Obwohl ich der Mannschaft gesagt hatte, man könne mit dem Bus in wenig mehr als dreißig Minuten einen Badestrand erreichen, hatte niemand Lust dazu. »Wir sind blank«, sagten sie, was weitgehend auch auf mich zutraf. Trotzdem zog ich los.

Hinter den Hafentoren hielt ich einen Laster an, der mich bis zur Landstraße mitnahm, von wo mich ein Jeep mit drei Milizionären bis nach Varadero brachte. Die hatten zwar nicht so weit fahren wollen, doch als ich mich mit einer Packung Lucky Strikes revanchieren wollte, winkten sie ab. Der Jeep wendete und sie fuhren grüßend davon.

Die Sonne sank überm Strand von Varadero, die Palmen warfen lange Schatten, also verlor ich keine Zeit; streifte Jeans und Hemd ab und schwamm hinaus ins Meer. Jenseits der Sichel des Strandes leuchtete golden ein hohes Hotel in der Sonne. Der Strand lag verlassen, als ich zurückkam. Zwei schwarze Burschen versuchten ein Fischerboot zu wässern. Sie riefen mir zu, ich sollte ihnen helfen. Also stemmte ich mich mit ihnen gegen das Boot, und bald ruderten die beiden einer fernen Insel zu.

Ich sah ihnen nach. Die Sonne war verschwunden, doch es blieb warm, und ich trocknete schnell. Die Silhouette eines Tankers zog schwarz am Horizont entlang, ich war froh, nicht zu dessen Besatzung zu gehören – wegen der kurzen Hafenliegezeiten. Kuba, das ich wochenlang trampend durchquert hatte, gefiel mir noch immer, auch ohne viel Geld. Wie ich aber nach Cárdenas zurückgelangen würde, stand in den Sternen. Bis jetzt hatte ich noch keinen Centavo ausgeben müssen, und doch schon einiges erlebt. Ich rieb mir den Sand von der Haut, zog mich an und ging aufs Hotel zu. Vor der Bar auf der Veranda saßen ein paar Kubanerinnen und genossen die Meerbrise. Drinnen war es kühl und so dunkel, dass man die Gäste kaum sah. Ein sanftes Licht offenbarte die beiden Barmixer hinterm Tresen. Neben dem Tresen spielten drei Musiker auf Gitarren. Einer von ihnen, ein Schwarzer, begann mit tiefer voller Stimme zu singen. Ich glaubte zu verstehen, was er sang – *Liebe und das traurige Ende der Liebe* ...

»Una botella cerveza, por favor«, sagte ich dem Barmixer.

Das Bier schmeckte. Mit dem zweiten Glas ließ ich mir Zeit. Ich fühlte eine Hand auf meiner Schulter und sah mich um. Es war der Schwarze – ein gut gebauter Mann mit ebenmäßigem Gesicht.

»Und jetzt – was soll ich für Sie singen?«, fragte er.

Ich zeigte ihm die paar Pesos, die mir noch blieben.

»Nada!«, sagte er. Woher ich komme, wollte er wissen. Als ich es ihm sagte, versuchte er lächelnd zwei deutsche Sätze: »Ich liebe dich« und »Ich liebe dich nicht mehr!« Er wirkte nachdenklich, schien sich zu erinnern. Er begann wieder zu singen, dieses Lied kannte ich: *Tenderly*. Er sang es nicht für mich. Ich wollte gerade aufbrechen, als ein Mann, der bis dahin stumpf in sein Glas gestarrt hatte, den Kopf hob und fragte: »Was ist dabei, Amerikaner zu sein?«

Ich verstand die Frage nicht. Er wirkte verkümmert, verlebt, hatte hervortretende Augen und wulstige Lippen. Sein linker Arm hing schlaff herab.

Ich bedeutete dem Barmixer, dass ich zahlen wollte. Der Amerikaner kramte ein Bündel Banknoten hervor. »Lassen Sie mich das machen«, sagte er. »Ich hab was übrig für Deutsche.«

Er legte einen Fünf-Peso-Schein auf den Tresen und bestellte Drinks für zwei. Das Wechselgeld ließ er dem Barmixer. Der steckte es wortlos weg.

»Er mag mich nicht, aber das Trinkgeld nimmt er.« Mit der rechten Hand hob er den linken Arm mühsam auf den Schoß. Erst da merkte ich, dass er behindert war. »Politik«, sagte er. »Korea-Krieg, Sie verstehen. Aber genug davon. Wie heißen Sie?«

»Hans Schmidt«, sagte ich.

»Ich heiße Louis Norton«, sagte er.

Der Barmixer beobachtete uns. Jetzt missfiel auch ich ihm. Wieder sagte ich ihm, dass ich zahlen wolle.

»Ist längst bezahlt«, sagte Louis.

Ich schwieg. Ich wollte von ihm nicht freigehalten werden.

»Sie haben wohl auch was gegen die Amerikaner?«

»Ich nehme die Leute, wie sie sind.«

»Können Sie einen Chevy Convertible fahren?«, fragte er unvermittelt. »Ich hatte einen kubanischen Fahrer, aber der hat mich versetzt.«

»Wie kommt's?«

Louis zuckte die Schultern. »Politik«, sagte er.

Die Heimfahrt nach Cárdenas schien gesichert. Wie aber würde er das Auto zurückschaffen?, fragte ich mich.

»Könnte die Nacht bei Ihnen an Bord bleiben«, sagte er, als hätte er meine Bedenken erraten. »Alles andere wird sich finden.«

»Erlaubt der Kapitän nicht«, sagte ich und stand auf. Er auch. Er schwankte leicht.

»Dann machen wir eben nur ne Spritztour«, sagte er.

Nachdem ich ihn zu zwei entfernten Bars gefahren hatte, wurde er mir lästig. Dauernd wollte er anderswo hin. Nicht einmal das Hotel *Oase* genügte ihm. Er durchquerte die Halle, blieb vor dem Goldfischteich stehen und starrte auf die Fontäne. Vor einem Jahr sei er hier mit einer Kubanerin gewesen, die Mirta hieß. Einen Haufen Geld habe er für sie ausgegeben, viel Spaß hätten sie gehabt. »Ihr gefiel die Fontäne hier. Sie war ein nettes Mädchen.«

Ich fragte, was aus ihr geworden sei.

»Politik«, sagte er, kopfschüttelnd und strebte der Bar zu.

Ich warf meine letzten Pesos auf die Theke und bestellte Drinks für uns.

»Danach muss ich passen«, erklärte ich ihm.

»Geld ist Nebensache«, sagt er. »Wer wird den Chevy steuern, wenn Sie abhauen?«

»Wieso ist Geld für Sie Nebensache – haben wohl zu viel davon?«

Er musterte mich. »Hab's nicht gestohlen«, sagte er. »Alles ehrlich verdient. In Havanna hatte ich mehrere Rennhunde zu laufen, bis Castro kam.«

»Und was nun?«

»Bleibe ich im Land, bis mein letzter Peso weg ist. Von meinem Geld baut Castro keine Schulen!« Seine Augen verengten sich. »He, amigo«, flüsterte er in mein Ohr, »auf welcher Seite stehen Sie eigentlich?«

»Wir sind hier mit einer Ladung Hilfsgüter für Castro gelandet – aus Sowjet-Russland.«

Er sah mich an. »Unter welcher Flagge?«

Ich beschrieb sie ihm, samt Ährenkranz mit Sichel und Hammer.

»Ostdeutschland«, sagte er. Es dauerte, bis er weitersprach. »Lassen wir die Politik – macht wenig Sinn.« Er streckte mir die Hand entgegen. Ich zögerte ihm zu lange. »Es gibt noch Leute hier, die stolz auf meine Bekanntschaft wären. Hatte mal einen Namen hier.«

»Glaub ich Ihnen.«

»Ich werde es Ihnen beweisen«, rief er. »Sie setzen sich ans Lenkrad und ich beweise es Ihnen.«

Wir fuhren hierhin und dorthin, ohne jemanden aufzuspüren, der sich an ihn erinnerte. Wenn er hier je eine Größe war, dann lang vor dem Einmarsch der bärtigen Rebellen, sagte ich mir. Noch machte das Fahren in dem Chevy Spaß. Die Straßen waren passabel, die Nacht war windstill und wir fuhren zügig mit offenem Verdeck. Einmal schoss ein Milizionär auf dem Motorrad dicht an uns heran. Aber der rief nur »pa'lante!«

»Lass die Karre sausen«, rief Louis.

In der Dunkelheit strahlten Lichter, auf den Gehsteigen drängten sich die Leute wie am Vorabend eines Feiertages. Ich warf einen Blick auf Louis, der jetzt dasaß, das Kinn auf der Brust, das Treiben draußen aus den Augenwinkeln musternd. Im Zentrum von Varadero forderte er mich auf zu parken.

»Wollen mal sehen, was auf der Kegelbahn los ist.«

Die war wie ausgestorben, nur ein fetter Mann stand in der Tür und wartete auf Kunden. Von nebenan hörten wir Bolero-Rhythmen und durch den Lattenzaun sahen wir junge Leute tanzen. Als die Band zu spielen aufhörte, kletterte eine Milizionärin aufs Podium und sagte ein paar Worte, griff dann zur Gitarre und sang *Cuba, que linda es Cuba*. Ihr kastanienbraunes Haar fiel ihr bis auf die Schulterstücke des blauen Hemdes, eine silbern beschlagene Pistole hing ihr lose an der Hüfte. Louis sagte: »Das reicht mir.«

»Machen Sie's gut«, sagte ich zu ihm – es war nahezu Mitternacht, ich musste an den Heimweg denken.

»Wer soll jetzt den Chevy fahren?«, fragte er. Er hob seinen kranken Arm an. »Das Haus von ein paar Freunden von mir ist nicht weit.«

»Letzter Versuch«, erklärte ich ihm.

Wir fanden das Haus in einer Nebenstraße nicht weit von einem Park. Dort sollte ich wenden und zwischen einem Skoda-Lastwagen und einem Ikarus-Bus parken. Er stieg aus. Ich stellte den Motor ab und folgte ihm. Eine Schar junger Leute stürzte aus dem Haus und umringte uns. Ein etwa fünfzehnjähriges Mädchen mit schwarzem Zopf überschüttete uns mit einem Wortschwall, dem ich entnahm, dass, wo wir parkten, bald Möbel angeliefert werden sollten. Unter den Jugendlichen erkannte ich die beiden Burschen, denen ich mit dem Fischerboot geholfen hatte. Sie wirkten nicht freundlich.

Obwohl auch Louis begriffen haben musste, was von uns erwartet war, blieb er störrisch. Dutzende Male sei er Kunde in diesem Haus gewesen, hätte ein Vermögen hier verspielt und nun wolle man ihn vertreiben. »Verdammt!«, schrie er wütend. »Ich will hier rein!« Er schob die jungen Leute beiseite und drängte zur Tür. Die Kubanerin mit dem Zopf stellte sich ihm in den Weg. »Yanqui no!«, rief sie.

Durch die erleuchteten Fenster sah man frischgestrichene Wände, Tische, Stühle und Regale mit Schubkästen standen zusammengeschoben mitten im Raum. Eine gerahmte Fotografie von Fidel Castro lehnte an einem der Regale – ein Spielkasino? Nicht länger! Ich löste mich von der Gruppe, ging zum Chevy, setzte mich hinters Lenkrad und ließ den Motor an. Vorsichtig fuhr ich aus der Parklücke, parkte einen Block weiter weg und ging zu Fuß zurück. Louis stand noch immer umringt auf dem Gehsteig.

»So long, Louis«, rief ich ihm zu, zeigte in die Richtung, wo jetzt der Chevy stand, und machte ich mich auf den Weg nach Cárdenas. Auf der vom Mondschein erhellten Landstraße bremste hinter mir ein Jeep. »He, amigo«, rief der junge Milizionär am Steuer. Er hatte mich vom Morgen her erkannt. Ich schwang mich auf den Sitz neben ihn und eine halbe Stunde später war ich zurück an Bord.

*Kapitulation

Während der langen Fahrt die Themse hinunter, aus London heraus, kostete es Kapitän Noack einige Anstrengung, sich auf den Flussverkehr und die Anweisungen des Lotsen zu konzentrieren. Das Treffen mit Mark Anstey beschäftigte ihn noch immer – seine Ablehnung der Bianka Karow und Ansteys zorniger Ausbruch, was ihre lange Freundschaft beendet hatte ... Ungewohnt scharf gab er seine Kommandos zum Maschinenraum durch. Sobald die Tilbury Docks hinter ihnen lagen und die Themse ins Meer mündete, würde der Lotse von Bord gehen, danach würde der Erste das Kommando übernehmen und er hätte Muße, gründlich über alles nachzudenken. Ein Seitensprung allein, sagte er sich, hätte Anstey nicht so aushöhlen können, die Affäre mit Bianka Karow war ein Symptom und nicht die Ursache. Kaum hatte das Schiff das offene Meer erreicht und der Erste das Kommando übernommen, verließ er die Brücke und stieg in seine Kammer hinunter.

Es war Noacks erste Englandreise, seit er 1950 aus Großbritannien nach Mecklenburg zurückgekehrt war. Er hatte sich darauf gefreut, Anstey wiederzusehen und ihn gleich nach dem Anlegen in London anzurufen versucht – das war mühselig gewesen, wie sich herausstellte, denn da er weder Ansteys gegenwärtige Adresse noch dessen jetzigen Beruf kannte, hatte er es mit so ziemlich allen Teilnehmern gleichen Namens probieren müssen. Er brauchte lange, um den richtigen Anstey zu ermitteln. »Hier spricht Bill Noack«, hatte er zum x-tenmal gesagt, die englische Kurzform seines Namens Wilhelm gebrauchend, weil ihn seine britischen Schiffskameraden nie anders genannt hatten, und dieser »Bill« haftete ihm sogar noch in Mecklenburg an. »Nicht möglich«, hatte Anstey ungläubig gerufen, worauf Noack erklärt hatte, was ihn nach so vielen Jahren wieder nach England bringe. Beiläufig hatte er eingeflochten, er sei inzwischen Kapitän, was ihm anders als in den alten Tagen viel Freizeit im Hafen ließe. »Großartig!«, hatte Anstey geantwortet. Zwar habe er gleich eine Vorlesung in der Universität, aber danach sei er frei. Ob sie sich gegen sechs bei Brownlow am Piccadilly treffen könnten?

Noack, dem plötzlich bewusst geworden war, dass er so frei über seine Zeit nicht verfügen konnte wie behauptet, hatte sechs Uhr dreißig vorgeschlagen. »Auch gut«, hatte Anstey erwidert. »Den Weg findest du doch noch?«

»Aber sicher.«

»Das feiern wir«, hatte Anstey versprochen und aufgelegt.

Noack erschien pünktlich. Auf seinem Weg zum Piccadilly Circus war ihm zwischen Tower Hill und Trafalgar Square vieles sehr verändert vorgekommen. Bei Brownlow aber war alles beim Alten geblieben – eine verräucherte, lärmerfüllte Kellerkneipe, zu der eine steinerne Treppe hinunterführte, mit mittelalterlichen Nischen und Pfeilern, kreisförmig angelegt, eine regelrechte Männerkneipe. Die grauen Wände, seit Jahrzehnten nicht mehr geweißt, verschluckten das spärliche Licht, sodass die Gäste an den Holztischen nur dunkel zu erkennen waren.

Nachdem er vergeblich nach Anstey Ausschau gehalten hatte, setzte er sich an einen Tisch mit dem Haupteingang im Auge. Ansteys Unpünktlichkeit überraschte ihn. Aber da er nun einmal gekommen war, würde er auf ihn warten. Immerhin hatten sie vor zwanzig Jahren ein Inferno zusammen durchgestanden, im Mai 1940 vor der Küste von Dünkirchen. Anstey war damals ein junger Offizier des British Intelligence Service und er, Noack, Sohn eines nach England ausgewanderten Deutschen, Matrose auf einem Londoner Kutter.

Während Noack, umgeben vom Lärm englischer und irischer Stimmen, sein Bier trank, dachte er an den Augenblick zurück, da er über Bord gesprungen war, um einen Ertrinkenden zu retten, der sich mit letzter Kraft über Wasser hielt. Das Bellen der Flak hatte die Nacht zerrissen, Jagdflugzeuge hatten alles angegriffen, was schwamm oder auf den Wellen trieb, die Leuchtspur ihrer Geschosse hatten den feuerroten Schein der Flakfächer durchdrungen. Mit kraftvollen Stößen war Noack durch die aufgewühlte See dem inzwischen Todgeweihten zu Hilfe geschwommen, hatte ihn in den Kutter ziehen können und zu beleben versucht, bis ihm die Arme kaum noch gehorchten. Nie vergaß er Ansteys entsetztes Staunen, dass ihn ein Deutscher vor den Deutschen gerettet hatte, noch dazu einer, der, wie Anstey ihm später gestand, aussah, wie einem Propagandaplakat der Nazis entstiegen: Blond, blauäugig und athletisch gebaut.

So hatte ihre Freundschaft begonnen. Nie war es Noack in den Sinn gekommen, dass Anstey ihm besonderen Dank schuldete – im Gegenteil, im

Licht späterer Ereignisse hatte er stets das Empfinden, nicht er, sondern Anstey sei der wahre Kriegsheld gewesen. Die Presseberichte, die er zu lesen bekam und die Ansteys Einsatz bei den jugoslawischen Partisanen beschrieben, waren ihm im Gedächtnis geblieben: *Britischer Balkanfuchs überlistet Nazis. Captain Mark Anstey erhält Tapferkeitsmedaille.* Was er erfahren hatte, ließ ihn auch nach dem Krieg die Verbindung mit Anstey aufrechterhalten. Er war Trauzeuge bei dessen Heirat mit der Krankenschwester Ann Watson und war auch bei der Taufe ihres Sohnes zugegen, der Tito zu Ehren den Namen Josip erhielt. Natürlich wurde er nicht Josip, sondern Joe gerufen, wodurch Anstey sich bald gezwungen sah, gegen die Unterstellung zu protestieren, der Junge sei nach Stalin benannt – die Beziehungen zwischen den beiden Regierenden waren damals schon sehr gespannt, und Anstey hatte Partei für Tito genommen. Durch Noacks lange Seereisen lockerte sich ihre Verbindung und als er beschloss, in seine Heimat Mecklenburg zurückzukehren, ins *rote Deutschland* sozusagen, war es zu ernsten Meinungsverschiedenheiten zwischen ihnen gekommen.

Vielleicht ließen sich die jetzt glätten, dachte Noack. Es würde ihm nicht schwerfallen, Anstey von der Richtigkeit seiner Entscheidung zu überzeugen – der war schließlich in den ersten Nachkriegsjahren auch für den Sozialismus gewesen. Nach seinem Verhalten am Telefon zu urteilen, schien der Streit begraben und vergessen. Oder nicht? Noack blickte auf die Uhr. Als Anstey nach einer Stunde Wartezeit noch nicht aufgetaucht war, kamen ihm Zweifel. Warum hatte er Brownlow vorgeschlagen und ihn nicht zu sich nach Hause eingeladen? Er fragte sich das noch, als endlich Anstey in Begleitung einer jungen Frau die Treppe herunterkam. Also *das* ist der Grund, dachte Noack und bedauerte zugleich, dass nun wohl nicht an die alten Zeiten erinnert werden würde. Er stand auf und, Anstey begrüßend, empfand er dann doch das alte Freundschaftsgefühl. Seit sie sich das letzte Mal getroffen hatten, war viel Wasser ins Meer geflossen – vielleicht war er mit seinen Ahnungen zu voreilig.

»Tut mir leid, Bill«, rief Anstey, »ich hatte nicht bedacht, wie lange eine Frau braucht, um sich fertig zu machen.«
   Frau?, dachte Noack, nicht einmal volljährig wirkte sie auf ihn.
   »Ich dachte, da Bianka Deutsche ist, würdest du sie kennenlernen wollen«, sagte Anstey.

»Ein bisschen wie Kohlen nach Newcastle tragen«, sagte Noack leichthin. Sein Unmut ging an Anstey vorbei.

»Du wirst inzwischen geheiratet haben – oder?«, fragte der ihn.

»Was nicht ist, kann noch werden«, sagte Noack. Er merkte, wie anders ihn jetzt die junge Frau betrachtete und fragte sich und später auch sie, was Anstey ihr wohl von ihm erzählt hatte.

»Oh, eine Menge«, behauptete sie.

Noack wusste nur zu gut vom Nimbus eines erfahrenen Kapitäns. »Wir sind beide nicht mehr so wagemutig«, sagte er vorbeugend, »auch nicht mehr so jung.«

»Sie sind genau so, wie ich Sie mir vorgestellt habe«, versicherte sie ihm.

Noack wollte nicht darauf eingehen, gleich gar nicht in einer Sprache, die Anstey nicht verstand. Er verließ den Tisch, um für sie alle Getränke zu holen. Von der Theke aus sah er, wie Anstey, der im Halbdunkel hagerer und älter aussah als er war, die Hand des Mädchens zu halten versuchte. Sie entzog sie ihm, und begann ihre Lippen zu schminken. Es wunderte Noack, dass sich Anstey dieser Mischung von Eitelkeit und Eigensinn auslieferte. Als er mit drei Gläsern Bier zum Tisch zurückkehrte, hatte sie ihr langes blondes Haar über ihre linke Schulter drapiert. Was ihr Profil betonte und ein wohlgeformtes Ohr sehen ließ. Anstey betrachtete sie hingerissen. Sie könnte seine Tochter sein, dachte Noack.

»Ich hätte sie fragen sollen – womöglich trinken Sie kein Bier«, sagte er zu der Frau.

»Zusammen mit ein paar Austern wäre das wunderbar. Hier soll es wunderbar frische Austern geben«, erwiderte sie.

Anstey erhob sich augenblicklich. Noack konnte sich vorstellen, wie er durch die Glastüren ungezählter Läden schritt, um ihre Wünsche zu erfüllen – *diese Ohrringe, Mark, dieses Kleid, diese Schuhe …* Offensichtlich besaß sie Macht über ihn. Noack sah Ann Anstey vor sich, die Krankenschwester, die Anstey geheiratet hatte, und machte sich Gedanken.

»Wir sind befreundet, weiter nichts«, sagte Bianka, als hätte sie Noacks Gedanken erraten. »Und natürlich weiß ich, dass er Frau und Sohn hat.«

In dem Augenblick kam Anstey mit einer Schüssel Austern zum Tisch zurück.

»Na, doch noch aufgetaut ihr beiden?«, sagte er zu Noack. »Ihr scheint prächtig zu harmonieren.«

»Prächtig«, bestätigte Noack trocken.

»Fein«, rief Anstey, »ein weiterer Grund zum Feiern.«

So sehr er es auch wünschte, Noack konnte an das alte Verhältnis zu Anstey nicht anknüpfen. Der zeigte sich so im Banne der Leidenschaft, dass selbst seine Ansichten davon gefärbt zu sein schienen. Unvermittelt begann er über Hamburg und London zu dozieren, über Wesensverwandtschaften von Briten und Deutschen, geopolitischen und kulturellen Gemeinsamkeiten. »Wie gut für den Bestand von beiden Städten, wenn sie sich zu gemeinsamen Aufgaben zusammenfänden«, meinte er.

»Bianka stammt wohl aus Hamburg«, meinte Noack.

»Richtig«, rief Anstey, »wie hast du das erraten?«

»Ich habe es nicht erraten.«

»Er wird es an meiner Art zu sprechen gemerkt haben«, sagte Bianka.

»An Marks Art zu sprechen«, sagte Noack.

Es reizte ihn, dass seine Rückkehr nach Mecklenburg, seine Umsiedlung Anstey nicht zu interessieren schien, er sie mit keinem Wort befragte, auch schien er sich nicht zu wundern, wie er es in den wenigen Jahren zum Kapitän hatte schaffen können. Seine Verbindung zu dieser Bianka hatte ihn verändert, der alte Balkanfuchs war stumpf geworden, und um sich zu beweisen, dass immer noch Leben in ihm steckte, machte er Jagd auf eine Gans.

»Legt Ihr Schiff auch gelegentlich in Hamburg an?«, wollte Bianka Karow von Noack wissen.

»Sogar in weniger als achtundvierzig Stunden.«

»Dann könnten Sie doch meiner Schwester Grüße ausrichten. Die freut sich bestimmt!«

»Vielleicht hält sich das in Grenzen, wenn sie erfährt, woher ich komme«, meinte Noack.

»Oh, so eng sieht sie das nicht. Wir beide nicht«, versicherte sie ihm.

»Das immerhin«, sagte er.

Ihr Geplänkel, zumal in Deutsch, schien Anstey zu beunruhigen, darum schlug Noack vor, irgendwohin aufzubrechen: »Ganz schön verräuchert hier!«

»Wir kennen Lokale, wo die Luft besser ist und zum Tanz aufgespielt wird«, sagte Bianka Karow.

»Gute Idee!«, stimmte Anstey zu. »Komm mit, Bill – um der alten Zeiten willen. Wir haben ja kaum erst angefangen zu feiern.«

Jetzt, da Noacks Schiff mit Kurs auf Hamburg die Nordsee durchpflügte, er in seiner Kammer die Motorengeräusche registrierte, entstand vor seinen Augen ein Bild: Mark Anstey, wie er tanzte. Zwar war es so ungewöhnlich nicht, dass ein Mann mittleren Alters mit einer sehr jungen Frau Walzer oder Foxtrott tanzte, oder versuchte, mit ihr einen Twist oder ein Cha-Cha-Cha hinzulegen, was aber diese Bianka im Shaftesbury Avenue Nachtclub Anstey zumutete, machte ihn zum Gespött. Es war, als tanzte ein Bär auf heißen Ziegeln. Noack griff sich an den Kopf bei der Erinnerung. Er sah Bianka im eng anliegenden Kleid die Hüften schwingen, hörte sie laut lachen. Mit den Daumen schnippend, versuchte sie Anstey zu animieren, es ihr gleichzutun. Was zur Folge hatte, dass er sich mehr und mehr zum Narren machte. Er stolperte, geriet aus dem Takt, und jedes Mal, wenn er versuchte, sich an Bianka zu klammern, entwand sie sich ihm und ließ in taumeln. Mit einer Ausdauer, die man nur belächeln konnte, schwang Anstey wild die Arme und Beine, bis er erschöpft und schwer atmend auf der Tanzfläche stehenblieb. Wie damals, als er seinetwegen über Bord gesprungen war, hatte sich Noack einen Weg durch die Tanzenden gebahnt, um ihn zu retten. Anstey stand da und verfolgte jede Bewegung seiner Bianka, die inzwischen ohne Partner tanzte, bis sie sich den Arm eines Fremden griff und es mit dem versuchte.

»Was zum Teufel hält dich hier«, fuhr Noack Anstey an, »oder ist das deine Idee von deutsch-britischer Freundschaft?«

Zum Tisch zurückgekehrt, erinnerte sich Noack, wie Anstey mit seiner Braut am Arm aus der St.-Hilary-Kirche gekommen war, beide strahlend im Konfettiregen. Jetzt wirkte Anstey auf ihn wie eine Marionette, grauhaarig im Tweedanzug. Nie wieder würde er seiner Vorstellung von dem Balkanfuchs unter rauen Partisanen entsprechen. Und als Anstey seine Bianka bewundernd eine moderne Isadora Duncan nannte, konnte Noack es sich nicht verkneifen, dass ihm auch andere Vergleiche denkbar schienen.

»Hör mal«, protestierte Anstey, »so eng sind wir nicht, dass ich das hinnehmen muss.«

»Wir waren es einmal«, erinnerte ihn Noack, »aber was soll's.«

»Wer Bianka gering schätzt, tut auch mich ab«, beharrte Anstey.

Gleichgültig gegenüber der Vergangenheit und ganz im Bann seiner Leidenschaft, schien er es auf einen Freunschaftsbruch ankommen zu lassen. Sorge um ihn stieg in Noack auf.

»Nimm's nicht krumm«, sagte er zu Anstey, »nichts für ungut.«

»Nun dann«, erwiderte Anstey frostig und fand einen Vorwand, für eine Weile den Tisch zu verlassen.

»Für einen Freund sind Sie ziemlich intolerant«, sagte Bianka Karow zu Noack, »oder wurmt Sie, dass ich so unmoralisch westlich bin?«

Noack merkte, woher der Wind wehte. »Mich wundert bloß, dass Mark sich so verändert hat. Auch bin ich gespannt, wie lange Sie noch die Zügel halten.«

»Darauf lege ich es gar nicht an«, sagte sie. »Ich habe wenig übrig für Männer ohne Kampfgeist. Ein Mann muss mir Widerstand leisten können!«

»Das könnte bald passieren.«

Sie lachte. »Vielleicht sollte ich für eine Weile aus seinem Leben verschwinden. Wäre es nicht eine elegante Art, Mark einen Gefallen zu tun, indem Sie mich auf Ihrem Schiff mit nach Hamburg nähmen?« Sie sah, wie er überlegte, rückte näher an ihn heran, bis ihre Knie seine Schenkel berührten. »Stellen Sie sich vor, wie Mark im Hotel erfährt, dass ich abgereist bin – eine heilsame Lehre, oder?«

Nicht bloß Sorge um Anstey, jetzt auch Mitleid mit ihm ließen Noack verstummen.

»Geben Sie sich keine Mühe«, hatte er das Gespräch beendet. »Sie werden keinen Fuß auf meinen Frachter setzen.«

Die Nacht senkte sich übers Meer. Kapitän Noack stand auf, um in der Kammer Licht zu machen, zog den Vorhang vor das Bullauge. Glockenschläge von der Brücke erinnerten ihn an seine Aufgaben im Kartenraum. Gleich würde ein Matrose an die Tür klopfen, um ihn zu holen. Er dachte daran, wie es zum endgültigen Bruch mit Anstey gekommen war. Ein Windstoß bewegte den Vorhang, gedankenverloren zog Noack die Schrauben am Bullauge fester. Er sah sich und Bianka am Tisch des Nachtclubs, und Anstey, wie er bleich im Gesicht aufgetaucht war. »Auf dem Balkan würden solche Dinge schnell und sauber mit dem Messer ausgetragen«, hatte Noack ihn sagen hören.

»Wie ist das zu verstehen?«

»Bin ich blind? Ich sehe doch, was zwischen dir und Bianka läuft.«

»Blind und taub bist du.«

»Wir sind fertig miteinander, Bill!«, hatte Anstey gezischt. »Hast mir zwar mal das Leben gerettet, für dich aber würde ich ab heute keinen Finger rühren.«

Er hatte sich zurückgelehnt und Anstey angesehen, der, als wäre er am Ersticken, mit offenem Mund atmete. »Verschwinde mit ihr«, hatte er ihm geraten, »aber sofort.«

»Wir sind fertig miteinander, ist das klar?«

»Das sind wir schon lange, scheint mir.«

»Seit heute Abend.«

»Mit uns war Schluss, als du anfingst, ein anderer zu werden. Wann das war, weißt du besser als ich«, hatte Noack erwidert.

Da hatte Anstey nach Bianka gegriffen und sie vom Tisch gezerrt: »Komm, wir gehen!«

Noack hatte ihnen nicht nachgeblickt, als sie verschwanden.

Das Klopfen, auf das Noack gewartet hatte, ließ ihn die Tür seiner Kammer öffnen. »Sie werden im Kartenraum gebraucht, Kapitän«, meldete der Matrose. Noack nickte. Auf dem Weg zur Brücke aber sagte er sich, dass er woanders weit dringender gebraucht wurde.

Haus am Bodden

Zwei Jahre nach meiner Heimkehr war mir an der Ahrenshooper Steilküste für einen Spottpreis ein Haus angeboten worden – damals aber lockte mich die weite Welt, lockte noch immer die Seefahrt. Und selbst mit fünfzig machte mich der Kauf eines Grundstücks am Bodden nicht sesshaft. Vielleicht aber, das immerhin sagte ich mir, würde eine Bleibe fern von den Zwängen des Alltags meinen Drang in die Welt zügeln. Sagte es, und ahnte nichts, oder fast nichts, von der Kraft, Geld und Zeit fressenden Anstrengung, die noch in den Siebzigerjahren ein Bauvorhaben im tiefsten Mecklenburg kostete. Auch war mir unvorstellbar, dass ein Jahrzehnt vergehen könnte, bis so ein Haus stand.

Ich hatte geheiratet, zwei Töchter waren mir geboren, vor dem Haus am Berliner Stadtrand war eine Birke gewachsen – ein Haus am Bodden aber ... »Ein solcher Aufwand belastet zu sehr. Ich wag's nicht!«

Für den Freund jedoch, den jungen, tatkräftigen Architekten und Baufachmann, war allein schon die Aussicht auf das Unternehmen Ansporn.

»Schreib deine Bücher. Ich bau das Haus für uns beide.«

»Phantast!«

»Kümmere dich um die Familie. Oder fahr in die Welt. Ich bau das Haus.«

»Du übernimmst dich – du Phantast.«

Ich kümmerte mich, schrieb – und reiste, und was mir das Schreiben bedeutete, bedeutete dem Freund das Planen. Was mir das Reisen bedeutete, bedeutete ihm das Bauen. Trotz des Materialmangels, der Mühen bei der Holzbeschaffung, der Holzbearbeitung, der Unzuverlässigkeit, Unzulänglichkeit von Handwerkern, trotz Baustopps und Strafauflagen wegen ungenehmigten Zementverbrauchs. Allmählich wuchs das Haus, und zunehmend war auch ich zu Einsätzen beim Bau bereit. Gleichzeitig aber warnte ich den Freund, bei all den Anstrengungen seine Frau nicht zu vernachlässigen. »Kein Haus ist das wert.«

»Von meiner Frau erwarte ich Verständnis«, sagte er nur.

Den Frühling, den Sommer und den Herbst hindurch, Jahr für Jahr, Wochenende für Wochenende fuhr er von Berlin zum Darß und schuftete dort. Was mir, ließ auch ich mich darauf ein, eine Plage blieb, war für ihn Selbstverwirklichung.

Seine Ehe zerbrach. Das Haus wuchs.

Die Freundin, die er später fand, verließ ihn. Das Haus wuchs.

Er heiratete wieder; ihm wurde eine Tochter geboren. Und als das Haus stand, kaum je hatte er wirklich darin gewohnt, verließ ihn die Frau und floh mit dem Kind über Ungarn in den Westen. Er rechnete durch, was er für das Haus an eigenem Geld ausgegeben hatte, ließ sich die Summe vergüten, auch seine unzähligen Arbeitsstunden, die Mühen all der Jahre und – verließ das Haus auf der Suche nach Frau und Tochter!

Ich sah ihn nicht wieder.

Im Schloss zu Mecklenburg

Der Graf war zu sehen, doch wegen seiner leisen Stimme schwer zu hören, und so begnügte ich mich damit, ihn einfach nur zu mustern – ein schmächtiger Mann mit rundem Rücken, den der blaue Blazer mit den Silberknöpfen kaum kaschierte. Ich schätzte ihn trotz seines dichten locker fallenden Haars auf etwa fünfzig. Später, als wir uns gegenübersaßen, gab ich noch einige Jahre dazu – nicht wegen der Falten am Hals, des Doppelkinns wegen und der Leberflecken auf den Handflächen, auch nicht weil mir aufgegangen war, dass er sich sein Haar blond hatte färben lassen, sondern wegen der Fülle seiner weit in die Vergangenheit reichenden Schilderungen seines Vor- und Nachkriegslebens auf dem Schloss und des Familienschicksals seit der Flucht.

Wie gesagt, wo wir im Rund des Speisesaals platziert waren, konnte ich ihn schwer verstehen, die Gäste an den Tischen vor uns aber, ältliche Damen aus dem Skandinavischen zumeist, schienen wohlgefällig zu lauschen und ließen ihre Blicke nicht von ihm.

»Er rührt sie mit dem Schicksal eines Adligen, der vor den Russen floh und nun endlich wieder daheim auf seinem Besitz ist«, raunte mir mein Nachbar zu, dem die Rede nicht neu und der darum in der Lage war, ganze Passagen daraus frei zu zitieren. »Schauen Sie nur, wie das wirkt!«

Ich nickte und beobachtete den Mann weiter.

»Gleich kommt das mit dem Phönix aus der Asche«, fuhr mein Nachbar fort. »Bloß dass der ägyptische Vogel für sein Wiederauferstehen fünfhundert Jahre brauchte und der Graf nur fünfzig.«

Ich fragte, ob es später wohl möglich sei, ihn an unseren Tisch zu bitten.

»Der kommt, wenn er günstige Öffentlichkeit wittert.«

Das ließ mich zögern.

»Die müssen Sie ihm ja nicht garantieren.«

»Nun dann – ich wäre Ihnen dankbar«, sagte ich.

Von allem, was der Graf von sich gab, kaum dass er bei uns Platz genommen hatte, hat sich mir seine Abscheu gegen die »rote Meute«, die damals alles kurz und klein geschlagen habe, am nachhaltigsten eingeprägt, und außerdem seine Genugtuung mit dem Finanzminister, den er augenzwinkernd Onkel Waigel nannte, weil der die Umwandlung des Schlosses in ein Hotel großzügig befürwortet hatte. Sechs der acht investierten Millionen seien aus der Staatskasse geflossen – »und Steuervergünstigungen natürlich.«

Das Wort natürlich fiel häufig – natürlich sei er froh, wieder auf eigenem Grund und Boden zu leben, was sich aber rechnen müsse, nicht bloß für ihn, sondern für alle, die hier wieder zu Lohn und Brot gekommen seien. Anders machten doch die Anstrengungen keinen Sinn. Und wer da im Zuge des Neuaufbaus das Schloss habe räumen müssen, all diese kinderreichen Familien, der sei natürlich dankbar für die schmucken Wohnungen, die er in den alten Gemäuern und anderswo im Dorf habe entstehen lassen. Da schicke so manch einer seine Kinder zu ihm, dass sie im Schlosspark mit zupackten: »Rasenpflege, Sträucher pflanzen, Blumenbeete anlegen, Unkraut jäten. Sie verstehen schon.«

Ich fragte nach seinem Vater, dem einstigen Schlossherrn, zumal er selbst ja zur Zeit der Flucht noch sehr jung gewesen sei. Auch wisse ich gern, ob er verheiratet sei und Kinder habe. Seine Miene verdüsterte sich, er lächelte nicht mehr, und seine Stimme klang jetzt heiser. Sein Vater sei längst gestorben, sagte er, eine Tragik geradezu, dass der alte Graf die lang ersehnte Rückkehr zu Gut und Schloss nicht mehr habe erleben dürfen. Und was das andere angehe – natürlich sei er verheiratet und natürlich nicht kinderlos. Nur dauere es ihn, dass sein Sohn, der alleinige Erbe, mit dem Besitztum wenig im Sinn habe, er an die Mühen des Großvaters und Vaters kaum einen Gedanken verschwende und sich statt dessen unter Künstlern auf Mallorca herumtreibe – »ein Bohemien wie er im Buche steht!« Als er schließlich über seine Frau sprach, wurde der Zug um seinen Mund noch bitterer – verlassen habe sie ihn! »Zwei Jahre Mecklenburg reichten ihr. Nun lebt sie wieder an der Seine in ihrem geliebten Paris.«

Er hielt inne. Ich sah ihn mit einer der Kellnerinnen Blicke wechseln – einer hübschen jungen Frau des Nordens, und wie sie auf ihn zukam, selbstbewusst und dienstfertig zugleich, ließ Schlüsse zu.

»Sie wünschen, Herr Graf?«

»Eigentlich nichts«, sagte er. Oder doch – man wüsste in dieser Runde gern, wie zufrieden sie sei – mit der Wende sozusagen, ihrer Arbeit im Hotel. Und was dergleichen mehr ist.

Sie tat einen Schritt aus der Reichweite seiner Hand. »Zufrieden, keine Frage«, versicherte sie.

»Meine Perle«, sagte der Graf. »Kommt morgens vor zehn, und nie geht sie vor Mitternacht. Die anderen auch, natürlich. Aber sie stellt alle in den Schatten. Sie ist und bleibt die Perle.«
Die Kellnerin lachte und ging davon. Der Graf blickte ihr begehrlich nach, bis sie durch die Tür zur Küche verschwunden war. Kurz darauf entschuldigte er sich, stand auf und widmete sich wieder seinen schwedischen Gästen.

Buchenwaldreise

Hinter Halle hatte ich ihn angesprochen, da waren wir allein im Abteil, und was ich ihm hatte sagen wollen, ließ sich jetzt ungezwungener äußern. Der kleine Mann setzte sich aufrecht und sah mich mit einem irgendwie verschleierten Blick an, der erst offener wurde, als er in mir seinesgleichen vermutete: *einer von uns.*

Ich schätzte ihn auf etwa siebzig, und bald erwies sich das als richtig, auch mein Eindruck, dass er Jahre der Verfolgung hinter sich hatte, bestätigte sich – ein Überlebender des Todesmarsches von Auschwitz nach Buchenwald. Dorthin waren wir beide zu einer Gedenkstunde eingeladen. Geschehnisse aus der Zeit nach der Wende beschäftigten ihn derart, dass ihm die Nazizeit wie aus einem anderen Leben vorkam. Alles schien ihm sehr fern, sagte er.

Ich ließ ihm Zeit, fragte nichts weiter, und während wir beide schwiegen, betrachtete er mich verstohlen. Hatte sich sein Alter bestätigt, so bestätigte sich bald auch meine weitere Vermutung – so legte nur ein Schneider den Mantel zusammen, sorgfältig mit dem Futter nach außen, und wie er auf die Falten seiner Hose achtete, den Sitz der Weste. Als ich ihm das sagte, hob er verwundert die Brauen.

»Man staunt«, meinte er.

Erst kürzlich habe er seine Schneiderwerkstatt in andere Hände gegeben, leider nicht in die seines Sohnes. Der habe ja nie Schneider werden wollen, sei in die Stadtverwaltung gegangen – Beamtenlaufbahn. Er schwieg, und wieder war da dieser verschleierte Blick.

»Was mich angeht«, fuhr er scheinbar zusammenhanglos fort, »wir sind nur zwei, die Frau und ich. Die Rente reicht – bin ja seit nach dem Krieg versichert. Dazu kommt, dass man uns die Verfolgtenrente nicht weggenommen hat. Gottlob! Bloß um Baruch ist mir bang.«

Offensichtlich lag ihm daran, seine Sorgen zu teilen, und noch ehe wir Weimar erreicht hatten, wusste ich von Baruchs jäher Entlassung, seinem Sturz aus der Beamtenlaufbahn.

»Schien ihm ja geradezu dringend damals, zu tun, was er tat. Er musste es tun. Von Kindheit an war ihm Auschwitz im Kopf, und dass sein Vater dort war, und auch in Buchenwald. Judenhass in der DDR! Dagegen musste er an.«

Ich konnte ihm nicht folgen. Er hatte Lücken gelassen, und ehe er sie füllte, brauchte es noch eine Weile. Bald aber war er zurückversetzt in jenes Jahr in den Achtzigern, bis hin zu dem Augenblick, als Baruch das *Judah verrecke!* an der Friedhofsmauer sah, zur Telefonzelle lief und nach der Nummer suchte, die unter den Ministerien aufgelistet war – Ministerium für Staatssicherheit.

»Er fragte sich durch und sprach mit diesem Major und nannte seinen Namen, und später landete sein Name in Akten, und daraus wurde dann, was die damals einen Vorlauf nannten. Und aus dem Vorlauf …«
Er sprach nicht weiter, bis ich ihn nach dem Grund fragte.
»Wo leben Sie denn!«, sagte er. »Habe ich Ihnen nicht gesagt, was jetzt mit Baruch ist. Achtundvierzig Jahre alt, verheiratet, noch unterhaltspflichtig für zwei Söhne – und auf der Strecke geblieben, neun Jahre nach der Wende. Arbeitslos wegen einer Akte.«

Fahrkartenkontrolle

In Gotha musste das Personal abgelöst worden sein, denn kurz nach der Weiterfahrt wurden noch einmal die Fahrausweise verlangt. Ich blickte verwundert zu dem Mann hoch, einem beleibten Beamten mit blondem Schnauzbart und runden blauen Augen, der mir gutwillig Bescheid gab und mich den Fahrschein gleich wieder wegstecken ließ. Bei meinem Nachbarn, einem jungen Türken von etwa vierzehn Jahren, der seit Berlin in ein Buch vertieft gewesen war mit dem deutschen Titel: »Heißt du wirklich Hassan Schmidt?«, verweilte er länger. Es war, als stimme etwas mit dem Ausweis nicht, den ihm der Türkenjunge gereicht hatte.

»Bahnkarte!«

Das hörte sich barsch an und bajuwarisch auch.

Der Junge kramte in seinem Brustbeutel nach der in einer Klarsichthülle steckenden Bahnkarte. Die wollte der Beamte genauer sehen.

»Hol die mal raus«, forderte er laut.

Der Junge gehorchte.

Der Beamte inspizierte die Karte rundum und verwandelte sich merklich. Es war, als wäre er einer Fälschung auf der Spur. Mit dem Zeigefinger fuhr er eine leere Spalte entlang.

»Du Unterschrift hier!«, sagte er.

Der Junge schwieg. Er schien sich zu fragen, warum plötzlich derart laut und in gebrochenem Deutsch mit ihm geredet wurde.

»Unterschrift hier!«, wiederholte der Kontrolleur.

Noch immer schwieg der Junge. Verwirrt suchte er nach der Klarsichthülle, die ihm zwischen die Sitze geglitten war. Der Mann wartete und strich sich den Schnauzbart mit dem Handrücken glatt.

Der Junge, jetzt auf den Knien, eine Hand unterm Sitz, blickte zu ihm hoch. »Unterschrift, verstehst!«

Der Blick des Jungen blieb auf den Beamten gerichtet, der sich über ihm türmte. Er ließ nicht erkennen, ob er verstanden hatte. Den Mann drängte es plötzlich. Er hatte die Geduld verloren. Er warf Fahrschein und Bahnkarte auf den Sitz und rief: »Drei Kreuze tun's auch, wennst net schreiben kannst!«

Damit schlug er die Tür zu und verschwand zum nächsten Abteil.

Der lange Schatten

»Vierundzwanzig Jahre«, sagte er, »die Hälfte meines Lebens.«

Ich hatte ihn für weit jünger gehalten – ein sportlich wirkender Mann, die wenigen grauen Strähnen machten ihn kaum älter, der Schnurrbart, dicht und gut gestutzt wie sein Haar, war blond geblieben, seine klaren, blauen Augen blickten forsch, er wusste sich auszudrücken, doch formlos und privat gab er sich erst unter vier Augen und das nur, weil ich ihm versichert hatte, seinen Namen und Beruf geheim zu halten.

»Nicht zu fassen«, fuhr er fort, »dass sich das vom Jahr Siebenundsiebzig bis heute hinziehen konnte – und war doch bloß ein Studentenstreich, nichts weiter. Aber die Folgen!«

Er und ein Freund, erzählte er, beide Studenten damals, seien am Vorabend des Ersten Mai von Kneipe zu Kneipe jenes sächsischen Städtchens gezogen, und in ihrem volltrunkenen Übermut hätten sie sich auf dem Heimweg zweier Fahnen bemächtigt, einer roten und einer mit dem Emblem und den Farben der DDR, die auf der Tribüne am Marktplatz zu finden gewesen seien – Vorboten des nächsten Tages. Unter Absingen revolutionärer Lieder seien sie durch die mitternächtlichen Gassen getorkelt. Allmählich aber sei ihnen ihre Last lästig geworden, und sie hätten sich der Fahnen entledigt, sie mit der Spitze in einen Mülleimer gestoßen. Und das sei es gewesen!

Alles wäre ihnen womöglich nachgesehen worden, die Trunkenheit, der Fahnendiebstahl, das Grölen der Lieder, doch niemals, wie sie dann mit den Fahnen umgegangen seien. Das wog schwer: Vier Tage Stasihaft, vom Studium relegiert, ab in die Produktion.

»Also ertappt«, sagte ich leichthin, »auf nicht allzu frischer Tat ertappt.«

Er schüttelte den Kopf.

»Ich lag längst im Bett, es war gegen vier Uhr morgens, da schrillte es an der Wohnungstür. Sie mögen es glauben oder nicht, ich wusste von nichts mehr. Nur, dass mir der Kopf dröhnte. Und vielleicht hätten sie mir die Unwissenheit sogar abgenommen, wenn sie meinen Freund nicht längst verhört hätten – der hatte alles gestanden und mich nicht ausgelassen. Feiner Freund! Abstreiten war nicht, und dass wir nach zwei Jahren dann doch noch unser Studium beenden durften, ich später sogar im Roten Jemen tätig war, zeugt von – wie soll ich es nennen – Nachsicht, oder Weitsicht der Oberen? Ich war ja nicht schlecht im Studium und im Jemen gut zu gebrauchen. Einer, der sich bewähren muss, ist meist gut zu gebrauchen. Das war vor zehn Jahren, 1986 also, und acht Jahre später schmeißt mich all das aus der Bahn.«

»Das Studium und der Einsatz im Jemen?«

Er schüttelte verneinend den Kopf. »Dass mich damals die Stasi nur vier Tage behalten hat – das war's.«

Ich sah ihn fragend an.

»Der lange Schatten«, sagte er und begann zu erklären, dass er vor zwei Jahren, eben *weil* er so schnell von der Stasi freigekommen sei und sich später im Jemen bewähren durfte, einen guten Posten bei der mecklenburgischen Tochter einer westdeutschen Firma abgeben musste. »Weil ich doch von der Stasi umgedreht worden sein musste – anders konnte es nicht sein. Also raus mit dem!«

Ich schwieg – was gab es auch zu sagen.

»Und der mich rausgeschmissen hat, dem ich fünf Jahre Arbeitslosigkeit zu verdanken habe«, sagte er abschließend, »war ein Siebzigjähriger aus Hannover – hoch berentet, dazu ein Spitzenhonorar nebst Buschzulage, und einen Sondervertrag bei einer Hamburger Zuliefererfirma – zwanzigtausend monatlich todsicher. Oder sogar mehr!«

»Sollte man in die Zeitung bringen«, sagte ich.

»Bloß anonym«, warnte er wie anfangs schon. »Sonst verliere ich meinen jetzigen Posten auch noch.«

Oskar aus Hamburg

»Am Ende meinte mein Anwalt: ›Frau Heider, Frau Heider, warum haben Sie sich überhaupt auf diese Heirat eingelassen?‹«

Sie hielt inne – schließlich wusste ich inzwischen, dass sie sich von Oskar Mertens, dem Mitarbeiter einer Hamburger AVIS-Vertretung, schon nach drei Monaten wegen eines sächsischen Kunstschmieds namens Lutz Normann hatte scheiden lassen. Seitdem trug sie wieder ihren Mädchennamen, unter dem ich sie vor Jahren während eines Sommerurlaubes kennengelernt hatte, und was sie aus ihrem Leben zu erzählen wusste, gipfelte – richtiger gesagt: versandete – in eben dieser missglückten Ehe.

Nach der Wende hatte sie in Dresden Oskar Mertens auf einer Geburtstagsfeier kennengelernt und aus der Begegnung war ein hartnäckiges Anhalten um ihre Hand geworden – mit Blumen, Konfekt, Einladungen ins Theater, zu Konzerten und Ausflügen im Mercedes. Bevor er die Rückreise nach Hamburg antrat, hatte sie ihm versprechen müssen, ihn dort zu besuchen. Sie fand einen dreiundvierzigjährigen Muttersohn vor, der beruflich so erfolgreich nicht war, wie er ihr gesagt hatte, und auch seine Andeutungen von einem gehobenen Leben platzten wie Seifenblasen.

Mir schien die Frage ihres Anwalts durchaus berechtigt.

»Stimm ihm nur zu – nur zu!«, sagte sie bitter. »Machen wir nicht alle mal Fehler und uns was vor? Otto sah ja nicht bloß gut aus, er *war* auch gut – immer nur großzügig in Dresden und hilfsbereit. Und ich hatte ihm ja auch Hoffnungen gemacht. Irgendwie fühlte ich mich ihm verpflichtet, wollte ihm auch helfen sich gegen seine Mutter durchzusetzen – diese Zaghaftigkeit in Person, die ihn beruflich nur zurückgehalten hat.«

»Ehe als Therapie«, sagte ich.

Sie verbat sich den Spott. Immerhin habe sie darauf bestanden, vorerst in Dresden zu bleiben und dass er seinen Hamburger Posten nicht nur behalte, sondern sich verbessere.

»Das hat er versprochen, allein schon, weil er mich nicht verlieren wollte. Doch dann verlor er mich doch. Nur wenige Tage nach den Flitterwochen – oh, diese Flitterwochen! – lernte ich Lutz kennen und fand, dass wir weit besser zusammenpassten. Was ich Oskar nicht lange verschwieg. Natürlich tat er mir leid, und schuldig fühlte ich mich auch.«

Ich brachte den Vergleich vom Ende mit Schrecken mit dem Schrecken ohne Ende an.

»Ohne Ende – du sagst es!«, rief sie. »Kannst du dir vorstellen, wie mir zumute war, als da plötzlich draußen an der Wand der Bibliothek, wo ich arbeite, in Riesenlettern zu lesen stand: *Helga Heider, Stasi* – in unverkennbar Oskars Handschrift. Kannst du dir das vorstellen?«

Ob ich das konnte.

»Dieser Wirbel bis hoch zur Leiterin! Dass ich meine Stelle noch habe, ist ein Wunder. Wäre bei den Behörden auch nur der leiseste Verdacht gegen mich geäußert worden, Andeutungen über Stasi-Mitarbeit, ich säße auf der Straße.«

Sicher hätte sie ihr Kunstschmied nicht fallenlassen, gab ich zu bedenken.

»Der arme Mann!«, rief sie. »Was der durchgemacht hat!« Sie holte Luft. »Ist dir schon mal ein Rad vom Auto abgefallen?«

»Nein, zum Glück nein!«

»Zwei Meter hinter seiner Ausfahrt fiel Lutz vom Auto ein Hinterrad ab – sämtliche Radmuttern lose. Nicht auszudenken, was ihm auf offener Strecke passiert wäre. Zu beweisen war niemandem was. Aber Oskar war zu der Zeit in Dresden, und auch als das mit der Bibliothek passierte, war er hier.«

»Der reinste Krimi«, sagte ich.

»Und kein Ende abzusehen«, rief sie.

Tod eines V-Mannes

Freudig erregt warf er die Arme hoch, den Kopf in den Nacken, dabei glitt ihm sein blonder, mit einem Gummiband zusammengehaltener Pferdeschwanz zwischen die Schulterblätter und die Brille über die Brauen. Er nahm sich die Zeit nicht, das Gestell zurechtzurücken, er sah mich auch so recht gut, und die Freude blieb ihm im Blick.

»Mensch, du!«

Auch ich freute mich. Ich mochte Marek Koslowski. Seit wir vor Monaten gemeinsam nach Stuttgart und Freiburg entsandt worden waren, er von einer polnische, ich von einer lokalen Zeitung, hatten sich unsere Wege nicht wieder gekreuzt. Selbst hier im Presseklub waren wir uns nicht wiederbegegnet. Ich war gespannt auf ihn. Er setzte sich, beantwortete meine Frage nach seiner Familie nur kurz: »Alles bestens, bestens!« Und kaum dass ich bei der Kellnerin eine Bestellung losgeworden war, weihte er mich in seine jüngste Gerichtsreportage ein, die es »in sich hatte wie lange keine«. Mit der morgigen Urteilsverkündung käme sie zu ihrem Höhepunkt.

»Das darfst du wissen – ein toller Stoff.«

Ich glaubte es ihm. Schließlich hielt ihm seine Wochenendzeitung zwei Doppelseiten dafür frei. Es ging, erzählte er, um eine polnische Gangsterbande, die Prostituierte, »schöne Polinnen«, nach Deutschland schleuste und auch Drogen schmuggelte, und diese Bande arbeitete Hand in Hand mit deutschen Autodieben – »eine hochkarätige Verbindung krimineller Energien.«

»Die wohl aufgeflogen ist?«

»Sag ich doch«, rief er. »Und der Hauptanklagepunkt war Mord! Du hörst richtig, mein Lieber – Mord!«

Sein Bier ließ er stehen, dabei kannte ich ihn als genüsslichen Trinker, und erst als er mir von dem V-Mann berichtet hatte, den die polnische Polizei mit Wissen der deutschen in die Bande habe einschleusen können, setzte er das Glas an.

»Jetzt kommt's«, sagte er und wischte sich mit dem Handrücken den Schaum von den Lippen. »Da wird dieser deutsche Polizeibeamte vor einem ehemaligen Stasi-Oberst prahlen, dass sie mit Hilfe eines V-Mannes dabei sind, den Gangstern das Handwerk zu legen – prahlt beim

Bier oder sonst wo vor diesem Stasi-Typen, den er noch aus alten Zeiten kannte, und kein Tag vergeht, da ist der V-Mann tot. Ermordet!« Er holte Luft. »Kapierst du die Zusammenhänge?«

»So ziemlich«, sagte ich. »Bloß bleibt da noch was unklar.« Ich zählte auf: »Ein deutscher Polizist schwätzt, ein ehemaliger Stasi-Mensch hört zu, und wer noch hört zu?«

»Falsche Fährte«, sagte er.

Ich wartete ab.

»Wofür, glaubst du, gibt mir mein Blatt diese Doppelseiten?«

Er sah mich eindringlich an.

»Der Stasi-Oberst von einst entpuppte sich als Bordellbesitzer und Bandenchef von just diesen deutschen und polnischen Gangstern. Was sagst du nun?«

Ich schwieg ihm zu lange.

»Mensch«, forderte er. »Was sonst muss noch passieren, dass es dich vom Stuhl reißt. Ein Mordprozess mit allen Schikanen – dazu in *der* Besetzung!«

Anonymes Bekenntnis

Ich sah beide die Köpfe schütteln, abwehrend die Hände heben, und dann hörte ich sie über die Reporter hinweg in gebrochenem Englisch sagen, dass sie ihre Namen nicht nennen wollten. Ich konnte es ihnen nachfühlen – fremd in Deutschland, vor Stunden erst angekommen, und plötzlich diese unerwartete Belagerung vor der Beratungsstelle für Einwanderer. Fragen über Fragen im Scheinwerferlicht und Kameras von allen Seiten. Er war ein schmächtiger Mann mit dunklem krausen Haar und dunklen Augen, und ohne weiteres nahmen ihm die Reporter ab, dass er Jude sei. Bei der Frau kamen ihnen Bedenken. Sie wirkte sehr russisch – hohe Wangenknochen im breitflächigen Gesicht, blondes Haar und blaue Augen. Ihre Stimme klang hell und in der Erregung schrill.

»Am I his wife«, beteuerte sie.

Keiner der Reporter sprach russisch, was mich weniger wunderte als das Unvermögen der beiden, auch nur ein einziges deutsches Wort zu sagen. Schließlich waren sie aus St. Petersburg nach Berlin gekommen, suchten Wohnrecht und Arbeit in Deutschland.

»Useless, quite useless all you've told me«, sagte der Reporter aus Philadelphia. Wenn sie ihm nicht auch ihre Namen nannten, könne er das Interview nicht in seine Zeitung bringen.

Der Mann und die Frau saßen auf der Bank und schwiegen.

»For crying out loud«, fuhr der Reporter fort und hockte sich vor die beiden hin, damit er ihnen in die Augen blicken konnte. Was denn so verfänglich sei an dem, was sie erzählt hatten. Jeder wisse doch von den Zuständen in Russland und dem dort weitverbreitenden Antisemitismus. Auch verstehe sich von selbst, dass sie in unsicheren Zeiten wie diesen nicht nach Israel wollten. Aber dass sie sich ausgerechnet für Deutschland entschieden hätten, wo doch die Deutschen ...

Er ließ den Rest ungesagt. Ob sie denn davor keine Angst hätten, fügte er hinzu.

Der Mann nickte. »Have I fear«, sagte er.

»And you?«, fragte der Reporter die Frau.

Auch sie nickte. »Yes«, sagte sie bloß.

»I see«, sagte der Reporter aus Amerika, dann schwieg er.

Sie wirkten erleichtert, der Mann und die Frau, als sich neben ihnen die Tür zum Zimmer der Beratungsstelle öffnete und sie entkommen konnten – fort von dem grellen Licht, in das sie getaucht waren, den Kameras, den Fragen der Zeitungsleute ringsum, besonders den Fragen des Amerikaners, der auf ihre Namen bestanden hatte.

Windschutzverleih

Bloß ein Pinselstrich mit weißer Deckfarbe und schon versprach das Schild in Frau Pohls Vorgarten eine Verleihzeit von elf Stunden – noch schien ihr das nicht gänzlich klar. Dann aber gefror ihr das Lächeln auf den Lippen.

»Da bin ich ja hausgebunden – wie der Kettenhund von nebenan«, sagte sie. Kaum gesagt, besann sie sich wieder. »Geh ja sowieso nie weg. Bloß mal ein bisschen einkaufen. Da kann das ruhig so stehen bleiben.«

Sie betrachtete das Schild mit den veränderten Verleihzeiten, jetzt weniger beunruhigt. »Wann geh ich schon noch zum Frisör? So gut wie nie bei den Preisen heutzutage. In ein paar Tagen aber, da leiste ich es mir.« Die Vorstellung belebte sie. »Hab nämlich Geburtstag. Der Sohn wird kommen. Ein paar Nachbarn. Und Freunde. Hört das Leben etwa auf, wenn man Witwe ist?«

Sie wirkte weit jünger plötzlich.

»Ich verrate Ihnen was«, sagte sie. »werde übermorgen dreiundsechzig. Wie finden Sie das?«

Sie wartete meine Antwort nicht ab. Etwas Peinliches war ihr eingefallen, das verriet ihr Ausdruck. Sie rechnete mir vor, was ihr nach all den Preiserhöhungen von der Rente blieb – allein die Versicherungsprämie für das Rohrdach ihres Hauses hatte sie arg zurückgeworfen.

»Leiste ich mir mal ein Käffchen, ist das schon viel.«

Geradezu hoffnungsvoll betrachtete sie jetzt das Schild. »Elf Stunden hin, elf her«, sagte sie, »besser als auch nur einen Kunden zu verlieren.«

Sie schilderte, wie früher in der Hauptsaison bei nur einer Stunde Verleihzeit alle vierzig Windschutze im Umlauf gewesen waren. »Gab Wochenenden, da hätte ich gut und gern ein Dutzend mehr gebraucht. Heutzutage aber, was glauben Sie?« Heutzutage, fuhr sie ohne Pause fort, lägen dreißig Windschutze brach auf dem Dachboden. Nur zehn seien ständig im Verleih. Sie hob beide Hände. »Zehn! Und vermietet sind heute gerade mal zwei. Heute geht's mit dem Sparen schon beim Windschutz los. Und was das Schlimmste ist …« Einen Augenblick lang hielt sie inne, dann rief sie: »Allein in diesem Sommer schon zwei Windschutze weg – einfach futsch!« Sie wiegte den Kopf. »Geklaut – wie finden Sie das!«

Und Aldi am Sonntag

Schon von der Straße her war deutlich, dass der Gaststätte die Gäste fehlten – keine Autos auf dem Parkplatz, keine Fahrräder. Ein flüchtiger Blick durch die großen Glasfenster bestätigte die Vermutung. Die Deckenlampen waren abgeschaltet und nur noch die Theke war beleuchtet. Drinnen war es dunkler als draußen in der noch hellen Sommernacht, und als ich eintrat, lächelte die Wirtin gezwungen, ließ aber erkennen, dass sie sich an mich erinnerte – dabei war ich seit der Wende nicht mehr hier gewesen. Ich hatte die Preise nach der Neueröffnung als zu hoch, den Wirt als hochmütig empfunden: Zu sehr hatte er den Chef herausgekehrt, und die allzu funktionelle Einrichtung von Stahlmöbeln, Spiegeln und Fliesen, Nachwende-Errungenschaften allesamt, hatte wenig Gemütlichkeit aufkommen lassen.

Das war auch jetzt nicht anders – zudem war inzwischen die Sicht auf weite Wiesen mit Kühen und Pferden durch Neubauten versperrt, schmucklose zweistöckige Häuser, weiß und gelb, die der Boddenlandschaft das Ländliche nahmen.

Auch nach dem zweiten Obstler, den ich an der Theke bestellte, blieb die Wirtin verschlossen und polierte weiter das Blech der Theke und die Biergläser nach. Was ich von dem eben erlebten Kirchenkonzert sagte, schien sie kaum zu erreichen. »Manchmal kommen nach den Konzerten ein paar Gäste mehr«, sagte sie bloß. Sie wirkte geradezu apathisch, und mir war, als blicke sie mich argwöhnisch an, als ich nach ihrem Mann fragte. »Hat sich das nicht rumgesprochen? Der ist doch schon lange wieder auf See.«

Ich dachte daran, wie erfolgsgewiss er gewesen war, nachdem ihn die geschrumpfte und immer mehr schrumpfende Seereederei des Ostens hatte entlassen müssen – kein Problem für ihn: Blühende Landschaften, auch Mecklenburg würde aufblühen und Gaststätten gefragt sein.

»Die Schnauze voll, er hatte die Schnauze voll«, hörte ich sie sagen.

Ihr schmales Gesicht wirkte noch schmaler in dem trüben Licht, gealtert auch, und was sie dann hinzufügte, zeigte, dass sie der Dinge ebenso überdrüssig war wie ihr Mann.

»Und ließ sich alles so gut an – damals.«

Sie atmete tief, es war wie ein Seufzer, und schon ein Bruchteil ihrer Klagen über die rapide angestiegenen Kosten verdeutlichte, in welcher

Bedrängnis sie sich fühlte – durch die Abzahlungsraten, die Zinsen für die Bankanleihe, die Steuern und Versicherungsprämien, die Rechnungen für Gas, Wasser, Strom, Müllabfuhr, Telefon, Rundfunk und Personalkosten. »Und am Ende auch noch Aldi.«
Ich sah sie fragend an. Sie wandte stumm den Blick zu den Fenstern mit der versperrten Sicht.
»Fühle mich wie im Käfig seit all den Häusern da«, sagte sie. »Und erst mein Mann – eigentlich zu verstehen, dass er sich absetzte. Könnte ich wie er, ich täte es auch. Auf See fallen alle Sorgen ab. Die auf Schiffen wissen gar nicht, wie das ist, sich dauernd zu fragen, rechnet sich dies, rechnet sich das.«
Sie zog die Schultern ein, es war, als ducke sie sich vor einem Affront. »Und am Ende Aldi auch noch sonntags.« Mein Schweigen irritierte sie.
»Aldi am Sonntag, und das nur ein paar Schritte weg, da lohnt sich der Mittagstisch auch sonntags kaum noch – die Feriengäste bei uns rechnen nämlich auch ...« Sie hielt inne und winkte ab. »Ich sehe, Sie begreifen schwer«, sagte sie. »Bloß, was ist daran schwer zu begreifen, wie es mich zurücksetzt, wenn die Feriengäste sich fürs Frühstück und Abendbrot bei Aldi eindecken!« Dann schwieg sie und polierte weiter die Theke.

Im Herbstwind

Ich sah den Jungen im Stoppelfeld und wie schnell er mit seinen sechs Jahren rannte, über ihm der rote Drachen stieg höher im Herbstwind, bis er nur noch ein dunkler Punkt im Blau des Ostseehimmels war. Zweihändig hielt er die Rolle jetzt, das Seil zerrte an ihm, und er lehnte sich dagegen. Sein Hemd flatterte, und der Wind zauste sein Haar, das hell in der Sonne leuchtete. Und oben flog der Drachen ...

Und meine Gedanken flogen in die Vergangenheit, da war ich um die zwei Jahre älter als dieser Junge jetzt, als ich in einem Stoppelfeld bei Bouillon in Belgien den roten Drachen steigen ließ, den Jan van de Velde mir überlassen hatte, ehe er mit seinen Eltern nach Lüttich abreiste.

»Ein Andenken für dich«, hatte er gesagt,

Und wie ich an ihn gedacht und ihn vermisst hatte! Ich wusste, sein Geschenk war ein Opfer gewesen, und obwohl er nicht wirklich geglaubt hatte, dass die Flugpost ihn erreichen würde, versuchte ich es doch. Flugpost? Jan hatte nicht nur den Drachen gebastelt, sondern auch Fallschirmchen, die an Haken den Strick hochglitten bis hin zum Drachen, wo sie ausklinkten und vom Wind davongetragen wurden. Auch hatte er mir gezeigt, wie man unter den Schirmchen kleine Glasröhren mit Messages anbringen konnte – er hatte *Messages* gesagt, nicht Nachrichten –, die dann in die Welt flogen und vielleicht, vielleicht beantwortet wurden. *Lieber Jan van de Velde – wenn dich dieses Briefchen erreicht, dann antworte mir ...*

Jans Adresse und auch die eigene in Duisburg steckten in dem Röhrchen. Ich sah das Fallschirmchen sich oben beim Drachen vom Seil lösen und im Herbstwind davonfliegen – wohin? Auf Lüttich zu gen Norden oder über den Fluss und die Grenze nach Frankreich? Schon jetzt, hier auf dem Stoppelfeld, konnte ich das nicht mehr bestimmen. *Jan van de Velde – wenn dich mein Brief erreicht, dann ...*

Nie habe ich herausbekommen, wer in dem französischen Städtchen Sedan unweit vom belgischen Bouillon meine Flugpost auflas, wie sie aber beantwortet wurde, hat sich mir eingeprägt, kaum dass ich den Brief im heimischen Briefkasten entdeckt und aufgeregt zur Mutter getragen hatte. »Abas Hitler!«, hatte ich in großer Blockschrift gelesen, aber nur das Wort Hitler begriffen, was noch dort stand war mir ein Rätsel – ich ging noch zur Volksschule, wo Französisch kein Fach war. Ich sah die Mutter beim Lesen erbleichen. »Woher kommt das?«, flüsterte sie, riss gleich ein Streichholz an und verbrannte das Blatt im Aschenbecher. Das verkohlte Papier kringelte sich, nichts war mehr lesbar, nur dass es beschrieben gewesen war, blieb zu erkennen. Mutter zerrieb die Asche.

»Sag mir, was da stand.«

Sie sah mich an. »Etwas gegen Hitler«, antwortete sie leise und hob den Zeigefinger an die Lippen, »und dass er die Deutschen hasst.«

»Warum schreibt er mir dann?«

»Weil du für ihn dazugehörst«, sagte die Mutter.

III Schade, dass du Jude bist

III Schade, dass du Jude bist

Die einfachen Dinge 247	Helden 293
Neugier 251	X, Ypsilon und die Wohltätige 296
Im Herbst 254	Der Arier 300
Kinderheim 256	Onkel Martin 303
Die Taschenuhr 257	Hass 305
Bonbons 259	Bahnwärterhaus 308
Die Eidechse 260	Miriam 310
Schulweg 262	Flucht 313
Menschenjagd 264	Das Gemälde 319
Zirkus 265	Der Schrei der Krücken 321
Geranien und Rosen 267	Ruth 323
Spinat 270	Die Abreise 325
Die Papageienkrankheit 273	In London 330
Dreiundsiebzig 276	Die Münze 333
Mutprobe 279	English, Martin Ruben 335
Zito 281	Jene Stunden im Internat 337
Schwester Julchen 283	Whiteladies 341
Die Musikstunde 285	Die Guernsey-Lektion 346
Inquisition 288	Parias 350
Der Unfall 290	

Die einfachen Dinge

Georg ist noch immer mein Freund. Das mag seltsam klingen, denn Georg ist nirgends, wo ich ihm die Hand reichen könnte. Welten trennen uns – vielleicht lebt er nicht mehr, ist im Krieg gefallen. Er ist noch immer mein Freund – im symbolischen Sinn. Ich erinnere mich: Elf Jahre war ich alt, und Georg wartete am Ende unserer Straße auf mich. Er wollte unser Haus nicht betreten. Hielt Stolz ihn zurück oder Befangenheit, die Scheu, sich einer fremden Umgebung stellen zu müssen? Ich weiß es nicht. Ich weiß nur, dass ich mich stets draußen mit ihm traf und dies hinter mir ließ: Unser Haus mit der gewundenen Treppe zur Eingangstür, an der Tür die Klingel, deren Läuten hell durch den Vorraum tönte und Käte herbeirief, die dann lautlos durch die mit Teppichen ausgelegten Flure lief. Hinter ihr schwangen Glastüren mit einem Geräusch zu, als würde Luft aus Schächten gesogen. Käte öffnete die Haustür und ließ die Besucher in die Stille des Hauses – führte sie in Vaters Arbeitszimmer oder die Bibliothek, die Vaters Ordnungssinn erkennen ließ. Wollte der Gast zur Mutter, wies Käte den Weg ins helle Biedermeierzimmer, wo Landschaftsaquarelle in schlichten Rahmen das Sonnenlicht zurückwarfen, das durch die Flügeltüren flutete, die zum Balkon überm Garten führten. In den Vitrinen glänzte Mutters Porzellansammlung, die Glasscheiben glitzerten und schwarz hob sich der Bechstein-Flügel von den hellbraunen Möbeln ab, den vier zierlichen Stühlen und dem Tischchen.

Ich warf die Haustür hinter mir zu, dass es durch den Flur hallte, rannte die gewundene Steintreppe hinunter und die Straße entlang bis hin zur Ecke, wo ich auf Georg stieß.
»Hallo! Gut, dass du da bist.«
»Ja«, sagte Georg. »Hab Kastanien dabei.«
Ein paar davon klaubte er aus der Hosentasche und warf sie von einer Hand in die andere.
»Gut«, rief ich, »die werden wir rösten.«
Wir zogen los. Georg ließ die Kastanien zurück in die Hosentasche gleiten, schob die Hand nach, damit sie unterwegs nicht rausfielen. Sein Haar war vom Wind zerzaust, das Hemd über der Brust offen. Seite an Seite rannten wir durch die Straßen zum Wald hin.

Wenn ich heute an Georg denke und mir jene fernen Tage ins Gedächtnis rufe, formt sich vor meinem inneren Auge aus vielen Bildern das Mosaik unserer Freundschaft, die mit den Jahren an Bedeutung gewann.

Wir hockten vor dem Feuer, das wir auf einer Lichtung im Wald entfacht hatten und sahen zu, wie die Kastanien sich in den Flammen verfärbten, und hörten die Schalen in der Hitze knacken. Eine Weile lang schwiegen wir. Über den Wipfeln der Bäume rings um uns, Eichen und Ulmen und Birken, schimmerten Flecken klaren Himmels, Sonnenstrahlen stachen durch das zitternde Laub. Georg schürte das Feuer, und ich wendete die Kastanien in der Glut.

Schließlich brach Georg das Schweigen. »Vater will nicht, dass ich mich beim Jungvolk blicken lasse.«

»Na und?«, sagte ich. »Du weißt doch, mich würden die nicht nehmen.«

»Dich nicht – klar. Schade, dass du Jude bist.«

»Wieso? Bin nicht scharf aufs Jungvolk.«

»Gilt eigentlich auch für mich.«

»Also, was gibt's da noch.«

Georg schwieg. Dann sagte er: »Die hacken auf einem rum, wenn du nicht dabei bist.«

»Wer ist die?«

»Verdammt, Marty, du kapierst nichts.«

Er spießte sich eine Kastanie aus dem Feuer, schälte sie und biss ein Stück ab. »Was ist eigentlich mit den Juden los«, fragte er plötzlich, als hätte er die ganze Zeit darüber nachgedacht. »Erklär mal, warum die Nazis die Juden hassen.«

Mich verwirrte, dass ich es nicht wusste. »Keine Ahnung«, antwortete ich. »Kann ich nicht sagen.«

Einen Augenblick lang sah mich Georg prüfend an. Dann schob er mir eine Kastanie zu und sagte: »Brauchst du auch nicht – so oder so, wir bleiben Freunde.« Er wartete, und weil ich schwieg, fügte er mit Nachdruck hinzu: »Oder nicht?«

Jetzt, da ich dies niederschreibe, liegen die Jahre zwischen mir und Georg und dem vom Krieg zerrütteten Deutschland. Ist es nicht längst zu spät, so zu schreiben? Ich weiß es nicht. Oder erkläre ich nicht gerade zur rechten Zeit: Georg ist noch immer mein Freund, und seine Leute auch.

Es gibt Dinge, die man früh lernt und die in einem bleiben und mit den Jahren wachsen. Und stets sind es die einfachen Dinge. Sie wiederholen sich, sie verbinden sich zu einer Kette, die von der Kindheit bis in die Mannesjahre reicht.

»Mutter, das ist Martin.«

»Guten Tag«, sagte ich vor Georgs Mutter stehend, die Arme steif an den Seiten, und ich verbeugte mich.

Sie kniete im Gemüsebeet und jätete. Jetzt unterbrach sie die Arbeit und musterte mich von unten her, prüfend zuerst, doch schnell verrieten ihre Augen Freundlichkeit.

»Ah, guten Tag. Du bist also Georgs Freund. Er hat oft von dir erzählt.«

Mit dem Rücken ihrer Hand schob sie sich eine Strähne grauen Haares aus der Stirn und streckte müde die Schultern.

»Geht beide schon rein«, sagte sie zu Georg und deutete auf die Holzlaube. »Und setz Wasser auf. Ich komme gleich nach.«

Dann fing sie wieder zu jäten an, sich auf den Knien vorwärts schiebend, Stück für Stück, eine hagere Frau im verblichenen Schürzenkleid, die jetzt jünger wirkte, weil die Haarsträhnen ihr Gesicht verdeckten.

Und dies ist mir geblieben, bis heute, da ich ganz bei dieser Begegnung bin: Die ruhige Art von Georgs Mutter, ihr Stolz, der auch in Georg war, der prüfende Blick, mit dem sie mich musterte, die Vorbehaltlosigkeit, mit der sie mich dann aufnahm und an allem, was sie hatten, teilhaben ließ. Hier zählte weder mein Elternhaus noch welcher Religion ich angehörte. Ich spürte, dass für sie nur der Freund etwas galt, Georgs Freund, sonst nichts. Das war ein gutes Gefühl.

November 1938, Stadt Duisburg im Rheinland: Unser Haus mit der steinernen Treppe zur Eingangstür – das Schloss gesprengt, die Tür eingeschlagen, sie hängt lose in den Angeln; neben der Tür die Klingel – aus der Wand gerissen und an zwei Drähten baumelnd. Käte ist nicht mehr bei uns – längst verbot uns das Gesetz eine Hausangestellte. Die schwingenden Glastüren im Flur – beide in Scherben, auf den Teppichen knirschen die Glassplitter unterm Schuh. Vaters Arbeitszimmer und die Bibliothek – die Möbel zertrümmert, die Bücherregale umgekippt, juristische Fachbücher und Romane der Weltliteratur auf dem Boden verstreut. »Der Zauberberg«, »Krieg und Frieden«, der Band »Deutsche Justiz« mit zerrissenem Einband in die Ecke geschleudert. Mutters Biedermeierzimmer, die Porzellansammlung – ein Scherbenhaufen, die Landschaftsaquarelle zerschnitten. Unten im Garten, in einem Blumenbeet, liegt der Bechstein-Flügel wie eine gigantische Schildkröte auf dem Rücken. Die breiten Verandatüren sind zerschlagen, alle Fenster zersplittert.

Ich schreibe dies nieder wie in Trance, ohne Erregung jetzt, beschreibe die Zerstörung, die über uns kam, plötzlich, auf Befehl, und mit einer solchen Wucht, dass es die ganze Zeit unwirklich schien – nicht fassbar. Viel Hass war in jenen Jahren gesät worden, sehr viel Hass, der an diesem Tage ungehindert tobte. Und dennoch habe ich Hoffnung.

Sturmabteilungen brechen in ein Haus ein, trampeln alles nieder, demolieren, was ihnen in den Weg kommt, schlagen in Stücke, verhaften – das ist eine Ordnung, die wir zerstören. Ja, wir zerstören sie: in unseren Herzen, unserem Geist, jeder einzelne von uns, zerstören sie durch unsere Art zu leben, zu denken und zu handeln. Vielleicht wurde meine Hoffnung an diesem Tag geboren, an jenem Novembertag im Jahr 38. Ich habe sie bewahrt.

Es war ein langer Tag. Es war ein furchtbarer, ein grausamer Tag. Unser Volk, das jüdische Volk, wurde verwundet, versprengt, erniedrigt. Es dauerte lange, bis der Abend kam.

Bei uns zu Haus gab es keine Tränen. Wir waren wie versteinert, vielleicht waren wir auch zu stolz für Tränen. Unsere Gedanken waren beim Vater, der am Morgen verhaftet worden war, und wir beteten für ihn.

Dann, in der Nacht, kam ein Mann in unser Haus. Er ging durch die verwüsteten Zimmer, und er sah alles, und er war eine lange Zeit still. Er legte mir die Hand auf die Schulter und sagte: »Das währt nicht ewig.«

Zu Mutter sagte er: »Ich finde keine Worte für diese Schande.«

Er nahm einen zerbrochenen Tisch und zwei Stühle, trug die Möbel hinaus und lud sie auf einen Handwagen, mit dem er ins Dunkel der Nacht verschwand.

Der Mann war Tischler – er war Georgs Vater.

Neugier

Der Briefkasten an der Bushaltestelle machte ihn neugierig – was bloß verbarg sich da? Er fragte den Vater, der aber antwortete zu ausführlich. Martin war noch nicht vier und schnell abgelenkt. Was für eine große runde Schachtel sich plötzlich über ihm türmte, bunt eingewickelt dazu. »Das ist keine Schachtel, sondern eine Litfasssäule«, bekam er zu hören. »Und hohl ist sie auch nicht, sondern aus Beton ...« Darüber dachte er nach, ehe er sich nach was Neuem umsah. So erfuhr er binnen einer halben Stunde, dass der rote Feuerlöscher im Bus eine schäumende Flüssigkeit enthielt, die Kästen in der Straßenbahn, in die er mit dem Vater umstieg, mit Sand gefüllt waren und die glänzenden Apparate vor den Bäuchen der Schaffner mit Münzen.

Auch zu Hause gab es immer etwas zu erforschen. Allein schon in der Küche standen Behälter, die Martin keine Ruhe ließen. Er plagte seine Mutter und Käte, die Hausgehilfin, mit Fragen, auch die Männer von der Müllabfuhr, den Laufjungen von der Wäscherei, Hausierer, Bettler und Lieferanten, kurzum jeden, der an der Wohnungstür schellte.

Mit der Zeit erwachte in ihm ein leidenschaftliches Interesse für die Ursache von Geräuschen – was ließ die Türklingel läuten, wie kommt die Musik ins Radio, ins Klavier, ins Grammophon? Er begann, alles, was klingelte, quietschte, pfiff oder knarrte, zu untersuchen. Das Glöckchen aus der Porzellansammlung der Mutter zerbrach er, nahm die Kaffeemühle und den Wecker auseinander, zerlegte die Pfeife am Wasserkessel. Er wurde verwarnt und bestraft, doch es half nicht. Sowie er einen Gegenstand entdeckte, der einen Laut von sich gab, überkam ihn die Neugier. Er zerriss, verbog, zerschnitt oder zerbrach, um den Geräuschen auf die Spur zu kommen. Es musste in all den Dingen ein Zwerg verborgen sein, der brummte oder läutete, auf einem Kamm oder einer Pfeife blies! Stets wurde er enttäuscht, glaubte aber weiter an diesen Zwerg. Eine Kindergeige, eine Trommel, ein kleines Akkordeon erlagen seinen Nachforschungen, weil er unbedingt den Zwerg finden wollte.

Er wurde getadelt, ermahnt, man redete auf ihn ein, drohte ihm – er versprach Besserung, doch wurde so oft rückfällig, dass er an seinem Geburtstag kein Spielzeug bekam, nur Obst und Kleidungsstücke, und das waren für ihn keine Geschenke. Wem konnte er von dem Zwerg erzählen, der zu entdecken war? Keiner begriff ihn, keiner würde ihm glauben.

An einem strahlenden Sonntagmorgen im Frühling – die Eltern hatten am Abend zuvor Gäste, Lachen und Gläserklingen war zu hören gewesen – wachte er zeitig auf und traute seinen Augen nicht. Neben seinem Bett stand ein Spielzeugelefant, fast so groß wie er selbst. Der war grau, hatte einen Rüssel und Stoßzähne und war auf Messingräder montiert.

Er sprang aus dem Bett, umarmte den Elefanten, streichelte ihn, zog ihn am Schwanz, an den Ohren, am Rüssel und schob ihn von Wand zu Wand vor sich her. Ein Elefant, mein Elefant! Von wem war der? Und warum war keiner wach, ihn zu bewundern?

Behutsam öffnete er die Tür und schlich auf Zehenspitzen durchs Haus. In der Küche roch es nach Essen und Alkohol, viel Geschirr lag im Abwasch. Beharrlich tickte die Wanduhr. Niemand rührte sich. Ihm schien, als hätte ein Zauberer die Eltern und Käte in einen tiefen Schlaf versetzt. Wenn er wenigstens die Wanduhr erreichen könnte. Er kletterte auf einen Stuhl, doch die Uhr blieb unerreichbar. Verärgert verließ er die Küche. Ich habe einen Elefanten, aber keiner will das wissen, dachte er. An der Schlafzimmertür der Eltern lauschte er, spähte durchs Schlüsselloch und ging dann in sein Zimmer zurück. Sein Herz schlug heftig. Es war anstrengend, so still zu bleiben!

Grau und groß stand der Spielzeugelefant im Licht der Morgensonne unterm Fenster. Er schwang sich auf seinen Rücken wie auf ein Pony und presste die Schenkel zusammen. Da quiekte es laut. Er ritt den Elefanten quer durchs Zimmer, und wieder presste er ihn mit den Schenkeln. Und wieder quiekte es. Er horchte auf. Er stieg ab, hockte sich neben den Elefanten, betrachtete ihn rundum und knuffte ihn. Kein Laut kam. Erst als er wieder aufstieg und mit den Schenkeln presste, quiekte es erneut – einmal, zweimal, dreimal …

Als ihn seine Mutter eine Stunde später wecken wollte, fand sie ihn gekrümmt unter der Bettdecke, die er sich über den Kopf gezogen hatte. Überall auf dem Fußboden lagen Sägespäne, und auf dem Fensterbrett blinkte das Küchenmesser. Die Stoffhaut des Elefanten war über den Messingrädern in sich zusammengefallen.

Die Mutter zog ihm die Bettdecke weg und rüttelte ihn. Er warf sich auf den Bauch und drückte das Gesicht ins Kissen. Gegen die Brust hielt er einen Gegenstand fest, den er erst freigab, als die Mutter ihn dazu zwang. Eine kleine Gummiblase fiel aufs Laken.

»Marty, Marty – was bloß hast du da angerichtet!«

»Sei mir nicht böse«, rief er mit erstickter Stimme. »Ich verspreche ...«

»Was versprichst du?«

Er wandte der Mutter das verweinte Gesicht zu. »Dass ich nie wieder nach dem kleinen Zwerg suchen werde – nie!«

Im Herbst

Die Balkongitterstangen standen so dicht, dass Martin sich stets die Ohren wund rieb, wenn er den Kopf durchsteckte. Schließlich gab er das auf und langte nur noch die Faust durch. Er wusste ohnehin, was ablief, wenn er das Ende der Papierschlange losließ, die er seit dem letzten Fasching den ganzen Frühling und den Sommer über aufgehoben hatte – jeden sonnigen Nachmittag passierte es. Die Papierschlange würde über dem Balkon unten im Wind flattern, bis es einen leichten Ruck gab, wie wenn ein Fisch nach dem Köder schnappte, und die wachsbleichen Hände von Herrn Opitz würden das wehende Ende gefasst haben.

»Prima, Herr Opitz«, rief er auch jetzt, ließ aber sein Ende nicht eher los, bis er von unten die asthmatische Stimme gehört hatte: »Loslassen, min Jung.«

Vor seinem inneren Auge sah er, wie Herr Opitz, gut zugedeckt im Korbsessel, die Papierschlange sorgfältig zusammenrollte – was immer viel länger dauerte, als er selbst dazu gebraucht hätte, ihm aber auch Zeit ließ, das Treiben auf dem Marienplatz zu verfolgen: Schwere Gäule zogen gemächlich ihre Fuhrwerke, Radfahrer radelten vorbei, Autos rollten im Kreisverkehr, alte Frauen in dunklen Kleidern stiegen langsam die Stufen von St. Marien hoch, und auf den Gehsteigen spielten Kinder.

Das Läuten der Türklingel ließ ihn aufhorchen. Als geöffnet wurde, hörte er die Pflegerin von Herrn Opitz zu Käte sagen: »Ich bring die Papierschlange für den jungen Herrn und schöne Grüße vom Geheimrat«, und Martin glühte vor Stolz, dass man ihn jungen Herrn nannte, wo es doch bis zur Schule noch lange hin war – ein ganzes Jahr und ein halbes dazu, wie Käte sagte.

Er rief »Vielen Dank, Herr Opitz« durchs Balkongitter, und als von unten her matt die Antwort kam: »Schon gut, min Jung«, war wieder einmal das Spiel zu Ende.

Eines strahlenden Herbstnachmittags aber – es war fast wie im Hochsommer, nur die gelbbraunen Blätter fielen schon – wartete Martin vergebens auf Antwort. Dabei hatte er zweimal laut gerufen: »Herr Opitz, Herr Opitz, unsere Papierschlange ist weg!« Die hatte ihm ein Windstoß aus der Hand gerissen und zu einem der Bäume vor dem Haus getragen, wo sie unerreichbar an einem Ast flatterte. Er zwängte den Kopf zwischen den Eisenstangen hindurch, was weh tat, schlimmer aber war, dass der Korbsessel unten auf dem Balkon leer stand.

»Wo sind Sie, Herr Opitz?«

Er zog den Kopf zurück und hielt sich die Ohren. So hörte er nur schwach, dass die Glocken von St. Marien zu läuten anfingen. Als er durch die Baumkronen schwarz gekleidete Menschen aus der Kirche kommen sah, Herren mit Zylinderhüten und verschleierte Damen, gab er seine Ohren frei. Er sah staunend, wie vier stämmige Männer einen großen Holzkasten mit Messingbeschlägen auf den Schultern zu einer gläsernen Kutsche schleppten, die dann von Pferden so langsam über den Platz gezogen wurde, dass die Menge dahinter gut nachkam.

Noch einmal rief er nach Herrn Opitz – wieder vergebens. Leuchtend blau in der Sonne wehte die Papierschlange am Ast, und dann riss ein plötzlicher Windstoß ein Stück davon ab und wehte es über den Marienplatz, der Martin wieder vertraut schien, weil die gläserne Kutsche mit den Menschen dahinter verschwunden war. Macht nichts, dass die olle Papierschlange hin ist, dachte er trotzig, Herr Opitz hat mich sowieso vergessen. Und ging vom Balkon in sein Zimmer.

Kinderheim

Schon grünten die Wiesen rings ums Haus, der Krokus blühte, doch stellenweise lag noch Schnee. Schien die Sonne, mussten sie mittags in Decken gehüllt auf Liegestühlen ruhen – was sie hassten. Denn zu den Regeln des Kinderheimes gehörte während dieser Zeit absolutes Schweigen. So blickten sie stumm den Wolken nach, die über die Bergspitzen trieben, machten stürzende Lawinen aus und dachten an verschüttete Bergsteiger und Bernhardinerhunde, die lange suchten. Der Heimleiter war ein hagerer Mann mit wettergegerbter Haut und dunklen Augen, und wenn er mit knochiger Hand zuschlug, hinterließ das Striemen. Selbst erlebte Martin das nicht, was wohl mit seinem jungen Alter zu tun hatte – denn folgsam war er selten, und er nahm übel. Er nahm dem Heimleiter die zwei mittäglichen Schweigestunden übel und dass er seine von zu Hause hergeschickte Schokolade so mager einteilte, kaum ein Riegel fiel wöchentlich dabei ab. Das Aufstehen vor Morgengrauen nahm er übel und das Pflichtturnen in rauer Kälte und besonders und immer, dass das Tor im eisernen Zaun des Kinderheimes verschlossen blieb und seinen Drang in die Weite bremste. Für ihn war der Heimleiter eine Unperson. Auch begriff der ihn nicht, stand ihm selbst nach dem Vorfall in der Blockhütte nicht bei. Im Verständnis des Heimleiters war nichts weiter geschehen, als dass Martin für Versäumnisse beim Bettenbauen und Ordnung halten eingesperrt worden war – tat das weh, war das schädlich? Für Martin war es die sträflichste aller Strafen: Freiheitsberaubung! Und als dann noch die Fensterklappen der Blockhütte geschlossen wurden und er im Dunkeln saß, hatte ihn Panik ergriffen. Ihm war, als sei er für alle Zeiten in die finsterste Finsternis verbannt. Und er verabscheute den Heimleiter, als der von einer Bagatelle von zehn Minuten redete. Was eine Bagatelle war, konnte er nur ahnen, doch eine Spanne von zehn Minuten wusste er einzuordnen – ihm jedenfalls war die Zeit endlos erschienen.

»Lüge«, rief er und stampfte mit dem Fuß. »Das tut mir keiner mehr an.«
»Was du nicht sagst!«
»Ja«, gab er zurück, und seine Stimme überschlug sich. »Ich will nach Hause.«

Die Taschenuhr

Wenn die Glastüren des Krankenzimmers offen standen, konnte er vom Bett aus über die Terrasse weg auf einen kleinen See blicken. Es war Spätsommer. Die Kiefern und Silbertannen rochen würzig, ein frischer Wind strich übers Wasser. Das Glitzern der Sonnenstrahlen in den Baumkronen beobachtend, das Gezwitscher der Vögel im Ohr, fühlte er sich wohl. Versuchte er aber aufzustehen, versagten ihm die Beine, er taumelte und musste sich festhalten, weil alles um ihn sich drehte, langsam erst, dann schneller. Da begriff er, wie krank er noch war.

Eines Tages wurde ein zweiter Patient ins Zimmer gelegt, ein kleiner Vierjähriger, zwei Jahre jünger als Martin. Rainer hatte strahlend blaue Augen, Grübchen im Gesicht und eine flinke Zunge, die selten still stand. Es war, als murmelte ständig ein Bach durch Martins Tagträume.

»Ich hab ein Dreirad, du auch? Und eine Eisenbahn habe ich und einen großen Ball und eine Matrosenmütze und ein Indianerkostüm! Du auch? Und bald werden wir in ein großes Haus einziehen, und wo wohnst du?«

»Wir ziehen auch in ein großes Haus«, sagte Martin.

Das ließ Rainer für kurze Zeit verstummen.

Mit der Zeit lernte Martin auf alle Fragen beharrlich zu schweigen, zur Ruhe aber kam er immer erst, wenn Rainer, vom eigenen Geplapper erschöpft, den Kopf aufs Kissen sinken ließ und einschlief. Dann hörte er wieder die Vögel singen, sah er die Eichhörnchen durch die Bäume huschen und konnte den Lauf der Sonne im See verfolgen. Er dachte an die Eltern und an Käte und sehnte sich danach, wieder mit Zito, dem Hund seiner Vettern, durch den Wald zu rennen. Manchmal dachte er an die Schule und fragte sich, ob er je nachholen würde, was er in all den Wochen versäumt hatte.

»Ich hab geträumt«, sagte plötzlich Rainer, setzte sich im Bett auf, blinzelte und rieb sich die Augen. »Von einem Schornsteinfeger, der hat mich in einen Schornstein gesteckt, und ich konnte nicht mehr raus. Ich hab Angst vor Schornsteinfegern. Du auch?«

»Nein«, sagte Martin.

»Aber ich. Schornsteinfeger sind schwarz.«

»Sind sie nicht. Bloß rußig.«

»Ach ja?« Eine Weile dachte Rainer darüber nach, doch sehr bald fuhr er fort: »Du hast kein Indianerkostüm, oder? Ich hab auch einen großen Bären und einen Goldfisch im Becken und einen Kanarienvogel und ein Schaukelpferd. Und was hast du?«

Martin wandte sich zum Nachttisch und holte aus der Schublade die Taschenuhr aus Nickel, die ihm Tante Jeanette geschenkt hatte. Die Uhr hatte ihm bisher so wenig bedeutet wie die Zeit selbst. Doch nun glaubte er, etwas vorweisen zu müssen. Vorsichtig zog er die Uhr auf und hielt sie ans Ohr.

»Weißt du, was ich hier habe?«

Rainer machte große Augen und hielt den Atem an.

»Das ist eine Taschenuhr, und sie gehört mir«, sagte Martin.

»Zeig mal.«

»Nein. Du machst sie kaputt.«

»Mach ich nicht. Zeig doch mal.«

Martin schlang die Uhrenkette um den Bettpfosten, sodass Rainer die Uhr zwar sehen, aber nicht greifen konnte. Die Uhr tickte hörbar, und Rainer betrachtete sie begehrlich. Er presste die Lippen zusammen, seine Augen verloren den Glanz.

»Gib sie mir!«

Martin blieb hart, und Rainer vergrub das Gesicht im Kissen, bis er endlich wieder einschlief. Als die Schwester das Abendbrot brachte, rührte er es nicht an. Er suchte nach der Uhr am Bettpfosten, und weil sie verschwunden war, sah er Martin vorwurfsvoll an.

»Onkel Martin«, sagte er, »wie spät ist es, bitte?«

Martin holte die Uhr unter dem Kopfkissen hervor, warf einen Blick darauf und legte sie wieder weg. »Genau halb sechs«, beschied er, obwohl die Zeiger auf drei Viertel eins standen – er hatte noch nicht herausgefunden, wie man die Uhr nach dem Aufziehen stellt.

»Danke, Onkel Martin«, sagte Rainer leise.

Von da an belästigte er Martin nicht mehr mit seiner Geschwätzigkeit – wenigstens nicht mehr so wie bisher.

Bonbons

Mittagssonne lag über der Prinz-Albrecht-Straße. Stille umfing die stattlichen Villen in prächtigen Gärten, kein Windhauch bewegte die Blätter der Bäume. Martin war allein in der Straße. Er war über einen Zaun geklettert und hatte dabei Hemd und Hose zerrissen, die Kniestrümpfe waren zu den Knöcheln gerutscht. Jetzt saß er auf dem Bordstein, die Arme um die Knie geschlungen, regungslos im Sonnenlicht, das auf seinem wirren Haar spielte. Wie so oft gestaltete er für sich die Umwelt neu: Aus dem Feuermelder wurde ein Ritter in voller Montur, die Bäume wurden zu Palisaden einer Burg und die makellos polierten Autos zu Karossen. Plötzlich drangen zwei Fremde in seine Traumwelt ein. An der Hand ihrer Mutter kam ein kleines Mädchen in einem rosa Kleid den Bürgersteig entlanggehüpft. Ihre goldbraunen Locken wippten wie Sprungfedern, und ihr Geplapper durchbrach die Stille wie ein Glöckchen.

Martin blickte auf. Augenblicklich verstummte das Mädchen und sah ihn an. Sie löste sich von der Mutter, kam auf ihn zu und hielt ihm eine prallvolle Tüte hin. Martin nahm die Tüte und schob sie ungerührt unters Hemd – er tat, als wäre ihm so etwas nicht neu.

Zufrieden wandte sich das Mädchen um und lief weg. Aus einiger Entfernung sah sie noch einmal zu Martin hin. Sie lächelte. Ernst schaute er ihr nach und erst, als die Prinz-Albrecht-Straße wieder leer war, holte er die Tüte unter seinem Hemd hervor und schob ein Bonbon in den Mund. Da hörte er aus dem Garten hinter sich die Stimme seiner Mutter.

»Wie siehst du nur wieder aus. Man muss sich schämen!«
Er sah sie mit einem seltsam reifen Ausdruck des Erstaunens an.
»Was isst du denn da?«
»Bonbons.«
»Und woher hast du die?«
Er erklärte es ihr.
»Wahrscheinlich hielt sie dich für einen dahergelaufenen Betteljungen.«
»Nein«, sagte er mit Bestimmtheit. »Ich war der Prinz.«

Die Eidechse

Er drückte die schwere Klinke herunter und stemmte sich gegen das eiserne Tor, bis es knarrend einen Spalt weit aufging, zwängte sich nach draußen und rannte blindlings die Straße hinunter. Die Kinderstimmen vom Schulhof her wurden schwächer, und bald klangen sie wie ferne Musik. Am Ende der Straße bog er links ab und folgte einem Pfad über den Schuttplatz hinter der Schule. Die Sonne schien warm, über ihm strahlte der Himmel leuchtend blau. Er fühlte sich froh und frei.

In seiner Vorstellung verwandelte er den Schuttplatz zu einem eigenen Reich. Die Flaschen und Büchsen im trockenen Gras glänzten in der Sonne, grün die Flaschen, rotbraun die Büchsen, und wie es silbern in den Glasscherben glitzerte und das Gras gelb im Licht stand. Es war schön unter der Sonne. Die Zeit gehörte ihm. Er ging langsamer, setzte sich auf einen Stein und kratzte mit einem Stock Linien und Kreise in den Boden. Er war allein auf der Welt. Die Zeit schien endlos. Plötzlich huschte etwas Geschmeidiges, Braunes, Biegsames vorbei. Ein Schwänzchen, dünn wie ein Halm, schwang hin und her. Vier Füße schnellten den schlanken Körper vorwärts.

»Eidechse«, flüsterte er.

Auf einem Sonnenfleck verharrte die Eidechse und wandte ihm den Kopf zu. Ihr Zünglein schoss vor und zurück. Er streckte die Hand nach ihr aus, sofort verschwand die Eidechse im Gras.

»Wo bist du hin?«

»Wer?«, fragte hinter ihm eine Stimme.

»Die Eidechse.«

»Was soll das?! Einfach die Schule schwänzen … Bloß gut, dass ich dich gefunden hab«, hörte er den Jungen sagen. Martin kannte ihn nicht – wer war das? Er war nicht mehr allein auf der Welt.

»War ich lange weg?«

»Warst du. Fräulein Staneck hat mich losgeschickt, dich zu suchen. Dein Schulzeug hast du auch vergessen. Los, komm jetzt!«

Sie rannten los. Martin hielt den Kopf gesenkt, sah im Innern die Lehrerin mit so streng erhobenem Kopf, dass ihr Haarknoten den Nacken berührte, sah die große graue Schule mit den vielen Fenstern. Als er hochblickte, ragte die Schule wie eine Festung vor ihm auf. Sein Herz klopfte.

»Mach zu«, drängte der Junge, als sie über den Schulhof liefen. »Schnell jetzt.«

Durch die offenen Fenster hörten sie Stimmen. In einer Klasse wurde gesungen: »Maikäfer flieg, dein Vater ist im Krieg ...« Im Treppenhaus umfing sie Kühle. Kleine Schweißperlen standen Martin auf der Stirn. Seine Verwirrung war groß. Sie rannten die Steintreppen hoch, ihre Sandalen klapperten, dass es hallte. Oben stürmte der Junge in die Klasse. Martin folgte ihm zögernd. Alle Kinder sahen zu ihm hin.

»Auf dem Schuttplatz war er«, hörte er den Jungen zu Fräulein Staneck sagen.

Die wandte sich ihm mit strengem Blick zu, die Lippen schmal. »Was bloß wolltest du da?«

»Ich hab meine Eidechse besucht«, sagte Martin.

Fräulein Staneck lächelte, die Strenge wich aus ihren Augen. Sie zog Martin an sich und strich ihm übers Haar.

Die Kinder sahen erstaunt zu.

Schulweg

Als sich Martin zur Mittagszeit dieses Tages zum zweiten Mal auf den Weg zur Schule hatte machen müssen, kam er dort nicht an. Erstaunt war er auf halbem Weg stehen geblieben. Was trieb der Mann dort oben auf dem Dach der leer stehenden Fabrik, die Hauptquartier, Versteck, Spielplatz der Jungen aus der Prinz-Albrecht-Straße war? Was hatte all die Menschen, Frauen, Männer und Kinder in den Hof gelockt, warum starrten sie alle zu dem Mann hinauf? Martin sah genauer hin und erkannte, dass der kein Schornsteinfeger sein konnte, war er auch schwarz gekleidet, und dass sich vom Fabrikdach zur Ruine des Quergebäudes gegenüber, hoch über den Köpfen der Leute, ein Drahtseil spannte. Er hörte den dumpfen, rhythmischen Schlag eines Tamburins und blechernes Klirren, und dann zwängte sich aus der Menge eine Zigeunerin mit pechschwarzem Haar, die zu den Klängen des Tamburins zu tanzen begann, dass ihre Röcke flogen. Dabei rief sie etwas, das Martin nicht verstand, und wies nach oben. Wieder warf er den Kopf in den Nacken und sah den Mann in Schwarz zu einer Stange greifen und prüfend einen Fuß auf das Seil setzen, bis es heftig zu wippen begann.

Im Hof drehte sich noch immer die Frau zum Takt des Tamburins im Kreis. Als die Menge endlich zu einem regelrechten Auflauf angeschwollen war, bestieg oben der Mann mit großer Vorsicht das Seil. Martin schien es, als klammerte er sich beim Vorwärtsschreiten an der jetzt quer zum Körper gehaltenen Stange fest. Auf halbem Weg über dem Hof strauchelte er. Martin stockte der Atem, er spürte ein Sausen im Kopf, hörte ein Aufstöhnen in der Menge und schloss die Augen. Als er sie wieder öffnete, sah er den Mann mit nur einem Fuß auf dem Seil schwanken. Martin wandte sich ab, wollte den Sturz in die Tiefe nicht erleben, und nur dem erleichterten Raunen der Menge entnahm er, dass der Mann sich zum Dach des Quergebäudes gerettet hatte. Dort stand er jetzt mit ausgebreiteten Armen wie ein großer schwarzer Vogel.

Die Zigeunerin hatte aufgehört, das Tamburin zu schlagen, drängte sich jetzt Münzen sammelnd durch die Menge, die sich aufzulösen begann und lichter wurde, bis nur noch wenige übrig blieben. Martin sah sie das im Tamburin gesammelte Geld zählen und als sie fertig war, hörte er sie empört aufschreien. »Drei Mark siebzehn – mehr ist sein Leben wohl nicht wert!«

Die Groschen, die Martin spenden konnte, ehe er bedrückt die Schule Schule sein ließ und nach Hause zurücklief, hatten die Summe auf keine vier Mark gebracht – genau waren es drei Mark und siebenundvierzig Pfennig.

Menschenjagd

Plötzlich war Käte bleich geworden und hatte ihn an der Haltestelle aus der Straßenbahn gezerrt. Martin begriff den Grund nicht – was hatte das alles mit ihm zu tun? Ein Arbeiter war, sich immer wieder umdrehend, längs der Fabrikmauer die Straße hinuntergelaufen, seine genagelten Stiefel hatten laut aufs Pflaster geschlagen, noch vor dem Fabriktor war er mit einem Satz zum Sims der Mauer hochgesprungen, wobei ihm die Mütze vom Kopf gefallen war. Oben hatte er sich festgekrallt, sich hochgezogen und war dann hinter der Mauer verschwunden. Eine Pfeife hatte geschrillt. Männer in braunen Uniformen und Schaftstiefeln, Gummiknüppel in den Fäusten, waren aufgetaucht. Wo die Mütze lag, hatten sie laut fluchend angehalten.

Während Martin jetzt an Kätes Hand die Straße entlanglief, hörte er hinter sich die SA-Männer fluchen, und er stellte sich vor, was sie dem Mann antun würden, wenn sie ihn fingen. Ein Windstoß blies ihm Ruß ins Gesicht, seine Augen tränten, alles um ihn her verschwamm – die Mauer, der rauchende Schornstein mit der großen weißen Schrift auf rotem Stein: *Nieder mit Hitler!*

»Renn nicht so, Käte!«

Die aber zerrte ihn weiter bis hin zu dem Reihenhaus am Ende der Straße. Schnell schloss sie die Tür auf.

»Komm jetzt. Komm rein.«

Als sie von innen wieder abgeschlossen hatte, fragte Martin, was wohl der Mann, der da über die Mauer verschwunden war, getan haben könnte.

»Vielleicht jemanden tot gemacht, oder so?«

Käte stand gegen die Tür gelehnt und zitterte. »Wie du redest«, rief sie. »Das war doch Helmut. Hast du Helmut nicht erkannt?«

Das hatte er nicht – an dem Sonntag, als Helmut Käte in der Prinz-Albrecht-Straße besucht hatte, war ihm nur dessen kleiner Terrier wichtig gewesen, mit dem er hatte spielen dürfen.

»Das war wirklich Helmut?«

»Ja doch!«

»Er ist weg«, tröstete er Käte. Er sah zu ihr hoch. »Bloß gut, dass sie ihn nicht gekriegt haben.«

Zirkus

Schon die Anreise war voller Spannung, er allein im D-Zug nach Köln, acht Jahre alt und mit dem Taschengeld von zwei Fünfmarkstücken im Brustbeutel. Um zwölf war Martin am Duisburger Hauptbahnhof, obwohl er nur eine Stunde zu fahren und erst spätnachmittags anzukommen brauchte – *Sarasani*, Kindervorstellung im Zirkus, mit den Spaßmachern Tünnes und Schäl, mit Tigern, die durch brennende Reifen sprangen, wild brüllenden Löwen, rasanten Pferden und Elefanten, die kein Unrecht vergaßen und sich zu rächen verstanden. Auf rollenden Rädern im Abteil durchlebte er, was er zu sehen erhoffte – den Mann, der Feuer spie und Schwerter schluckte, das Trio am fliegenden Trapez, die Menschenpyramide, den Seiltänzer und die Jongleure. Er hörte die Zirkusmusik und das Knallen der Peitschen, das »hop-hop« der Artisten, wenn sie im Sägemehl Rad schlugen, und er roch den Geruch im Zirkuszelt und in der Tierschau. Für das Erlebnis Zirkus wäre er nicht bloß nach Köln, sondern quer durch Deutschland gereist.

Mit klopfendem Herzen, fürchtend, die besten Plätze könnten schon vergeben sein, stand er Schlange vor der Kasse und empfand es als Triumph, als er eine Logenkarte erstand. Lang vor der Zeit belegte er seinen Platz. Als endlich die Lichter aufflammten und der Zirkusdirektor hoch auf weißem Ross in die Arena ritt, gab er sich der Erfüllung seiner Träume hin. Er jubelte mit Tünnes und Schäl, bangte für das Trio am Trapez, den Seiltänzer hoch überm Netz, und sah sich auf dem Rücken eines galoppierenden Pferdes, eines mächtigen Elefanten, und wenn der Löwe fauchend die Tatzen gegen den Dompteur hob, steigerte sich seine Bewunderung für ihn ins Grenzenlose.

Sarasani. Die Vorstellung in Köln im neunten Jahr seines Lebens übertraf alle Erwartungen. Er hatte Löwen und Tiger erwartet, Pferde, Elefanten und Artisten, nur sie nicht, die Seejungfer Annabella mit den strahlenden Augen und dem langen dunklen Haar. Es faszinierte ihn, dass sie von der Hüfte abwärts ein Fisch und keine Frau war. Wie ein Fisch würde sie durch das Becken gleiten, in das die Arena jetzt verwandelt war, und als sie sich von der Plattform in die Tiefe fallen ließ, er sie anmutig ins Wasser tauchen sah, war er verzaubert. Sie tauchte ein und schwamm im Kreis, und immer wenn sie lächelnd den Kopf hob, war ihm, als lächele sie nur für ihn. Weiß und lieblich zeichneten sich ihre Brüste unterm Wasser ab und ihr Haar floss überm Wasser wie ein Schleier. Nie würde er sie vergessen können, und in jener Nacht noch und in den Nächten die folgten, glitt Annabella, die Seejungfer aus dem Zirkus in Köln, durch seine Träume.

Geranien und Rosen

Er hatte Sinn für Blumen. Besonders Rosen gefielen Martin, aber auch Maiglöckchen, Nelken oder Kornblumen. Bei festlichen Anlässen aber schenkte er der Mutter meist nur Geranien, die er von seinem Taschengeld bei Herrn Papenbrecht besorgte – es war ein weiter Weg bis hin zur Gärtnerei. Er bewunderte den hageren Alten mit dem Pferdegesicht und den großen, knorrigen Händen, weil der so gut mit Pflanzen umgehen konnte. Selten nur sah er Kunden in der Gärtnerei und hatte sich längst zu fragen begonnen, wie Herr Papenbrecht zurechtkam. Es war, als verprellte der fast blinde Wachhund mit seinem bösen Kläffen jeden Fremden. Immer war das Tor zur Gärtnerei geschlossen, und allein schon wenn der Hund zu knurren anfing, kostete es Martin Überwindung, nicht gleich kehrtzumachen.

Bei seinen Blumenkäufen kam er sich wie der Ritter vor, dem erst Einlass ins Zauberland gewährt wird, wenn er das Ungeheuer erlegt hatte. Sobald er am Tor nach Herrn Papenbrecht rief, geriet der Hund in Wut, und bis der Gärtner zwischen den Gewächshäusern auftauchte, hatte sich die Fehde meist derart zugespitzt, dass Martin die Flucht ergriffen hätte, wäre der Hund imstande gewesen, über den Zaun zu springen.

Umständlich begann Herr Papenbrecht mit einem überlangen Schlüssel das Tor aufzuschließen und den grollenden Hund zu besänftigen. Vorsichtig trat Martin ein, wobei er darauf achtete, den Gärtner zwischen sich und dem Tier zu haben. Sein Herz schlug heftig. Und er sagte kein Wort, bis er im Gewächshaus war.

»Na, junger Mann, was soll's denn heute sein?«, fragte Herr Papenbrecht wie immer, und Martin gefiel das – er war ja erst neun und noch nicht im Gymnasium.

»Kann Ihr Hund hier rein?«

»Und wenn schon, der tut dir nichts«, beruhigte ihn der Gärtner.

»Hat dich doch immer bloß angeknurrt?«

»Vielleicht lassen Sie besser die Tür versperrt«, sagte Martin und erzählte von einem Zirkushund, der neben anderen Kunststücken auch Türklinken bedienen konnte. Herr Papenbrecht hörte aufmerksam zu.

»Das könnte mein Gamzo auch«, sagte er. »Der ist gelehrig und gefügig – nie tapst der auf Blumenbeete oder reißt Pflanzen aus. Jetzt ist er alt und ein bisschen streitsüchtig, doch solange du meine Blumen nicht anrührst, tut er dir nichts.«

»Ich rühr Ihre Blumen nicht an, Herr Papenbrecht. Will bloß welche kaufen.«

Prompt zählte der Gärtner sein Angebot auf. Martin unterbrach ihn. Schnittblumen welkten zu schnell, meinte er, während Topfpflanzen länger hielten.

»Ich bleib bei Geranien«, entschied er. »Wie viel kosten die heute?«

Herr Papenbrecht verzog das Gesicht. Es verdross ihn, dass der Junge auch diesmal wieder mit einer Geranie abziehen wollte. Heute würde er ihm Rosen verkaufen, das verlangte sein Berufsstolz. Die Arme in die Seiten gestemmt, den Strohhut so weit zurückgeschoben, dass über seinem wettergegerbten Gesicht ein Streifen weißer Stirn zu sehen war, ließ er sich über etliche Rosenarten aus – er benannte sie, und dabei fielen Worte wie stolz, edel und erlesen.

»Aber Rosen verwelken so schnell«, protestierte Martin.

»Das mag schon sein, junger Mann«, sagte Herr Papenbrecht, »aber eine Geranie ist eben nur eine Pflanze, während Rosen Seelen haben. Willst du denn deiner Mutter immer nur Geranien schenken?«

Er gab sich geschlagen und legte seine Ersparnisse in einen Strauß tiefroter Rosen an. Den ließ er sich einwickeln und trug ihn vorsichtig an dem tückischen Hund vorbei auf die Straße. Zu Hause stellte er die Rosen in eine mit Wasser gefüllte Milchflasche, die er in seinem Zimmer hinterm Bett versteckte.

Hätte er bloß den Rat des Gärtners nicht vergessen, ihre Stiele unten einzuschneiden – denn als er am folgenden Morgen erwachte, waren die Rosen aufgeblüht und hatten die ersten Blätter verloren. Es trieb ihm Tränen in die Augen. Er riss die Vorhänge auf, und weil er erkannte, dass bis zum Schulbeginn noch Zeit war, zog er sich schnell an und rannte durch die Hintertür aus dem Haus den ganzen Weg bis hin zur Gärtnerei. Außer Atem, den Hund kaum noch fürchtend, der kläffend am Zaun hochsprang, hämmerte er gegen das Tor.

»Herr Papenbrecht, Herr Papenbrecht!«

Sein Rufen hallte durch die Morgenstille, und weil er in der Stube hinter den Gewächshäusern Licht brennen sah, hörte er nicht auf zu rufen. Endlich schlurfte der Gärtner im Pyjama und Hausschuhen zum Tor.

»Wo brennt's denn, junger Mann.«

»Was Sie mir alles erzählt haben«, rief Martin. »Und jetzt sind all die Rosen hin. Bitte verkaufen Sie mir eine Geranie? Mit dem nächsten Taschengeld bezahle ich alles.«

Kurz vor dem Frühstück war er wieder zu Hause, verschwitzt, das Haar zerzaust. Auf dem Küchentisch wickelte er die Geranie aus. »Alles Gute zum Geburtstag«, rief er und umarmte die Mutter. Sie betrachtete die Topfpflanze und dankte ihm lächelnd.

»Wieder eine Geranie – wie schön.«

Er sah sie an und glaubte ihr nicht.

»Geranien haben auch Seelen. Wie Rosen«, versicherte er ihr. Und als sie erfahren wollte, wie er darauf kam, gestand er sein Missgeschick.

»Bring mir deine Rosen, Marty«, sagte sie.

Aber erst Jahre später, als er beinahe zwölf war und sich die ersten Freundschaften mit Mädchen anbahnten, begriff er, warum seine Mutter sich mehr über die verwelkten Rosen gefreut hatte als über die blühende Geranie.

Spinat

Niemand musste Martin davon überzeugen, dass Spinat gesund ist, ihm brauchte man nicht zuzureden – ginge es nach ihm, könnte es täglich welchen geben. Aber nein. Meist musste er lange auf seine Lieblingsspeise warten, und immer beklagte sich Käte, dass Spinat soviel Mühe machte. Man tat das Gemüse nicht einfach in den Topf, oh nein, jedes Blatt musste einzeln gepflückt und gewaschen werden – »so will es deine Mutter.« Wirklich mühsam, wenn man bedachte, wie sehr so ein Korb voll Spinat zusammenkochte. Es reichte gerade zu einer normalen Portion für jeden der drei Erwachsenen und einer großen für ihn. Also begann er zu handeln.

»Hör mal zu, Käte! Was kann ich für dich tun, damit du öfter Spinat kochst?«

»Es gibt ihn oft genug.«

»Ein Junge in meiner Klasse hat dauernd Spinat auf dem Brot – sicher kocht seine Mutter jeden Tag welchen. Also kann das nicht so furchtbar viel Arbeit machen!«

»Mach deine Hausaufgaben und quengle nicht.«

Er ließ nicht locker. »Ich will auch einen Monat lang für dich einkaufen gehen, wenn du öfter Spinat kochst.«

»Was hast du gegen Kraut, Erbsen oder Bohnen?«

»Ich mag Spinat. Auch zum Schulfrühstück.«

»Sei dankbar für Leberwurst, Sardinen, Eier und Anchovispaste – und was du sonst noch kriegst.«

»Anchovispaste«, sagte er. »Kann ich dafür, dass ich Spinat mag? Wenn du mir keinen kochen willst, dann mach deine Einkäufe selber.«

Verärgert verließ er die Küche, ging auf sein Zimmer – und grübelte: Zigarettenbilder, Murmeln, Streichholzschachteln, alles wird in der Schule getauscht. Tut Käte mir den Gefallen nicht, tausche ich meine Frühstücksbrote mit Stoppelkopf.

Am nächsten Morgen aber kamen ihm Bedenken: Vielleicht verweigert sich Stoppelkopf. Was da nicht alles über die Leute aus Dörnerhof, wo Stoppelkopf herkam, geredet wurde – eine Arbeitslosensiedlung aus alten Eisenbahnwaggons hinterm Wald. Er wusste nicht einmal genau, wie Stoppelkopf richtig hieß. Hieß er Paul? Alle nannten ihn wegen seiner kurz geschorenen Haare Stoppelkopf. Selbst Fräulein Staneck rief ihn nicht beim Namen, sondern zeigte bloß auf ihn. Wann war Stoppelkopf zum letzten Mal an die Tafel gerufen worden – ewig her war das! Immer saß er nur mürrisch in der letzten Reihe, und die Mädchen meinten: »Er stinkt.« Mochte stimmen, sagte sich Martin. Stoppelkopfs Sachen waren alt, nur eine Hose besaß er und dieses geflickte Hemd. Einen Pullover hatte er wohl auch nicht, denn wenn es kalt war, behielt er seinen Mantel auch im Klassenzimmer an. Um eines aber war er zu beneiden – Spinat zum Frühstück!

Auf dem Schulweg bedauerte Martin, dass er sich nie groß um Stoppelkopf gekümmert hatte – niemand tat das, weil Stoppelkopf auch noch stotterte. Immer wurde er rot im Gesicht, wenn er zu sprechen ansetzte, sein Unterkiefer bebte, die Zunge schien ihm schwer im Mund zu liegen. Mit einmal spürte Martin Mitleid – bis ihm wieder Stoppelkopfs Spinat einfiel. Wenn der nun auch gern Spinat isst und meine Leberwurst und Anchovisbrötchen gar nicht will?

Unnötige Bedenken. Stoppelkopf, der in der Pause in der Ecke des Schulhofs hockte und gerade sein Frühstücksbrot aus dem braunen Packpapier wickelte, nahm das Angebot prompt an. »W-warum nicht?«, sagte er und wurde wie immer rot beim Sprechen. »W-wenn du willst.«

Er gab Martin für Eier- und Anchovisbrötchen vier Schwarzbrotschnitten mit kaltem Spinat. Das Anchovisbrötchen klappte er misstrauisch auf. »W-was ist das?«

»Fischpastete mit Ei«, antwortete Martin. »Schmeckt gut. Bloß *ich* esse lieber Spinat.«

Stoppelkopf biss ins Brötchen, kaute und erklärte dann: »Kannst du wieder tun, w-wenn du willst.«

»Morgen gibt's Leberwurst oder Salami«, versprach Martin.

»W-was ist Salami?«

»Kennst du nicht?«

Stoppelkopf schüttelte den Kopf.

Die Salami, die er am nächsten Tag kostete, schmeckte Stoppelkopf, auch die Leberwurst und der Käse und am übernächsten Tag die Sardinen, am liebsten aber aß er Anchovispaste mit Ei.

»Dieses Fischzeug«, stotterte er, »w-wie heißt das noch?«

»Anchovis«, sagte Martin, und Stoppelkopf wiederholte das Wort, um es sich einzuprägen.

Am Wochenende machte sich Martin über den Tauschhandel schon keine Gedanken mehr – er war fair zu Stoppelkopf, und Stoppelkopf war fair zu ihm. Ohne Käte zu bedrängen, würde er jetzt jederzeit zu Spinat kommen.

»Heute kannst du's dir aussuchen«, sagte er am Montag zu Stoppelkopf. »Ich hab Salami und Anchovispaste.«

Zu seiner Überraschung winkte Stoppelkopf ab.

»Was ist los?«

»Nichts. Kannst dein Frühstück behalten.«

»Hast wohl heute kein Spinatbrot für mich?«

»Nein.«

Aus der Manteltasche zog Stoppelkopf zwei in sauberes Papier eingewickelte Brötchen. Eins klappte er auf. »Anchovis«, behauptete er. »Krieg ich jetzt auch, sagt meine Mutter.« Er redete auf einmal fließender, stotterte kaum noch. »Sie hat die Wolldecke verhökert, aus der sie 'nen Pullover stricken wollte – Schafwolle.«

»Schön dumm«, sagte Martin. »Hättest du nicht zulassen sollen.«

Stoppelkopf zuckte die Achseln. »Hab doch meinen Mantel«, sagte er. »Und Anchovis, wie du. Das ist besser als ein Pullover, auf alle Fälle.«

Damit verfiel er in trotziges Schweigen, wandte sich ab und begann zu essen.

Die Papageienkrankheit

Beim Frühstück hatte Vater der Mutter etwas in der Morgenzeitung gezeigt, und plötzlich fingen sie an, französisch zu reden – Martin wusste, dass jetzt über ihn gesprochen wurde oder über etwas, das er nicht hören sollte. Er forschte in ihren Gesichtern. Schließlich wandte sich der Vater ihm zu und sagte ernst: »Traurig, traurig – aber es hilft nichts. Du wirst dich von deinen Wellensittichen trennen müssen.«

Ihm stockte der Atem. Er sah den Vater an. »Die Vögel müssen eingeschläfert werden.«

Sein Wellensittichpaar, sein Geburtstagsgeschenk, sollte eingeschläfert werden – das war so ungeheuerlich, es verschlug ihm die Sprache.

»Es gibt dafür sehr ernste Gründe«, fuhr der Vater fort, und er begann zu erklären, wie ansteckend die Papageienkrankheit sei und dass man daran sterben könne. »Aus Mülheim wurden in letzter Zeit mehrere Fälle gemeldet, und gestern musste ein Mädchen deines Alters ins Krankenhaus – stand alles in der Zeitung.«

»Aber Mülheim ist weit!«, protestierte Martin, und es überzeugte ihn nicht, als der Vater ihn darauf hinwies, wie oft sie schon zu Fuß dorthin gewandert waren – jene Sonntagnachmittagausflüge waren ihm stets endlos vorgekommen.

»Du weißt, wie weit Raffelberg von hier aus ist – und nach Mülheim ist es auch nicht viel weiter. Nein, die Vögel müssen weg.«

Martin nahm sich zusammen – nie hatten Tränen den Vater je umgestimmt. Er stürzte vom Frühstück weg auf sein Zimmer. Die Wellensittiche zwitscherten auf den Stangen im Käfig, lebensfroh wie immer – wer im Haus würde es über sich bringen, sie zu töten? Selbst der Vater nicht. Sie würden wieder diesen Burschen holen müssen, der einmal vor seinen Augen ein lebendes Huhn geköpft hatte. Aber war der Hals über Kopf aufzutreiben? Doch wohl nicht. Vater ging jetzt in seine Anwaltspraxis, und bis die Schule aus war, würde kaum was geschehen – die Untat ließ sich verhindern, wenn er die Wellensittiche einfach wegbrachte. Aber zu wem? Nur Herr Papenbrecht, der Gärtner, kam in Frage – der war alt und einsam und würde die Vögel hüten, bis man sie wieder nach Hause holen konnte.

»Ja, so machen wir das«, versicherte Martin den Wellensittichen und streichelte ihr Gefieder mit den Fingerspitzen.

Doch als er aus der Schule kam – er war den ganzen Weg gerannt –, stand auf dem Fensterbrett statt des Vogelkäfigs ein Goldfischbecken.
»Mutti!«, rief er gellend durchs Haus. »Wo sind meine Wellensittiche?«
»Wir haben sie vor einer Stunde beerdigt«, sagte die Mutter, als er sie endlich gefunden hatte.
»Ihr habt sie umgebracht!«
»Nein, sie sind eingeschlafen und nicht wieder aufgewacht. Sie müssen schon lange krank gewesen sein.«
»Lüge!« Er raste die Treppe hinunter und in die Küche. »Wer hat meine Wellensittiche umgebracht?«
»Deine Mutter hat dir Goldfische gekauft«, sagte Käte. »Hast du die noch nicht gesehen?«
»Goldfische, Goldfische! Wo sind meine Wellensittiche?«
Als Käte nicht gleich antwortete, rüttelte er am Küchentisch und stieß dabei eine Kristallvase um, die auf den Fliesen zerschellte.
»Wo sind meine Wellensittiche?«
Die Mutter, die herbeigeeilt war, konnte nicht an ihn heran, weil der Tisch sie trennte, und Käte wagte nicht, sich einzumischen – er war kreidebleich und schien zu allem fähig.
»Ich will die Wahrheit!«, forderte er, und als er sie schließlich erfahren hatte – von der Mutter, von Käte? Egal von wem! – floh er durch die Küchentür in den Garten, kletterte über den Zaun in die Moltkestraße, an deren Ende, wie er wusste, der Lumpensammler auf einem Grundstück neben dem Bahngelände hauste – höchstens zehn Minuten weit, wenn er rannte. Und Martin rannte, bis er fast mit dem dürren Mann zusammenstieß, der gerade zu seiner nachmittäglichen Lumpen- und Flaschentour aufbrechen wollte.
»Haben Sie meine Wellensittiche, Herr Klatt?«, fragte er atemlos.
»Die hab ich, jawohl«, gab der Lumpensammler mürrisch zu.
»Ich will sie wiederhaben – bitte!«
Der Mann grinste und zeigte dabei seinen zahnlosen Gaumen.
»Oho!«, rief er. »Geschenkt ist geschenkt, und wiederholen ist gestohlen.«
»*Ich* hab sie Ihnen nicht geschenkt«, rief Martin. »Ich will sie wiederhaben.«
»Komische Rede für den Sohn von einem Rechtsanwalt«, sagte der Lumpensammler, schob seinen Handwagen auf die Straße und schloss das Tor ab.

»Wann kriege ich also meine Wellensittiche wieder?«

Der Mann sah Martin durchtrieben an. »Du kannst sie ja irgendwann zurückkaufen«, schlug er vor. »Dein Vater hat Geld genug.«

»Wie viel wollen Sie?«, fragte Martin mit zitternder Stimme.

»Fünf Mark für die Vögel und fünf für den Käfig. Überleg's dir!« Damit packte er die Stange seines Handwagens und zog los.

Martin stand ratlos da. Er griff in den Drahtzaun, der das Grundstück von der Straße trennte, und sah suchend über die Berge von Lumpen, Gläsern, Flaschen und Pappkartons – der Vogelkäfig war nirgends zu sehen, und als der Eisenbahnzug, der gerade kam, vorbeigerollt war, horchte er angestrengt, ob seine Wellensittiche nicht irgendwo zwitscherten. Kein Laut kam. Sie mussten eingesperrt und unerreichbar für ihn sein. Wiederholen ist gestohlen – verlogene Sprüche!, dachte er mit einer Bitterkeit, die sich gegen alles und alle richtete – die verfluchte Papageienkrankheit, die Entscheidung des Vaters, den Täuschungsversuch der Mutter, Kätes Anteil daran, und schließlich dieses schändliche Angebot des Lumpensammlers, das jeder Gerechtigkeit hohnsprach. Zehn Mark – niemals werde ich so viele Flaschen sammeln können!

Dreiundsiebzig

Mit gereckten Hälsen blickten sie dem Flugzeug hinterher, das über ihren Köpfen dahinflog. Eine Passagiermaschine, vermutete Martin, und sah sie stetig kleiner werden, bis sie nur noch ein dunkler Punkt am blaugrauen Horizont war.

»Wassergekühlte Doppelmotoren«, sagte Hans Mertens. »Ich schätze, sie fliegt jetzt mit einer Geschwindigkeit von hundertachtundsiebzig Stundenkilometern.«

»Möglich«, bestätigte Jürgen Forster. »Planmäßig müsste sie vor genau vier Minuten in Düsseldorf gestartet sein.«

»Dieser Typ braucht eine mindestens vierzig Meter breite und über tausend Meter lange Rollbahn«, behauptete Werner Kolb.

»Sollte das alles stimmen, müsste die Entfernung zwischen dem Flugplatz und unserer Ecke hier genau vierundzwanzig Kilometer ausmachen«, überlegte Klaus Amendt. »Ich hab zwei Minuten für den Start zugegeben und fünf Minuten, bis sie die notwendige Höhe erreicht hat.«

Martin hielt es für das klügste, sich nicht zu äußern: Warum sollte er sich wieder die Blöße geben – wie gestern? Natürlich hatte er gewusst, dass im Mai auf der Avus Manfred von Brauchitsch mit seinem Mercedes Caracciola geschlagen hatte, aber als er ihm eine Durchschnittsgeschwindigkeit von »mindestens hundert« zugetraut hatte, mussten sich die anderen vor Lachen krümmen.

»Hundert!«, hatte Hans Mertens gerufen. »Menschenskind, da hat ja meine Oma mit'm Kinderwagen mehr Tempo drauf! Brauchitsch ist mit hundertvierundneunzig Komma vier über die Strecke gezischt. Das war doch was! Avus-Rekord und Weltrekord. Und Caracciola fuhr einen Alfa Romeo!«

»Weiß ich«, hatte Martin erwidert, aber es war nichts mehr zu retten gewesen. Wieder einmal hatte ihm seine grässliche Unfähigkeit, Zahlen im Kopf zu behalten, einen Streich gespielt.

Gewiss – Nurmi lief schnell, aber wie schnell? Jarvinen warf den Speer weit, aber wie weit? Bausch war großartig im Zehnkampf, aber wie viele von den zehntausend möglichen Punkten hatte er erzielen können?

Martin hatte keine Ahnung, und selbst wenn, hätte er es im nächsten Augenblick wieder vergessen. Die anderen aber, alle vier, kannten die Ergebnisse bis auf die Zehntelpunkte: 8 462,23. Was blieb ihm also übrig, als den Mund zu halten und so zu tun, als wüsste er Bescheid? Er hatte das dunkle Gefühl, dass er wohl niemals imstande sein würde, auch nur die einfachste Rechenaufgabe zu lösen, auch wenn er eines Tages das reife Alter von achtzehn Jahren erreichen sollte, er also doppelt so alt war wie jetzt. Ein Zug hat eine Geschwindigkeit von sechzig Stundenkilometern – wie lange braucht er bis Düsseldorf? Während die anderen rechneten, würde er an einen bestimmten Sonntag denken müssen, einen Ostersonntag vielleicht, als die Familie ausgezogen war, Tante Erna zu besuchen – an den Weg zum Bahnhof im strahlenden Sonnenschein, die Fahrt mit der Bahn und dann weiter im Taxi über die Rheinbrücke ...

»Etwa fünfundzwanzig Minuten«, würde er sagen, wenn alle anderen die Antwort längst wussten: Genau neunzehn Minuten und dreißig Sekunden!

Dann aber kam der Augenblick seiner Rechtfertigung. Es war an Werner Kolbs Geburtstag, der jedes Jahr im großen Garten seines Elternhauses gefeiert wurde – ein buntes, sehnsüchtig erwartetes Fest mit Lampions, Wettspielen, Chaplin-Filmen und leckeren Speisen, die auf Tischen angerichtet waren. Martin vergaß diesen Augenblick nie, und noch lange Zeit sonnte er sich im Glanz seines Triumphs – was beinahe wörtlich zu nehmen war, denn er gewann eine große, weithin leuchtende Stablampe als Preis. Dabei hatte er nichts weiter getan, als nach einigen Sekunden scheinbaren Nachdenkens die Zahl Dreiundsiebzig zu rufen. Warum gerade dreiundsiebzig? Martin wusste es nicht. Ebenso gut hätte er hundertdreiundsiebzig oder siebenunddreißig rufen können. Die Zahl Dreiundsiebzig war ihm rein zufällig als erste eingefallen – das Nachdenken war nur Schein gewesen. Das Ergebnis aber war verblüffend. Von der Eiche her wurde ein Scheinwerfer auf ihn gerichtet – es dunkelte bereits, zwischen den Bäumen und rings um das Schwimmbecken leuchteten schon die bunten Lampions – und er stand überrascht und vor Freude strahlend auf der Veranda, umringt von zwei Dutzend festlich gekleideter Jungen und Mädchen. Werner Kolbs Vater ging die Treppe zum Garten hinunter und schritt den Mittelweg ab, die Umrisse seiner stattlichen Gestalt verloren sich in der Dämmerung. Dreiundsiebzig Schritte machte er, und genau dreiundsiebzig Meter zeigte auch das Bandmaß an.

Niemand hatte die Länge richtig schätzen können, weder Hans Mertens, der sich bis in die technischen Einzelheiten mit Flugzeugmotoren auskannte, noch Werner Kolb, das Geburtstagskind, der alles über

Rollbahnen wusste, weder Klaus Amendt, der die Entfernung zwischen dem Flugplatz und jedem beliebigen Punkt exakt errechnen konnte, noch Jürgen Forster, der nicht nur die Geburtstage aller Mädchen aus der Nachbarschaft im Kopf hatte, sondern auch die Abflugzeiten aller in Düsseldorf startenden Passagierflugzeuge – keiner von den vielen, die es versucht hatten. Er allein hatte die Länge des Mittelweges richtig geschätzt. Geschätzt? *Erraten* hatte er sie. Aber wer konnte das wissen, solange er es nicht zugab?

Langsam ging Werners Vater den Weg zurück, den er abgeschritten hatte, und der Gärtner, der an diesem Tage als Mann für alles eingesprungen war und den geplagten Dienstmädchen zur Seite stand, rollte hinter ihm das Bandmaß auf.

»Gratuliere, Marty!«, rief Herr Kolb mit sonorer Stimme. »Erstaunlich, wirklich erstaunlich …«

Martin stand kerzengerade und regungslos da und lächelte wie ein Schauspieler im Rampenlicht.

»Wie hast du das erraten, mein Junge?«

»Ich habe es nicht erraten«, erwiderte er, dass alle es hören mussten, »ich habe es geschätzt!«

Und einen kurzen, herrlichen Augenblick lang klangen ihm die anerkennenden Zurufe wie stürmischer Applaus in den Ohren.

Mutprobe

Vor der Tierhandlung in der Bismarckstraße, wo er Futter für seine Goldfische besorgen wollte, hatten ihn zwei Hitlerjungen angerempelt, die bestimmt drei Jahre älter als er waren, vielleicht sogar mehr.
»He, du, halt mal an! Bist doch der Sohn von diesem jüdischen Rechtsverdreher – oder?«
Martin sah die beiden an. »Was wollt ihr von mir?«
»Bist doch der Sohn von diesem Juden?«
»Quatsch!«
»Quatsch«, höhnten die beiden. »Sieh einer an. Und wo wohnst du?«
»Weit weg – irgendwo draußen.«
»Aber'n Jude biste, das sieht man doch!«
»Quatsch«, wiederholte er mit bebenden Lippen. »Und jetzt lasst mich in Ruh!«
Da riss ihm der eine die Mütze vom Kopf und warf sie in den Rinnstein.
»Hol sie dir, Itzig«, forderte er, und Martin bückte sich danach und floh.
Quatsch, hämmerte es in seinem Kopf, und das Gefühl der Scham wuchs und wuchs in ihm …

»Komm herunter«, flehte seine Mutter, »Marty, hörst du mich, komm vom Dach herunter!«
Er lag auf dem Bauch, klammerte sich an den Rand des Mauervorsprungs, der den flachen Teil des Daches begrenzte, und blickte auf seine Mutter herab. Wie sie da von der Straße her zu ihm hochsah, wirkte ihr Gesicht groß im Vergleich zum Körper. Eine Haarsträhne hatte sich gelöst und fiel seitlich weg. Sie hielt die Hände überm Kopf und rief beschwörend: »Ich fleh dich an, komm vom Dach!«
Er richtete sich auf, kam vorsichtig auf die Füße und begann wie ein Seiltänzer den schmalen Mauervorsprung entlangzubalancieren. Er fühlte sich schwindlig, ihm grauste vor dem Absturz – und blieb entschlossen, seinen Mut zu beweisen.
»Um Gottes willen, Marty, komm vom Dach!«
Er drehte sich um und ging, einen Fuß vor den anderen setzend, vorsichtig zurück. An der Ecke des Mauervorsprunges blieb er stehen – Bäume, die Hecken der Vorgärten, die Blumenbeete drehten sich vor

seinen Augen. Alles in der Prinz-Albrecht-Straße drehte sich. Und auch die Mutter wurde in diesem Strudel erfasst. Er schwankte und fand sein Gleichgewicht erst wieder, als er nach oben in den Himmel sah. Allmählich ließ das Schwindelgefühl nach, und er wagte einen weiteren Blick in die Straße.

»Marty, ich flehe dich an!«
»Hast du mich lieb, Mutti?«, rief er.
»Ja doch, ja doch. Bitte, komm runter!«
Er kniete sich auf den Mauervorsprung, behutsam legte er sich auf den Bauch und fühlte sich sicherer.
»Ich komme«, rief er, »wenn du versprichst, dass du mich lieb hast.«
»Halt dich fest«, rief sie außer sich, »ganz fest!«
»Was sagst du? Ich versteh dich nicht.«
»Ich hab dich lieb. Und jetzt komm runter – ganz vorsichtig, hörst du!«
»Du hast mich lieb?«
»Ja, ja!«
Da robbte er bis zur Mitte des Mauervorsprunges, zog sich an den Haken im Ziegeldach hoch, erreichte das offene Oberlicht und sprang auf den Dachboden …

Als er mit zerschrammten Armen und Beinen im Erdgeschoss anlangte, fand er die Mutter in der Diele. Sie saß auf dem Stuhl, hielt das Gesicht in den Händen und weinte.

»Warum hast du mir das angetan? Du hättest zu Tode stürzen können – warum bloß hast du mir das angetan?«

»Ich weiß nicht warum«, erwiderte er dumpf. »Ich wollte doch nur wissen, ob du mich noch lieb hast, weil … weil …« Noch immer quälte ihn, wie feige er gegenüber den Hitlerjungen gewesen war. Diese Feigheit!

»Ach, ich kann dir nicht sagen, warum.«

Zito

Zito war nicht sein Hund – doch als er nach der Auswanderung der Vettern einen Teil der Pflege übernahm, betrachtete Martin sich bald als sein Herrchen. Ihm, und niemandem sonst, sollte jetzt dieser schöne, braunschwarze, oft preisgekrönte Schäferhund gehören. Weit mehr noch als die Preise aber beeindruckte ihn, dass Zito ihm aufs Wort parierte. Und wie geduldig er sich von ihm zausen ließ, ohne je auch nur nach seiner Hand zu schnappen. Selbst wenn er sich übermütig auf ihn warf, Zito balgend auf den Rücken rollte, biss der Hund nicht zu, gab nur, ging es ihm gar zu bunt, ein warnendes Knurren von sich. Streichelte Martin ihn, dann war er gleich wieder friedlich. Nie zuvor hatte sich ihm ein anderes Wesen so bedingungslos ergeben. Nach kurzer Zeit schon hätte er sich eher von jedem seiner Freunde als von dem Hund getrennt. Er liebte Zito. Was Wunder, dass ihn eine Leere, ihn tiefe Traurigkeit befiel, als ihm eines Tages kein freudiges Bellen mehr entgegenklang. Wo war Zito, was war passiert?

»Es ist über ihn verfügt worden«, sagte Onkel Eugen.

Martin begriff das Wort nicht – verfügt? Allein schon deswegen gab er keine Ruhe, bis er erfahren hatte, dass tags zuvor zwei Männer gekommen waren, um Zito abzuholen. Er sollte als Polizeihund abgerichtet werden. Zito – ein Polizeihund! Damit wollte und konnte Martin sich nicht abfinden. War das nicht rückgängig zu machen? Irgendwie! Vielleicht half es, wenn er hinlief und inständig um den Hund bat. Wie sahen die beiden Männer denn aus?

»Sag mir das, Onkel Eugen!«

»Sie trugen Hüte und Ledermäntel mit Hakenkreuzen in den Aufschlägen.«

Das schien Martin eher eine Warnung als eine Beschreibung zu sein.

»Und mit denen ist Zito einfach so mitgelaufen?«, fragte er ungläubig.

»Am Ende schon«, sagte der Onkel, und deutete auch an, wohin sie den Hund gebracht hatten. »Nach Essen, wie ich hörte.«

»So weit!« Nur einmal war Martin in dieser Stadt, nach einer beträchtlichen Zugreise durch düstere Industrielandschaften mit rauchenden Schloten, und der Gedanke, dass Zito nun irgendwo zwischen Bergwerken und Fabriken verschollen war, bestürzte ihn. »Dort finde ich ihn nie!«

»Es hat ja auch keinen Sinn«, meinte der Onkel.

Vorwurfsvoll sah Martin ihn an. Dann aber verriet ihm sein Ausdruck, dass er sich nicht hatte fügen wollen, sondern fügen müssen – etwas von der Macht, die es den beiden Männern ermöglicht hatte, Zito abzuholen, hatte sich auch auf Martin übertragen. Wortlos hockte er sich auf die Hundehütte neben dem Haus. Er starrte ins Nichts und dachte so sehnsüchtig an Zito, dass er glaubte, ihn winseln zu hören und zu sehen, wie der Hund die Schnauze hob und ihn musterte. Als er ihm zurief, spitzte er die Ohren. Und dann liefen sie wie gewohnt bis hin zum Botanischen Garten und in den Stadtwald hinein. Zito hielt sich dicht an seiner Seite, leichtfüßig und locker auf Wegen, über denen die Blätter im Winde rauschten. Sie liefen, bis sie das Waldhäuschen erreicht hatten, in dem sie unterschlüpften. Hier sind wir sicher, hier findet uns keiner, stieß er atemlos hervor. Der Hund schien ihn zu verstehen, er presste sich an ihn, und Martin barg den Kopf in seinem Fell. Jetzt erst kamen ihm die Tränen. Denn er fühlte ja nichts, roch nichts, hörte nicht den leisesten Hundelaut. Die Vision von Zito war zerstoben. Es gab keinen Zito mehr, kein Balgen auf der Wiese, keine Jagd durch den Wald, und niemals mehr würde Zito für ihn über Zäune und Gräben setzen oder, kraftvoll schwimmend, aus dem Fluss einen Stock apportieren. Zito war unter die Fuchtel geraten – endgültig! Mit der Peitsche oder mit Tritten gar würden sie ihn abrichten, bis er ein Polizeihund und nicht mehr sein Zito war. Essen! Weit war das, wo sollte er ihn suchen, und was war auszurichten gegen Männer mit Hakenkreuzen in den Aufschlägen von Ledermänteln ...

Doch dann – schwacher Mensch, starkes Tier! – nach vier langen Tagen, als längst auch Martin sich jener ruchlosen Verfügung gebeugt hatte ...

»Zito, bist du das? Bist das wirklich du?«

Im Dämmerlicht, vor seines Onkels Haus, stand Zito – zerzaust und, das spürte Martin gleich, irgendwie von Sinnen. Ein durchgebissenes Stück Lederriemen hing festgehakt an seinem Halsband. Er winselte nur, als Martin die Arme um seinen Hals schlang, schlich ihm mit geducktem Kopf in den Garten nach und verkroch sich in die Hundehütte. Zwar schleckte er den Wassertopf leer, den Martin ihm hinstellte, doch er fraß nicht – nicht an diesem Abend und auch nicht am nächsten Tag, als die zwei Männer in Hüten und Ledermänteln kamen, um ihn wiederzuholen.

Schwester Julchen

Obwohl Martin mit seinen elf Jahren einer der Jüngsten in der Gruppe aus dem Rheinland war, die in ein Erholungsheim nach Bayern fuhren, erkannte auch er sehr bald das Wesen von Schwester Julchen, die es übernommen hatte, sie zu ihrem Bestimmungsort zu bringen. Allein schon ihr Aussehen verriet sie: alles an ihr war rund und weich – das Gesicht, die dunklen Augen, die mollige Gestalt. Ständig lief sie in dem Dritte-Klasse-D-Zug-Wagen hin und her und rief mit matter, ein wenig weinerlicher Stimme: »Zusammenbleiben«, »gute Kinder sein« und »keinen Kummer machen«. Am liebsten hätte sie ihren blauen Umhang über die zwölf Jungen gebreitet, wie eine Glucke die Flügel über ihre Küken. Mit der Zeit aber verlor sie durch ihre übertriebene Besorgnis auch den letzten Rest an Autorität. Die Jungen streiften durch den Zug bis hin zum Speisewagen, steckten ihre Nasen in fremde Abteile, kletterten über Koffer im Gang und sahen irgendwo fern von ihren Plätzen auf die vorbeifliegende Landschaft.

Anfangs hatten die Reisenden Schwester Julchen die Achtung entgegengebracht, die eine Uniform in den meisten Deutschen weckte. Als aber ihre Hilflosigkeit immer offensichtlicher wurde, schwand diese Achtung zusehends. Schließlich pflanzte sich ein SS-Mann vor ihr auf und drohte, unbeeindruckt von dem Kriegsverdienstkreuz an ihrer Tracht: »Wenn Sie Ihre Judenbrut nicht zusammenhalten, jagen wir die ganze Bagage nach Palästina!« Angstvoll blickte Schwester Julchen zu dem Mann mit dem Totenkopfabzeichen hoch und rief dann mit schriller Stimme: »Kinder – Kinder!«

Martin ging zu ihr. »Schwester Julchen, was ist?«
»Ruf die anderen her«, flüsterte sie ihm zu. »Schnell!«
»Was haben Sie bloß?«
Sie schüttelte nur den Kopf und wiederholte ihre Bitte.
Martin musterte den SS-Mann, wohl war ihm dabei nicht. Er nahm Schwester Julchen beim Arm und führte sie zu ihrem Eckplatz im Abteil.
»Was hat der denn gewollt?«
»Gar nichts«, stieß Schwester Julchen hervor. »Ich habe einen Migräneanfall, das ist alles.« Mit zitternden Fingern zog sie die Nadeln aus ihrem dichten dunklen Haar und nahm die Schwesternhaube ab. »Schreckliche Kopfschmerzen, weißt du.«

Martin legte ihr die Hand auf die Stirn.

»Das tut gut«, sagte sie, lehnte sich zurück und schloss die Augen.

Er blickte sich um. Im Abteil starrten alle zu ihnen hin: die dicke Frau mit dem Dackel, der hagere Mann mit steifem Kragen und Kneifer, die zwei blonden Mädchen in Dirndlkleidern. Vor dem Fenster glitt das liebliche Rheintal vorbei, unter dem hellen Abendhimmel spiegelten sich Hügel und Weinberge im Fluss, auf einer Burg wehte eine Hakenkreuzfahne. Noch immer stand der SS-Mann breitbeinig im Gang.

»Vielleicht haben Sie Pyramidon dabei«, sagte Martin zu Schwester Julchen. »Ich bring Ihnen ein Glas Wasser.«

»Nein, hole die anderen her. Bitte – sie sollen alle herkommen.« Martin schlüpfte an dem SS-Mann vorbei auf den Gang hinaus, und kaum zehn Minuten später drängelten sich alle zwölf Jungen vor der Abteiltür. Noch immer saß Schwester Julchen zurückgelehnt in ihrer Ecke. Tränen rannen ihr über die Wangen.

»Kinder«, hauchte sie, »ich möchte nicht, dass ihr überall herumlauft. Ihr seht ja, mir geht es nicht gut, und ich bin für euch verantwortlich. Bitte, versprecht mir ...«

Ein raues Lachen übertönte ihre Worte. Die Jungen blickten zu dem SS-Mann.

»Na, seid ihr alle wieder da?«, fragte der Mann. »Das ganze Dutzend voll.« Schwester Julchen hob einen Finger an die Lippen. Die Jungen schwiegen.

»Bleibt auf euren Plätzen, bis wir in München sind.«

Weniger aus Gehorsam als aus Mitleid mit Schwester Julchen verteilten sich die Jungen in ihre Abteile. Als nur noch Martin bei ihr war, stand sie auf und ging in den Gang hinaus. In der Hand umklammerte sie etwas, und dann hörte Martin sie zu dem SS-Mann sagen: »Das hier hat für mich keinen Wert mehr.«

Verdutzt sah der SS-Mann erst Schwester Julchen an, dann auf das Kriegsverdienstkreuz in ihrer Hand.

»Das lassen Sie mal stecken«, meinte er.

Schwester Julchen aber hatte den Orden schon vor seine Füße fallen lassen und war ins Abteil zurückgekehrt, wo sie sich wieder in die Ecke setzte und das Gesicht in den Händen verbarg.

Die Musikstunde

Von seinem Ausguck auf dem Dach konnte Martin Fräulein Silberstein in die Prinz-Albrecht-Straße einbiegen sehen. Sie humpelte den Bürgersteig entlang. Es war, als zöge sie ihren Klumpfuß wie ein Gewicht hinter sich her. Trotz des warmen Sommerwetters trug sie einen Filzhut und einen Mantel aus dunklem Stoff, und das machte, dass sie von oben ein wenig unheimlich wirkte. Seit Tante Jeanette ihm zum elften Geburtstag vor sieben Monaten eine Flöte geschenkt hatte, gab ihm Fräulein Silberstein Unterricht, und nie hatte er sie anders gekleidet gesehen: ob Regen oder Sonnenschein, jeden Mittwoch, zehn Minuten vor vier kam sie in ihrem Hut und Mantel angehumpelt, die Aktentasche mit Noten unterm Arm, mit denen er noch immer nicht viel anzufangen wusste – irgendwelche Zeichen zwischen fünf parallel laufenden Linien. Ihm fehlte die Geduld, sie näher zu bestimmen, und da er ohnehin nicht wirklich musikalisch war, blieb der Unterricht für ihn und die Musiklehrerin eine Strafe. Ihm war klar, dass aus dem Ganzen nichts werden würde und ihm graute vor dem Tag, an dem er sich mit der Flöte vor der Familie würde produzieren müssen – mit albernen Liedchen wie »Guter Mond, du gehst so stille« oder »Ein Männlein steht im Walde«. Geradezu lächerlich für einen Quintaner!

Während Fräulein Silberstein sich dem Haus näherte, erwog Martin vom Dach zu verschwinden und durch die Küche und den Garten auf das unbebaute Grundstück zu entwischen, wo man ihn so schnell nicht finden würde. Kam es anders, wäre immerhin die Musikstunde ein ganzes Ende verkürzt. Aber was brachte das? Im Grunde nicht viel. Nein, entschied er, mit den Musikstunden musste ein für allemal Schluss sein. Er schlüpfte durchs Dachfenster auf den Boden und war gerade in seinem Zimmer angelangt, als er es an der Haustür läuten hörte. Schnell entnahm er seinem Pult die Sparbüchse. Sie wog schwer in der Hand von den vielen Kupfermünzen und den beiden Fünfmarkstücken, die ihm für das ersehnte Fahrrad geschenkt worden waren. Einen Augenblick zögerte er, dann rannte er aus dem Zimmer und die Treppe hinunter.

»Martin, Fräulein Silberstein erwartet dich!«, hörte er Käte rufen.

Erfreut über sein überraschend pünktliches Erscheinen, versuchte die Lehrerin ein Lächeln. Es war, als stülpe sie es über wie eine Maske. Ihre

Stirn war feucht, ihr Atem ging noch schwer. Der Weg von der Straßenbahnhaltestelle bis zur Prinz-Albrecht-Straße musste sie mehr als sonst erschöpft haben. Martin sperrte sich gegen sein Mitleid und musterte sie. Nein, er würde sich nicht erweichen lassen – diesmal nicht!

»Du wirst seit der letzten Stunde fleißig geübt haben«, sagte Fräulein Silberstein und setzte sich auf den Klavierhocker. Mit ihrem Klumpfuß konnte sie das Pedal nicht erreichen, darum stand sie noch einmal auf und schraubte den Hocker tiefer, dann setzte sie sich wieder. »Wir fangen mit der Tonleiter an – wie immer, nicht wahr?!«

Ihre bleichen Finger knetend, wartete sie, dass Martin endlich die Flöte vom Klavier nahm. Der aber ließ sie liegen, öffnete seine Sparbüchse und goss die Münzen auf das Tischchen neben dem Klavier, sodass sie schepperten. Verwundert und nicht wenig ungehalten sah Fräulein Silberstein ihn das Geld zählen.

»Es sind genau einunddreißig Mark und zwanzig Pfennige«, hörte sie ihn sagen.

»Was soll das?«

»Die sind für Sie – ich hab die Musikstunden satt, ich will nicht mehr. Bitte nehmen Sie das Geld und lassen Sie es gut sein.«

Wieder versuchte Fräulein Silberstein zu lächeln. Martin sah, dass sich ihre Augen mit Tränen füllten. Sie wandte das Gesicht ab.

»Mein Gott«, sagte sie, »das kannst du doch nicht tun!«

»Warum nicht?«, erwiderte Martin. »Es ist mein Geld. Das Fahrrad hat Zeit.«

»Junge, mein lieber Junge! Bitte, tu mir das nicht an!«

Doch Martin blieb hart, so schwer ihm das auch fiel. Sie stand vom Hocker auf und humpelte zu ihm hin. »Welch eine Schande!«, rief sie. Selbstmitleid und die Erkenntnis ihres Daseins schienen sie niederzudrücken. »Als ob ich deine Ersparnisse annehmen könnte, als ob ich sie annehmen *würde*! Bitte, pack das Geld weg!«

»Aber Fräulein Silberstein …«

»Weißt du eigentlich«, unterbrach sie ihn, ruhiger jetzt und mit Würde, »dass ich früher, ehe die Nazis kamen, Schüler unterrichtet habe, die wirklich begabt waren, junge Talente, die heute Konzerte geben! Es ist nicht meine Schuld, dass mir nur noch die jüdischen Schüler geblieben sind. Und selbst von diesen wenigen verliere ich einen nach dem anderen, sie wandern aus in fremde Länder … und nun willst du … Martin, lieber Martin, das kannst du mir nicht antun!«

»Aber Sie haben doch immer gewusst, dass ich unbegabt bin«, sagte Martin. »Nie werde ich richtig Flöte spielen können.«

»Du musst dir nur mehr Mühe geben«, erwiderte sie schwach.

»Ich hab's doch versucht!«

»Nein«, sagte sie. »Ich kann nicht auch dich noch verlieren. Wie soll ich denn mit nur zwei Schülern in der Woche leben?«

Martin schob auf dem Tisch die Münzen zusammen. »Das hier wird helfen.«

»Wie du mich missverstehst!«, rief sie. »Es geht nicht ums Geld, begreifst du das nicht? Ich habe Ersparnisse. Was bedeutet mir das Geld? Ohne Arbeit aber würde ich mich ganz ohne Daseinsberechtigung, würde ich mich ausgestoßen fühlen. Du bist doch alt genug, das zu begreifen!«

»Ja, ich bin alt genug«, antwortete Martin. Er sah, wie ein Schimmer verzweifelter Hoffnung ihr Gesicht erhellte. »Fräulein Silberstein, ich will mich weiter bemühen, Flöte spielen zu lernen.«

Inquisition

»Sind denn meine Augen nicht blau?«
»Doch.«
»Und mein Haar, ist es nicht blond? Und welche Farbe hat mein Blut?«, fragte sie dann noch.

Verwirrt sah Martin seine Cousine Charlotte an. Ihr Zimmer, hoch oben im vierten Stock des Mietshauses in Düsseldorf, erschien ihm auf einmal erdrückend klein. Er fühlte sich eingezwängt zwischen den Wänden und wich zurück bis zur Tür. Aber Charlotte kam ihm zuvor. Sie drehte den Schlüssel im Schloss und zog ihn ab. Ehe er ihr den Schlüssel wegnehmen konnte, hatte sie ihn durch das offene Fenster geschleudert.

»Jetzt kannst du nicht entwischen, jetzt musst du mir antworten. Welche Farbe hat mein Blut?«

»Lotte!«

»Antworte!«

Er stand wie gelähmt an der Tür und sagte nichts, hatte jetzt die gleiche Angst vor ihr, wie schon vor Jahren beim Anblick der Kranken im Park einer Irrenanstalt. Verflogen war die schwärmerische Zuneigung, mit der er zu Charlotte seit ihrem fünfzehnten Geburtstag aufblickte. Sie war verrückt geworden, besessen von einem Dämon!

»Was soll das. Warum hast du das getan?«, rief er.

Sie aber hatte sich schon aufs Bett geworfen, wo sie ihre Strümpfe losmachte, sie herunterzog und sich mit den Fingernägeln die Schenkel aufkratzte. Blutstropfen begannen durch die Haut zu dringen, als wäre eine Katze mit ihren Krallen darüber gefahren.

»Jetzt antworte mir. Welche Farbe hat mein Blut?«

Er wandte sich ab und fing an, mit den Fäusten gegen die Tür zu trommeln.

»Hör sofort auf, oder ich springe aus dem Fenster!«

Als er nicht gehorchte, glitt sie tatsächlich zum Fensterbrett hin, es war nicht weit, nur eine Armlänge vom Bett entfernt, zog sich hinauf und schob die Beine nach draußen, sodass nur noch das Zupacken der Hände sie vor dem Absturz auf die Straße bewahrte. Er ließ die Fäuste sinken, aber in seinen Ohren hämmerte es weiter. Er hörte Schritte auf dem Flur, hörte die Stimme seines Onkels.

»Wenn du mich verrätst, siehst du mich lebend nicht wieder!«, rief Charlotte.

»Komm zurück!«, flehte er sie an.

»Erst wenn du meine Frage beantwortet hast.«

»Dein Blut ist so rot wie jedermanns, und du hast blaue Augen und blondes Haar ...«

»Warum«, schrie sie, als ertrüge sie die Antwort nicht, »bin ich dann ...«

Mit einem Krachen flog die Tür auf, Martin wurde zur Seite geworfen und noch ehe er sich fangen konnte, hatte sein Onkel das Zimmer durchquert und Charlotte gepackt. Sie hing wie ohnmächtig in seinen Armen, das lange blonde Haar verdeckte ihr Gesicht.

»Was ist in dich gefahren? Wie konntest du dem Jungen einen solchen Schrecken einjagen – uns allen ...«

Als er sie zum Bett trug und hinlegte, entdeckte er die Kratzer auf ihren Schenkeln. Er sah Martin an. »Hast etwa du das getan?«

Martin schüttelte den Kopf. »Das war sie selbst.«

»Sie selbst?«

»Sie wollte zeigen, dass ihr Blut so rot ist wie das von anderen Menschen.«

»Mein Gott!«, rief sein Onkel aus, und dann streichelte er sanft Charlottes Gesicht. Sie schien es nicht zu spüren, öffnete die Augen nicht. »Lotte«, sagte er, »Lotte, Töchterchen ...«

Martin starrte durchs Fenster über die Dächer ins schwindende Herbstlicht. Ruckartig wandte er sich um, ging aus dem Zimmer, nahm seine Schülermütze vom Haken in der Flurgarderobe und verließ die Wohnung. Noch im Treppenhaus beschloss er, nie wieder hierher zu kommen.

Und dabei blieb er, bis ihm viele Monate später der Onkel den Zusammenhang zwischen Charlottes wildem Ausbruch und den Rassengesetzen von Nürnberg erklärte.

Der Unfall

Was für ein Menschenauflauf! So viele, die sich um ihn drängen, und er, Martin, unter der Straßenbahn eingeklemmt. Noch spürt er nichts, noch ist er zu benommen – wie konnte das passieren! Er wollte aufspringen, war ausgerutscht, hingefallen, sein Knie verfing sich unterm Radschutz, die Straßenbahn schleifte ihn mit und kam erst am Ende der Verkehrsinsel zum Stehen.

Und jetzt stemmt der Fahrer den Radschutz mit einer Eisenstange hoch. Ein zweiter Straßenbahner befreit sein Bein, das, wie sich zeigt, nur eine Handbreit vom Rad weg eingeklemmt gewesen war. Ein Seufzer der Erleichterung geht durch die Menge, denn das Bein scheint heil geblieben zu sein, nur am Knie, wo die Haut abgeschürft ist, blutet es stark.

Er versucht aufzustehen, aber man lässt es nicht zu, und durch das laute Stimmengewirr hört er den Fahrer beteuern, er trage keine Schuld, sondern einzig und allein dieser Junge mit seinem verdammten Leichtsinn! Der könne von Glück sagen, dass er die Bahn sofort gestoppt habe ... Noch streiten sich die Umstehenden über Martins Kopf hinweg, ob man die Wunde ausbluten lassen oder gleich verbinden sollte.

»Meine Mütze, wo ist meine Mütze?«, ruft Martin. »Und die Schulmappe!«

Er sieht einen schwarzen Mercedes anhalten und wie sich zwei Männer durch die Menge drängen, groß und schlank der eine, untersetzt der andere, beide in den schwarzen Uniformen mit Totenkopfabzeichen der SS. Sie beugen sich über ihn und schon hebt der eine beschwichtigend die Hand – und lächelt. Martin sieht das breite Lächeln in dem runden Gesicht. Der Mann wendet sich an die Menge: »Wir sind Ärzte. Wir machen das schon!«

Der größere der beiden, der mit dem Schmiss über der Wange, kniet sich jetzt neben Martin und untersucht sein Bein. »Halb so schlimm, nur Hautabschürfungen«, sagt er dem Straßenbahnfahrer. »Die Personalien von dem Jungen – haben Sie die schon?«

Der Fahrer schüttelt den Kopf, und flüsternd sagt Martin, wie er heißt und wo er wohnt. Er spürt jetzt einen heftigen Schmerz im Bein und sieht nicht mehr dorthin.

»Kopf hoch, Junge, Zähne zusammenbeißen und Kopf hoch!«, sagt der Mann mit dem Schmiss. »Das haben wir gleich.«

»Werde ich wieder laufen können?«

»Laufen? Marschieren wirst du – da bleibt nicht mal 'ne Narbe!«

Inzwischen hat der Straßenbahner Martins Namen und Adresse notiert, auch die von Zeugen. Er steigt ein, die Bahn ruckt an und fährt ab. Nur noch wenige Leute sehen zu, wie einer der Ärzte Jod und Verbandszeug aus einer Ledertasche holt, die Wunde auspinselt und fachmännisch verbindet.

»Nun noch eine Spritze, und in ein paar Tagen hast du alles vergessen.«

Martin zuckt zusammen, als die Nadel in seinen Schenkel sticht. Er lässt sich auf die Beine helfen und steht unsicher auf der schmalen Verkehrsinsel, sein Gewicht aufs rechte Bein verlagernd, um das linke zu schonen, das durch den festen Knieverband behindert ist. Jemand klemmt ihm seine Mütze und die Schulmappe unter den Arm.

»Danke«, sagt er, und auch bei den SS-Ärzten bedankt er sich.

»Ehrensache«, sagt der mit dem Schmiss, während der andere Martin zusichert, ihn nach Hause zu fahren.

»Das lassen Sie besser.«

»Wieso denn?«

»Weil ich Jude bin.«

Die beiden Männer sehen sich wortlos an, dann richten sie sich an Martin.

»Meinst du, wir hätten einen Juden nicht behandelt?«

Martin schweigt.

»Hör zu, mein Junge«, sagt jetzt der mit dem Schmiss und lässt die Schlösser seiner Ledertasche zuschnappen. »Juden sind auch Menschen, minderrassig zwar, aber Menschen. Wie alt bist du?«

»Zwölf.«

Der Arzt kneift rechnend die Augen zusammen.

»Das sind mehr als viertausend Tage, an denen du gelernt haben müsstest, dass die Deutschen zwar hart sein können, aber nie ungerecht. Hart, aber gerecht, mein Junge!«

Martin sieht eine Straßenbahn kommen, und als die anhält, fragt er: »Darf ich jetzt nach Hause fahren?«

»Ins Auto, marsch, marsch!«, kommandiert der mit dem Schmiss. »Wir bringen dich.«

Martin fügt sich, humpelt auf den Fahrdamm und steigt, das linke Bein nachziehend, mühsam in den Mercedes. Die Türen werden zugeschlagen, der Wagen zieht an. Vom hinteren Ledersitz starrt Martin zwischen den beiden Männern durch die Windschutzscheibe auf die flatternde SS-Standarte am Kotflügel. Er sitzt still und kerzengrade auf dem kalten Leder und erst an der Ecke Kaiser-Wilhelm- und Prinz-Albrecht-Straße bricht er sein Schweigen.

»Bitte halten Sie an.«

»Wozu – wir fahren dich bis vor die Tür.«

»Meine Mutter wird sich erschrecken«, sagt Martin. »Ich hab's nicht weit. Nur ein paar Schritte noch.«

Schon aber biegt der Mercedes links in die Prinz-Albrecht-Straße ein und bremst scharf vor Nummer 17. Der SS-Arzt am Steuer hupt mehrmals, und gleich darauf wird die Haustür geöffnet.

Durch das Seitenfenster sieht Martin seine Mutter entsetzt die Steintreppe herunterlaufen, er hört sie rufen: »Mein Gott, was hat er denn getan?«

Und was er ihrer Stimme entnimmt und in ihrem Gesicht liest, ist schlimmer als sein Unfall, schlimmer als das laute »Heil Hitler!«, das die beiden Ärzte wie aus einem Munde rufen, schlimmer als die demütige Erwiderung der Mutter: »Guten Tag und vielen Dank, dass Sie ihn mir nach Hause gebracht haben.«

Helden

Immer war es ein anderer, den die Mädchen bewunderten, vollbrachte ein anderer die Taten, zog ein anderer mit einem Witz oder einer Geschichte die Aufmerksamkeit auf sich, und als Ursula Dahme, die schöne Uschi, beim Radfahren stürzte und sich das Knie aufschlug, war es Hans Mertens, der die Wunde versorgte, obwohl Martin schnellstens nach Hause gerannt war, um Verbandszeug zu holen. Als er wiederkam, hatte Hans schon ein Auto angehalten und sich aus dem Verbandskasten versorgen lassen. Martin konnte nur zuschauen, wie Uschi Hans mit schmelzenden Blicken bedachte. Das Verbandszeug bot er gar nicht erst an, sodass Uschi nicht einmal mitbekam, dass er für sie davongestürzt war.

»Du kannst Uschis Rad zu ihr nach Hause bringen!«, sagte Hans Mertens zu Martin, während er ihr auf den Soziussitz seines Motorrades half und sie ihm entführte. Was Martin überzeugte, dass kein Mädchen einem widerstehen konnte, der alt und verwegen genug war, eine solche Maschine zu fahren.

So war es auch drei Wochen später in Holland, wo ihn die Eltern für den Rest der Schulferien in einer Strandpension in Egmond zurückgelassen hatten. Hier hieß der Held Jan de Vries – und der hatte Fähigkeiten, von denen man nur träumen konnte. Nicht bloß fuhr er Motorrad, er konnte auch fliegen! Täglich gegen zwölf Uhr mittags, wenn am Strand Hochbetrieb herrschte, brauste er mit einem Doppeldecker im Tiefflug über die Badegäste hinweg auf Bergen zu – riesige Papierbuchstaben hinter sich herziehend – Juno, Stollwerck, Kaffee Haag ...

Jan war der Sohn der Pensionsinhaber, ein untersetzter, muskulöser Bursche mit rötlichem Haar und gebräuntem Gesicht, der auch an den heißesten Tagen eine abgewetzte Lederjacke mit weißem Seidenschal trug, und Martin begegnete ihm hin und wieder. Er schien ständig auf dem Sprung zu sein, auf seinem Motorrad zum nahen Flugplatz zu rasen, und wenn er fehlte, vermutete Martin ihn nur dort – bis er merkte, dass Jan sich keineswegs bloß für Maschinen interessierte, die über Landstraßen jagten oder zum Himmel aufstiegen. Er fand auch Zeit, Antje van Seggelen den Hof zu machen, der schönen Antje, die sich zweimal herabgelassen hatte, mit ihm, Martin, bei Sonnenuntergang am Strand und in den

Dünen zu spazieren. Als er sie ein drittes Mal dazu einlud, wich sie ihm aus, und seitdem lebte er von der Erinnerung, wie schön es gewesen war, mit ihr zu reden oder, wenn er ihr eine Böschung hinaufhalf, für einen flüchtigen Augenblick die Hand reichen zu dürfen. Zuweilen, wenn sie dicht nebeneinander gingen, hatte ihm der Seewind eine Strähne ihres weichen Haares ins Gesicht geweht; und er hatte sich gewünscht, dass der Wind zum Sturm werde, damit er sie beschützen könne.

»Hältst du es für möglich, dass die Deutschen hier irgendwann einmarschieren?«, hatte sie ihn einmal gefragt.

»Ich bestimmt nicht«, hatte er ihr versichert und nur hoffen können, dass sie heraushören würde, wie sehr er nicht bloß Holland mochte, sondern auch sie selbst.

Dann aber hatte Jan de Vries ihn mühelos verdrängt – was Wunder! Wo er doch beinahe ein Mann und Besitzer eines chromblitzenden Motorrades war, das Tempo und Abenteuer verhieß. Im Vergleich kam Martin sich vor wie ein Bittsteller mit leeren Händen. Es schien sinnlos, Antje Briefe zu schreiben, sinnlos, sie bei Tisch flehend anzusehen oder unter ihrem Fenster in der Hoffnung auszuharren, dass sie sich zeigte – alles war sinnlos seit jenem Sonntag, als sie mit Jan in dem kleinen Doppeldecker ganz niedrig über das Haus hinweggeflogen war und ihm, der unten im Hof stand, hatte zuwinken können.

»Hast du uns gesehen?«, rief Antje, als sie zum Abendessen ins Speisezimmer kam. Ihr Gesicht glühte noch.

»Ja«, sagte Martin, »ich hab dich erkannt.«

»Es war herrlich!«, jubelte sie. »Mein erster Flug – alles sah so winzig aus, die Häuser, die Autos auf den Straßen, die Badenden am Strand – wie Spielzeug. Und das Meer – so weit!«

Und dann, selbstsicher wie immer, zeigte sich Jan de Vries im Türrahmen. Stämmig stand er da, zog den Reißverschluss seiner Lederjacke auf und lockerte den Seidenschal.

»Was hast du noch erkannt?«, fragte er Martin.

»Nicht viel mehr – die Sonne blendete«, sagte Martin. »Du hattest lange Handschuhe an – Fliegerhandschuhe!«

»Interessant!«

Jan de Vries trat lächelnd einen Schritt zurück und entnahm dem Schränkchen in der Diele ein Paar lange Handschuhe. »Die haben die ganze Zeit hier gelegen, mein Freund.«

»Aber ich hab sie doch gesehen!«

Martin fühlte sich bloßgestellt.

»Na, mit so schlechten Augen wirst du nie ein Flieger«, sagte Jan de Vries und setzte sich auf seinen Platz am Tisch.

Martin sah zu Antje hin. Sie hielt den Handrücken vor den Mund, in ihren Augen aber stand das Lachen, das sie zu unterdrücken versuchte. Martin aß schweigend und schenkte ihr nie mehr einen Blick.

X, Ypsilon und die Wohltätige

Ihr Familienname war Gedalje, aber das erfuhr Martin erst später, denn aus Reklamegründen nannten sie sich X und Ypsilon: Zwillingsbrüder mit pfiffigen Augen und widerspenstigem dunklem Haar, die sich in Sporttrikots präsentierten, auf denen groß die Buchstaben ihrer Künstlernamen prangten. Sie waren noch nicht dreizehn und gelenkig wie Affen. Sie konnten Saltos schlagen und zwei Meter über dem Boden auf einem Drahtseil tanzen, konnten mit Wasser gefüllte Gläser im Kreis herumwirbeln, ohne einen Tropfen zu vergießen, und Stöcke mit Tellern auf der Nase balancieren – ein Repertoire, das sie an einer belebten Stelle der Strandpromenade von Egmond viermal am Tage vorführten, zweimal vormittags und zweimal nachmittags.

Nachdem Martin sich ihnen angeschlossen hatte – nach einigem Zögern war Ypsilon damit einverstanden gewesen –, konnten sie noch zwei Vorstellungen mehr geben, da ihnen seine Mitwirkung Zeit zum Ausruhen ließ. Zwar brachte er weder einen Salto zustande, noch konnte er auf dem Seil tanzen, und auch den Trick mit den Gläsern und dem Teller auf dem Stock lernte er nie. Doch hatte er den Gedaljes anderes voraus, was sie bald zu schätzen wussten: Er sprach nicht nur fließend Deutsch, sondern auch ein wenig Holländisch und Englisch, und so war er ihnen als Ausrufer nützlich. Sie drückten ihm eine Klingel in die Hand, die er vor jeder Vorstellung kräftig schwang.

»Meine Damen und Herren«, rief er in drei Sprachen. »Sehen Sie sich X und Ypsilon an, die erstaunlichen Zwillinge! Sie überwinden die Gesetze der Schwerkraft wie Weltraumfahrer!«

Etwas in der Art hatte er in einem utopischen Roman gelesen, und die Brüder fanden die Ankündigung großartig, denn sie zog die Leute an, und es erhöhte ihre Einnahmen, wenn Martin nach der Vorstellung mit dem Hut herumging.

Der Hut gehörte dem Vater der Zwillinge, der inzwischen als Strandfotograf das Notwendigste verdiente – die Gedaljes waren polnisch-jüdische Emigranten, die sich in Holland eine neue Existenz aufbauten. Am dritten Tag genügte es Martin nicht mehr, nur die Glocke zu läuten und seinen Zauberspruch zu rufen; er begann auch Lieder zu singen. Woraufhin Ypsilon beschloss, seine Mitwirkung geschäftlich zu verankern.

»Bist du reich oder arm?«, erkundigte er sich schlau.

»Weder noch«, entgegnete Martin und fragte sich, worauf Ypsilon hinauswollte. Seine Eltern hatten ihm etwas Taschengeld dagelassen, bevor sie nach Deutschland zurückfuhren, aber wenn er auch das meiste davon bereits ausgegeben hatte, betrachtete er sich deshalb nicht als arm. Immerhin waren sein Zimmer und die Verpflegung in der Pension für die Dauer seines Aufenthaltes in Egmond im Voraus bezahlt.

»Was heißt ›weder noch‹?«, fragte Ypsilon. »Hast du Geld oder nicht?«

»Ich hab noch sieben Gulden«, sagte Martin.

Ypsilon überdachte diese Mitteilung wie ein Bauer beim Pferdehandel: Auf sieben Gulden belief sich ungefähr ihre Tageseinnahme, also war das eine Menge Geld. Er besprach sich auf jiddisch mit seinem Bruder, ehe er sich wieder Martin zuwandte.

»Wir machen dir ein Angebot«, sagte er. »Die Hälfte von dem, was wir am Tage über sieben Gulden verdienen, soll dir gehören.«

»Ihr braucht mir gar nichts zu zahlen.«

»Sei nicht blöd!«, warnte ihn Ypsilon. »Wir arbeiten auch nicht bloß für unsere Gesundheit.«

»Aber mir macht das Spaß, hab nichts Besseres zu tun«, sagte Martin.

»Denk an deine Zukunft!«, rief ihm Ypsilon zu, der in Turnschuhen herumsprang und in Vorbereitung der nächsten Vorstellung Arme und Beine dehnte. »Wir alle müssen heutzutage an unsere Zukunft denken.«

Da war etwas dran, fand Martin. Also einigten sie sich, dass er künftig auch finanziell an dem Unternehmen beteiligt sein würde – eine Abmachung, die sich bereits am nächsten Tag ausgezahlt hätte, wäre er dabei geblieben.

»Sehen Sie sich X und Ypsilon an, die erstaunlichen Zwillinge!«, rief er gerade auf Englisch, als eine hagere, ältliche Frau mit Brille und einer braunen Lederkappe auf sie zutrat und in englischer Sprache nach ihrer Herkunft fragte.

»Wir sind Juden«, antwortete Martin, den strikten Anweisungen Ypsilons folgend.

»Ihr armen Jungen!«, rief die Frau. »Vor Hitler geflohen, nicht wahr?«

Martin schüttelte den Kopf. Die Gedaljes kämen aus Lodz, und er verbringe hier seine Ferien. Genau genommen konnten sie sich nicht als Flüchtlinge aus Hitlerdeutschland bezeichnen. Aber die Frau wollte nichts anderes hören.

»Es muss schwer für euch gewesen sein unter Hitler«, fuhr sie fort. Die Zwillinge, die sich kein Wort entgehen ließen und genau begriffen, worum es ging, nickten heftig.

»Arme Jungen!« wiederholte die Frau und beschloss, sich die Vorstellung anzusehen, die gleich beginnen musste.

Martin stellte die Glocke weg. Es kam ihm plötzlich unpassend vor, unter den mitleidigen Blicken der Engländerin den gerade populären Schlager von der Erika zu singen, die einen Freund braucht.

Folglich fanden sich weniger Zuschauer ein als je zuvor, seit Martin sich den Gedaljes angeschlossen hatte: Nur ein paar Kinder und ein halbes Dutzend Erwachsene. Es tat Martin leid, aber er konnte es nicht ändern. Die Engländerin irritierte ihn. Immer wenn er in ihre Richtung sah, kreuzten sich ihre Blicke. Sie hielt die bebrillten Augen ständig auf ihn gerichtet.

Vor den paar Leuten strengten sich die Zwillinge nicht sonderlich an. Ihren Saltos fehlte der rechte Schwung, X tanzte nur kurz über das Seil, den Trick mit dem Wasser ließen sie ganz weg, und Ypsilon brachte die Nummer mit dem Teller allein, dabei so nachlässig, dass der Teller sich bald schon nicht mehr drehte und vom Stock herunter in die Hände seines Bruders taumelte.

»Oh je!«, rief die Engländerin. »Was für ein Pech!«

Nur zögernd nahm Martin den Hut und fing seine Runde an. Das Ergebnis war so dürftig wie die Vorstellung: Die Münzen fielen spärlich wie Tropfen aus einem undichten Wasserhahn. Martin brachte hin und wieder ein gemurmeltes »Danke sehr« an und hielt die Augen gesenkt. Als er wieder einmal hochblickte, sah er die Frau aufgeregt in ihrer Handtasche kramen.

»Ihr nehmt doch auch englische Pfund, nicht wahr, mein Junge?«, fragte sie ängstlich. »Ich habe noch kein holländisches Geld.«

»Lassen Sie nur«, erwiderte Martin in seinem Schulenglisch und bekam dabei mit, wie X und Ypsilon ihm wütende Blicke zuwarfen. »Sie schulden uns nichts.«

»Doch«, widersprach sie und legte eine Pfundnote in den Hut.

Martin hatte nur eine unbestimmte Vorstellung vom Wert dieses Scheines, ahnte aber, dass es ein ungerechtfertigt hoher Betrag war. Er nahm die Geldnote aus dem Hut und wollte sie ihr wiedergeben. »Es ist wirklich nicht nötig!«

»Nimm es nur!«, rief die Frau. »Ich bitte dich!«

Was er bisher als ein Spiel empfunden hatte, war ihm plötzlich peinlich. Die Augen der Frau waren feucht und verrieten Mitleid.

»Bitte, nimm es«, wiederholte sie leise und gab sich erst zufrieden, als Martin das Geld in den Hut zurücktat. »Es ist wenig genug, wenn man bedenkt, was ihr in Deutschland zu leiden hattet.«

Dabei strich sie Martin übers Haar. Er zog den Kopf zurück und begriff, wie demütigend es sein konnte, Almosen anzunehmen.

»Gewiss hast du früher bessere Tage gesehen.«

Martin hörte kaum noch hin. Er gab Ypsilon den Hut mit dem Geld. »Es ist was passiert«, sagte er kurz. »Wahrscheinlich muss ich schon morgen abreisen.«

»Gerade jetzt, wo das Geschäft blüht?« Ypsilon faltete die Pfundnote zusammen und steckte sie kopfschüttelnd ein. »Warte wenigstens, bis wir dir deinen Anteil ausgezahlt haben.«

»Mal sehen«, sagte Martin.

Am nächsten Tag aber ging er den Gedaljes aus dem Weg. Er lief am Strand entlang, und wenn der Wind seewärts wehte, konnte er hin und wieder ihre Glocke läuten hören.

Doch bei dem Gedanken an die Frau mit den mitleidvollen Augen widerstand er der Versuchung, zu ihnen zurückzukehren.

Der Arier

Bald nachdem Studienrat Öhme die achte Klasse übernommen hatte, wandte er sich betont aufmerksam Wolf Neumann zu. Es verging kaum eine Geographie- oder Geschichtsstunde, in der er nicht darauf hinwies, was für ein vollkommener Menschentyp Wolf sei – blond und blauäugig, hoch gewachsen, mit ebenmäßigen Zügen. Wahrhaftig die Verkörperung eines Ariers!

Martin wollte nicht glauben, dass Wolf das gefiel. Schüchtern und bescheiden, wie der war, wünschte er bestimmt nicht, im Mittelpunkt zu stehen.

»Ich bin nicht sonderlich begabt«, hatte er Martin einmal gestanden. »Ich muss mir schwer erarbeiten, was dir anscheinend zufliegt. Bloß gut, dass mein Vater mir Privatstunden bezahlen kann!«

Im Vergleich zu dem anderen Neumann in der Klasse, der bei Weitem der gescheiteste von allen war, hätte man Wolf einen schlechten Schüler nennen können, was aber nicht stimmte – es war einfach so, dass Louis Neumann, der zierliche, dunkeläugige Sohn des Kantors der Synagoge, mit seinen vierzehn Jahren den meisten Lehrern noch etwas hätte beibringen können. Anders als Leon Jüchen, Hermann Giesen oder Martin, die sich nur in bestimmten Fächern hervortaten, war Louis vielseitig – sogar im Sport behauptete er sich. Er war flink auf den Leitern und an der Stange und ein begehrter Staffelläufer.

Die Existenz dieses zweiten Neumann war immer schon ein Stein des Anstoßes für Studienrat Öhme. Es verdross ihn sichtlich, dass so einer die anderen in den Schatten stellte – besonders seinen Favoriten Wolf, den er auf jede nur mögliche Weise zu begünstigen begann und bei dem er auch die geringste Leistung lobte.

»Bemerkenswert«, pflegte er zu sagen, »hervorragend, Wolf, vorbildlich!«

Anfangs schien es, als sporne Wolf das an. Er zeigte größeres Selbstvertrauen, seine Leistungen in Geographie und Geschichte steigerten sich, und auch in den meisten anderen Fächern gelang es ihm, seine Zensuren zu verbessern. Im Verlauf des Schuljahres aber fiel er bis unter seine früheren Leistungen zurück. Alle glaubten, er hätte sich übernommen, und vielleicht wusste nur Martin, dass er sich einfach verweigert hatte.

»Öhmes Unsinn macht mich krank«, hatte er ihm anvertraut. »Es will mir nicht in den Kopf, was meine Leistungen mit meiner Augenfarbe zu tun haben sollen. Jedenfalls mache ich hier nicht länger sein Paradepferd – und wenn ich sitzen bleibe!«

Studienrat Öhmes Ansichten von der Überlegenheit der Arier verfingen immer weniger – mit der Zeit versagte Wolf selbst bei den einfachsten Fragen, er ließ sich auch nicht helfen.

»Was ist bloß mit dir los?«, fragte Öhme schließlich. »Bist du krank – oder was?«

»Nichts, Herr Studienrat«, sagte Wolf.

Martin, der in der ersten Reihe neben Leon Jüchen saß, hörte deutlich, was Öhme Wolf zuraunte: Am Dienstag würden sie die Pazifischen Inseln durchnehmen, genauer die Fidschi-Inseln. Wolf nickte, verzog aber sonst keine Miene. Der Dienstag kam heran und wurde zur Katastrophe: Wolf erklärte, wenig über die Fidschi-Inseln zu wissen und fand sie nicht einmal auf dem Globus.

»Abschreiben!«, rief Studienrat Öhme erbost. »Du schreibst die Seiten 124-127 im Geographiebuch zehnmal ab!«

Ein entsetztes Murmeln ging durch die Klasse, denn allen war klar, was für eine Qual dieses Abschreiben bedeutete: Endlose Stunden mit dem Federhalter, bis man steif im Nacken war, einem die Augen wehtaten und sich die Schreibhand verkrampfte. Studienrat Öhmes Idol schien unwiderruflich gestürzt.

Um Wolf zusätzlich zu beschämen, rief Öhme sogar Louis Neumann auf, was er seit Wochen nicht getan hatte, und niemand war überrascht, als der einen Vortrag hielt, der weit über die in ihrem Geographiebuch enthaltenen Fakten hinausging. Er teilte der Klasse mit, dass König Ratu Cakobau, ehe er im Jahre 1874 die Fidschi-Inseln der Herrschaft von Königin Victoria unterwarf, der deutschen Regierung die Verwaltung angeboten hatte. »Hätte Fürst Bismarck damals zugesagt«, behauptete Louis, »dann wäre Fidschi heute eine deutsche Kolonie.«

»Sehr interessant«, sagte Studienrat Öhme mit steinernem Ausdruck. »Du kannst dich setzen.«

Er wandte sich an Wolf, der in sich zurückgezogen dasaß.

»Es hätte mich gefreut, wenn du, als echter Deutscher, wenigstens diese eine Tatsache über die Fidschi-Inseln gewusst hättest. Du verstehst mich!«

»Ja, Herr Studienrat«, antwortete Wolf, kaum vernehmlich. Er war blass geworden, aber seine Augen blickten trotzig. »Anscheinend kann ich noch einiges von Louis lernen.«

»Sieh mal an!«, rief Studienrat Öhme. »Vortreten – und du auch, Louis Neumann!«

Gleichzeitig erreichten beide das Lehrerpult. Öhme wies sie an, sich mit dem Gesicht zur Klasse zu stellen.

»Nun«, fuhr er fort, »ist hier noch jemand – außer den beiden da«, dabei zeigte er auf Leon Jüchen und Martin, »der deutschen Anstand und deutsche Ehre so weit vergisst, dass er offen zugibt, einem Juden unterlegen zu sein?«

Niemand rührte sich. Studienrat Öhme wartete lange, dann wandte er sich mit tiefster Verachtung wieder an Wolf.

»Du wirst das alles zurücknehmen«, forderte er, »sonst kenne ich dich nicht mehr!«

Wolf sah zu Louis hin, dann blickte er Öhme in die Augen. »Ich kann das nicht zurücknehmen, Herr Studienrat. Mir war immer klar, dass ich von Louis noch etwas lernen kann – auch wenn er Jude ist.«

Studienrat Öhme schlug Wolf ins Gesicht.

»Noch einmal wirst du die Seiten abschreiben, die du schon abgeschrieben hast, zehn Mal wie zuvor. Vielleicht bringt dich das zu der Erkenntnis, dass ich dich als Schande für den Führer betrachte, als Schande für unsere Rasse und nicht zuletzt für unsere Schule. Setz dich!«

Wolf gehorchte. Er ließ keinen Schmerz erkennen, obwohl seine rechte Wange von Öhmes Schlag brannte.

»Leon Jüchen, Neumann-Louis und Martin Ruben sind für den Rest der Stunde beurlaubt«, verkündete Öhme.

Rassenkunde, dachte Martin, während er das Klassenzimmer verließ – und war sicher, dass der Studienrat an diesem Tage noch boshafter sein würde als sonst.

Onkel Martin

War er nach dem Onkel benannt, oder war es Zufall, dass den Eltern dieser Name einfiel? Martin erfuhr es nie. Denn Onkel Martin, Mutters jüngster Bruder, lebte abseits der Familie. Man sprach selten über ihn, und nur einmal im Jahr kam er zu Besuch – wenn in Raffelberg das große Galopprennen lief. Dann fuhr er eigens in seinem schwarzen Mercedes von Stuttgart den langen Weg bis Duisburg.

Onkel Martin hatte mit Autos zu tun, rund um die Welt gründete er Verkaufsfilialen. Martin mochte ihn, ihm haftete der Hauch des Weitgereisten an, und es machte ihn nicht älter, dass sein Haar allmählich ergraute. Sein Gesicht war stets sonnenverbrannt, und wenn er lächelte, strahlten die Zähne. Mochte er auch am Stock gehen, sein künstliches Bein nachziehen, immer schien er alles andere als behindert. Er wirkte forsch, ja geradezu sportlich.

Am Tag des großen Rennens konnte man ihn zum Mittagessen erwarten und dass er bald darauf verschwand und erst gegen Abend wiederkam – ob jeweils reicher oder ärmer, war seinem Verhalten nie anzumerken, immer zeigte er sich gelassen, und dass er Martin stets eine Silbermünze in die Hand drückte, ein schweres Fünfmarkstück, gehörte zum Ritual. Das ganze Jahr fühlte Martin sich bereichert, und er brach das Geld erst an, wenn die Zeit verflossen und dem alten Fünfmarkstück ein neues hinzugefügt war.

Oh, es waren schon besondere Besuche.

Und dann, 1936, Martin war inzwischen zwölf, verkündete der Onkel, dass er nicht wiederkommen werde: »In diesem Deutschland hält mich nichts mehr – ich setze mich ab.« Die Mutter ließ den Kopf sinken und schwieg. »Sorg dich nicht«, ermunterte er sie. »Du hörst von mir.«

Am Abend, zurückgekehrt vom Raffelberger Rennen, wirkte er weniger gelassen als die anderen Male. Er schob Martin das Fünfmarkstück zu und strich ihm nachdenklich über den Kopf.

»Hast du viel Geld verloren?«, fragte Martin.

»Nein.«

»Was ist mit dir?«

»Nichts«, sagte der Onkel.

Martin wandte sich ab und ließ das Geldstück unbeachtet.

»Hör mir mal zu«, sagte der Onkel.

Martin setzte sich.

»Es war ein guter Tag und wie geschaffen für Pferderennen. Nichts ging daneben, wenn auch den Großen Preis ein krasser Außenseiter gewann. Zum Sieg gehört eben immer auch das Glück des Augenblickes.«

»Warum erzählst du mir das?«

»Denk mal nach!«

»Wirst du durchkommen, Onkel Martin?«

Der Onkel sah jetzt entschlossen aus und voller Spannkraft. »Werde ich«, versprach er. »Bin ich doch immer – mal abgesehen davon, dass mich der Krieg ein Bein gekostet hat. Aber das Glück des Augenblickes hat mich auch damals nicht verlassen. Und es wird auch dich nicht verlassen, das merke dir.«

»Wie kannst du das wissen?«

»Weil du beschaffen bist wie ich. Das spüre ich.«

»Was ist passiert in Raffelberg?«

»Sag mal«, forderte der Onkel, »was würdest du tun, wenn du am Eingang zum Rennplatz ein Schild fändest: Juden unerwünscht?«

Martin zögerte nicht: »Eine Karte lösen und wie du dagegenhalten.«

»Eben«, sagte der Onkel. »Dagegenhalten, sich nie besiegt fühlen. Dann hat man auch das Glück des Augenblickes.«

Martin nickte und war jetzt sicher, der Onkel würde durchkommen. Er ja – Onkel Martin würde durchkommen.

Hass

Nur Studienrat Engelbrechts schützendes Dazwischentreten hatte damals Leon Jüchen gerettet. Er war an der Reihe gewesen, über ein Thema eigener Wahl zu sprechen, und hatte mit einer solchen Fülle von astronomischen Zahlen aufgewartet, dass der Kern seines Vortrages »Die Sterne und ihre Bahn« in der einsetzenden Unruhe unterging. Leon war nahe daran, die Fassung zu verlieren, als Engelbrecht seinen Stock gehoben und damit die Klasse zum Schweigen gebracht hatte.

Jetzt aber konnte nichts, weder Engelbrechts Autorität noch die eines anderen Lehrers, Leon retten – niemand würde ihn warnen, wenn Martin es nicht tat. Denn niemand sonst wusste, was Pape und Stöhr im Schilde führten: Im Umkleideraum der Turnhalle hatte Martin heimlich mit angehört, was sie aushecken. Sie zur Rede zu stellen, war ein böser Fehler gewesen – Stöhr hatte ihn gepackt und gezischt: »Verrätst du auch nur ein Wort an irgendwen, brechen wir dir alle Knochen im Leib.«

Hätte er doch bloß den Mund gehalten, warf er sich vor, dann stünde er jetzt nicht zwischen Baum und Borke und könnte verhindern, dass Leon sich zum Gespött der Klasse machte – aber Leon im Stich lassen, ihre Freundschaft verraten … Freundschaft? Hatte Leon ihn denn je gebraucht? Louis Neumann, ja. Aber nicht Leon. Dass er auch jüdisch war, schien ihn nicht zu kümmern – er war weder religiös, noch ließ er sich von Studienrat Öhmes Rassenkunde beirren. Er lebte in seiner Welt der Entdeckungen, und das füllte ihn aus.

»Hast du Darwins Buch über die Entstehung der Arten gelesen, das ich dir geborgt habe?«, fragte er Martin.

»Noch nicht. Ob ich viel davon habe, ist sowieso fraglich.«

»Meinst du«, hatte Leon nachsichtig erwidert. »Schau mal«, war er fortgefahren, »angenommen, wir haben es hier bei der Hausmeisterwohnung mit einem Weg von dreißig Metern Länge und zwei Metern Breite zu tun, wie viele zwölf mal zwölf Zentimeter große Fliesen waren dafür nötig?«

»Frag mich was anderes, Leon!«

Darauf hatte Leon einen Finger an die Lippen gelegt und mit halb geschlossenen Augen die Lösung ermittelt, war dann seltsam kindlich den Weg entlanggehüpft, wobei ihm die Socken auf die Knöchel rutschten, und hatte die Fliesen gezählt. Schweißperlen tropften ihm von der Stirn, sein kurzes kupferrotes Haar glänzte, seine Brillengläser hatten sich beschlagen, dass man die Augen kaum noch sah.

»Na bitte!«, rief er, mit dem Ärmel über die Brille wischend. »All die Anstrengung wäre durch ein paar Sekunden Kopfrechnen überflüssig geworden!«

Das ist es ja gerade, dachte Martin, der mag glauben, dass er sich selbst genügt – aber diesmal braucht er mich.

»Morgen in der Turnstunde passiert was«, sagte Martin. »Bevor du an der Reihe bist, werden Pape und Stöhr die Kletterstange mit Schmierseife bearbeitet haben – also pass auf dich auf!«

Leon sah Martin ungläubig an. »Warum sollten sie das tun wollen? Hab nie Streit mit denen gehabt!«

»Du kennst die nicht.«

»Welchen Grund sollten die haben?«

»Oh, Leon …«, sagte Martin. »Schwänze einfach morgen die Turnstunde.«

»Dann merken die doch, dass du mich gewarnt hast.« Leon schloss die Augen und legte wie beim Rechnen den Zeigefinger an die Lippen. »Ich mach's«, sagte er. »Und lasse mich sogar fallen.«

»Das begreife wer kann.«

»Liegt doch eine Sprungmatte unter der Stange. Bei der Höhe und meinem Gewicht wird's so schlimm nicht werden. Muss bloß locker bleiben – wie ein Kind, weißt du, das sich beim Fallen nichts antut.«

»Du bist doch selten locker«, wandte Martin ein. »Rutsch einfach wieder runter, wenn du die Seife fühlst.«

»Ich zeig's Ihnen«, beharrte Leon. »Dann habe *ich* die Genugtuung, nicht sie.«

»Hör auf mich!«

»Denk an Galilei«, sagte Leon – und lächelte.

Wenn das bloß gut geht, dachte Martin am nächsten Tag. Staffellauf, Seilspringen, Purzelbäume auf den Matten – die Stunde näherte sich dem Ende. Wenn ihnen bloß die Kletterstangen erspart blieben – aber nein! Wieder hatte Turnlehrer Schultz Pape und Stöhr eingesetzt und schon war Stöhrs »Hopp, hopp – an die Stangen!« zu hören. »Ich mache den Anfang und Pape den Schluss.«

Martin atmete auf. Doch dann, als sei es ihm eben erst eingefallen, verbesserte sich Stöhr: »Fehlanzeige, heute ist Jüchen als letzter dran – nach Pape.«

Martin blickte zu Leon hin. Der sah erschöpft aus. Das Turnhemd klebte ihm am Leib. Doch er nickte Stöhr bereitwillig zu. Martin merkte, dass Stöhr auch ihn im Auge behielt – *ein einziges Wort und wir brechen dir alle Knochen im Leib.*

»Tu's nicht«, flüsterte er Leon zu. Leon reagierte nicht.

Turnlehrer Schultz stand bei der Tür zum Duschraum, und während vor ihm die Jungen nacheinander die Stange hochkletterten, spornte er sie an: »Hopp und hopp, hopp, hopp, hopp!«

Dann war Pape dran, der laut verkündete, er würde es mit den Füßen und nur einer Hand schaffen. Und tatsächlich gelangte er einhändig bis unters Dach – fast! Denn dann nahm er doch die rechte Hand zu Hilfe.

»Schmierseife! Tu's nicht!« raunte Martin Leon zu.

Als Pape wieder unten war, setzte Leon die Brille ab und reichte sie Martin. Kurzsichtig durchquerte er die Turnhalle zur Stange, prüfte mit dem Fuß die Sprungmatte und begann zu klettern.

»Ran, Jüchen, ran, ran – da oben gibt's Sterne, die du noch nicht kennst!« riefen Pape und Stöhr.

Gelächter hallte durch die Turnhalle.

»Schneller, Jüchen, schneller!«

Und dann geschah es – jäh brach das Lachen ab, als Leon unterm Dach abstürzte, die Matte verfehlte und hart mit dem Hinterkopf auf den dreizackigen Eisenständer der Kletterstange schlug. Leblos blieb er liegen und bald auch verstummte sein Röcheln ...

Erst nach Tagen war Martin zu einem Besuch bei Leons Mutter zu bewegen – doch als er vor ihr stand, versagten ihm die Worte.

»Ich weiß, du hast ihn gewarnt. Ich weiß«, sagte sie leise und legte den Arm um ihn. Sie spürte, dass er zitterte, sah sein verzerrtes Gesicht und wie er sich auf die Lippe biss. »Du trägst keine Schuld – *du* nicht!«

Bahnwärterhaus

Die Eltern wollten, dass Martin von Duisburg nach Köln eine Fahrkarte löste und sein Fahrrad per Zug beförderte, und als er dann die Brodski-Brüder Aaron und Schlomo am Zielbahnhof traf, Schulfreunde aus der jüdischen Oberschule in Düsseldorf, zu der er Mitte des Jahres hatte wechseln müssen, waren die beiden erschöpft von der langen Strecke, die sie ohne Martin geradelt waren. Auf dem gemeinsamen Weg rheinaufwärts legten sie schon nach kurzer Zeit eine Rast ein, entfachten hinter der Uferböschung ein Feuer, und während sie sich dort ausruhten, sollte Martin auf Quartiersuche gehen.

Eine Bäuerin, die er ansprach, wollte ihnen ihre Scheune nicht lassen, sollten sie doch sonst wo schlafen, und er hatte das Gefühl, sie witterte etwas. Als sich Ähnliches wiederholte, er mehrfach abgewiesen wurde, kam er sich gebrandmarkt vor. Ihm war, als läge Bedrohung in der Luft. Verstört kehrte er zu den beiden zurück, löffelte schweigend die Suppe, die sie gekocht hatten, und brauchte nichts zu erklären.

»Werden wir müssen schlafen im Wald«, sagte Schlomo, und das machte Martin nicht gesprächiger. Der jiddische Tonfall und wie Schlomo und dessen Bruder die Sätze verdrehten, störte ihn plötzlich. Immer noch schwieg er. Sie spülten das Kochgeschirr, packten es weg und löschten das Feuer. Dann radelten sie weiter. Gegen Abend wurde es kalt und sie froren. Der Wind pfiff, die Dynamos surrten, und das Licht der Scheinwerfer irrte über den schmalen Flussweg. Sie bogen rechts ab auf ein Wäldchen zu, und Martin hoffte, dort nicht übernachten zu müssen. Aber wo sonst? Aaron und Schlomo, das war gewiss, würden schon ihrer Sprache wegen nicht mehr ausrichten können als er.

»Redet nicht so verquer«, bat er sie, »sonst landen wir nirgends und erfrieren im Wald.«

Schlomo zog die Schultern ein und betrachtete. »Wer wird reden?!«, fragte er. »*Du* wirst reden.«

Der Eisenbahner, der im Fenster des Bahnwärterhauses lehnte, sah sie lange an. »Keine Bleibe, was?«, meinte er. »Drei obdachlose Judenjungen.«

Dabei hatten die Brodskis noch kein Wort gesagt. Martin spürte, dass sie ihm etwas vorwarfen, fand sie im Recht und trat einen Schritt zurück.

»Wird keinen Sinn haben, Sie um Quartier zu bitten«, meinte er zu dem Eisenbahner.

Statt einer Antwort verwies der auf die drei Affen, von denen einer nichts hört, der zweite nichts sieht, der dritte nichts sagt.

»Könnt ihr das so halten?«, fragte er.

Es war warm im Bahnwärterhaus, im Kanonenofen brannte knackend das Holz, und sie schliefen fest auf dem harten Boden, hörten weder den Streckenmelder noch das Rattern der Züge. Es war schon hell, als sie der Eisenbahner mit dampfendem Muckefuck weckte. Sie tranken die Becher leer und dankten ihm.

»Drei Affen«, warnte er sie. »Ihr wisst Bescheid.«

»Werden wir es nicht wissen«, sagte Schlomo achselzuckend und stieß Martin dabei an.

Der Eisenbahner stutzte. »Was soll das heißen?«

»Von uns erfährt keiner was«, versprach Martin schnell.

»Besser auch«, sagte der Mann, »und nun ab mit euch.«

Er sammelte die Becher ein. Und dann radelten die drei nach Köln zurück.

Miriam

Entgegen seinem wahren Gefühl für Miriam mit den sanften braunen Augen und dem dichten dunklen Haar hatte Martin die Tochter des Schuhmachers immer nur wie eine jüngere Schwester behandelt. Und Miriam, einfühlsam, hatte sich in diesen Schranken den ganzen Frühling und den Sommer über gehalten, obwohl sie – vierzehnjährig wie Martin – in Wesen und Erscheinung reifer war als er.

In seinen Träumen hatte er ihren Mund geküsst und ihr bleiches Gesicht zärtlich mit den Händen umschlossen. In seinen Träumen war das schlichte, aus einem Kittel ihrer Mutter gefertigte Kleid von ihr abgefallen, und er sah sie schlank und weiß und lieblich. Am Tage jedoch hatte er sich zu ihr immer nur brüderlich verhalten. Zusammen streiften sie durch den Wald, legten sich am Rheinufer ins Gras und blickten über den Strom, auf dem die Sonne glitzerte, oder zum Himmel empor in die fliehenden Wolken. Wenn sie seine Hand berührte, wie es zuweilen geschah, spannte sich alles in ihm, und dann neckte er sie: »Händchen halten wie Kinder! Kleines Mädchen, du!«

Lastkähne glitten flussabwärts der Grenze zu, nach Holland. Flachshaarige Kinder spielten an Deck, Laute der fremden Sprache und frohes Lachen drangen an ihr Ohr.

»Wie gern würde ich da mitfahren und nie wiederkommen!«, sagte Miriam.

Martin sah den davongleitenden Kähnen nach und während die letzten Bugwellen plätschernd ans Ufer schlugen, sagte er: »Aber Sternchen – was willst du denn ganz allein in einem fremden Land?«

»Wenn du mit mir kämest, wäre ich nicht allein.«

»Bleib vernünftig, Sternchen!«

»Ja doch.«

Sie seufzte und starrte verloren in die Ferne, ein kleines Mädchen wieder, fügsam und verwundbar.

An jenem Nachmittag im Spätherbst ertönte wie immer das vertraute heisere Scheppern der Glocke, als Martin in der Altstadt die Tür zu Schuhmacher Menachems Werkstatt aufstieß. Der Laut verhallte zwischen den Regalen und der Arbeitsbank am Fenster. Der Schemel, auf dem Miriams Vater tagtäglich hockte und Schuhe reparierte, war leer. Er wartete ein Weilchen, dann setzte er die Glocke noch einmal in Gang. Doch niemand erschien. Aus dem Zimmer hinter dem Laden drang schwaches Murmeln.

»Ich bin's – Martin!«

Schließlich öffnete er die Schranke des Ladentisches und klopfte an die Wohnungstür. Vorsichtig wurde geöffnet und Miriam erschien. Ihr Blick verkündete nichts Gutes.

»Was ist los, Sternchen?«

»Bedecke den Kopf«, bat sie, »Vater betet.«

Er setzte seine Mütze wieder auf und folgte ihr. Miriams Vater saß am Kopfende des Tisches, über den eine Spitzendecke gebreitet war, den Gebetsschal um die schmalen Schultern gelegt, den Blick auf ein Büchlein in seinen Händen. Er beugte sich vor und zurück zum Rhythmus einer kaum hörbaren Litanei, dabei bewegten sich ständig seine Lippen. Er blickte weder hoch, noch unterbrach er sein Beten, als Miriam Martin zum Sofa an der Wand führte. Sie setzten sich. Er wollte etwas sagen. Sie aber berührte beschwörend seinen Arm.

Die Gardinen vor dem kleinen Fenster waren zugezogen, Kerzen spendeten ein mattes Licht. Miriams Mutter saß in sich zusammengesunken auf einem Stuhl in der Ecke. Das Gesicht hielt sie in den Händen. Sie weinte. Ihre Schultern bebten. Ein schäbiger Koffer mit Kleidern und Wäsche stand offen zu ihren Füßen.

»Was ist passiert, Sternchen?«

Miriam legte einen Finger an die Lippen und sah Martin flehend an.

»Sternchen!«

»Sei still«, flüsterte sie.

Das Licht flackerte, eine Kerze verlosch mit leisem Zischen. Miriam saß aufrecht und aufmerksam da, das Gesicht dem Vater zugewandt. Ihre Hände verschränkten und lösten sich in ihrem Schoß.

»Sternchen, so hör doch!«

Ihre Hände wurden still. Sie schloss die Augen, als schöpfe sie Kraft aus ihrem Innersten. Und Martin begriff, dass sie nicht mehr sein Sternchen war. Sie schien verwandelt, seltsam gereift, und das bestürzte ihn.

»Ich will wissen, was passiert ist!«

»Die Gojim«, sagte Miriam ruhig und legte einen Arm um ihn, »die Nazis, verstehst du, schicken uns fort – Mutter und Vater und mich. In dieser Nacht noch! Und du musst bleiben!«

»Schmah Israel, adanoi adaheinu ...«, betete Miriams Vater und schlug sich sanft mit der Faust gegen die Brust. Hinter ihm, im Dunkeln, weinte die Frau. Miriams Augen zeigten keine Tränen, verrieten keinen Schmerz, während sie Martin an sich presste.

»Armer Martin!«

»Ich verstehe das alles nicht!«, rief er. »Warum ihr und nicht ich?«

»Sie werden dafür sorgen, dass du es verstehst«, unterbrach sie ihn.

»Und das, nur das, macht mich traurig.«

Flucht

Es dämmerte bereits, und Martin hielt es durchaus für möglich, dass er sich irrte – war es doch in letzter Zeit sogar bei hellem Tageslicht vorgekommen, dass er jemanden, an den er gerade dachte, plötzlich vor sich zu sehen glaubte: war das nicht Miriam? Waren das nicht Rolf Bernstein, David Seligsohn, Rachel Lewin, die Brodski-Brüder? Nein! Wieder nur eine Täuschung. Sie waren ja alle fort. Alle, deren Eltern aus Polen stammten, waren fort, und auch David Hertz war fort. Die Klasse ihrer jüdischen Oberschule war geschrumpft. Der Oktober hatte begonnen, von den Bäumen fielen die Blätter, und kein Einziger würde wiederkommen, sie blieben für immer verschollen.

Martin blickte genauer hin. Aber das war David Hertz, ohne Zweifel, das war er! Der da gerade ein Fahrrad aus dem Eingang eines Mietshauses geschoben hatte und es nun auf die andere Straßenseite trug, war David Hertz. Gleich würde er verschwunden sein. Martin wagte nicht, ihn zu rufen, wagte nicht den Namen von einem zu rufen, den es nicht mehr geben durfte. David, David, hämmerte es in ihm, während er über die Straße rannte.

Der hatte Martin noch nicht bemerkt, war mit dem Fahrrad beschäftigt, probierte das Vorderrad, das Hinterrad, pumpte die Reifen auf.

»David«, flüsterte Martin, jetzt dicht neben ihm.

Der fuhr schreckerfüllt zusammen. Dann fing er sich, blieb aber blass.

»Du bist zurückgekommen?«

David schüttelte den Kopf. »Ich war nie weg.«

»Und die anderen?«

Das brauchte keine Antwort, ein Achselzucken genügte: Sprache der Zeit – ein Achselzucken, ein warnender Blick, eine flüchtige Handbewegung.

»Hau lieber ab – sofort!«, warnte David.

Martin rührte sich nicht, er blieb, musste bleiben: der beste Freund, den er seit Langem hatte, war der Falle entgangen, war nicht wie all die anderen verschleppt worden. Was kümmerte es ihn da, wer ihn sah! Vorsicht wäre jetzt Feigheit, wäre Verrat. Er wird sich in diesem Haus versteckt gehalten haben, oder wie sonst war er ihnen entwischt?

»Was ist mit deinen Eltern?«, flüsterte Martin.

David klemmte die Pumpe an den Fahrradrahmen. Als er sich aufrichtete, verriet sein Ausdruck die innere Qual.

»Fort!«

»Wie kann ich dir helfen?«

»Es reicht schon, dass du keinem erzählst, wo du mich gesehen hast oder dass du mich überhaupt gesehen hast – zwei Tage lang schweigen. Das reicht.«

»Wo wirst du dann sein?«

»So was fragt man nicht.«

»Ich werde nie darüber reden – nie! Sag mir, wo du dann sein wirst.«

»In Holland – oder tot«, entgegnete David ernst.

Nach der Schule am nächsten Tag schob Martin zwei Fahrräder auf die Prinz-Albrecht-Straße hinaus – sein eigenes und das seines Vaters, und begann das Fahren mit beiden zu üben, trat die Pedalen des einen und hielt mit der Rechten die Lenkstange des anderen. Anfangs schwankte er, ein- oder zweimal wäre er fast gestürzt, bald aber wurde er sicherer und schaffte es die Straße hinunter und wieder zurück, zwanzig Mal, dreißig Mal. Schließlich bog er in die Hohenzollernstraße ein, radelte bis zum Botanischen Garten und dann links die Steigung der Schweizerstraße hinauf. Es war schwer, mit zwei Rädern bergauf zu fahren, doch eine nützliche Übung. Verpatze ich es jetzt nicht, wird es auch morgen klappen. Die Straße hinter Emmerich war glatt und gerade, er würde es dort sogar leichter haben als hier. Aber es würde finster sein. Also galt es die Dunkelheit abzuwarten und weiter zu üben. Er radelte und radelte … und kam erst nach Hause, als längst die Laternen brannten.

»Wo warst du bloß«, empfing ihn die Mutter. »Nicht mal zum Abendessen …«

»Hatte keinen Hunger.«

»Ist das eine Antwort? Wo warst du so lange?«

»Unterwegs – und morgen nach der Schule will ich in Düsseldorf bleiben und bei Tante Erna übernachten. Bitte sag ja!«

»Nicht, bis du mir versprichst, nie wieder wegzubleiben, ohne vorher Bescheid zu sagen.«

»Verspreche ich. Ehrenwort!«

»Und mach mir nicht wieder solchen Kummer.«

»Lass gut sein, Mutti.«

Er küsste sie. Sie spürte die Spannung in ihm. »Was ist los? Sag, was los ist.«

»Nichts – gar nichts«, versicherte er ihr und ging schlafen, ohne erklärt zu haben, dass er es übernommen hatte, Davids Fluchtfahrrad den Besitzern zurückzubringen.

»Das wäre tatsächlich eine Hilfe«, hatte David gesagt. »Würde es an der Grenze gefunden und man käme den Besitzern auf die Spur, nicht auszudenken ...«

»Die haben dich also versteckt?«

»Das behältst du für dich – hörst du!«

»Klar.«

»Ja, sie haben mich versteckt – und mir Geld und das Fahrrad gegeben.

»Wir treffen uns also in Emmerich.«

»Ja, Martin – abgemacht.«

Lange konnte Martin nicht einschlafen. Seine Gedanken kreisten um den nächsten Tag. Wie doch der Entschluss zur Flucht David verändert hatte, die Besonnenheit, die er in kritischen Situationen stets an den Tag gelegt hatte, schien einer nervösen Angestrengtheit gewichen zu sein. Als Martin endlich in einen unruhigen Schlaf fiel, fuhr er immerzu eine dunkle, schnurgrade Straße an der Grenze entlang ...

Es dunkelte schon, als Martin sein Fahrrad vor das Bahnhofsgebäude schob, wo David ihn erwartete, und als die Häuser von Emmerich hinter ihnen lagen, war die Nacht hereingebrochen. Vom bedeckten Himmel fiel feiner Sprühregen und durchweichte das Laub auf der Landstraße. Bald war es so glitschig, dass sie nur noch im Schritttempo fuhren. Lastwagen blendeten sie und spritzten ihnen Dreck ins Gesicht. Der Regen drang durch ihre Kletterjacken, und die Sicht wurde so schlecht, dass sie die Grenzer erst bemerkten, als sie auf gleicher Höhe mit ihnen waren: zwei bewaffnete Posten mit einem Schäferhund, die einem Trampelpfad folgten. Der Hund schlug an. Die Männer drehten sich um und richteten ihre Stablampen auf sie. Einer hielt den Karabiner schussbereit.

»Fahr langsamer, Marty, und wink ihnen zu!«

Martin winkte. Die Grenzer winkten nicht zurück, aber sie schalteten die Stablampen aus. Sie radelten weiter, nebeneinander jetzt, und immer noch langsam.

»Hast du Angst?«, fragte David.
»Angst? Ich fliehe doch nicht – du fliehst!«
»Stimmt.«
»Wie spät ist es?«
»Kurz vor neun. Wir sollten mal nachsehen, wie weit wir gekommen sind.«

Martin blickte zurück. Es war finster hinter ihnen und nirgends ein Licht. Es regnete stärker jetzt, der Regen rann ihnen in den Nacken, durchnässte ihre Schultern, prasselte auf die Straße und die Felder zu beiden Seiten. Als sie anhielten und die Fahrradlampen erloschen, hüllte die Finsternis sie ein.

»Dreh dein Vorderrad und richte die Lampe auf meinen Zähler – nur für Sekunden.«

Im kurzen Aufflammen der Glühbirne sah Martin David – das Haar klebte ihm am Kopf wie eine Kappe, sein Gesicht wirkte hohl, sein Ausdruck angespannt. Der Regen hatte seine Jacke durchdrungen und dunkel gefärbt, und unter der kurzen Lederhose schimmerten knochig und weiß die Knie.

»Siebzehn Kilometer, das müsste reichen. Dreh das Vorderrad noch mal, Martin.«

David hielt einen Kompass ins Licht. »Hier werden wir uns trennen«, entschied er.

Davids Anspannung übertrug sich auf Martin. Ihm war, als müsse er David zurückhalten.

»Hör zu …«
»Was?«
»Ich werde für dich beten.«
»Dann danke Gott für den Regen und die Wolken.«
»Ich bleib noch eine Weile hier.«
»Nicht nötig, Marty! Fahr so schnell du kannst nach Emmerich zurück.«
»Nein, ich werde warten.«
»Und wenn man dir wegen des zweiten Rades Fragen stellt?«
»Werde ich sagen, es ist Leons Rad. Der ist tot, dem kann keiner mehr was. Und seine Eltern sind fort. Schreib mir aus Holland!«
»Aus Holland, klar. Und Palästina – wenn ich erst dort bin, Marty. Palästina!«, wiederholte David heftig.

Sie lehnten ihre Fahrräder an einen Baum. David drückte Martin die Hand.

»Chasak.«

»Chasak, David.«

Für einen Augenblick klammerten sie sich aneinander – wie Kinder im Gewitter, dort auf der Landstraße hinter Emmerich. Und noch immer fiel stetig der Regen.

»Nimm das, Marty.«

»Was ist das?«

»Ein Davidstern.«

David trennte sich von Martin, sprang über den Straßengraben und lief geduckt übers Feld. Martin hörte noch seine Sprünge im Schlamm, als er ihn schon nicht mehr sah. Er steckte den Davidstern weg und setzte sich, den Rücken gegen den Baumstamm, auf den Gepäckträger seines Fahrrades. Minuten später – waren es zehn oder mehr? – schreckten ihn ein Schuss und Hundegebell auf. Woher kam das? Diesseits oder jenseits der Richtung, die David eingeschlagen hatte. *Lieber Gott, hilf ihm hinüber, lieber Gott, hilf ihm über die Grenze, lieber Gott, lass ihn heil über die Grenze kommen ...*

Eine Stunde vor Mitternacht gab er die beiden Fahrräder am Bahnhof von Emmerich auf und verließ den Ort mit dem Zug. Er hockte sich in eine Ecke des Abteils und dachte an David – an ihre Freundschaft, an die Radtour nach Remagen, die Nacht in der Scheune und was sie sich erzählt und versprochen hatten, und an alle Gespräche seitdem, in der Schule und der Freizeit, und an die Bücher, die David ihm empfohlen hatte. Er sah ihn deutlich vor sich – seinen wachen und zugleich angespannten Ausdruck, und wie er die Schultern einzog, ehe er den Satz über den Graben tat, sich duckte und dann, den Körper dicht am Boden, im Regen über das Feld robbte. Zur Grenze hin ... *Über die Grenze – oder tot!* Was auch geschehen war und noch geschehen mochte, sie würden sich nicht wiedersehen ...

In Düsseldorf angekommen, ließ Martin sein eigenes Fahrrad auf dem Bahnhof und fuhr mit dem, das David gebraucht hatte, zum Haus seiner Tante.

»Martin, Martin – wo bist du bloß gewesen?«, rief sie so außer sich wie in der Nacht zuvor die Mutter. »Du hattest doch versprochen, vor Einbruch der Dunkelheit ...«

»Da war etwas, das ich tun musste«, unterbrach er sie, »etwas, das ich einfach tun musste!«

Am nächsten Tag, nachdem er den Rest der Nacht in einem überreizten Zustand zwischen Schlaf und Wachsein überdauert hatte, brachte Martin das geliehene Fahrrad seinen Besitzern zurück. Und erst zehn Tage später, als endlich eine Bildpostkarte aus Holland eintraf, erklärte er zu Hause, warum er auch in Düsseldorf bis spät in die Nacht weggeblieben war.

Das Gemälde

Nichts in Vaters Arbeitszimmer war ihrer Zerstörung entgangen – außer dem Gemälde an der Wand. Was hatte die SS-Männer davon abgehalten, es wie die Möbel zu zertrümmern? Unberührt hing es, wo es seit Jahren gehangen hatte, stärker vom Tageslicht erhellt als zuvor, weil die Gardinen heruntergerissen worden waren. Das Licht lenkte den Blick auf das Bild, und Martin, der zwischen aufgeschlitzten Polstermöbeln über zersplittertes Glas und zersplittertes Holz darauf zuging, betrachtete es.

Als er klein war und alles, was ihm auffiel, in seiner Phantasie ausschmückte, hatte ihn das Bild viel beschäftigt – zwei junge Frauen, vom Regen überrascht. Wo wohnten sie, und würden sie ins Trockene gelangen, ehe sie durchnässt waren? Mit der Zeit aber hatten ihn ihre bestürzten Gesichter kaum noch beeindrucken können. Und es bedeutete ihm nichts mehr, nach den Farben des Laubes die Jahreszeit zu bestimmen und aus dem trüben Himmel die Stunde des Tages erraten zu können. Seit er wusste, was Menschen im wirklichen Leben zu ertragen hatten, kam ihm das Gemälde bedeutungslos, ja geradezu lächerlich vor. Ein bisschen Regen, ein Windstoß, der Regenschirme umstülpt ... Schließlich hatte er sich sogar gefragt, warum der Vater es überhaupt noch in seinem Arbeitszimmer duldete. Es war in diesem Zimmer, vor diesem Bild gewesen – hier hatte er dem Vater geschildert, was vor seinen Augen Rabbi Levisohn angetan worden war. Aber der Vater hatte nur weiter auf das Bild gestarrt.

»Vater, so hör doch!«, hatte er gesagt. »Sie packten ihn beim Bart, zwangen ihn, auf allen Vieren zu kriechen und zu bellen wie ein Hund. Die ganze Zeit grölten sie ...« Der Vater aber hatte weiter geschwiegen und den Blick nicht abgewandt.

Jetzt, in dem verwüsteten Zimmer, überkam Martin die Wut. Alles, was für den Vater, und damit für sie alle, Sinn und Bedeutung gehabt hatte, war unwiderruflich zerstört. Sämtliche Bücher der Bibliothek lagen mit zerrissenen Einbänden auf dem Fußboden verstreut. Nur das Gemälde, dieses Stück bemalter Leinwand im vergoldeten Rahmen, hing heil an der Wand – zwei Damen im Regen ...

Vater war von der Gestapo verhaftet, alles im Haus war zertrümmert worden, Mutter saß verstört im Keller. Mit einem Schritt war Martin bei dem Bild, riss es mit beiden Händen vom Haken und warf es zu den Büchern auf den Boden. Dann verließ er das Zimmer. Im Flur stieß er fast mit der Mutter zusammen.

»Mein Gott«, rief sie atemlos, »ich dachte schon, sie sind wieder da! Ich hörte was poltern.«

»Nein, sie sind nicht wieder da«, beruhigte er sie. »Bloß das Bild in Vaters Arbeitszimmer ist heruntergefallen. Es ist sogar noch ganz. Aber ich hab's nicht wieder aufgehängt – was soll uns so ein Bild in diesen Zeiten!«

Der Schrei der Krücken

Martin folgte dem steilen Weg aus dem novemberlich trüben Wald hinunter ins Tal. Die trägen Wasser der Ruhr schimmerten schwach durch den Nebel. Irgendwo in der Siedlung hinter dem Eisenbahndamm bellte verloren ein Hund. Wo der Boden fester wurde, ging er schneller. Die einst so vertraute Welt kam ihm seltsam verändert vor, und das kam nicht bloß vom tief liegenden Nebel. Er fühlte sich ausgestoßen und dabei frei und ungebunden. Seine Zeit gehörte ihm, die Schule in Düsseldorf war zerstört, es gab dorthin keine Reisen mehr, keine Verpflichtungen. Er brauchte nur untätig auszuharren, bis sich die Grenzen einer neuen Welt für ihn öffneten.

Im Geiste sah er die Mutter auf der Suche nach dem Vater durch endlose Korridore des Polizeipräsidiums hasten, sah sie Türen öffnen, hörte sie bange Fragen stellen ... Fünfzehn Jahre Kindheit und Jugend, seine ganze Vergangenheit lag im Nebel wie die Landschaft ringsum. Er dachte an die Zukunft.

Der plötzliche Anblick zweier Krücken in einer Mulde unterm Eisenbahndamm riss ihn aus seinen Gedanken. Die Krücken waren alt und abgenutzt, oben mit Lumpen umwickelt, sie schienen weggeschleudert worden zu sein – eben erst, oder wann? Martin spürte, dass es nicht lange her sein konnte. Er blickte sich um. Nichts rührte sich, weder im Gebüsch noch in der Mulde oder oben auf der Böschung. Stumm, doch unüberhörbar schrieen die Krücken – unheimlicher als das Bellen des Hundes, durchdringender als das Tuten der Nebelhörner im fernen Hafen. Er kletterte die Böschung hinauf, und je näher er den Eisenbahngleisen kam, umso deutlicher schien er die Schreie der Krücken zu hören, es war, als gellten sie ihm im Ohr. Und dann sah er den Mann auf einer Schwelle zwischen den Schienen, er hockte auf einem Beinstumpf, das andere Bein hatte er steif ausgestreckt. Als er Martin gewahr wurde, stützte er sich mit den Händen hoch und blickte ihn grimmig an. Sein verbeulter Hut war tief in die Stirn gezogen, der Mantel hing ihm lose um die Schulter, das leere Hosenbein war unter dem Stumpf zusammengenäht und mit einem Lederflicken verstärkt.

»Scher dich weg!«

Der Mann musterte Martin böse, seine Augen in dem stoppeligen Gesicht verengten sich.

»Mach, dass du wegkommst!«

Martin streckte die Hand aus. Der Mann bewegte seinen Beinstumpf so, dass er aufrecht sitzen konnte, schüttelte die Faust und fluchte. »Hau ab!«

Der schrille Pfiff einer Lokomotive zerriss die Stille hinterm Wald. Schon glaubte Martin den stählernen Schlag der Räder auf den Schienen zu hören, da glitt er die Böschung hinab, griff die Krücken, er rutschte auf dem feuchten Boden aus, fiel hin, raffte sich hoch, kletterte weiter und hörte den Zug immer näher kommen. Wo war der Zug, wie weit weg noch? Er versuchte, dem Mann die Krücken unter die Achseln zu klemmen, der aber sträubte sich. Doch ehe der Zug heran war, hatte Martin ihn vom Gleis gezerrt. Und während der Zug vorbeistampfte, hielt er ihn am Rand des Bahndammes fest …

Der Zug war lang. Asche und Funken flogen Martin ins Gesicht. Klirrend rollte der Zug durch den Nebel, das Schlusslicht verschwand im Tunnel, der Schlag der Räder verhallte, und da erst wurde Martin die Fracht bewusst, die vorbeigerollt war.

»Panzer und Kanonen, Junge«, sagte der Mann. »Kapierst du!«

»Ich konnte Sie nicht da liegen lassen«, sagte Martin.

Der Mann sah ihn an. »Verstehe«, sagte er, »sonst wäre es auch für dich schlimm gewesen.«

Martin griff nach den Krücken neben den Gleisen. »Ich helfe Ihnen weiter.«

»Lass sein und verschwinde jetzt!«

Der Mann riss die Krücken an sich, richtete sich mühsam auf, hüpfte ein paar Meter von Schwelle zu Schwelle und glitt dann, die Krücken hinter sich herziehend, die Böschung hinab, wo er im Nebel verschwand.

Aus der fernen Siedlung klang wieder das Hundebellen herüber, ein unheimliches Jaulen war zu hören, vor Martins innerem Auge tauchte wieder die Fracht auf, die an ihm vorbeigerollt war, und er sah den Mann auf seinem Beinstumpf zwischen den Schienen hocken.

Vom Fluss her kam ein Wind auf, der trieb den Nebel auseinander, und in dem trüben Licht des Tages wiesen die Schienen den Weg in zwei Richtungen. Martin schritt schnell aus, doch als er von fern wieder die rollenden Räder eines Zuges hörte, glitt auch er die Böschung hinunter und folgte dem Weg, der aus dem Tal zur Siedlung führte …

Ruth

Es hatte geschneit im Januar, heftiger als in vergangenen Jahren, und wo der Weg in den Wald mündete, war er verweht. Unter den Bäumen kam Martin besser voran und bald hatte er das Waldhäuschen erreicht. Noch war es vor der Zeit, war es noch nicht vier, doch es dämmerte schon, und die Krähe, die zwischen den Bäumen davonflog, verlor sich schnell im Zwielicht. Er hörte Zweige unter der Schneelast brechen und den Schnee fallen – ein Flüstern im Wald. Sonst war es still, und Martin lauschte in die Stille. Schon fürchtete er, Ruth würde nicht kommen. Es stimmte ihn traurig, obwohl er innerlich längst fort, längst auf dem Weg nach England war.

Einmal nur hatten sie sich hier im Wald getroffen, denn nach dem Tag der Vandalen im November war Ruth verschollen. Zum Jahreswechsel aber hatte sie ihm eine Karte mit der Ansicht von Tannen im Schnee geschrieben, ihm Glück gewünscht und dass er sie erwarten solle, heute um vier.

Gemessen am Grad der Dämmerung ging es auf fünf zu, und immer noch fehlte sie. Er harrte aus, doch noch ehe er in der Ferne Schritte hörte, hatte er sie schon aufgegeben. Jetzt stand sie vor ihm, im Wintermantel ihrer Mutter, ihr dunkles Haar verborgen unterm Wollschal, ihr Gesicht weiß wie der Schnee. Wie sie ihn ansah, spürte er, dass sie schlimme Nachricht brachte.

»Danke, dass du gewartet hast.«

Er schwieg.

»Es ging nicht anders, ich musste zum Arzt, ganz unerwartet musste ich wieder zum Arzt.«

Das brauchte keine Erklärung. Sie hustete heftig, krümmte sich beim Husten und wandte sich ab. Sie hielt sich das Taschentuch vor den Mund, sah hinein und atmete schwer. Sie entzog sich ihm, als er sie berührte, drehte den Kopf weg, als er sie küssen wollte.

»Das sollst du nicht, nie mehr.«

»Ruth«, sagte er. »Ich reise morgen ab.«

»Ich weiß. Und leb wohl – du.«

Sie sah ihn an und wirkte, wie Miriam damals, sehr reif und besonnen. Sie lächelte. Es war, als verzeihe sie ihm etwas.

»Du wirst fahren, und ich bleibe hier.«

Er begriff sie nicht. War ihre Ausreise nicht längst geregelt – die Überfahrt nach Amerika, zusammen mit ihrer Schwester?

»Esther fährt. Ich bleibe«, sagte sie.

Sie erklärte den Grund nicht, sagte nicht, dass es an der Krankheit liege, ihr wegen des Lungenleidens das Einreisevisum verweigert sei. Doch er wusste Bescheid. Wieder hustete sie, wieder verfärbte sich ihr Taschentuch.

»Ich vergesse dich nicht, Ruth«, versprach er. »Du hörst von mir.«

»Ja«, flüsterte sie. »Schreib mir, wie es in England ist.«

Die Abreise

Der Zug fährt aus dem Bahnhof in den grauen Januarnachmittag – *Duisburg, Krefeld, Venlo an der Grenze, Duisburg, Krefeld, Venlo an der Grenze* – schneller, die Räder drehen sich schneller, eine Rauchfahne zieht über den entschwindenden Bahnsteig, »Mutter, Mutti!« Sie taucht im Dunkel der Halle unter, nur ihr vertrautes Gesicht hebt sich noch vage aus der Menge ab, dann verschwindet es im Rauch.

Als Martin sich auf dem Bahnsteig ein letztes Mal zu ihr hinwandte, hatte er gesagt: »Sei froh, dass ich wegfahre«, und dann nichts weiter – der endgültige Abschied, dem so viel Ungewissheit vorausgegangen war, erleichterte ihn derart, dass er alle anderen Gefühle verdrängte. Er hatte seinen Koffer genommen und war mit einem fremden Lächeln auf den Lippen in den Zug gestiegen: »Leb wohl, Mutti!«, hatte er gerufen, ohne Tränen in den Augen.

Duisburg, Krefeld, Venlo an der Grenze, der Schlag der Räder auf Stahl … *Venlo an der Grenze.* Seine Hände bleiben kalt, obwohl es warm ist im Abteil, besonders bei der Heizung am Fenster. Er vergräbt die Hände in den Manteltaschen und starrt auf die einst so vertraute Stadt. Seit er wusste, dass er sie verlassen würde, war sie ihm täglich fremder geworden. Graupelschnee bedeckt die Dächer, die verschneiten Straßen zeigen dunkle Spuren, eingemummelte Menschen hasten an erleuchteten Schaufenstern vorbei. Wie ein Lappen hängt nass eine Hakenkreuzfahne am Balkon eines Hauses, und stetig fällt der Schnee. Die Eisenbahngleise gleiten davon und verlieren sich in der Ferne. Und seine Gedanken gleiten davon … *vorbei, vorbei. Hab ich nicht immer wieder lernen müssen, mich von etwas zu trennen, das ich lieb habe – von den Wellensittichen, von Zito, von den Zierfischen, die sich auf dem Teppich zwischen den Scherben des Aquariums zu Tode zappelten. Sie haben Leon Jüchen ermordet, Louis Neumann ist nach Honduras geflohen – Honduras? – und David Hertz nach Palästina. Unser Sternchen haben sie nach Polen verschleppt – und was tun sie dem Vater in Dachau an? Mutter, sei froh, dass ich wegfahre. Duisburg, Krefeld, Venlo an der Grenze …* Der Zug rattert über eine Schienenkreuzung, rollt über eine Brücke. Der Winterwind wirbelt Schneeflocken durch die Brückenträger hinunter zum Fluss, hinunter auf die Autobahn, hinunter auf den dunklen Wald. Eine Krähe fliegt aus den Baumwipfeln zu den tief liegenden

Wolken empor, die den Rauch der Schornsteine in sich aufnehmen. *Duisburg, Krefeld, Venlo an der Grenze* ... Der Schlag der Räder auf Stahl ...

»Heil Hitler! Die Reisepässe gefälligst!«

Es ist, als wäre Deutsch bereits eine fremde Sprache – für den Jungen mit dem krausen Haar auf dem Platz bei der Tür, für die beiden Mädchen neben ihm, die eindeutig Schwestern sind, und für das kastanienbraune Mädchen, das Martin gegenüber bei der Heizung sitzt. Nur zögernd gehorchen sie der Aufforderung. Schweigend, gespannt zeigen sie ihre Pässe mit dem großen roten »J« auf der ersten Seite. Bis jetzt haben sie kaum ein Wort miteinander gesprochen. Nein, sie haben nichts zu verzollen, versichern sie dem Beamten.

»Was ist in diesem Kasten da?«

»Mein Akkordeon«, sagt der Junge und schickt sich an aufzustehen.

»Ist das Ihr Gepäck? Was ist darin?«

»Nur persönliche Sachen«, flüstert das Mädchen mit dem kastienbraunen Haar.

Sie sieht den Beamten an, dann wieder Martin. Die Andeutung einer stummen Mitteilung verschwindet aus ihrem Blick, als ein SS-Offizier in schwarzer Uniform mit Totenkopfabzeichen die Abteiltür füllt. Er tritt ein und ragt nun über ihnen. »Lauter abreisende Juden«, erklärt ihm der Zöllner beflissen. Der SS-Mann nickt, sein Blick wandert über die Gepäcknetze, er mustert ihre Gesichter, ehe er ihre Pässe einfordert und die Namen mit einer Liste vergleicht. Dann wirft er den Packen Pässe auf den Fenstertisch. »Fünf weniger, die Scherereien machen«, sagt er dem Beamten. Der folgt ihm in den Gang. Die Abteiltür wird zugeschlagen. Drinnen herrscht Schweigen. Endlich ruckt der Zug an und rollt langsam über die Grenze.

Duisburg, Krefeld, Venlo an der Grenze ... Vorbei und vergangen, und der Zug eilt durch das holländische Tiefland – weite Felder, eine Windmühle im Schneegestöber, saubere Gehöfte unter wogenden Wolken. Der holländische Grenzer hat ihnen die Pässe mit einem höflichen »Danke sehr« wiedergegeben, und aus seinem Mund klingt das Deutsche nicht fremd.

Der Junge mit dem krausen Haar spielt leise Akkordeon – es klingt wie das Echo einer fernen Musik. Hand in Hand, wie sie die meiste Zeit dagesessen haben, hören die Schwestern versonnen zu. Und auch sie hört zu, das Mädchen mit dem kastanienbraunen Haar. Ihre Augen ruhen auf Martin.

»War das deine Mutter auf dem Bahnsteig?«, fragt sie plötzlich, ganz so, als hätte ihre Reise eben erst begonnen. Martin bestätigt es, ihm kommt es vor, als hätte der Zug bereits hundert Städte hinter sich und hundert Grenzen überquert.

Meine Mutter, ja, und vielleicht sehe ich sie nie wieder, ich fahre nach England und kehre nicht mehr zurück. Duisburg, Krefeld, Venlo an der Grenze, warum also fragst du nach meiner Mutter? Sie ist weit weg, sehr weit ... Lieber Gott, vergib mir, dass ich so empfinde. Ich fange ein anderes Leben an, ich will nicht an meine Mutter denken, ich will nicht an meinen Vater denken, nicht an Miriam, und nicht an Ruth, an niemanden will ich denken, an nichts, das ich in Deutschland zurückgelassen habe ...

»Fährst du auch nach England?«

Sie nickt. »Nach Manchester. Ich habe einen Onkel dort.«

»Ich fahre nach Kent, in eine Schule. Das ist weit weg von Manchester.«

»Wie heißt du?«

»Martin. Und du?«

»Sarah.« Sie errötet und flüstert: »Ich heiße wirklich so, ich habe den Namen nicht erst von den Nazis. So heiße ich schon immer.«

»Wie alt bist du?«

»Vierzehn. Bist du viel älter als ich?«

»Nicht sehr viel.«

Für wie alt hält sie mich wohl? Mit meinen langen Hosen sehe ich älter als fünfzehn aus, ich weiß. Sie gefällt mir, ich wünschte, sie hätte keinen Onkel in Manchester. Wir könnten Freundschaft schließen, und wenn wir beide nicht mehr zur Schule gehen, könnten wir immer zusammen sein. Sarah – vielleicht halten die Engländer Sarah für einen schönen Namen.

»Wenn wir in Hoek van Holland ankommen, wollen wir dann zusammen aufs Schiff?«

»Wenn du willst.«

»Ich werd' dir dein Gepäck an Bord bringen. Und in Harwich von Bord.« »Nett von dir, aber das musst du nicht. Dort holt mich mein Onkel ab. Zusammen fahren wir mit dem Zug nach Manchester.«

Martin zuckt die Achseln, er starrt aus dem Fenster. Der Schlag der Räder durchdringt die Klänge des Akkordeons.

»Bist du traurig?«, fragt sie.

»Nein.«

»Oder böse über etwas?«

»Nein.«

»Er spielt sehr schön Akkordeon, findest du nicht auch?«
»Ja. Er spielt gut.«
»Was hast du bloß?«
»Nichts.«

Ich wünschte, sie hätte keinen Onkel in Manchester, dann könnten wir beide in Kent zur Schule gehen, und wir blieben zusammen. Was ist dabei, dass ich sie jetzt schon mag – obwohl ich sie kaum kenne. Miriam ist weit weg in Polen, und Mutter ist hinter der Grenze, der Vater auch. Und was ist mit Ruth? Ich mag Sarah, ich würde jetzt gern neben ihr sitzen und ihr später auf dem Schiff Gesellschaft leisten. Ich wünsche mir ein Andenken von ihr – etwas, das ihr gehört. Denn sie wird mit ihrem Onkel wegfahren, und ich werde sie nie wiedersehen.

»Bis Harwich bleiben wir aber zusammen, oder?«
»Natürlich, wenn du das willst.«

Der Junge mit dem Akkordeon ist ans Fenster getreten, ohne sein Spiel zu unterbrechen. Er lehnt sich mit dem Rücken gegen den Tisch, sodass Martin Sarah kaum sehen kann. Ihr Gesicht ist verdeckt. Da bietet er dem Jungen seinen Fensterplatz an und setzt sich neben Sarah. Sie lächelt ihm zu. Die Lider überschatten ihre Augen, die im Halblicht sehr dunkel wirken. Martin berührt ihre Hand.

»Sarah«, sagt er, »bevor du mit deinem Onkel wegfährst – gib mir etwas, das dir gehört.«
»Was? Was soll ich dir geben?«
»Vielleicht ein Foto, damit ich eine Erinnerung habe.«
»Ich hab nur kleine Passbilder, die sind nicht gut.«
»Das macht nichts. Gib mir eins, ehe dein Onkel kommt.«
Sie hört die Bitterkeit.
»Hast du niemanden in England?«
»Doch. Einen Onkel, keinen richtigen, einer, der mich nicht einmal kennt.«
Das Mädchen sieht ihn nachdenklich an.
»Dann könntest du doch mit zu uns kommen.«
»Das geht nicht. Du weißt doch, ich soll in Kent zur Schule gehen. Darum möchte ich etwas, das mich an dich erinnert – denn wir werden uns nie wiedersehen.«
»Warum denn nicht?! In den Ferien könnten wir uns wiedersehen.«
Martin schüttelt den Kopf. *Nein*, denkt er, *Sarah lügt, alle lügen sie. Alle, die von mir weggegangen sind oder von denen ich weggegangen bin,*

sind seitdem für mich verschollen – ja, alle, auch die Eltern. Er hält bei dem Gedanken den Atem an und blickt auf das Mädchen.

»Wir werden uns nicht wiedersehen, Sarah«, sagt er, »weil du weggehst von mir. Aber das macht nichts. Ich bin es gewohnt, mich von etwas zu trennen, das ich gern habe.«

In London

Sarah war fort, sie alle waren fort, Martin aber hockte Gott weiß wie lange schon auf seinem Koffer auf dem Londoner Bahnsteig und wartete auf den Mann, der für ihn gebürgt hatte und ihm weiterhelfen sollte – ein Onkel? Was für ein Onkel das wohl war? Immerzu hielt er nach ihm Ausschau bis er es schließlich aufgab und sich vor der Kälte in den Wartesaal rettete, wo ihn ein Helfer der Bahnhofsmission aus dem Halbschlaf geholt und nach seinem Woher und Wohin gefragt hatte. In seinem dürftigen Schulenglisch hatte Martin geantwortet, er käme aus Deutschland und solle hier abgeholt werden. Nein, englisches Geld habe er keines, und von den zehn Deutschen Mark, die er hatte mitnehmen dürfen, sei nur noch die Hälfte übrig. Er kramte in den Taschen und wies die paar Münzen vor. Wie alt er denn sei? Fünfzehn, heute würde er fünfzehn, es sei sein Geburtstag.

Ob das bewirkt hatte, dass sich der Mann von der Bahnhofsmission weit über seine Befugnisse hinaus für ihn einsetzte? Ihn nicht nur in seinen Dienstraum holte, sondern auch von dort aus bis spät in die Nacht den Onkel telefonisch zu erreichen versuchte – vergeblich! Martin war es längst, als gäbe es diesen Onkel gar nicht.

»And now, my boy, what shall we do with you?«, hatte der Mann ihn gefragt, und dann ein *asylum* vorgeschlagen, was Martin als eine Art *Herberge zur Heimat* begriffen und sich an Gutscheine erinnert hatte, die seine Mutter Obdachlosen zu geben pflegte, die um Unterkunft bittend vor der Haustür gestanden hatten. Ja richtig, bestätigte ihm der Bahnhofsmissionär, ein Asyl, dort habe er wenigstens ein Dach über dem Kopf – »and tomorrow we'll see further.«

»Thank you!«, hatte Martin gesagt.

Und als sie dann nach langer Busfahrt durch das mitternächtliche London zu einem Backsteinhaus gelangt waren, das sich dunkel im Nebel abhob, und dort der Pförtner angewiesen war, Martin aufzunehmen, hatte sein Helfer sich mit genau den Worten von ihm verabschiedet, die fünf Tage zuvor in Köln der englische Konsulatssekretär an ihn gerichtet hatte, ehe er das Einreisevisum in seinen Pass stempelte: »Consider it your lucky day!«

Als Martin sich endlich in dem einzigen noch unbelegten Bett des großen Schlafsaales ausstrecken konnte, das in dem fahlen, durchs Fenster fallenden Licht einer Straßenlaterne zu finden gewesen war, er zwischen all den schlafenden Obdachlosen den Kopf auf seinen zum Polster zusammengerollten Mantel sinken ließ, sagte er sich, dass sein Geburtstag alles in allem doch noch glimpflich ausgegangen war – die Zahl Neunzehn würde fortan eine Glückszahl für ihn sein, wie auch die Dreizehn, denn am dreizehnten des Monats hatte er nach langem Warten vor der britischen Botschaft dem Konsulatssekretär seinen Pass vorgelegt – ohne dass der Anstoß an den vom Regen durchweichten Seiten genommen hatte. *Consider it your lucky day* – mit den Worten im Ohr war Martin eingeschlafen.

Es läutete draußen – bis hinein in den Schlafsaal war das zu hören, und auch, wie der Pförtner mit klirrenden Schlüsseln die Haustür öffnete. Anders als die Männer rings um ihn, von denen mancher die Störung ärgerlich verfluchte, horchte Martin angestrengt hin. Und als dann der Pförtner einen stattlichen, grauhaarigen Herren hereinführte – steifer Hut, schwarzer Mantel mit Samtkragen, Lackschuhe und überm Arm den Schirm, wusste Martin gleich – der Onkel! Als der Pförtner seinen Namen rief, sprang er auf und stellte sich neben seinen Koffer.

»Sie suchen mich?«

»It seems so, my boy!«, sagte der Herr und fügte etwas hinzu, aus dem Martin entnahm, dass ihm vorgeworfen wurde, erst heute erwartet worden zu sein und nicht schon gestern. »Wohl ein Irrtum deiner Eltern«, sagte der Herr ins Deutsche wechselnd.

Martin überkam ein Anflug von Trotz – er dachte an die Wartestunden auf dem Londoner Bahnsteig, die vergeblichen Telefonate, die nächtliche Busfahrt zum Asyl, die durchwachten Stunden im Schlafsaal.

»Nun, ich hoffe, du hattest hier nichts auszustehen«, hörte er.

»Mir ging es gut«, sagte er.

»Während ich nicht einmal wusste, wo du steckst … nun gut. Nimm jetzt deinen Koffer und folge mir.«

An der Tür wandte sich Martin noch einmal um. »So long, reffo-boy!«, rief ihm der Einbeinige nach, neben dem er die Nacht verbracht hatte.

»Solche wie der haben immer auch gleich Schimpfworte parat«, sagte ihm der Onkel. »*Reffo-boy*… aber was soll's. Ihn und die ganze Bagage hier siehst du ja nicht wieder.«

Selbst noch als er schon längst in einem Gästezimmer mit Bettcouch, Spiegelschrank, stoffbezogenen Wänden und Aussicht zum Hyde Park untergebracht war, empfand Martin den Einbeinigen, der sich Wooden Peg genannt hatte, als Schicksalsgefährten – hatte er ihm nicht ein Stück Kernseife zu verdanken gehabt, ein Handtuch auch, und dass niemand seinen Koffer angerührt hatte – »let the reffo-boy be!«, hatte er ringsum gewarnt.

»Der Mann verlor sein Bein bei der Eisenbahn«, hatte Martin dem Onkel zu erklären versucht, war aber mit: »Du hast noch viel zu lernen«, ins Gästezimmer und zu Bett geschickt worden.

»Das mit dem Irrtum tut mir leid, und auch all die Mühe, die Sie mit mir hatten«, konnte Martin ihm noch sagen.

Gnädig hatte der Onkel abgewinkt. »Nun, die Mühe hat morgen ein Ende. Denn du fährst ja ins Internat.«

»Ja«, hatte Martin geantwortet – und kein Wort mehr.

Die Münze

Mit der Zeitschrift, die ihm der Onkel noch auf dem Bahnsteig in die Hand gedrückt hatte, ließ sich wenig anfangen – viel Text und wenig Bilder: Jemanden auf Englisch nach der Uhrzeit fragen zu können und dergleichen mehr, reichte ja wohl kaum, um englische Artikel über die Antarktis oder die neuseeländischen Maoris zu lesen. Die Stirn ans Abteilfenster gepresst, ließ Martin die triste Winterlandschaft an sich vorbeiziehen – von Feldsteinen umrandete Äcker, kahle Bäume, kleine Bauernkaten, hier und da ein hochherrschaftliches Landhaus zwischen Waldstücken und Wiesen, und immer wieder die umrandeten Äcker ... Verlassen kam er sich vor, abgeschoben. »Wie, in Gottes Namen, konnte es passieren, dass du einen Tag früher als angekündigt eingetroffen bist?«, hatte er den Onkel immer wieder sagen hören.

Ja, abgeschoben war das Wort, das Martin nicht aus dem Kopf wollte: man hatte ihn mit einer Münze, die *half a sovereign* genannt wurde, abgeschoben. Obwohl er wusste, dass der Onkel ein wohlhabender Reeder war, erschien ihm die Zuwendung großzügig. Immerhin war für einen Bruchteil von zehn Schillingen, dem ungefähren Wert eines halben Sovereigns, das *World Wide Magazine* zu haben gewesen – für was sonst noch alles würde das Geld reichen? Vorerst jedenfalls, würde er die Münze nicht anbrechen, würde er nirgends etwas kaufen. Wo auch immer der Zug hielt, widerstand er der Versuchung all dieser *Mars Bars* und *Milky Ways*, die auf den Bahnsteigen angeboten wurden, ließ sich keine Brause zum Abteilfenster hochreichen, kein Mineralwasser. Dem halben Sovereign würde kein zweiter folgen. »Im Internat hast du alles, was du brauchst – das Geld ist für den Notfall«, hatte der Onkel ihm erklärt – eine eiserne Reserve also. Wer garantierte ihm, dass das neue Leben, dem ihn der Zug entgegentrug, nicht voller Ungewissheiten war – also sparen, nichts verschwenden! Ohne die Münze angetastet zu haben, gelangte er nach Faversham in der Grafschaft Kent, und weil er dort vom Gärtner des Internats, der sich als Sievers vorstellte, Arno Sievers, per Motorrad mit Seitenwagen abgeholt wurde, blieb das Geld auch weiterhin intakt – wie auch all die Monate, während derer er in der neuen Schule nichts zu entbehren hatte.

So kam es, dass achtzehn Monate später, nachdem er als Internierter an Bord des Truppentransporters *Dunera* über gefahrvolle Meere zum fünften Kontinent verschleppt worden war, einer unter zweitausend aus Deutschland stammender Flüchtlinge, bei einer Leibesvisitation ein britischer Wachposten auf die Münze stieß. »Blow me down, half a bloody sovereign«, rief der Mann, und steckte das Geld weg. »Smokes galore – genug zu rauchen bis nach Sydney.«

Spätestens da musste Martin erfahren, dass Sparen seine Tücken hatte.

English, Martin Ruben

Anfangs schien es Martin geradezu gespenstisch, dass keiner antwortete, wenn er versuchte, sich auf Deutsch mitzuteilen – zwar lebten sie alle schon seit Jahren in England, stolze Schüler dieses renommierten Internats, das im Bayrischen gegründet und in den frühen Dreißigern der Naziherrschaft wegen nach Kent verlegt worden war, aber sie stammten aus dem Land, woher auch er stammte, und trugen deutsche Namen: Erwin, Kurt, Fritz, Werner, Lutz ... Natürlich begriff er, warum Deutsch verpönt war, nicht aber, dass sie sich derart rigoros an die Regeln hielten. Schließlich war es mit seinem Englisch nicht weit her, es machte ihm Mühe, und er glaubte, Nachsicht erwarten zu dürfen. Doch selbst Rolf Maron, sein Zimmernachbar im Boys House, stellte sich taub, sprach Martin ihn in schlichtem Rheinländisch an. Er tat, als verstünde er ihn nicht und war doch aus Düsseldorf, nicht weit von Duisburg und, anders als die anderen, erst knappe achtzehn Monate im Internat. Sein Englisch aber war längst *impeccable* – auch eines jener schwierigen Worte, die Martin von ihm lernte, und im Grunde bewunderte er Rolfs Zielstrebigkeit. Fünfzehn Jahre alt wie er selbst, bis zum dreizehnten Jahr in deutschen Schulen, sprach er schon Englisch wie gebildete Engländer, schrieb fehlerlose Aufsätze in Englisch und erweiterte seinen Wortschatz täglich. Das *Oxford Dictionary* war seine Bibel, englische Kreuzworträtsel löste er mühelos, und wollte Martin ihn zum Freund, würde er sich üben und es ihm nachtun müssen. »German is for the Germans«, pflegte Rolf zu sagen, »and we are outcasts and don't belong.«

Das war eine Feststellung, über die nicht nachzusinnen war. Sie stimmte – sie waren Verstoßene und gehörten nicht mehr dazu. Aber mussten sie deshalb ihre Muttersprache verleugnen? Martin wollte das nicht einleuchten. In der Art, wie sie sich alle sperrten und ihn mieden, wenn er Deutsch sprach, lag etwas Zwanghaftes, ja Widernatürliches, und er empfand es als einen Segen, dass ihn Recha Bronstein, die Haushälterin und Näherin im Internat, unterm Dach ihrer kleinen Mansardenwohnung sprechen ließ, wie ihm der Schnabel gewachsen war. Sie war ein fraulich-mütterliches Wesen, und er schüttete ihr sein Herz aus, und eher von ihr als den Mitschülern nahm er an, dass es zu seinem Vorteil war, Englisch so schnell wie möglich zu meistern.

Er nahm das auch von Mr. Anthony Leighton an, dem Englischlehrer, der alleinstehend und wohl Recha Bronsteins Verehrer war und des Öfteren bei ihr auftauchte – ein hoch gewachsener Mann mit schulterlangem Haar, lässig gekleidet in immer demselben hellbraunen Cordanzug. Mr. Leighton begriff Martins Dilemma, schätzte Heine, liebte Rilke, bewunderte Kleist, und zog keine Gleichung zwischen dem Deutsch der Dichter und dem der Nazis. Er ließ Martin reden, wie es ihm passte, obwohl auch er nie anders als in Englisch antwortete. Mochte Recha Bronstein Martin zuliebe die Regeln des Internats brechen – er nicht. Und Martin vergaß nie, wie peinlich es ihm war, nachdem er bei einem gemeinsamen Spaziergang im Park ein paar deutsche Worte hatte fallen lassen, von der fast blinden, aber sehr hellhörigen, im Fenster des Hauptgebäudes lehnenden Schulleiterin, ihrer T. A., für Tante Anna, schrill ermahnt worden zu sein: »English, Martin Ruben, please!«

Mit der Zeit steckte Martin auf, fügte sich den Regeln, begann er selbst mit Recha Bronstein englisch zu sprechen und, angeleitet von Mr. Leighton und nicht zuletzt auch weiterhin von dem emsigklugen Rolf Maron aus Düsseldorf, war er bald auf dem Weg zum Herzen der englischen Sprache, zu Charles Lamb und zu Charles Dickens, gingen ihm die Oden von Wordsworth bald so nah wie die Strophen in Rilkes Stunden-Buch.

Jene Stunden im Internat

Spätabends, als sie alle abgereist waren, die Verwandten und Bekannten von nah und fern, und die Lampions im Park erloschen und wieder Stille herrschte, fragte sich Martin, ob der so unerwartete Besuch seiner kürzlich nach England ausgewanderten Cousine Marion, die älter als er und längst eine junge Frau war, überhaupt ihm gegolten hatte – vielleicht wollte sie auch nur den Tag der offenen Tür nutzen, um den reichen Reeder, *dem Onkel*, zu begegnen – Onkel? Noch immer tat Martin sich schwer mit der Bezeichnung. Nach ihm, Mr. Hugo Margolis, hatte Marion sofort gefragt. Gleich zu Anfang ihres Eintreffens im Internat hatte sie ihm begegnen wollen – fortan war sich Martin überflüssig vorgekommen. Und seine dringlich vorgebrachte Bitte war auf taube Ohren gefallen – der Onkel hatte ihm bündig erklärt, es sei Krieg, und er könne nun für die Eltern nichts mehr tun.

Stimmte das? War Kurt Goldbachs Eltern nicht noch Monate nach Kriegsausbruch geholfen worden, aus Deutschland auszuwandern? Warum sollte der Onkel mit seinen Verbindungen in alle Welt keine Mittel und Wege für seine Eltern finden können? Martin glaubte zu spüren, dass er nur Marions wegen kein Ohr mehr für ihn hatte. Sie war nicht bloß eine junge Frau, sondern auch schön, und sie kennenzulernen war dem Onkel mehr als nur angenehm gewesen. Wie zuvorkommend er zu ihr war! Am Ende hatte er sie sogar eingeladen, mit ihm in seinem Bentley nach London zurückzufahren – nach London und wohin noch? Martin hatte mitbekommen, dass auch von den Bahamas die Rede gewesen war, von einem Sonnenurlaub in der Karibik, und wolle Marion nicht ... Oh, sie wollte, das war deutlich genug gewesen! Über seine Eltern aber war kein Wort mehr gesprochen worden.

Und nun waren sie beide fort! Martin warf sich vor, nichts, aber auch gar nichts für die Eltern erreicht zu haben – er hatte versagt. Wie hatte er es zulassen können, dass Marion sich derart in den Vordergrund drängte, ohne auch nur die geringste Besorgnis für die Eltern erkennen zu lassen. Er hätte die beiden nicht abreisen lassen dürfen, ohne den Onkel noch einmal dringlich an die Eltern zu erinnern. Es war nicht abzusehen, wann sich wieder die Gelegenheit dazu bieten würde – der nächste Tag der offenen Tür lag in ferner Zukunft!

In sich gekehrt und bedrückt durchstreifte er den Park. Die Gelegenheit war vertan, das Fest vorbei, vorbei der ganze Trubel, von dem nur noch die aufgebockten, leer geräumten Tische zeugten, auf denen die Papierdecken im Wind raschelten. Was blieb ihm anderes als dem Onkel zu schreiben – doch wohin? Und was würde ein Brief bewirken? Hätte der Onkel sich wirklich zugänglicher gezeigt, wenn Marion nicht aufgetaucht wäre?

»Könnte dich brauchen«, hörte er eine Stimme sagen. »Vier Hände schaffen mehr als zwei.«

Aufblickend sah er Arno Sievers, den Gärtner, mit dem er sich angefreundet hatte, seit er damals von ihm mit dem Motorrad vom Bahnhof Faversham abgeholt worden war – wann immer sie sich begegneten, wechselten sie ein paar Worte miteinender. Wie üblich trug Arno, unberührt vom Fest der offenen Tür, seine Arbeitskleidung – ausgebeulte kurze Lederhosen, aus denen die Beine weiß hervorstachen, blaue Schürze und grobe Schnürstiefel.

»Was soll ich tun?«, fragte Martin ihn.

Arno erklärte es, und noch vor der Dämmerung hatten sie gemeinsam im Park aufgeräumt, die Stühle und Klapptische im Schuppen verstaut.

»Prima«, sagte Arno. »Und wenn du mich mal wieder brauchst ...«

»Wäre schon jetzt.«

Arno trat dicht zu Martin hin – seine Brillengläser, die dick wie Flaschenglas waren, ließen die Augen unnatürlich groß erscheinen. »Was gibt's denn?«, fragte er.

»Deine Eltern«, sagte Martin, »leben doch noch in Deutschland, oder?«

»Das lass mal weg«, antwortete Arno, »das frag mal nicht.«

Martin wartete, aufs Schlimmste gefasst.

»Sippenhaft«, sagte Arno. »Schon mal davon gehört?«

Martin nickte.

»Ein Spitzel!«, fuhr Arno fort. »Die ganze Gruppe ging damals hoch, nur ich entkam – seitdem aber hält die Gestapo meine Eltern fest. Wäre der Krieg nicht, ich führe zurück und würde mich stellen.«

Martin war, als deckten sich Arnos Sorgen mit den eigenen, und plötzlich begriff er, warum Arno meist für sich blieb und bis in die Nächte hinein nur schuftete.

»Warum waren die Nazis hinter euch her?«

»Losungen an Mauern und Bäume – du verstehst schon«, sagte Arno. Sein schmales Gesicht lag jetzt im Schatten. »Du fragst nach meinen Eltern und denkst an deine. So ist es doch?«

Martin nickte.

»Komm in den Schuppen«, sagte Arno. »Einen Gläschen Schnaps wirst du schon vertragen.«

Drinnen hockten sie auf Kisten, die Flasche auf dem Boden zwischen sich. Nach dem ersten Schluck stellte Martin sein Glas weg. Arno lockerte der Schnaps auf, er wurde mitteilsam. Martin schien es bald, als wäre auch er in jener Nacht in Ulm dabei gewesen, als schreckte auch er vom Splittern der Haustür, dem Stampfen der Stiefel hoch, als blendete auch ihn das grelle Licht von Stablampen, das jetzt durch den Keller und über die erstarrten Gesichter strich, er glaubte die SA-Leute brüllen zu hören: »Da haben wir das Pack!« Und weil Arno nicht schnell genug hochkam, versetzte ihm der SA-Mann einen Tritt, Arno prallte gegen die Wand, es riss ihm die Brille von der Nase, und der SA-Mann zertrat sie mit dem Stiefelabsatz. Wie blind tastete sich Arno aus dem Keller die Treppe hoch und durch die zertrümmerte Haustür den anderen nach auf die Straße. Sie mussten ihn zu dem Laster führen, der da vor dem Haus parkte, und dort packten sie ihn und schleuderten ihn auf die Ladefläche. »Ab mit dir, du blinder Sack!« Und Martin begriff, dass sie den, der da hilflos um sich tastete, am wenigsten beachten – ehe noch der Laster um die Ecke bog, hatte Arno sich an der Ladeklappe hochgestemmt, einen Satz in die Straße getan, und war im Dunkel der Gasse untergetaucht.

»Hast du mal einen Blinden an der Bordsteinkante beobachtet?«, fragte ihn Arno.

»Sicher doch.«

»Will nur erklären, warum mir gleich geholfen wurde und trotz des Tumultes in der Gasse keiner auf den Gedanken kam, dass der mir galt. Und zwei Tage später hatte ich es über die Grenze zur Schweiz geschafft und schließlich von dort nach England.«

Aus seiner Brieftasche nahm er ein Foto und hielt es Martin hin. »Das sind sie – meine Eltern.«

Martin stellte sich die beiden Alten zwischen kahlen Gefängniswänden vor und empfand Arnos Ängste wie eigene.

»Sieht man gleich, dass das deine Eltern sind.«

Arnos Hand zitterte, als er das Foto in die Brieftasche zurückschob. »Und nun lass endlich hören, was dich bedrückt.«

Martin tat sich schwer – da waren dieser Brief, den die Eltern ihm über das Rote Kreuz hatten schreiben können, und ein Foto, das ihn auf Umwegen erreicht hatte. Wie gezeichnet der Vater noch war von der langen Haft in Dachau! Und was bedeutete es, dass die Mutter sich mit den Füßen plagte und von geschwollenen Füßen schrieb? *Aber es geht schon, ich schaffe es schon.* Wohin musste sie so weit laufen, wo sich so lange anstellen? *Wir denken immer an Dich und hoffen auf ein Wiedersehen.* Wenn er das Foto der Eltern betrachtete, überkamen ihn Ängste, die er Arno nicht würde erklären können – wo war es entstanden? *Zwar wohnen wir nicht mehr in der Kellerwohnung, aber auch nicht mehr in unserem Haus, sondern teilen eins mit anderen Familien – da ist auch ein Junge, der uns oft an Dich erinnert.* Wie war Arno begreiflich zu machen, was es den Eltern bedeutet haben musste, ihr Haus aufzugeben. *Noch müssen wir nicht auf die lange Reise*, hatten sie geschrieben, *und haben Hoffnung.* Von was für einer Reise war da die Rede?

»Stell dir einen Reeder vor, mit Schiffen auf allen Weltmeeren – glaubst du nicht, dass so einer meine Eltern noch aus Deutschland rausholen könnte?«

»Von wem sprichst du eigentlich?«

Martin erklärte es und erzählte, warum es ihm nicht gelungen war, den Onkel um Hilfe für die Eltern zu bitten. Arno hörte schweigend zu. Schließlich sagte er: »Je größer das Haus, umso weniger Platz für die Gäste? Diesen Onkel schlag dir aus dem Kopf.«

Schweigend stand Martin auf, doch Arno hielt ihn zurück. »Ich könnte mich natürlich geirrt haben«, sagte er.

»Ich fürchte nicht«, sagte Martin.

Whiteladies

Ein Brief aus London – Martin drehte ihn um. Der Absender war ihm fremd, und er fragte sich, wer da an ihn schrieb. Doch schon beim Überfliegen der ersten Zeilen löste sich das Rätsel. Hinter dem Namen Ken Craven-Smith verbarg sich Kurt Goldbach, ein einstiger Schulkamerad, der vor ihm nach England gelangt war.

»Und wenn Du in den Sommerferien nicht weißt, wohin«, hieß es, »ich lad Dich ein, Du kannst hier wohnen, Platz ist genug. Und für mich wär's schön, Gesellschaft zu haben. Schreib bald. Dein Freund Kurt.«

Freund? Martin ließ den Brief sinken. So eng waren sie nie gewesen – der allzu strebsame Kurt Goldbach lag ihm nicht sonderlich. Ken Craven-Smith? Wie der wohl so schnell in eine andere Haut geschlüpft war? Dazu noch diese vornehme Adresse – Whiteladies! Der Name beschwor in Martin die Vorstellung von einer hochherrschaftlichen Villa herauf. Und dorthin war er eingeladen? Ein Glücksfall, so gesehen – denn während der Ferien würde er im Internat ziemlich einsam sein, also schrieb er zurück: »Lieber Kurt! Du – das war sehr nett, und ich käme schon gern für ein paar Tage. Und schönen Dank auch an die Familie, die Dich aufgenommen hat. Kleine Frage: Sind Deine Eltern nicht noch nach Argentinien gelangt? Oder was ist mit ihnen, dass Du Dich jetzt Ken Craven-Smith nennst? Aber das wirst Du mir ja alles erzählen. Bis dann also. Mach's gut – Dein Martin.«

Verglichen mit der Wirklichkeit, erwiesen sich seine Vorstellungen als blass – die Villa Whiteladies in jenem vornehmen Londoner Vorort mutete Martin wie ein Schloss an. Es dauerte, bis er sein Köfferchen die lange Auffahrt hochgetragen hatte, die durch einen parkähnlichen Garten zum Haupteingang führte. Ehe er aber noch die Freitreppe bis zur letzten Stufe erklommen hatte, war ein grauhaariger Mann in schwarzer Livree ins Freie getreten, der ihn mit dem Anflug einer Verbeugung empfing.

»Willkommen, Sir. Der junge Herr erwartet Sie schon.«

So angeredet, verstummte Martin und war erleichtert, als Kurt Goldbach auftauchte – in dem schmuddeligen Turnhemd, das er anhatte, und der wie von Säure zerfressenen Trainingshose wirkte er neben dem Butler geradezu ärmlich.

»War im Keller-Labor«, erklärte Kurt. »Da taugt nur dieses alte Zeug.« Der Butler nahm Martin das Köfferchen ab und verschwand in der Villa. Martin sah Kurt fragend an.

»Mr. Bertram macht das schon«, versicherte Kurt. »Ich zeige dir gleich, wo du wohnen wirst. Aber erstmal – schön, dass du da bist.«

»Ken Craven-Smith«, sagte Martin. »Gilt das auch für mich?«

»Du«, erwiderte Kurt sanft, »da reib dich nicht dran – das musste so sein. Für dich aber bin ich immer noch Kurt.«

»Da freue ich mich.«

»Ich freu mich auch«, sagte Kurt.

Nicht nur gefiel es Martin in Whiteladies, er erkannte auch gleich, welches Glück es für Kurt gewesen war, über eine Anzeige in dieser englischen Zeitung an Kindes statt aufgenommen worden zu sein. Wie Kurt es erklärte, war zu dem Zeitpunkt an eine Auswanderung zusammen mit den Eltern noch gar nicht zu denken gewesen. Wie auch immer – an eine bessere Familie hätte er nicht geraten können, sagte sich Martin. Nie wurde Kurt bevormundet, nie etwas dagegen eingewendet, dass er in Verbindung mit seinen Eltern blieb. Sybil und John Craven-Smith sahen sich als seine Vizeeltern. War erst der Hitlerspuk vorbei, würde Kurt die Wahl überlassen bleiben, auch die des Namens – inzwischen aber sollte es bei Ken Craven-Smith bleiben und er als Sohn des Hauses gelten. Auf Martin wirkten die Craven-Smiths eher wie gute Freunde – Vizeeltern? Martin war schon beeindruckt gewesen, als sie gleich nach der Begrüßung darauf bestanden hatten, dass auch er sie beim Vornamen ansprach, und als sie ihn schlicht Marty nannten, fühlte er sich vollends einbezogen. Und wie sie sein Zimmer ausgestattet hatten – Bücher, Zeitschriften, ein kleines Radio, Blumen auf der Fensterbank. Und weil er Kurts Kreise nicht störte und Kurt die seinen nicht, gestaltete sich ihr Miteinander von Anfang an angenehm. Whiteladies! Wenn hier jemand kühl und unnahbar durch die Villa glitt, dann höchstens das Personal – die Zimmermädchen, der Butler. Sybil und John Craven-Smith zeigten sich von freundlichster Gastlichkeit. Was für ein Zuhause!

»Hör mal! Wie kommt es, dass Sybil und John so viel Zeit für uns haben?«

Kurt verwunderte die Frage. »Ich sagte dir doch, es sind Theaterferien und für Sybil noch keine Proben angesetzt – und zurzeit leitet ein Vertreter Johns Anwaltspraxis.«

»Seltsam«, sagte Martin, »ich bin erst ein paar Tage hier, und schon denke ich immer weniger ans Internat.«
»Wie wäre das zu verstehen?« fragte Kurt in einem Ton, der Martin aufhorchen ließ.
»Vergiss es.«
»Du hast Sybil gern, nicht wahr«, sagte Kurt.
»Ich mag sie beide. Du doch auch.«
»Sicher«, antwortete Kurt und schwieg eine Weile lang, dann sagte er: »Heute Abend am Kamin, wie du Sybil angesehen hast, das hat auch John gemerkt. Du, so geht das nicht!«
»Was geht so nicht?«
»In einem Film«, sagte Kurt, »hab ich Sybil eine Achtzehnjährige spielen sehen – und John ist fast fünfzig. Verstehst du mich jetzt?«
»Kein Wort.«
»Du hast sie angesehen wie verliebt.«
»Totaler Unsinn!«
»Du«, sagte Kurt, »dass Sybil meine Vizemutter sein soll, will natürlich auch mir nicht in den Kopf – sie ist erst vierundzwanzig.«
Und könnte Johns Tochter sein, dachte Martin. »Warum erzählst du mir das?«, fragte er.
»Weil ich verstehen kann, dass du dich verliebt hast.«
»Wieder so ein Unsinn«, sagte Martin.
»Glaubst wohl, ich bin eifersüchtig. Bin ich nicht.«
Martin schwieg.
»Was soll's«, sagte Kurt. »Reden wir über was anderes.«
»Meine ich doch«, sagte Martin – aber ausgeräumt war die Spannung nicht.

Von da an regten sich die Vorbehalte wieder, die Martin schon in Duisburg gegen Kurt hatte – diese überlegene Ruhe, und wie er über lange Stunden des Tages sich selbst genügte: Der Alchimist in seinem Keller-Labor! War es Martin nur recht gewesen, dass er für sich sein konnte, plötzlich drängte es ihn, Kurt alle möglichen Unternehmungen abzuverlangen: Tischtennis, Croquet im Garten, Wettläufe, Wettschwimmen im Pool, ja sogar Ringkämpfe, und je unterlegener sich Kurt zeigte, desto lieber war es Martin. Als er aber merkte, dass damit weder Sybil noch John zu beeindrucken waren, begann er Kurt zu meiden. Selbst während der Mahlzeiten tat er, als gäbe es ihn nicht – er sprach an ihm vorbei und bemühte sich um Sybils Aufmerksamkeit. Wie er zu erzählen, sich in den Vordergrund zu spielen wusste! Und es gefiel ihm, wenn er Sybils Blick auf sich gerichtet sah, er ihr ein Lächeln, gar ein Lachen abgewann.

»Your English isn't Shakespeare, but it's quaint«, hörte er sie sagen.

»Quaint – wie übersetzt man das?«

Martin blickte fragend von Sybil zu John, die aber kein treffendes deutsches Wort dafür wussten.

»Quaint – das heißt so viel wie putzig«, ließ sich Kurt vernehmen.

Martin sah Kurt an. »Putzig, was! Nun, zum Pausenclown eigne ich mich nicht.«

»Mal heiß, mal kalt«, sagte Kurt. »Schwer zu begreifen.«

»Sybil begreift mich.«

»Quaint«, bestand Kurt, »heißt putzig.«

Abrupt bat Martin Sybil, ihm sinnverwandte englische Worte für *quaint* zu nennen.

»Odd«, sagte Sybil, »strange, unusual.«

»Was du mir nicht zu übersetzen brauchst«, sagte Martin zu Kurt. »Sonderbar, seltsam, ungewöhnlich – also keine Rede von putzig!«

»Ich weiß eigentlich nicht, warum, oder vielleicht doch«, meinte Kurt leise, »aber mit uns beiden läuft es nicht mehr so.«

»Du sagst es«, erwiderte Martin, verließ wortlos den Abendbrottisch und ging auf sein Zimmer.

Leise wurde die Tür geöffnet. Martin, der auf dem Bett lag, brauchte den Kopf nicht zu heben, um zu sehen, wer da eintrat – der Spiegel in seinem Blickfeld zeigte es. Er rührte sich nicht. Doch sein Herz pochte.

»Was ist denn mit euch beiden?«, hörte er Sybil fragen.

Martin schwieg.

»Gefällt es dir nicht mehr bei uns?«

Noch immer sagte er nichts. Seit er von zu Hause fort war, hatte er sich nirgends wohler gefühlt – doch als Sybil sich zu ihm setzte, wandte er das Gesicht zur Wand.

»Möchtest du abreisen?«

Dumpf sagte er ja und meinte nein.

»Schade«, sagte Sybil. »Und ich dachte, ihr seid Freunde. Ich hatte mich so gefreut, als Ken jemanden aus seiner Heimatstadt fand. Wirklich, lieber Marty ...«

»Ken bleibt Kenny, so lang er will. Doch wenn ich hier weg bin, nennt mich keiner mehr *lieber Marty* – und das ist der Unterschied.«

Jetzt war sie es, die schwieg.

»Und wir hatten dich schon lieb gewonnen«, sagte sie schließlich. Martin drehte sich um. »Du hattest mich lieb gewonnen?«

»Wir«, sagte Sybil leise. »John und ich.«

»Schon gut. Ihr habt ja Ken.«

»Weißt du«, sagte Sybil, »wir hatten schon überlegt, auch dich bei uns aufzunehmen – aber das ginge wohl nicht, solange du und Kenny ...«

Wieder dieses Kenny, dachte Martin und verschloss sich. »Ginge nicht«, sagte er, »ganz richtig.«

Sie stand auf. Er sah nicht hin, hörte es aber.

»Geh nur«, sagte er, »was gibt's da noch!«

Und wieder sah er sie im Spiegel – Johns schöne junge Frau, Kurts junge Vizemutter, und sagte: »Warum gehst du nicht? Das bisschen Packen schaff ich schon.«

»Könnte doch sein, dass ich mir Gedanken über den Rest deiner Ferien mache.«

»Bin ich erst in Guernsey, dann geht's auch weiter.«

»Wirklich«, fragte sie. »Wen kennst du denn dort?«

»In Guernsey kenne ich wen«, behauptete er. »Und auch in Wales und in Irland. Kein Grund sich Sorgen zu machen – überall kenn ich Leute.«

»Marty«, sagte sie sanft, »ich begreif dich besser als du denkst.«

»War mal«, sagte Martin. »Ich gehöre nicht hier her – da nützen die schönsten Worte nicht.«

»Dir fehlt das Zuhause, nicht wahr – deswegen bist du so grob.«

»Mir fehlt nichts«, sagte Martin.

Sie strich ihm übers Haar. »Tu mir den Gefallen«, sagte sie, »und pack heute nicht. Versprichst du das?«

»Verspreche ich«, sagte er.

Doch vor dem Frühstück am nächsten Morgen hatte er sein Köfferchen schon hinunter in die Halle getragen – und er reiste ab, noch ehe es Mittag war.

Die Guernsey-Lektion

Noch ehe sie auf der Fähre über stürmisches Meer zur Insel gelangt und im Licht der sinkenden Sonne ins Ferienlager hinter den Dünen eingezogen waren, hatte Martin die Tage in Whiteladies verdrängt und sich der Schar von Großstadtjungen angepasst, Arbeiterkindern aus Londons Osten. Sie hatten ihn mit einbezogen, sich um ihn bemüht und nicht spüren lassen, dass in ihrem Jugendclub für Flüchtlinge aus Nazideutschland – also auch für ihn – gesammelt worden war.

Allein schon deshalb hätte er sich mehr um den kleinen Tim Maxwell kümmern müssen, mit dem er ein Zweimannzelt teilte. Dem war während der Seefahrt übel geworden, und konnte es da ein Wunder sein, dass er beim Lagerfeuer das Kesselgulasch nicht angerührt hatte? Nie hätte er Tim beim Wort nehmen dürfen, als der ihn anfuhr, ihn bloß in Ruhe zu lassen, und noch weniger hätte er, als längst im Lager Stille herrschte und hinter dem Fenster des Blockhauses vom Lagerleiter kein Licht mehr brannte, an die Tür klopfen dürfen, bis schließlich geöffnet wurde.

»Wo fehlt's denn, mein Junge?«

»Mr. Bottomley ...«

»Kannst ruhig Jim zu mir sagen«, hatte der Lagerleiter ihn unterbrochen. »Und nun lass hören.«

»Jim«, hatte Martin gesagt, »darf ich das Zelt wechseln? Nichts gegen Tim – es ist nur, weil ...«

»Nur zu, nur zu.«

»Ach nichts.« Plötzlich wollte ihm nicht über die Lippen, dass es im Zelt unerträglich roch. »Schon gut. Nichts weiter.«

Befremdet hatte der Lagerleiter ihn angesehen, sich dann Trainingszeug über den Schlafanzug gestreift, eine Taschenlampe gegriffen und war Martin zum Zelt gefolgt – wo er Tim Maxwell, wimmernd und mit angezogenen Beinen auf seiner Strohmatratze im Erbrochenen liegend vorfand.

»Und deswegen wolltest du umziehen?«

Beschämt hatte Martin geschwiegen.

»Hol eine Schüssel Wasser und ein Handtuch aus dem Blockhaus – dann kannst du gehen und in meinem Bett schlafen. Ich bleib die Nacht bei Tim.«

Und so waren sie verblieben ...

Als Martin am nächsten Morgen auftauchte, war ihm, als richteten sich aller Augen auf ihn – tatsächlich aber beachtete ihn keiner, als er durchs Lager zu seinem Zelt ging, das nun leer stand, peinlichst aufgeräumt war und nach Seife und Karbol roch. Von dort konnte er Tim Maxwell am Ende der Schlange vor dem Kochhaus stehen sehen, blass und schmächtig in Turnhose und Turnhemd. Schnell schlüpfte auch Martin in sein Turnzeug, stopfte den Schlafanzug unter die – von wem wohl? – sorgfältig auf der Strohmatratze zusammengefalteten Wolldecken und reihte sich in die Schlange ein.

»Grüß dich, Tim. Wie geht's?«

»Schon besser«, sagte Tim.

Dann schwieg er. Auch Martin schwieg – und als der Lagerleiter, der neben dem Koch bei der Essenausgabe stand, wissen wollte, wie er geschlafen habe, wusste er das zu deuten.

»Jim«, begann er, kam aber nicht weiter, weil ihn der Koch unterbrach: »Porridge – bacon and eggs?« Und schon hielt er Martin zwei gefüllte Teller hin.

»Danke.«

Im Esszelt saßen die anderen längst an den Holztischen. Er setzte sich dazu und sagte nichts, bis er den Lagerleiter nach Freiwilligen fürs Kartoffelschälen rufen hörte.

»Das mach ich, Jim«, rief Martin.

Der beachtete ihn nicht.

»Ich mach das!«

Da erst antwortete der Lagerleiter: »Musst du nicht – bist schließlich unser Gast.«

Martin senkte den Kopf. Sein Frühstück wollte ihm nicht mehr schmecken.

Später rannten sie mit ihrem Badezeug über die Dünen zum Meer, und keiner schien ihm seine Übernachtung im Blockhaus zu verübeln. Sie tollten in den Wellen, die auf den Strand schlugen, und bezogen ihn in den Staffellauf ein. Wurde er auch erst als letzter in eine Riege gewählt, so mochte das daran gelegen haben, dass sie ihn nicht einzuschätzen wussten und er überzählig blieb, bis Tim Maxwell auf eigenen Wunsch zurücktrat.

»Meinetwegen brauchst du das nicht«, sagte Martin zu Tim.

Der aber sah ihn nur an, und es wirkte echt, als er erklärte sich noch zu schwach zu fühlen. »Weak in the knees, you see!«

Obwohl als letzter gewählt, lief Martin als einer der ersten und holte für seine Riege einen solchen Vorsprung heraus, dass er sich wunderte, warum das nicht anerkannt wurde – niemand rief ihm auch nur ein »well done!« zu.

Still wandte er sich ab, suchte sich eine sonnige Mulde zwischen den Dünen und blickte aufs Meer hinaus. Zwar hatten sie ihn zum Staffellauf geholt, vom Küchendienst aber war er befreit geblieben, selbst zum Postenstehen brauchten sie ihn nicht. Tim Maxwell, mit dem er hätte antreten sollen, war ein anderer zugeteilt worden. Warum, das erklärte ihm keiner. Alle schwiegen sie, dabei wäre ihm inzwischen jede Art von Anfechtung lieber gewesen. Und weil ihm klar war, dass er sich durch seine Übernachtung im Blockhaus viel verscherzt hatte, suchte er nach Bewährungsproben – das Feuer aber, das in einem der Zelte ausbrach, wurde nicht von ihm gelöscht. Nicht ihn ließen sie den Sanitäter holen, als sich Ronny Carmichael an einer Scherbe den Fuß verletzt hatte, nicht ihn mithelfen, als sie das gekenterte Boot an Land zogen und nach den Rudern ausschwärmten, die irgendwo angespült sein mussten. Und das würde so bleiben, so lange er den Lagerleiter nicht umstimmte – nein, umstimmen war wohl nicht das richtige Wort. Denn Mr. Bottomley hatte ihn ja auch nach der Nacht nicht ausgegrenzt. Wo also konnte er ansetzen? Die Lehre, die man ihm erteilte, war von so sanfter Art, dass es keinerlei Ansatzpunkte gab – am besten, er ließ den Dingen bis zur Abreise ihren Lauf …

»Was schreibst du da, Tim?«

Erstaunt blickte Tim Maxwell hoch – wusste denn Martin nicht, dass der Lagerleiter zum Bergfest einen Wunschkasten vors Blockhaus gestellt hatte?

»Lagerfeuer«, sagte Tim, »ich wünsche mir noch ein Lagerfeuer, weil mir doch beim ersten schlecht geworden ist.«

Er erklärte Martin die Bewandtnis mit dem Wunschkasten und gab ihm einen Zettel und einen Stift.

»Ich bin nur Gast hier – wie du weißt.«

»Ach was«, sagte Tim. »Schreib schon. Das gilt auch für dich.«

»Anonym, oder wie?«

»Hauptsache, du schreibst was.«

Martin beugte sich über den Zettel und schrieb – in Blockschrift, auch seinen Namen schrieb er deutlich. Und ihm stockte der Atem, als ihn nach dem Abendbrot der Lagerleiter ins Blockhaus rief.

»Du willst also Posten schieben – das also willst du?«

»Will ich, Mr. Bottomley.«

»Hab ich dir verboten, mich Jim zu nennen?«

»Haben Sie nicht.«

Der Lagerleiter setzte neu an: »Posten schieben – kein Zuckerlecken bei den Mücken!«

»Mir egal.«

Mr. Bottomley blätterte die Zettel durch, die vor ihm auf dem Tisch lagen, und las halblaut die vielen Wünsche vor. Sie reichten von einer zweiten Bootsfahrt bis zum Geländespiel.

»Posten schieben will keiner.«

»Für mich aber ist das wichtig. Was anderes will ich nicht«, sagte Martin.

Der Lagerleiter lächelte. »Nun dann«, sagte er. »Das geht klar.«

»Danke!«, sagte Martin und war geradezu glücklich, als er am Morgen nach der Nacht des langen Postenstehens, über und über von Mücken zerstochen, mit den anderen die Heimreise antrat. Er mochte sich irren, doch ihm schien, als bemühten sich alle, ihn wieder einzubeziehen.

Parias

Und keiner stand am Tor – wie auch! Es wusste ja keiner, warum er vom Unterricht weggeholt und zur Schulleiterin ins *Sanctum* gerufen worden war. Und jetzt, noch benommen vom plötzlichen Unheil, wollte er von niemandem Abschied nehmen – was änderte das? Man holte ihn weg, brachte ihn in ein Lager nach Liverpool, und damit musste er sich abfinden. Was schwer war. Denn er sah die Gründe nicht ein. Selbst die sonst immer selbstsichere Tante Anna schien verunsichert und hatte sich in Worten ausgedrückt, die ihm hohl klangen – und als er ihr in die Augen sah, merkte er sehr wohl, dass sie sich zum Sprachrohr der Behörden gemacht hatte. Sie schien selbst nicht zu glauben, was sie da vorbrachte: *Agententätigkeit, Spionage im Küstengebiet!* So etwas mochte es geben, würde es wohl geben, sagte sich Martin. Aber doch nicht im Internat – in *dieser* Schule! Martin fühlte sich in einem Netz gefangen, das gar nicht für ihn ausgelegt war. Zu Unrecht bestraft, zu Unrecht ausgesondert. Er dachte an das große rote »J« in seinem Pass, an Arnos verhaftete Eltern. Sollten er oder Arno sich dafür hergeben, für die Nazis zu spionieren? Widersinniger ging es nicht. Doch was half's, er hatte sich in seinem Schicksal fügen und den Koffer packen müssen.

Schon während er damit zugange war, hatte er sich innerlich vom Internat gelöst, von seinen Schulgefährten auch, und von den Lehrern – nur Janos Szabo beschäftigte ihn noch. Den hatte er mehr als alle anderen Lehrer gemocht. Er sah seine gütigen Augen, spürte wieder seine Anteilnahme, hörte, wie er ihm in seinem so warm klingenden Ungarn-Deutsch eine Ellipse zu erklären versucht hatte: »Marty, mein Junge, so schwer ist das doch gar nicht ...« Und als er jetzt an zwei Polizisten vorbei in das Auto stieg, das vor dem Tor parkte, war er sogar erleichtert, wenigstens Janos Szabo nicht enttäuschen zu müssen, weil er ja morgen bei der Mathematikarbeit und, wie es aussah, auch beim Abschlussexamen nächste Woche fehlen würde.

Liverpool war weit!

Arno, der Gärtner, der schon im Polizeiauto saß, blickte ihn verwundert durch seine dicken Brillengläser an. »Du auch«, sagte er, »und bist doch erst sechzehn.«

Martin schwieg. Die Polizisten stiegen ein und schlugen die Türen zu. Das Auto startete. Schnell fuhren sie ab, und als hinter der Kurve der Park und das Hauptgebäude der Schule aus der Sicht verschwanden, blickte Martin schon nicht mehr hin.

»Dein Reeder wird schon zusehen, dass du bald wieder frei bist«, sagte Arno.

Martin schüttelte den Kopf. Auch weil der Onkel nicht erreichbar gewesen war, wieder einmal nicht erreichbar, sich also niemand für ihn verwendet hatte, war alles so gekommen. Dass auch Arno dran glauben musste, sie auch ihn holten, hatte wohl die gleiche Ursache – vermutlich war auch er ohne Fürsprecher und darum im selben Netz gefangen.

»Juden einsperren, deutsche Hitlergegner hinter Gitter bringen – so führen die ach so demokratischen Engländer diesen Krieg!«, sagte Arno verbittert.

Abrupt wandte sich einer der beiden Polizisten zu ihm um.

»Und dazu steh ich«, sagte Arno.

»We'll see about that«, erwiderte der Mann und ließ in der nächsten Ortschaft vor dem Polizeirevier anhalten. Er befahl Arno, ihm zu folgen.

»Sollten wir hier getrennt werden, dann Kopf hoch«, sagte Arno zu Martin.

»Kopf hoch – du auch.«

Als er ihn neben dem Polizisten im Revier verschwinden sah, trotzig und mit gereckten Schultern, glaubte er schon nicht mehr an ein Wiedersehen.

Doch sie sahen sich wieder – sahen sich? Es war dunkel dort unten im Bauch des Schiffes, das heftig schlingernd seine Fracht von über zweitausend Internierten durch die aufgewühlten Wogen der irischen See trug – niemand wusste, wohin! Und als Martin durch zwei dumpf krachende, den Schiffsrumpf erschütternde Stöße aus der Hängematte geschleudert wurde, er seitlich auf den Tisch schlug, von dort aufs Deck abrollte und wie von schwerer Faust getroffen liegen blieb, waren es Hände, die er fühlte und nicht sah, war es ein Arm, der sich unter seinen Kopf schob, und wer ihm zu Hilfe gekommen war, erkannte er zunächst nur an der Stimme.

»Arno?«

Martin richtete sich auf, zog sich mühsam, mit schmerzender Schulter zur Bank am Tisch hoch, und erst da erkannte er im Notlicht, dass es tatsächlich Arno war – der zu weite Mantel schlotterte ihm um die Schultern, und sein Gesicht sah knöchern und eingefallen aus.

»Bist du verletzt?«

»Dass du da bist!«, sagte Martin.
»Hast du dir was getan?«
»Es geht schon.«
Ringsum hatten die dumpfen Schläge Panik ausgelöst. Durcheinanderschreiend, sich gegenseitig stoßend, drängten die Männer aus dem düsteren Zwischendeck zu den Niedergängen, glitten aus auf Erbrochenem, fielen hin, rappelten sich wieder hoch, und immer noch schlingerte das Schiff, polterten Kannen und Schüsseln gegen die Stahlwände, und die überschwappenden Fäkalienkübel verpesteten die Luft.
»Bleib ruhig. Rühr dich hier nicht weg!«
Es brauchte Arnos Weisung nicht – die Dunkelheit, der Schmerz in der Schulter, Übelkeit und das Schwanken des Schiffes hielten Martin am Fleck.
»Was bloß passiert ist?«
»Hitlers verlängerter Arm«, sagte Arno.
»Torpedos oder Minen?« Galle stieg Martin vom Magen zum Mund. Er würgte. »Oder was glaubst du?«
»Halt dich in meiner Nähe!«, sagte Arno nur. »Immer an meiner Seite.«
Und das tat er – nicht bloß in dieser Nacht, auch in den Tagen und Nächten, die folgten. Blieb auch sein Lager auf eine dunkle Ecke im Zwischendeck beschränkt, in die nicht einmal das Notlicht drang, wenn bei stürmischem Seegang die Hängematten heftig schwankten, an Arno hielt er sich, so gut es ging. Dabei spürte er allmählich, dass auch Arno ihn brauchte, es ihm geradezu gut tat, seinen Limonensaft zu teilen, den er sich von irgendwo beschafft hatte, oder das rationierte Frischwasser. Und als Arno ihm den Posten abtrat, zu dem er wie durch ein Wunder gekommen war – Kartoffelschälen in der Kombüse an Deck –, ließ er sich keinen Augenblick anmerken, was er damit opferte. Mancher hätte für die Möglichkeit, eine Stunde oder zwei an frischer Luft zu sein, Tabak, Seife, Spielkarten, ja sogar Kleidungsstücke hergegeben – Arno! Was der für ihn tat, war nicht aufzuwiegen ...
»Arno, warum tust du das alles?«
»Weil du sonst auf den Hund kommst!«
»Siehst selbst nicht gut aus.«
»Ach was – gibt doch jetzt hin und wieder frische Luft.«
Wirklich? Selbst nachdem die Wachmannschaft mittags die Lukendeckel anzuheben begonnen hatte, sich also die Tage und Nächte wie-

der voneinander unterscheiden ließen, drang nur wenig Luft und kaum Sonne bis zu Arnos Lager im Bauch des Schiffes.

»Hör mal zu, Arno – das stimmt doch nicht. Du bist schlimmer dran als ich.«

»Kann ja irgendwann auch wieder Kartoffelschälen gehen«, sagte Arno bloß.

Doch dazu kam es nicht – an jenem Tag, als das Schiff irgendwo an südafrikanischer Küste vor Anker ging, waren sie – welch Wunder! – allesamt an Deck gelassen worden. Was bedeutete, sie würden endlich nach all den Wochen unter Lukendeckeln frei atmen können. Fast so heftig wie in jener gefahrvollen Nacht in der irischen See drängten sie sich aus dem Zwischendeck – nur raus, raus an Deck! Die Sonne blendete, und als sich ihre Augen an die plötzliche Helligkeit gewöhnt hatten und sie in der Ferne die Küste ausmachten, fragten sie sich: Wo sind wir? Die Palmen dort, der Strand, und jenseits des Hafens die grünen Berge ... konnte das Takoradi sein?

Bald schon entstand in den Niedergängen ein immer dichter werdendes Gedränge – und dann geschah es! Um Ruhe zu schaffen, setzte einer der Wachmannschaft den Gewehrkolben auf den Fuß eines Jungen. Der schrie gellend auf. Im gleichen Augenblick warf sich Arno dem Soldaten entgegen, und der schlug zu – hart mit der Faust. Es riss Arno die Brille vom Gesicht, und Arno, fast blind jetzt, wehrte sich und traf dabei die Brust des Mannes. Der legte sein Gewehr quer über Arnos Nacken, zwang ihn in die Knie und hielt ihn so, bis ein zweiter Soldat zur Stelle war – und zusammen zerrten sie Arno durch das Gewühl an Deck zum Niedergang. Wo sie ihn im Knebelgriff abführten.

»Die Geschichte von Heinrich Hannover ist auch eine Geschichte der Bundesrepublik – aus einem ungewöhnlichen Blickwinkel, aber engagiert und unbestechlich.« NDR

Heinrich Hannover
Die Republik vor Gericht 1954-1974
Erinnerungen eines unbequemen Rechtsanwalts
Klappenbroschur,
573 Seiten, 24,– €
ISBN 978-3-941688-34-6

Die Erinnerungen des Rechtsanwalts Heinrich Hannover an seine spektakulärsten Fälle.
Er begann als »Anwalt der kleinen Leute« und wurde zwischen 1954 und 1974 einer der bekanntesten Rechtsanwälte in politischen Prozessen.
Hannover war an zahlreichen Verfahren beteiligt, die eng mit der Geschichte der westdeutschen Opposition gegen Restauration, Remilitarisierung, Atomwaffen und Notstandsgesetze verknüpft sind und verteidigte unter anderem Ulrike Meinhof, Günther Wallraff und Werner Hoppe. In den Berichten über seine »interessantesten Fälle« wirft Heinrich Hannover einen kritischen Blick auf die Gerichtsbarkeit im Nachkriegsdeutschland und liefert damit ein wertvolles Zeugnis bundesrepublikanischer Geschichte.

Alles zu unserem Programm gibt es unter
www.prospero-verlag.de

»Ein Klassiker über die politische Justiz der Bundesrepublik« DIE ZEIT

Heinrich Hannover
Die Republik vor Gericht 1975-1995

Erinnerungen eines unbequemen Rechtsanwalts

Klappenbroschur,
574 Seiten, 24,– €
ISBN 978-3-941688-41-4

Ob mit dem Versuch, Carl von Ossietzky zu rehabilitieren, der Verteidigung von Hans Modrow wegen Wahlfälschung, den Verfahren, in denen er Daniel Cohn-Bendit, Günter Wallraff, Otto Schily oder Peter-Paul Zahl verteidigte; Heinrich Hannover hat als Strafverteidiger Geschichte geschrieben. Uwe Wesel schrieb in der ZEIT, dass es sich bei Hannovers Aufzeichnungen um einen der wichtigsten Beiträge zur Rechtsgeschichte der Bundesrepublik handele. Das bleibt von Freund und Gegner unwidersprochen. Heinrich Hannover, der Max-Friedlaender-Preisträger 2012, hat viel zu erzählen und tut dies in einer klaren und schönen Sprache.

Alles zu unserem
Programm gibt es unter
www.prospero-verlag.de